HEYNE BIOGRAPHIEN

Zum Autor

Roman Karst, 1911 in der Nähe von Krakau geboren, war nach seinem Studium freischaffender Kritiker in Polen. Von 1953 bis 1963 lehrte er an der Universität Warschau, mußte dann seine Heimat verlassen und folgte einem Ruf der State University of New York (1969), wo er nun einen Lehrstuhl für Germanistik innehat. Von seinen wissenschaftlichen Arbeiten sind besonders jene über Leo Tolstoi, Heinrich Heine und Franz Kafka zu erwähnen.

Roman Karst

THOMAS MANN

Der deutsche Zwiespalt

Wilhelm Heyne Verlag
München

HEYNE BIOGRAPHIE
11/148

Printed in Germany 1987
Umschlagfoto: Süddeutscher Verlag, Bilderdienst, München
Umschlaggestaltung: Atelier Ingrid Schütz, München
Innenbilder: Ullstein-Bilderdienst, Berlin (7);
Thomas-Mann-Archiv, Zürich (9); Österreichische Nationalbibliothek, Wien (1).
Aus dem polnischen Originalmanuskript übertragen von Edda Werfel.
Erstellung der Zeittafel: Dr. Hubert Fritz, München
Bildteil: RMO, München
Gesamtherstellung: Ebner Ulm

ISBN 3-453-55149-4

Inhalt

Lübeck

»Ich bin geboren«, schrieb Thomas Mann im Jahre 1936, ironisch den Beginn von Goethes *Dichtung und Wahrheit* paraphrasierend, »am Sonntag, den 6. Juni 1875, mittags zwölf Uhr. Der Planetenstand war günstig, wie Adepten der Astrologie mir später oft versicherten, indem sie mir auf Grund meines Horoskops ein langes und glückliches Leben sowie einen sanften Tod verhießen.«[1]

Thomas Mann, zweiter Sohn von Thomas Johann Heinrich Mann, kam in Lübeck zur Welt, an einem schönen sonnigen Tag in einem kleinen Häuschen vor der Stadt, das die Familie für den Sommer gemietet hatte. Das Kind wurde eine Woche später, am 11. Juni, in der Marienkirche getauft. Den Säugling hielten zur Taufe Konsul Heinrich Marty, Bruder der Großmutter Thomas Manns, und Nikolaus Heinrich Stolterfoht, Grundbesitzer in Castorf, Schwager von Julia Mann, der Mutter des Patenkindes.

Die Geschichte der Familie Mann ist bis in unsere Zeit in einer Chronik erhalten geblieben. »Die alten Leute«, erzählt Thomas' Bruder, Heinrich, »haben bedachtsamer als wir ihre Tage gezählt, sie führten Buch.«[2] Darin trugen sie die Daten von Geburt und Ableben ein, verewigten wichtige Familienereignisse, Krankheiten, Trauungen, die Tage, da man das erstemal zur Schule ging und da man seine Berufslaufbahn begann. Die Frauen schrieben Kochrezepte ein, sogar die Lebensmittelpreise, die zu jener Zeit offenbar sehr niedrig waren. »Der Stammbaum der Manns weist in seiner ältesten Fassung – einer braun verschnörkelten Kielfederschrift – nach Nürnberg«, stellt der jüngere Bruder des Dichters, Viktor, in seinen Erinnerungen fest. »Dort soll ein Ahne Gewandschneider gewesen sein. Da es in dieser Gegend zwischen Nürnberg und Ansbach noch heute Bauern unseres in Bayern sonst sehr seltenen Namens gibt, ist anzunehmen, daß im Mittelalter ein nachgeborener Sohn dieser Sippe das ehrsame Handwerk erlernte und sich in Hans Sachsens Stadt niedergelassen hat.«[3]

Dann wanderte ein Nachkomme des Schneiders nach Norden, bis zur Ortschaft Grabow in Mecklenburg. Einer von des Zuzüglers

Neffen, Johann Mann, wurde dort Ratsherr, und »er stand sich sehr gut«, wie die Familienchronik meldet. Der Sohn jenes Johann ließ sich in Rostock nieder, stieg dort zum Zunftmeister des Schneidergewerbes auf und verehelichte sich mit der Tochter eines Gewandschneiders der Stadt. Aber schon der Neffe des Ratsherrn von Grabow, Joachim Siegmund, wurde dem Schneidergewerbe untreu und wandte sich dem Handel und der Bierbrauerei zu. Mit der Zeit gelangte er zu Vermögen, wobei ihm die Mitgift seiner Frau, der Tochter eines Seemannes und Schiffsbauers, verhalf. »Die Manns hoben den Blick übers Meer und gingen als Kauffahrer in See.«[4]

Aus der Chronik erfahren wir weiter, daß der Sohn des erwähnten Joachim Siegmund, Johann Siegmund, sich in Lübeck niederließ und dort 1790 eine Getreidefirma gründete, die bedeutende Erträge brachte und über eigene Schiffe verfügte. Seine Verehelichung mit Katharina Grotjahn aus Hamburg vermehrte den Besitz und das Ansehen der Familie. Im Jahre 1794 nahm die freie Hansestadt Lübeck Johann Siegmund Mann in die Reihe ihrer Bürger auf, was durch die Eintragung im Amtsbuch der Stadt vom 9. Mai jenes Jahres bestätigt wird. Dieses Datum bezeichnet den Beginn der nicht alltäglichen Geschichte des Patriziergeschlechtes.

Johann Siegmund, der sein Vermögen als Lieferant des Napoleonischen Heeres abgerundet hatte, erlag 1848 einem Schlaganfall, als ihn die Nachricht über die Revolutionsunruhen erreichte. Diese Szene schilderte ein halbes Jahrhundert später sein Urenkel in den *Buddenbrooks,* in die Thomas Mann übrigens auch andere seiner Vorfahren und Bürger von Lübeck einführte, was unter den Bewohnern der Hafenstadt nicht geringe Erregung hervorrief. Der Urgroßvater des Dichters hinterließ eine blühende Firma, mit Schiffen und Speichern am Ufer der unteren Trave, und das stattliche, weitläufige Haus in der Mengstraße, einer engen, schlecht gepflasterten Straße, die zur Küste führte.

Besonders imponierend in diesem mit hohem Kostenaufwand errichteten Haus war der Salon, riesengroß und prunkvoll ausgestattet. Hier ließ der Dichter bereits im ersten Kapitel seines Romans die ganze Familie der Buddenbrooks und ihre Bekannten sich versammeln. Den großen Salon zierten Tapeten mit ›Landschaften‹: da ging die Sonne träge am Horizont unter und warf ihre letzten Strahlen auf fröhliche Winzer, emsige Ackersleute und Schäferinnen, die am Wasser saßen und Lämmer im Schoße hielten oder Schäfer küßten. Die Landschaft war eine Erinnerung an die Rokokozeit. Durch das hohe Fenster an der anderen Straßenseite fiel der

Schatten einer früheren Epoche: dort herrschte das gewaltige Massiv der gotischen Marienkirche.

Im Haus in der Mengstraße wuchsen die Kinder des Lübecker Ahnherrn der Familie auf. Der älteste Sohn, gleichfalls Johann Siegmund mit Namen, übernahm die Firma nach dem Vater und versah das von diesem ererbte Vermögen bald mit dem Glanz eines Titels: er wurde holländischer Konsul. Er wie auch seine Frau Elisabeth, Tochter des aus der Schweiz stammenden Konsuls Heinrich Marty, »ein lebensfroher Mensch und großer Freund der Musen, namentlich der Musik«[5] – so beschreibt ihn Viktor Mann –, gingen als Konsul Johann Buddenbrook und Frau Bethsy in die Literatur ein. Dieser Ehe entstammten drei Kinder: Der älteste Sohn, Thomas Johann Heinrich Mann, der Vater von Thomas Mann, kam 1840 zur Welt. Der jüngere, Friedrich Wilhelm Leberecht, verwandelte sich im Roman seines Neffen in Christian Buddenbrook. Ihre Schwester schließlich, Elisabeth Amalia Hipolita, erlangte Berühmtheit als Tony Buddenbrook.

»Das Mannsche Haus«, schreibt Thoams Manns Sohn Klaus in seinen Erinnerungen, »gehörte zu den feinsten der Stadt. Man speiste vorzüglich dort, auch die Weine ließen nichts zu wünschen übrig. Die Familie erfreute sich allgemeiner Beliebtheit, obwohl sie letzthin so viel Pech gehabt hatte, daß es beinahe anstößig wirkte. Die Schwester des Senators, Elisabeth, ließ sich von ihrem süddeutschen Gatten scheiden und kam auch mit ihrem zweiten Gemahl nicht aus; noch problematischer stand es um einen Bruder, meinen Großonkel Friedel, einen neurotischen Tunichtgut, der sich in der Welt herumtrieb und über eingebildete Krankheiten klagte.«[4] Ja, mit Friedel, anders gesagt, mit Friedrich Wilhelm Leberecht, gab es nicht wenig Scherereien. In Lübeck bewegte er sich in nicht allzu gemäßer Gesellschaft, er fuhr häufig nach Hamburg, um sich im Vergnügungsviertel Sankt Pauli die Langeweile zu vertreiben, von wo er dann völlig verschuldet zurückkehrte. Er wollte sich durchaus nicht an den Kaufmannsberuf gewöhnen. Im Jahre 1863 starb der Großvater des Dichters, und die Leitung der Firma ›Johann Siegmund Mann – Getreidehandlung, Kommissions- und Speditions-Geschäfte‹ ging nun in die Hände seines ältesten Sohnes, Thomas Johann Heinrich, über, zu jener Zeit ein dreiundzwanzigjähriger Jüngling, der jedoch in Geschäftsangelegenheiten Umsicht und Energie bewies. »Auf unseren Vater, den ältesten Sohn«, lesen wir in Viktor Manns Erinnerungsbuch, »waren die besten Eigenschaften der Geschlechterfolge überkommen. Die Würde einer zweihundertjährigen Tradition, eine weit über dem Durchschnitt liegende Bildung, Geschmack, reger Geist und eine gleichzeitig noble wie höchst liberale Art gaben seiner wirtschaftlichen Tüchtigkeit das Air des ›königlichen Kaufmannes‹ und prädestinierten ihn im besten Sinne zum Chef des alten Hauses und zum Exponenten der res publica.«[7] Trotz seiner jungen Jahre galt Thomas Heinrich als eine der geachtetsten Persönlichkeiten der Stadt, ja ein Jahr nach der Übernahme des Unternehmens erhielt er sogar vom Königreich der Niederlande den Titel eines Konsuls.

Im Jahre 1867 fiel dem jungen Konsul, der das Gesellschaftsleben durchaus nicht mied, bei einem der Empfänge ein sechzehnjähriges Fräulein auf, das ein Kleid aus grüner Gaze trug, mit weißem Atlas besetzt und einer weißen Schärpe als Gürtel. Er traf sie auf Bällen und Abendgesellschaften wieder, zuweilen auch in einem Kleid aus rosa Tüll mit einer Verzierung Rosenknospen und einer Schärpe aus weißem Musselin. Das war Julia da Silva-Bruhns, die von ihrer Großtante Emma Sievers in die große Welt eingeführt wurde. Das exotische und schöne Mädchen, Tochter des Plantagenbesitzers Johann Ludwig Bruhns und der portugiesischen Kreolin Maria Luiza da Silva, war in Brasilien unter recht seltsamen Umständen zur Welt gekommen, nämlich unweit von Angra dos Reis im tropischen Urwald, den die Eheleute, er zu Pferd, sie in einer Sänfte, gerade durchquerten, sich von einem Besitztum zum anderen zu begeben. Bruhns, ein gebürtiger Lübecker, war in jugendlichem Alter nach Brasilien ausgewandert, hatte in São Paulo eine Exportfirma gegründet, und als er zu Vermögen gekommen war, begann er Zuckerrohr und Kaffee anzupflanzen. In der neuen Heimat lernte er Senhorita Maria kennen, eine zwanzigjährige Schönheit aus der Familie da Silva, in die er sich auf den ersten Blick verliebte. Die Hochzeit des jungen Paares fand im Jahre 1848 statt, und drei Jahre später gebar Maria ein Töchterchen, das auf den Namen Julia getauft wurde.

Maria da Silva-Bruhns starb ziemlich jung. Nach ihrem Tode schickte der Vater Julia mit vier Geschwistern zur Erziehung nach Deutschland. Die Ankunft der fünf Kinder in Begleitung der ebenholzschwarzen Kinderwärtin rief in Lübeck eine geradezu ungewöhnliche Erregung hervor. In den Straßen wimmelte es von Gaffern, den Menschen fielen besonders beim Anblick der Negerin fast die Augen aus dem Kopf. Julia wurde zur Erziehung in ein Lübekker Mädchenpensionat gegeben, dessen Besitzerin, ein kleines, buckliges, ehrbares Fräulein, Therese Bousset hieß. Viele Einzelheiten ihres Aufenthaltes in diesem Institut schilderte Frau Julia ihren Söhnen, die später aus ihren Berichten bunte Geschichten woben: Heinrich in seinem Roman *Zwischen den Rassen,* Thomas in den *Buddenbrooks,* wo wir Therese Bousset als Therese Weichbrodt begegnen. Die Fäden der *Buddenbrooks* reichen, wie man sieht, bis zur frühesten Kindheit des Autors zurück und sind Erinnerung an mütterliche Erzählungen.

Die Hochzeit des Konsuls mit Julia da Silva-Bruhns fand am 4. Juni des Jahres 1869 statt. Die brasilianische Ehefrau des Getreidehändlers war in Lübeck eine ungewöhnliche Erscheinung. Ihr Enkel, Thomas Manns Sohn Klaus, schreibt mit wohlgesinnter Ironie über seine Großmutter: »Was aber die schöne Frau Senator betraf, so ließ sich nicht leugnen, daß sie unter den Damen der bourgeoisen Aristokratie oft ein wenig fehl am Platze wirkte. Nicht als ob an ihrem Lebenswandel etwas auszusetzen gewesen wäre! Man fand sie nur ein bißchen zu ›originell‹. Es lag wohl an der exotischen Herkunft. In Lübeck paßte es sich nicht, so dunkle Augen zu haben wie Frau Julia Mann; Schmelz und Feuer ihres Blickes hatten schon den Stich ins Skandalöse. Sie spielte Klavier, gerade ein wenig zu gut für eine Dame in ihrer Stellung, und sang fremdländische Lieder, die lieblich, aber auch verfänglich klangen: nur gut, daß man den Text nicht verstand . . .«[8]

Vorläufig müssen wir jedoch Julia da Silva-Bruhns, nun schon Frau Mann, für ein Weilchen verlassen und zu ihrem Ehemann zurückkehren, in dessen Leben ein wichtiges Ereignis eingetreten war: der Konsul war 1877 in den Senat der Stadt Lübeck gewählt worden, und das alte Familienwappen der Manns, »ein wilder Mann mit einem Fell um die Lenden, in einer Hand eine Keule und in der anderen einen ausgerissenen Baum«,[9] wurde in der ›Kriegsstube‹ des Rathauses aufgehängt, wo viele vom Alter verblichene Bilder vom militärischen Ruhm des Ostseehafens kündeten. Das war keine geringe Ehre, denn die Würde des Senators gehörte zu den höchsten der Miniaturrepublik. Lübeck, ursprünglich eine im 11. Jahrhundert gegründete slawische Handelsniederlassung an der Mündung der Trave, hatte jetzt bereits an Bedeutung verloren und lebte im Schatten vergangener Herrlichkeit. Das war einmal anders gewesen. 1226 erwarb Lübeck das Recht einer Reichsstadt und wurde später zum Zentrum des deutschen Hansebundes; zur vollen Entfaltung kam Lübeck im 14. und 15. Jahrhundert, als es den ersten Platz im Ostsee- und Nordseehandel einnahm. In den nachfolgenden Jahrhunderten büßte die Stadt an Macht ein, doch blieb sie ein souveränes Mitglied des Bundes, regiert von Senat und Bürgerrat. Der Senat repräsentierte die Unabhängigkeit des Stadtstaates, übte die Rechte der Oberhoheit und Gerichtsbarkeit aus, ernannte und vereidigte die Richter und die Mehrzahl der Beamten, besaß das Begnadigungsrecht in kriminellen Angelegenheiten und leitete die Finanzverwaltung der Republik. Thomas Heinrich Mann bekleidete als Senator das wichtigste Amt: er war »Compräses« der Baudeputation und des Departements für indirekte Steuern und Mitglied der Kommission für Handel und Schiffahrt, die er von 1885 an leitete.

Der Senator galt als sehr vornehmer Mann. Als Snob konnte man ihn jedoch nicht bezeichnen, obwohl er sich seine Anzüge aus London schicken ließ, russische Zigaretten rauchte und französische Romane las. In seiner Zeit verfiel die Firma. »Senator Mann«, erfahren wir aus dem Erinnerungsbuch seines Enkels Klaus, »war wohl nicht mehr ganz so tüchtig und energisch, wie seine Vorfahren es zu sein pflegten. Ein sehr feiner Herr, ohne Frage; vielleicht etwas *zu* fein, zu sensitiv, zu wählerisch, um es mit der derben Konkurrenz aufnehmen zu können. Als er starb, ganz plötzlich, stellte sich heraus, daß das Vermögen der Familie beinahe völlig dahingeschmolzen war.«[10]

Das schönste Porträt des letzten Besitzers der hanseatischen Firma zeichnete sein Sohn Thomas in einem Vortrag, den er 1926 in Lübeck hielt.

»Wie oft im Leben habe ich mit Lächeln festgestellt, mich geradezu dabei ertappt, daß doch eigentlich die Persönlichkeit meines verstorbenen Vaters es sei, die als geheimes Vorbild mein Tun und Lassen bestimmte. Vielleicht hört heute der eine oder andere mir zu, der ihn noch gekannt, ihn noch hat leben und wirken sehen, hier in der Stadt, in seinen vielen Ämtern, der sich erinnert an seine Würde und Gescheitheit, seinen Ehrgeiz und Fleiß, seine persönliche und geistige Eleganz, an die Bonhomie, mit der er das platte Volk zu nehmen wußte, das ihm in noch ganz echt patriarchalischer Weise anhing, an seine gesellschaftlichen Gaben und seinen Humor. Er war kein einfacher Mensch mehr, nicht robust, sondern nervös und leidenschaftsfähig, aber ein Mann der Selbstbeherrschung und des Erfolges, der es früh zu Ansehen und Ehre brachte in der Welt – dieser seiner Welt, in der er sein schönes Haus errichtete.«[11]

Doch kam Thomas Mann dem Vater erst durch die Entfernung näher: in der Erinnerung der reiferen Jahre, die auf der Suche nach den Lebensfäden und Lebensmotiven zur Jugend zurückkehrt wie zu einer unerschöpflichen Quelle. Die Mutter war alles für ihn, von

Anfang an. Ihre Erzählungen weckten die Phantasie des Kindes, ihr Temperament, ihre exotische Schönheit, so grell zum Hintergrund des bürgerlichen Lübeck kontrastierend, erregten in ihm Entzücken und Liebe. Das Bild der Mutter begleitete ihn durch das ganze Leben. *Das Bild der Mutter* – so lautet der Titel einer Skizze, die er sieben Jahre nach dem Tod der Frau Senator schrieb. »Unsere Mutter«, heißt es dort, »war außergewöhnlich schön, von unverkennbar spanischer Turnüre – gewisse Merkmale der Rasse, des Habitus, habe ich später bei berühmten Tänzerinnen wiedergefunden – mit dem Elfenbeinteint des Südens, einer edelgeschnittenen Nase und dem reizendsten Munde, der mir vorgekommen.«[12]

Frau Julia führte ein offenes Haus, empfing oft Gäste, veranstaltete Tanzunterhaltungen und Empfänge, aber immer fand sie Zeit für die Kinder. Hatte sie einen Abend frei, dann las sie ihnen Reuters Erzählungen oder Andersens Märchen vor.

Julia Mann erzählte, als sie sich ihrer Mädchenjahre erinnerte, daß sie immer »lieber musizierte als las«. Sie spielte recht gut Klavier und hatte eine schöne Stimme, und das Repertoire ihrer Lieder überraschte durch Reichtum und Vielfalt. Sie war es, die Thomas die Liebe zur Musik einflößte, die eine so große Rolle in seinem Leben und Schaffen spielen sollte. Für dieses Geschenk dankte er ihr im *Bild der Mutter:*

»Noch lieber freilich folgte ich meiner Mutter beim Musizieren. Ihr Bechstein-Flügel stand im Salon, einem lichten Erkerzimmer, in dem der bürgerliche Prunkstil von 1880 mit dem guten Geschmack einen Frieden ohne Sieger und Besiegten geschlossen hatte, und hier kauerte ich stundenlang in einem der hellgrau gesteppten Fauteuils und lauschte dem wohlgeübten, sinnlich feinfühligen Spiel meiner Mutter, das sich am glücklichsten wohl an den Etüden und Notturnos von Chopin bewährte. Meine eingewurzelte Neigung für die mondäne Romantik dieser Musik, meine Kenntnis der klassisch-romantischen Klavierliteratur überhaupt stammt von damals, und noch empfänglicher vielleicht fand den Jungen, dessen Gefühlsleben unter dem Einfluß von Eichendorff, Heine und Storm die lyrische Verschmelzung mit dem Sprachlichen einzusehen begann, die Verbindung von Wort und Ton im Liede. Meine Mutter hatte eine kleine, aber überaus angenehme und liebliche Stimme, und mit einem künstlerischen Takt, der das Sentimentale so selbstverständlich wie das Theatralische ausschloß, sang sie sich und mir, nach einem reichen Vorrat an Noten, alles Hochgelungene, was diese wundervolle Sphäre von Mozart und Beethoven über Schubert,

Schumann, Robert Franz, Brahms und Liszt bis zu den ersten nachwagnerischen Kundgebungen zu bieten hatte. Ihr verdankte ich eine nie verlorene Vertrautheit mit diesem vielleicht herrlichsten Gebiet deutscher Kunstpflege . . .«[13]

Die von den Eltern ererbten Charakterzüge umschrieb Thomas Mann dann nach der klassischen Formel: »Frage ich mich nach der erblichen Herkunft meiner Anlagen, so muß ich an Goethes berühmtes Verschen denken und feststellen, daß auch ich ›des Lebens ernstes Führen‹ vom Vater, die ›Frohnatur‹ aber, das ist die künstlerisch-sinnliche Richtung und – im weitesten Sinne des Wortes – die ›Lust zu fabulieren‹, von der Mutter habe.«[14]

Frau Julia brachte fünf Kinder zur Welt. Zuerst wurden zwei Söhne geboren: 1871 Heinrich, vier Jahre später Thomas. Dann kamen die Töchter Julia und Carla. Die erste war um zwei, die zweite um sechs Jahre jünger als Thomas. Das Nesthäkchen, Viktor, der die Familiengeschichte in seinem Erinnerungsbuch *Wir waren fünf* aufbewahrte, wurde 1890 geboren, zwei Jahre vor dem Tode des Vaters. In dem Maße, wie sich die Familie vergrößerte, begann der Senator sich mit Plänen für den Bau eines neuen Hauses zu tragen, da das alte ihm zu eng schien. 1881 erwarb er eine Parzelle in der Bekkergrube und errichtete dort ein stattliches und komfortables Haus. »Meine Kindheit«, lesen wir bei Thomas Mann im *Lebensabriß*, »war gehegt und glücklich. Wir fünf Geschwister, drei Knaben und zwei Schwestern, wuchsen auf in einem eleganten Stadthause, das mein Vater sich und den Seinen erbaut hatte, und erfreuten uns eines zweiten Heimes in dem alten Familienhause bei der Marienkirche, das meine Großmutter väterlicherseits allein bewohnte und das heute als ›Buddenbrook-Haus‹ einen Gegenstand der Fremdenneugier bildet.«[15] Das Gebäude in der Beckergrube gibt es nicht mehr – es ist dem letzten Krieg zum Opfer gefallen.

Der neue Wohnsitz war wirklich ansehnlich und übertraf an Pracht den alten in der Mengstraße. Der Senator geizte nicht mit Geld und stattete das Haus in dem für die Epoche typischen prunkhaften Stil der ›Gründerjahre‹ aus. Im Parterre waren die Büros untergebracht, im Zwischengeschoß dehnte sich ein großer Ballsaal aus, wo die Offiziere der Garnison die Töchter der Lübecker Patrizier zum Tanz aufforderten. Oberhalb des Ballsaals befanden sich die Wohnräume. Der kleine Thomas hielt sich jedoch am liebsten im alten Haus der Großmutter auf, wo er im Garten herumlaufen und sich in den Schlupfwinkeln des verlassenen Gebäudes verstekken konnte. Die schönsten Augenblicke aber verdankte er dem am

Meer gelegenen Ort Travemünde, wohin man Jahr für Jahr fuhr. Dort bezauberte ihn die Macht zweier Elemente, die zu den dominierenden Motiven seiner Prosa gehören: das Meer und die Musik.

In dem Vorwort zu *Lübeck als geistige Lebensform* erinnert er sich der Eindrücke, die Travemünde bei ihm hinterlassen hat: »Da ist das *Meer*, die Ostsee, deren der Knabe zuerst in Travemünde ansichtig wurde, dem Travemünde von vor vierzig Jahren mit dem biedermeierlichen alten Kurhaus, den Schweizerhäusern und dem Musiktempel, in dem der langhaarig-zigeunerhafte kleine Kapellmeister Heß mit seiner Mannschaft konzertierte und auf dessen Stufen, im sommerlichen Duft des Buchsbaums, ich kauerte – Musik, die erste Orchestermusik, wie immer sie nun beschaffen sein mochte, unersättlich in meiner Seele ziehend. An diesem Ort, in Travemünde, dem Ferienparadies, wo ich die unzweifelhaft glücklichsten Tage meines Lebens verbracht habe, Tage und Wochen, deren tiefe Befriedigung und Wunschlosigkeit durch nichts Späteres in meinem Leben, das ich doch heute nicht mehr arm nennen kann, zu übertreffen und in Vergessenheit zu bringen war – an diesem Ort gingen das Meer und die Musik in meinem Herzen eine ideelle, eine Gefühlsverbindung für immer ein, und es ist etwas geworden aus dieser Gefühls- und Ideenverbindung – nämlich Erzählung, epische Prosa: – Epik, das war mir immer ein Begriff, der eng verbunden war mit dem des Meeres und der Musik, sich gewissermaßen aus ihnen zusammensetzte, und wie C. F. Meyer von seiner Dichtung sagen konnte, allüberall darin sei Firnenlicht, das große stille Leuchten, so möchte ich meinen, daß das Meer, sein Rhythmus, seine musikalische Transzendenz auf irgendeine Weise überall in meinen Büchern gegenwärtig ist, auch dann, wenn nicht, was oft genug der Fall, ausdrücklich davon die Rede ist.«[16]

Im Jahre 1882 trat der Knabe in die Volksschule ein. Nach drei Jahren wurde er in dem privaten ›Progymnasium von Dr. Bussenius‹, allgemein ›Kandidatenschule‹ genannt, untergebracht, wo er ebenfalls drei Jahre lang die Schulbank drückte. 1889 wurde er schließlich Schüler des ›Katharineums‹, eines Gymnasiums, dessen Anfänge in das 16. Jahrhundert zurückreichen. Das düstere Schulgebäude, im preußischen Kasernenstil errichtet, befand sich in unmittelbarer Nachbarschaft der Katherinenkirche. Mann hegte keine guten Erinnerungen an diese Zeit: »Ich verabscheute die Schule und tat ihren Anforderungen bis ans Ende nicht Genüge. Ich verachtete sie als Milieu, kritisierte die Manieren ihrer Machthaber und befand mich früh in einer Art literarischer Opposition gegen ihren Geist, ihre Disziplin, ihre Abrichtungsmethoden. Meine Indolenz, notwendig vielleicht für mein besonderes Wachstum; mein Bedürfnis nach viel freier Zeit für Müßiggang und stille Lektüre; eine wirkliche Trägheit meines Geistes, unter der ich noch heute zu leiden habe, machten mir den Lernzwang verhaßt und bewirkten, daß ich mich trotzig über ihn hinwegsetzte. Es mag sein, daß der humanistische Lehrgang meinen geistigen Bedürfnissen angemessener gewesen wäre. Zum Kaufmann bestimmt – ursprünglich wohl zum Erben der Firma –, besuchte ich die Realgymnasialklassen des ›Katharineums‹, brachte es aber nur bis zur Erlangung des Berechtigungsscheines zum einjährig-freiwilligen Militärdienst, das heißt bis zur Versetzung nach Obersekunda.«[17]

Der künftige Chef der Firma rackerte sich, wie man sieht, in der Schule nicht ab, und seine Unlust, ständig über den Büchern zu sitzen, teilte er voll und ganz mit seinem älteren Bruder Heinrich. »Mit den beiden Jungen war nicht viel Staat zu machen; in der Schule fielen sie durch Aufsässigkeit und Faulheit auf, was verzeihlich gewesen wäre, wenn sie sich wenigstens sportlich hervorgetan hätten. Gerade auf diesem Gebiet waren sie komplette Versager. Es ging das Gerücht, daß sie sich mit Literatur beschäftigten. Der Herr Senator konnte einem leid tun! Kein Wunder, daß er oft so nervös und deprimiert erschien.«[18]

Der einzige unter seinen Lehrern, an den sich der Dichter später mit Dankbarkeit erinnert, war der Deutschlehrer, der alte Baethcke, der ihnen die Schönheit der Schillerschen Poesie anpries und ihnen in den Kopf hämmerte: »Das ist nicht das erste-beste, was Sie lesen, es ist das Beste, was Sie lesen können!«[19] Mann sah Baethcke zum letztenmal 1926, als seine Stadt die Siebenhundertjahrfeier ihres Bestehens beging. »Es sind fünf Jahre«, entsinnt sich der Dichter 1931, »daß ich (anläßlich des 700jährigen Jubiläums der Freien Stadt) meinem Deutsch-, Latein- und Klassenlehrer von Untersekunda in Lübeck wieder begegnete. Dem schlohweißen Emeritus sagte ich, natürlich hätte ich immer den Eindruck eines vollendeten Tunichtgutes gemacht, hätte aber im stillen von seinen Stunden sehr viel gehabt.«[20]

Aus jener Zeit stammen die ersten literarischen Versuche des Jünglings, Romanzen und Dramen, die verlorengegangen sind. Unter den Kameraden verbreitete sich das Gerücht, daß Mann ›schreibt‹, was ihm den Ruf eines Sonderlings eintrug. »Begonnen hatte ich mit kindischen Dramen«, erinnerte Thomas Mann sich später einmal, »die ich mit meinen jüngeren Geschwistern vor den

Eltern und Tanten zur Aufführung brachte. Es folgten Gedichte an einen geliebten Freund, der unter dem Namen des Hans Hansen im ›Tonio Kröger‹ ein gewisses symbolisches Leben gewonnen hat, persönlich aber sich später dem Trunke ergab und in Afrika ein trauriges Ende nahm. Was aus der braunbezopften Tanzstundenpartnerin geworden ist, der weitere Liebeslyrik galt, kann ich nicht sagen.«[21] In dem Brief an eine Bekannte aus seinen Jünglingsjahren, Frieda Hartenstein, dem ersten der erhalten gebliebenen Briefe des Schriftstellers, finden wir die Erwähnung seines Dramas *Aischa.* Diesen Brief unterzeichnete der Absender recht pompös mit »Thomas Mann. Lyrisch-dramatischer Dichter.«[22]

Im Mai 1890 beging die Firma Mann das hundertjährige Jubiläum. Die Festlichkeiten waren, wie sich bald zeigte, der Schwanengesang der Kaufmannsfamilie, die eine prachtvolle Karriere hinter sich hatte, aber vor sich eine ungewisse Zukunft. »Ich sah den Reigen der Gratulanten, der Deputationen«, schilderte Mann dieses Jubiläum, »sah Stadt und Hafen in Flaggen, sah den bewunderten, mit furchtsamer Zärtlichkeit geliebten Mann des Tages, meinen Vater, weltgewandt ein Jahrhundert bürgerlicher Tüchtigkeit repräsentieren, und mein Herz war beklommen.«[23]

Der Tod des Vaters beschleunigte auf unerwartete Weise den Untergang des Handelshauses. Der Senator starb am 13. Oktober 1891 im einundfünfzigsten Lebensjahr. Mit ihm ging eine große Epoche zu Ende, die der Dichter in den *Buddenbrooks* wiederauferstehen ließ. Die letzten Jahrzehnte hatten die Entwicklung des Unternehmens nicht begünstigt. Die Aufhebung der Zunftprivilegien (1886), die Einführung von Schutzzöllen, die den billigen Import des russischen Weizens einfrieren ließen, schließlich der Ausbau von Kiel, Hamburg und Stettin, gegen deren Konkurrenz Lübeck nicht mehr aufkommen konnte, untergruben die Existenz der Firma Mann. »Mein Vater«, stellte der Dichter melancholisch fest, »starb an einer Blutvergiftung in verhältnismäßig jungen Jahren, als ich fünfzehn zählte. Er war dank seiner Intelligenz und seiner formalen Überlegenheit in der Stadt ein höchst angesehener, populärer und einflußreicher Mann gewesen, hatte aber an dem Gang seiner Privatgeschäfte seit Jahren schon nicht mehr viel Freude gehabt, und nach seiner Beerdigung, die an Ehrenpomp und Teilnahme alles überbot, was seit langem in dieser Art gesehen worden war, liquidierte die mehr als hundertjährige Getreidefirma.«[24]

Vor seinem Tode hatte sich Thomas Johann Heinrich Mann mit dem Gedanken ausgesöhnt, daß seine beiden ältesten Söhne nicht mehr seinen Spuren folgen würden. Er stellte das mit Resignation in seinem Testament fest, in dem er nur mehr seinem Bedauern Ausdruck gab, daß der Jüngste, Viktor, noch in der Wiege lag, »da solche Nachgeborenen oft recht gute wirtschaftliche Fähigkeiten hätten«,[25] was sich allerdings, wie die Zukunft zeigte, in diesem Falle nicht bewahrheitete. In seiner letztwilligen Verfügung ordnete der Senator die Liquidierung der Firma an, legte ausdrücklich fest, wo das aus dem Verkauf des Besitzes erlangte Bargeld anzulegen sei, und bestimmte die Erbanteile, die Höhe der Mitgiften sowie die Art, in der das Vermögen zu verwalten sei. So sah das Ende eines alten Kaufmannsgeschlechtes aus, dessen Geschichte von da an eine völlig andere Richtung nahm.

Nach dem Tod ihres Gatten übersiedelte Frau Julia aus dem Haus in der Beckergrube in die Villa in der Roeckstraße 9 und schickte ihren ältesten Sohn, Heinrich, nach Dresden, wo er einen praktischen Beruf in einer Buchhändlerlehre erlernen sollte. Bald danach verkaufte sie das Haus und begann sich auf die Abreise vorzubereiten. »Als im Oktober 1891«, lesen wir in Viktor Manns Erinnerungsbuch, »sich die Kränze über der Mannschen Familiengruft türmten, war unsere Mutter noch keine vierzig Jahre alt. Sie dachte nicht an eine zweite Ehe, sondern wollte nur ihren Kindern leben. Aber nicht in der Enge Lübecks, die nach Papas Tod und der Auflösung des alten Hauses immer fühlbarer wurde, sondern in heiterer freierer Luft. Mama hatte auf ihren Reisen mit Papa auf dem Weg in die Schweiz und nach Tirol auch Bayern kennen und lieben gelernt. Sie zog mit uns nach München.«[26] Sie reiste im Vorfrühling des Jahres 1892 ab, und Thomas blieb in Lübeck zurück, um das Gymnasium zu beenden; sie gab ihn zu einem Lehrer, Dr. Hupe, in Pension, von wo der Junge dann zu einem anderen Erzieher, Oberlehrer Dr. Timpe, übersiedelte. Der siebzehnjährige Thomas machte in der Schule mäßige Fortschritte, hatte jedoch große Vorliebe für Musik und Literatur, las viel und interessierte sich für die Ereignisse seiner Zeit. Es war die Zeit der preußischen Vorherrschaft, besiegelt durch den Sieg über Frankreich, nach welchem sich der König von Preußen im Januar des Jahres 1871 in Versailles zum Deutschen Kaiser proklamieren ließ. Dieser Sieg hatte die Vereinigung Deutschlands beschleunigt, es entstand der neue Staat, das Deutsche Reich: ein Bund von zweiundzwanzig Fürstentümern und drei Freien Städten – Hamburg, Bremen, Lübeck –, regiert von dem Hause Hohenzollern, dessen Herrschaft, gestützt auf die preußischen Junker und die deutsche Großbourgeoisie, bis 1918 währte.

Thomas Mann fühlte schon in seiner Kindheit, so wenig er sich darüber Rechenschaft ablegte, den Atem der Geschichte und sah ihre entscheidenden Akteure, obzwar diese damals schon in vorgeschrittenem Alter waren und von der Bühne abtraten. »Wie vielerfahren kommt man sich vor«, sagte er im Vortrag *Meine Zeit,* »wenn man bedenkt, daß man als Kind noch den alten Kaiser, Wilhelm den Ersten, oder den ›Großen‹, wie er unter seinem Enkel hieß, mit Augen gesehen hat. In seiner Jugend hatte er ›der Kartätschenprinz‹ geheißen, weil er 1848 das Volk mit dieser Art von Munition hatte beschießen lassen. Jetzt war er ein schon halb mythisch gewordener Heldengreis, ›im Siegerkranz‹ und ein nationales Idol majestätisch-milderen Charakters als sein eiserner Kanzler. Ich sah ihn, als sein Extrazug einmal Lübeck passierte und für einige Minuten in der verräucherten Bahnhofshalle anhielt. Die zugelassene Menge schrie Hurra. Honorationen begrüßten das Haupt des Reiches, und wir Kinder durften mit unserem ›Fräulein‹ andächtig nahebei stehen. Er war schon furchtbar alt, wie er da im Rahmen der Waggontür erschien, die Militärmütze sank ihm über den Kopf, der Backenbart war eisgrau, die Fingerenden seiner Handschuhe hingen lose über seine Finger hinaus, wenn er die Hand zitternd zum Mützenschirm hob, und dicht hinter ihm stand wachsam und wie zum Auffangen bereit sein Leibarzt. Auf dem Bratenrock eines der Herren von der Empfangsdeputation sah er das Eiserne Kreuz und erkundigte sich, in welcher Schlacht er es sich verdient habe. Ich glaube, darin bestand das formelle Gespräch, jedenfalls war es sein Kernpunkt. Unter neuen Hurras entführte der Zug den hohen Durchreisenden, und wir hatten Geschichte gesehen.«[27]

Der Kaiser erfreute sich aber nicht der allgemeinen Zuneigung des Volkes. 1878 vollführte man zwei Anschläge auf den mehr als achtzig Jahre alten Monarchen, die Bismarck den Vorwand lieferten, das Parlament aufzulösen und eine Treibjagd auf die Sozialisten zu beginnen. Der Ausnahmezustand, die sogenannten Sozialistengesetze, ermöglichten der Regierung die Auflösung von mehr als dreihundert Arbeiterorganisationen und die Einkerkerung ihrer Führer. Es begann die Periode der Haussuchungen, Verhaftungen und Verbannungen. Besonders fühlbar machte sich die Zensur, die zum Verbot vieler Zeitschriften führte. Das Wort Sozialdemokrat wurde als Schimpfname gebraucht.

»Sozialdemokratie«, entsinnt sich Mann aus seiner Schulzeit, »das war der Umsturz, das äußerste Sansculottentum, die Enteignung der Besitzenden, die Kulturzerstörung, Zerstörung überhaupt, und ich weiß noch, wie unser Schuldirektor einige böse Buben, die Tische und Bänke mit ihrem Taschenmesser zerschnitten hatten, in einer Strafpredigt anherrschte: ›Ihr habt euch benommen wie die Sozialdemokraten!‹ Alles lachte in der Aula, auch die Lehrer, aber er donnerte: ›Da ist nichts zu lachen!‹[28]

Im Hause der Familie Mann hegte man keinen Groll gegen die Preußen. Der Vater war ein loyaler Bürger, der an Autorität und Herrschaft glaubte, und der ältere Sohn, Heinrich, bewunderte als Jüngling Bismarck, Thomas empörte sich in der Schulzeit gegen die preußische Disziplin und die Kasernenstrenge im Gymnasium, doch blieb im Grunde seine Opposition gegen das Preußentum darauf beschränkt. Zu den geliebten historischen Gestalten des jungen Thomas Mann gehörte Friedrich II., dem er später eine Abhandlung widmete; und in den *Betrachtungen eines Unpolitischen* (1918) verteidigte er Bismarck gegen die Angriffe Nietzsches. Seine Auffassung änderte sich erst nach dem Ersten Weltkreig, der dem Haus Hohenzollern die Vernichtung brachte.

Der Lebensstil der siebziger und achtziger Jahre, in denen das deutsche Bürgertum flügge wurde, war kaum anregender als der Stil ihrer Politik. »Man lebte daher«, schreibt Egon Friedell, »in einer armseligen und aufgebauschten Welt aus Holzwolle, Pappendeckel und Seidenpapier. In allen ihren Schöpfungen herrscht die Phantasie der putzenden Künste: des Tapezierers, Konditors, Stukkateurs, die Phantasie der kleinsten Kombinationen.«[29] Die maßlos überladenen Wohnräume erinnerten an Leihhäuser oder Antiquitätenläden, die Vorliebe für glänzendes Material, Seide, Atlas, Vergoldungen, Elfenbein, Perlmutter triumphierte.

Der Ästhetik jener Ära drückte der Wiener Maler Hans Makart den Stempel auf; er übte starken Einfluß auf die Innenarchitektur, das Kunstgewerbe und die Mode aus. Ihm verdankte das zur Neige gehende 19. Jahrhundert seinen Stil, den sogenannten Makartstil. Auf Makarts neobarocken Bildern, die mit Vorliebe Festzüge oder Triumphe darstellten, kann man alles finden: kostbar funkelnde Steine, Marmor, Goldbrokat, Jaspis. Makart bestimmte den Geschmack der Epoche, war der Diktator der Formen und ästhetischen Vorstellungen: es gab Makartbuketts, Makartbälle, Makartzimmer, Makarttheater. Und doch kündigte sich auch die große, umstürzende Wandlung an – der Sieg der Technik.

»Die Pferdetrambahn«, erinnerte sich Thomas Mann, »trottete klingelnd durch die Straßen, und ich weiß auch, wie in München die letzte, mit Fähnchen geschmückt, in ihr Mausoleum gezogen wurde, da nun alle Linien elektrifiziert waren. Dem Übergang von der Petroleumlampe, der Gasflamme, die das Rampenlicht der Theater abgab, dem weiß leuchtenden Gasglühlichtstrumpf zum elektrischen Licht, – ich war davon Zeuge. Der erste Telefonkasten erschien in den Kontoren der Großkaufleute, wenn auch so bald noch nicht in den Wohnungen. Das Bicycle trat auf, in Europa Veloziped genannt: als groteskes Hochrad zuerst, auf dem der Fahrer saß wie das Äffchen auf hohem Kamel und dessen winziges Hinterrad so leicht vornüberschlug; als englisches Niederrad dann, das bei uns den Namen ›Safety‹ führte. Safety! Es war das englische Kennwort der Zeit. Die bürgerliche Sicherheit und ihr Liberalismus waren englisch. Im Schatten und Schutz des britischen Empire ruhte der Kontinent.«[30]

Nach der Abreise der Mutter blieb Thomas noch beinahe zwei Jahre in Lübeck. Er war allein, frei, mit dem Lernen plagte er sich nicht allzusehr ab – kein Wunder also, daß er jene Tage lobte. »Ich habe diese Zeit«, schrieb er nach Jahrzehnten, »in heiterer Erinnerung. Die ›Anstalt‹ erwartete nichts mehr von mir, sie überließ mich meinem Schicksal, das mir selbst durchaus dunkel war, dessen Unsicherheit mich aber, da ich mich trotz alledem gescheit und gesund fühlte, nicht zu bedrücken vermochte. Ich saß die Stunden ab, lebte aber im übrigen sozusagen auf freiem Fuß und stand mich gut mit den Pensionskameraden, an deren verfrühten Studentenkommersen ich zeitweise mit leutseligem Übermut teilnahm.«[31]

Zu den schönsten Erlebnissen dieser zwei Jahre gehörten die Abende im Operntheater, wo der Junge Bekanntschaft mit der Musik Wagners schloß. »Später«, lesen wir in einer der Erinnerungen Thomas Manns, »war es ein künstlerisches Kapital-Ereignis meines Lebens, die Begegnung mit der Kunst Richard Wagners, die das Theater meiner Heimatstadt mir vermittelte, – eine Begegnung, von deren entscheidender, prägender Wirkung auf meinen Kunstbegriff ich jedesmal gesprochen habe, wenn es Erläuterndes zur geistigen Geschichte meiner Bücher zu sagen galt. Damals war der junge Emil Gerhäuser Heldentenor der städtischen Oper. In seiner Stimme Maienblüte sang er den Tannhäuser, den Walther Stolzing und noch häufiger den Lohengrin. Ich will mich nicht vermessen, aber ich glaube, einen empfänglicheren, einen hingenommeneren Zuhörer hat das Stadttheater nie beherbergt, als ich es an jenen zaubervollen Abenden war. Ich war da, wenn es irgend ging, erlaubter- und unerlaubterweise. Ich hatte sozusagen einen festen Platz im Sitz-Parterre, der die billigste Kategorie nach dem Steh-Parterre bildete, einen Platz, der nicht wie die anderen eine Nummer trug, sondern mit dem Buchstaben A bezeichnet war. Dieser also war mein Leib- und Lieblingsplatz, und ich kaufte ihn von dem alten Billeteur Weingarten oder Weingartner (ich bin des Namens nicht mehr ganz sicher), einem abgetakelten Mimen, der vom Theater nicht lassen konnte und sitzend in einer Art von ungelüfteter Höhle, die von einer Gasflamme erleuchtet war, fettige Pappkarten ausgab, die einem von der Kontrolle abgenommen und immer wieder verkauft wurden.«[32]

Die Abneigung gegen die Schule ließ Mann sich mit dem Sohn eines Lübecker Buchhändlers, Otto Grautoff, und einigen anderen Schülern verbünden, die mit den Lehrern ihr Hühnchen zu rupfen hatten. Gemeinsam mit jenen gründete Mann im Mai 1893 die Schülerzeitschrift *Frühlingssturm*. Der Untertitel des Blattes war schwülstig und lang – *Monatsschrift für Kunst, Literatur und Philosophie* –, aber sein Leben bescheiden und kurz. Das Programm verkündete kriegslustige und radikale Parolen. Die Redaktion bedauerte es, daß Lübeck eine verknöcherte Stadt sei, »verstaubt«, und sie kündigte das drohende Aufkommen eines Frühlingssturms an, der die Atmosphäre reinigen, Staub aufwirbeln und für eine frische Brise sorgen würde: »Frühlingssturm! Ja, wie der Frühlingssturm in die verstaubte Natur, so wollen wir hineinfahren mit Worten und Gedanken in die Fülle von Gehirnverstaubtheit und Ignoranz und bornierten, aufgeblasenen Philistertums, die sich uns entgegenstellt. Das will unser Blatt, das will der ›Frühlingssturm‹!«[33] Es versteht sich, daß ein Aufruhr von solcher Unbeugsamkeit sich tarnen mußte: ›Paul Thomas‹ lautete das Pseudonym, mit dem der junge Redakteur seine Aufsätze in dem Blatt zeichnete.

Thomas Mann versorgte den *Frühlingssturm* mit Versen und kritischen Aufsätzen. Sein literarisches Idol war damals Heinrich Heine. Der Gymnasiast kannte nicht nur Heines Lyrik, sondern auch dessen Prosa, die er hoch einschätzte. Im zweiten und gleichzeitig letzten Heft der Monatsschrift druckte er sogar einen kleinen Aufsatz ab, in dem er gegen den »mäßig stilisierten« Artikel eines Dr. Conrad Scipio polemisierte, der sich erdreistete, Heine auf die Schulter zu klopfen, und »aus Leibeskräften bewies, das lockere Privatleben Heines müsse man demselben unbedingt verzeihn, weil er doch im Grunde ein guter Protestant und ein guter Patriot gewesen sei«.[34] Eben gegen diese Komplimente verteidigte der junge Mann den Autor des *Romanzero:* »Nein, Heinrich Heine war kein

›guter‹ Mensch. Er war nur ein *großer* Mensch. Nur ...!«[35] Der Dichter bewahrte Heine durch lange Jahre die Treue – in der Skizze *Über Heine* (1908) bezeichnete er ihn sogar als den besten deutschen Prosaschriftsteller vor Nietzsche –, er las ihn immer gerne wieder, noch als bejahrter Mann, besonders als er den *Doktor Faustus* schrieb.

Neben Heinrich Heine war Friedrich Schiller der Lieblingsautor des Gymnasiasten. Von den Dramen war es vor allem *Don Carlos,* der den Jüngling begeisterte. Schiller hinterließ in Manns Werk tiefere Spuren als Heine, besonders in seinen früheren Jahren, die er in München verbrachte. Das zeigte sich in der Novelle *Schwere Stunde* (1905), wo wir den Klassiker in einem Augenblick der Verzweiflung finden, in tiefer Nacht in seinem Jenaer Zimmer, erschöpft von der Arbeit am *Wallenstein,* dem Werk, »von dem er geflohen war, dieser Last, diesem Druck, dieser Gewissensqual, diesem Meer, das auszutrinken, dieser furchtbaren Aufgabe, die sein Stolz und sein Elend, sein Himmel und seine Verdammnis war«.[36] Der Faden zu Schiller riß erst im Todesjahr Manns, dessen letzter Vortrag, später zu einem umfangreichen Essay ausgebaut, ein Abschied vom Autor des *Don Carlos* war.

Von den zeitgenössischen Dichtern faszinierte den jungen Mann Ibsen, dessen *Baumeister Solneß* er im *Frühlingssturm* rezensierte, und, mehr als alle anderen, der damals vielgelesene Hermann Bahr, der fast sämtliche literarischen Richtungen der Epoche durchlief, vom Naturalismus über die Neoromantik und den Impressionismus bis zum Expressionismus, ohne bei einer von ihnen allzulange zu verweilen. Der Naturalismus, wie er sich in den ersten Stücken Gerhart Hauptmanns gebärdete, machte auf den Achtzehnjährigen keinen besonderen Eindruck.

Im März 1894 war für Mann die Schule zu Ende. Er verzichtete auf das Abitur und fuhr zu seiner Familie nach München, wo er die nächsten vierzig Jahre verbrachte. In die Stadt der Kindheit kam er von da ab nur mehr selten. 1926 war er dort Gast bei der Siebenhundertjahrfeier und zum letztenmal einige Monate vor seinem Tod, um die Ehrenbürgerschaft der Stadt in Empfang zu nehmen, die ihren berühmtesten Sohn lange ignoriert hatte, weil er in den *Buddenbrooks* mehr als ein Dutzend ihrer Bürger porträtiert hatte. Gibt man der Formel einen erweiterten Sinn, so darf man sagen: Thomas Mann hat sich eigentlich nie von Lübeck getrennt. Die Stadt lebt in seinem ganzen Werk, sich ewig verwandelnd. Ihr Bild, ihre Architektur, ihre Sprache, ihre Aura, ihre Menschen bilden den Hintergrund der *Buddenbrooks*. Lübeck kehrt in vielen Erzählungen wieder, vor allem im *Tonio Kröger*. Zum letztenmal erscheint es im *Doktor Faustus*, dessen Held aus einer Stadt stammt, die in vieler Hinsicht an den alten Ostseehafen erinnert.

Lübeck überdauerte in seinem Denken als ›geistige Form‹ – diesen Titel führte auch der Vortrag, den er 1926 anläßlich des Jubiläums der Stadt hielt: *Lübeck als geistige Lebensform*. »Immerhin ist das nordische Element«, schrieb er in einem seiner Briefe, »bei mir in dem Grade stärker betont, daß ich in München, wohin ich, noch halb ein Knabe, mit meinen Geschwistern verpflanzt wurde, seelisch eigentlich niemals heimatberechtigt geworden bin. Die katholisch-volkstümliche Sphäre ist die meine nicht. Meine Welt ist vielmehr, gesellschaftlich gesprochen, diejenige patrizischer Bürgerlichkeit, geistig gesprochen die eines Individualismus protestantischer Innerlichkeit, in welcher einst der ›Bildungsroman‹ gedieh.«[37] Lübeck, das war die Tradition der alten Kultur, der bürgerlichen Tugenden und der Zuverlässigkeit, die Wiege der Familiensaga, das war die Welt der ehemaligen Bürgerschaft, deren Epiker Thomas Mann in späterer Zeit wurde.

Lübeck verkörperte auch den Glanz und das Elend der deutschen Geschichte. In dieser freien Reichsstadt, in der kleinen Republik, deren Tore für die Welt offen waren und die mit vielen Ländern Europas und anderer Kontinente Handel trieb, erhielt sich noch das Mittelalter, spukten die dämonischen Gewalten der Vergangenheit, die im *Doktor Faustus* mit so eindringlicher Kraft beschrieben werden. In ebendiesem Sinne besann sich Mann der Stadt seiner Jugend in seinem Vortrag *Deutschland und die Deutschen* (1945):

»Es war das alte Lübeck, nahe dem Baltischen Meer, einst Vorort der Hansa, gegründet schon vor der Mitte des zwölften Jahrhunderts und von Barbarossa zur freien Reichsstadt erhoben im dreizehnten. Das außerordentlich schöne Rathaus, in dem mein Vater als Senator aus und ein ging, war vollendet in dem Jahr, als Martin Luther seine Thesen anschlug ans Tor der Schloßkirche von Wittenberg, also bei Anbruch der neuen Zeit. Aber wie Luther, der Reformator, nach Denkungsweise und Seelenform zum guten Teil ein mittelalterlicher Mensch war und sich zeit seines Lebens mit dem Teufel herumschlug, so wandelte man auch in dem protestantischen Lübeck, sogar in dem Lübeck, das ein republikanisches Glied des Bismarckschen Reiches geworden war, tief im gotischen Mittelalter, und dabei denke ich nicht nur an das spitz getürmte Stadtbild mit Toren und Wällen, an die humoristisch-makabren Schauer, die von der Totentanz-Malerei in der Marienkirche ausgingen, die winkligen, verwunschen anmutenden Gassen, die oft noch nach alten Handwerkszünften, den Glockengießern, den Fleischhauern, benannt waren, und an die pittoresken Bürgerhäuser. Nein, an der Atmosphäre selbst war etwas hängengeblieben von der Verfassung des Menschengemütes – sagen wir: in den letzten Jahrzehnten des fünfzehnten Jahrhunderts, Hysterie des ausgehenden Mittelalters, etwas von latenter seelischer Epidemie. Sonderbar zu sagen von einer verständig-nüchternen modernen Handelsstadt, aber man konnte sich denken, daß plötzlich hier eine Kinderkreuzzug-Bewegung, ein Sankt-Veits-Tanz, eine Kreuzwunder-Exzitation mit mystischem Herumziehen des Volkes oder dergleichen ausbräche, – kurzum ein altertümlich-neurotischer Untergrund war spürbar, eine seelische Geheimposition, deren Ausdruck die vielen ›Originale‹ waren, die sich in solcher Stadt immer finden, Sonderlinge und harmlos Halb-Geisteskranke, die in ihren Mauern leben und gleichsam wie die alten Baulichkeiten zum Ortsbild gehören.«[38]

Die ersten Versuche

In München lebte Mann bei seiner Mutter, die in der Rambergstraße eine geräumige Wohnung besaß. Im April 1894 begann er sehr ungern – »das Wort ›vorläufig‹ im Herzen«[1] – ein Praktikum als Volontär in der Süddeutschen Feuerversicherungsbank, deren Direktor früher ein ähnliches Unternehmen in Lübeck besessen hatte und der mit dem verstorbenen Senator befreundet gewesen war. »Eine sonderbare Episode«, schrieb der Dichter nach vielen Jahren. »Unter schnupfenden Beamten kopierte ich Bordereaus und schrieb zugleich heimlich an meinem Schrägpult meine erste Erzählung, eine Liebesnovelle mit dem Titel ›Gefallen‹, die mir den ersten literarischen Erfolg brachte.«[2]

Die Erzählung erschien zuerst in der literarischen Zeitschrift *Gesellschaft,* die von Michael Georg Conrad, einem der Pioniere des deutschen Naturalismus, geleitet wurde. Der junge Autor erhielt sogar einen anerkennenden Brief von Richard Dehmel, der ebenfalls im Zeichen des Naturalismus begonnen, sich aber bald von dieser Richtung abgewendet hatte. Dehmel, um acht Jahre älter als Mann, hatte damals bereits literarischen Erfolg aufzuweisen, zwei Gedichtbände waren da, dessen zweiter, *Aber die Liebe*, ihn berühmt gemacht hatte. Gefesselt von der Erzählung des unbekannten Verfassers, ermutigte er diesen mit herzlichen Worten zu weiterer Arbeit und versprach, ihn in der Zeitschrift *Pan,* die kürzlich gegründet worden war, zu unterstützen.

In der Novelle *Gefallen* wendete Mann eine in dieser Zeit ziemlich populäre Technik an – er bediente sich eines Erzählers, der die Leser über die Ereignisse unterrichtet. Der Held der Novelle erzählt von seinem Abenteuer mit einer gefallenen Frau. Es ist die Geschichte eines Eroberers und einer enttäuschten Geliebten, die Erzählung vom Sterben der Gefühle und von der Unmöglichkeit des Glücks. Hier, in der ersten Novelle, zeichnet sich bereits der Konflikt der künftigen Werke Thomas Manns ab: der Widerstreit von Kunst und Leben. Der Held eröffnet die lange Reihe der Mannschen ›Künstler‹, er erzählt seine Geschichte »gleich fix und fertig«

als Novelle, denn er hat sich »einmal mit dergleichen beschäftigt«.[3] Das Werk spricht von der Ohnmacht des Künstlers gegenüber der Wirklichkeit, die ihn anlockt und zugleich abstößt. Die Erzählung ist charakteristisch, nicht so sehr im Hinblick auf ihre Form als vielmehr des Themas wegen. Der Autor selbst maß der Novelle keine größere Bedeutung bei und nahm sie in keine seiner ausgewählten Erzählungen auf. Später bezeichnete er sie als »schreiend unreifes, aber vielleicht nicht unmelodiöses Produkt«.[4]

Dehmels Lob konnte man, wie Viktor Mann schreibt, »(einen) Erfolg nennen. Wem der ›Pan‹ offenstand, bedeutete in der modernen Dichtung schon etwas. Ich erinnere mich aus späterer Zeit, daß seine Ausgaben von der Familie sehr ehrfürchtig behandelt wurden. Es waren dicke Hefte großen Formates mit einem Pankopf auf dem Titelblatt und büttenähnlichem, grob gerandetem Papier«.[5] Dehmels Ermunterung tat ihre Wirkung. Im Herbst desselben Jahres verzichtete Mann, übrigens ohne Bedauern, auf seine Beamtenlaufbahn. »Meine Bürotätigkeit«, schrieb er, »in der ich von Anfang an ein reines Verlegenheitsprovisorium erblickt hatte, endete schon nach Jahresfrist. Mit Hilfe eines Rechtsanwalts, der meine Mutter beriet und Vertrauen zur mir gefaßt hatte, gewann ich die Freiheit. Unter seiner Zustimmung erklärte ich, ›Journalist‹ werden zu wollen, ließ mich an den Münchner Hochschulen, der Universität und dem Polytechnikum, als Hörer eintragen und belegte Vorlesungen, die geeignet schienen, mich auf jenen etwas unbestimmten Beruf allgemein vorzubereiten: historische, nationalökonomische, kunst- und literaturgeschichtliche Unterweisungen, die ich zeitweise regelmäßig und nicht ganz ohne Nutzen besuchte.«[6]

Im studentischen Kreis freundete sich Mann mit den Mitgliedern des ›Akademisch-Dramatischen Vereins‹ an, und in den Münchner Kaffeehäusern, wo er als Autor der Novelle *Gefallen* kein Unbekannter mehr war, schloß er Bekanntschaft mit einer beträchtlich großen Zahl von Theater- und Literaturliebhabern, besonders mit dem jungen Juristen Koch, der später als Politiker zu ziemlich hohem Ansehen gelangte. Er lernte auch einige beliebte Schriftsteller kennen, unter ihnen Otto Erich Hartleben, einen begabten Komödienschreiber und Lyriker, der ein Zigeunerleben führte, und Oskar Panizza, Mediziner, Dramatiker und Autor phantastischer Erzählungen. Panizza, wegen Gotteslästerung vor Gericht gestellt, dann wegen Majestätsbeleidigung angeklagt, verfiel 1904 dem Wahnsinn und verbrachte den Rest seines Lebens in einer Irrenanstalt.

Den ›Akademisch-Dramatischen Verein‹ nahm eine Zeitlang

der Lustspielautor und Verfasser humoristischer Erzählungen Ernst von Wolzogen unter seine Obhut, und unter seiner Leitung bereitete das Studentenensemble die deutsche Erstaufführung von Ibsens *Wildente* vor. Wolzogen spielte die Rolle des alten Ekdal, Thomas Mann den Kaufmann Werle. Das war der erste und zugleich letzte Bühnenauftritt des jungen Dichters. Die Epik, nicht das Theater, sollte zu seinem Element werden.

An der Jahreswende 1894/95 beendete Mann zwei weitere Novellen, *Der kleine Herr Friedemann* und *Der Bajazzo*, die den Problemkreis von *Gefallen* erweiterten. Der Konflikt der Mannschen Prosa nahm allmählich tragischeren Charakter an: die Kunst vereinigte sich mit dem Tod, und das Leben identifizierte sich mit der Idee des Bürgertums, im guten wie im schlechten Sinn. Der schwarze Engel des Untergangs streifte den Künstler mit seinen Flügeln. Zwischen Kunst und Leben, Geist und Materie, Künstler und Bürger tat sich eine tiefe Kluft auf.

Die Lebensszenerie Thomas Manns veränderte sich völlig. Die Hauptstadt Bayerns, das war eine andere Welt – verglichen mit dem kleinen und provinziellen Lübeck machte München den Eindruck einer Metropole. Am Ende des 19. Jahrhunderts galt München als Hauptzentrum des kulturellen und künstlerischen Lebens Deutschlands. Die Stadt an der Isar war das Mekka der Maler, hierher kamen Künstler aus ganz Europa, an der Münchner Akademie studierten junge Kunstadepten aus verschiedenen Ländern, malten, zeichneten. München erfreute sich einer alten Musiktradition, es besaß ausgezeichnetes Theater, eine Oper, die seit langem als eine der prachtvollsten Musikbühnen Europas galt, das berühmte Hoftheater, in dem die Uraufführungen von Wagners Musikdramen stattfanden. In München hatten sich auch viele Verlage niedergelassen, erschienen Zeitschriften, entfaltete sich reges literarisches Leben, und in den Kaffeehäusern konnte man viele bekannte und anerkannte Schriftsteller treffen.

Mitte der neunziger Jahre, als Thomas Mann seine literarische Laufbahn begann, war der Naturalismus bereits in eine Krise geraten, und die antirationalistischen Strömungen begannen Oberhand zu gewinnen: die Neoromantik, der Impressionismus, der Symbolismus. Diese Wende zeigte sich am deutlichsten in dem Werk des größten Dramatikers des Naturalismus, Gerhart Hauptmanns; nach der realistischen Komödie *Der Biberpelz* kam in Berlin das Märchenspiel *Hanneles Himmelfahrt* zur Aufführung, ein Stück mit ganz anderer Atmosphäre, als sie in seinen bisherigen Bühnenwerken herrschte. In der Literatur machten sich Resignation und Ermüdung bemerkbar, man war überzeugt, daß die Zivilisation an ihrem Abgrund stand. Vorahnungen von Krise und Untergang, die Erwartung einer Katastrophe und ein »Heldentum der Schwäche«, all dies wurde mit dem Begriff ›Dekadenz‹ umschrieben. Wenn Musset noch zutiefst darunter litt, daß er das Kind einer vergreisenden, erlöschenden Kultur war, so fand man im Zeitalter des Fin de siècle Gefallen daran, mit dem Gedanken des unvermeidlichen Untergangs zu spielen; die Melancholie der Vernichtung und der Selbstzerstörung bemächtigte sich der Geister.

»Das Wort ›décadence‹«, erinnert sich Mann, »von Nietzsche mit so viel psychologischer Virtuosität gehandhabt, drang ein in den intellektuellen Jargon der Zeit; ein deutsches novellistisches Sittenbild von damals, heute vergessen, hieß geradezu ›Roman aus der Décadence‹; müd ästhetisierende Überreife, Verfall bildeten Thema und Tonfall der Lyrik von Hofmannsthal bis Trakl; und was das über Europa hingehende Schlagwort ›Fin de siècle‹ nun immer meinen mochte, Neu-Katholizismus, Satanismus, das geistige Verbrechen, die mürbe Überlieferung des Nervenrausches, – auf jeden Fall war es eine Formel des Ausklangs, die allzu modische und etwas geckenhafte Formel für das Gefühl des Endes, des Endes eines Zeitalters, des bürgerlichen.«[7]

Manns Schutzheilige dieser Zeit waren zwei Denker und ein Musiker; sie übten einen ungeheuren Einfluß auf den künftigen Verfasser der *Buddenbrooks* aus und prägten sein Jugendwerk in starkem Maße: Schopenhauer, Nietzsche, Wagner. Sie waren am Beginn seines Weges an seiner Seite und begleiteten ihn durch viele seiner geistigen Wandlungen. Ohne sie ist die Metamorphose und Besonderheit seiner Prosa kaum zu erfassen.

In der Abhandlung *Betrachtungen eines Unpolitischen* bezeichnete Thomas Mann das Hauptwerk Schopenhauers, *Die Welt als Wille und Vorstellung*, als metaphysischen Zaubertrank, dessen innerstes Wesen die Erotik und das musikalische Element seien. Im Zeitalter der deutschen Klassik war das wichtigste Gebiet der Kunst die Dichtung, die ersten Romantiker favorisierten teilweise die Malerei, aber schon die Spätromantik gab der Musik den Vorrang. Die Theorie vom Primat der Musik fand allerstärksten Ausdruck in der Philosophie Schopenhauers, der in den anderen Künsten das Spiegelbild einer Idee, Symptome des Willens sah, in der Musik jedoch den unmittelbaren Ausdruck des Willens an sich. Noch 1938, also aus großer Distanz, sprach Mann in seinem Essay über Schopenhauer von dessen ›Todes-Erotik‹ und »musikalisch-logischem Gedankensystem, geboren aus einer enormen Spannung von Geist und Sinnlichkeit – einer Spannung, deren Ergebnis und überspringender Funke eben Erotik ist«.[8] Den jungen Mann beeinflußten vor allem der Pessimismus und die ästhetische Doktrin des Philosophen aus Danzig, die eine Erlösung vom Willen, von der Macht der Instinkte und der dumpfen Leidenschaft allein in der Sphäre der Kunst zu finden vermeinte.

»Es bezeichnet recht eigentlich die Krankheit meiner Jugend«, sagt Mann, »die, so glaube ich mich zu erinnern, meiner Empfänglichkeit für die Philosophie Schopenhauers, die mir erst nach einiger Bekanntschaft mit Nietzsche entgegentrat, nicht wenig Vorschub leistete. Ein *seelisches* Erlebnis ersten Ranges und unvergeßlicher Art, – während dasjenige Nietzsches eher ein geistig-künstlerisches zu nennen wäre. Es ging mir mit diesen Büchern ein wenig so, wie ich es meinem Thomas Buddenbrook dann mit dem Bande Schopenhauers ergehen ließ, den er in der Schublade des Gartentisches findet: die Brockhausausgabe war ein Okkasionskauf beim Buchhändler gewesen, geschehen mehr um des Besitzes als um des Studiums willen, und Jahr und Tag hatten die Bande unaufgeschnitten das Bord gehütet. Aber die Stunde kam, die mich lesen ließ, und so las ich denn, Tage und Nächte lang, wie man wohl nur einmal liest. An meiner Erfülltheit, meiner Hingerissenheit hatte die Genugtuung über die machtvolle sittlich-geistige Verneinung und Verurteilung der Welt und des Lebens in einem Gedankensystem, dessen symbolische Musikalität mich im tiefsten ansprach, einen bezeichnenden Anteil. Ihr Wesentliches aber war ein metaphysischer Rausch, der mit spät und heftig durchbrechender Sexualität (ich spreche von der Zeit um mein zwanzigstes Jahr) viel zu tun hatte und der eher leidenschaftlich-mystischer als eigentlich philosophischer Art war. Nicht um ›Weisheit‹, um die Heilslehre der Willensumkehr, dies buddhistisch-asketische Anhängsel, das ich rein lebenskritisch-polemisch wertete, war es mir zu tun: was er mir antat auf eine sinnlich-übersinnliche Weise, war das erotisch-einheitsmystische Element dieser Philosophie, das ja auch die nicht im geringsten asketische Tristanmusik bestimmt hatte, und wenn mir damals der Selbstmord gefühlsmäßig sehr nahe stand, so eben darum, weil ich begriffen hatte, daß es keineswegs eine Tat der ›Weisheit‹ sein würde. Heilig leidvolle Wirren drängender Jugendzeit! Es war eine glückliche Fügung, daß sich mir sogleich die Möglichkeit bot, mein überbürgerliches Erlebnis in das zu Ende gehende Bürgerbuch einzuflechten, wo es dienen mochte, Thomas Buddenbrook zum Tode zu bereiten.«[9]

»Das Bekenntnis Thomas Manns«, sagt Arnold Hauser, »daß ihm der Sinn des Künstlerischen erst durch die Musik Wagners aufgegangen sei, ist im höchsten Maße symptomatisch. ›Le sang, la volupté et la mort‹, der romantische Rausch der Sinne und der Salto mortale der Vernunft bedeuteten noch um die Wende des Jahrhunderts den Inbegriff der Kunst. Der Kampf des 19. Jahrhunderts mit dem Geist der Romantik blieb unentschieden; die Entscheidung brachte erst das neue Jahrhundert.«[10] Die Gestalt und das Werk Richard Wagners spielten im Deutschland der zweiten Hälfte des 19. Jahrhunderts eine Rolle, die über den Bereich der Musik hinausging. Wagner wollte mehr, als Musikstücke und Opern schreiben, er wollte die Kunst erneuern, ihr den Charakter religiöser Weihe geben, den sie in der Antike besaß. Die Wagner-Oper sollte ein universales Werk werden, ein Gebilde, in dem alle Künste zusammenwirkten: die Dichtung, die Malerei, die Musik, die Schauspielkunst. Das ›Musikdrama‹ stellte sich der Meister als Einheit vor, in der sich jedoch das musikalische Element dem Drama unterordnete.

Der Komponist entschloß sich, um das Mißverständnis zwischen Ausdruck (Drama) und Ausdrucksmittel (Oper) zu umgehen, die Texte seiner Opern selbst zu schreiben, und bediente sich dabei teilweise der altgermanischen Stabreime und der bombastischen Sprache früherer Jahrhunderte. Wagner übernahm bekanntlich seine Musiktheorie von Schopenhauer, aber er begriff nicht, daß der Philosoph, wenn er der Musik den höchsten Rang im Bereich der Kunst zuwies, gar nicht an die Oper dachte, die er sogar aus der Sphäre der erhabenen Musik ausschloß. Mozart und Rossini, sagte Schopenhauer ironisch, behandelten Operntexte zu Recht mit Verachtung, und Gluck ginge irre, da er die Musik zur Sklavin schlechter Dichtung machte. Es ist heute schwer vorstellbar, welche Faszination von Wagner und seinem Musikdrama auf die Zeitgenossen ausging, welche hypnotische Wirkung er auf das Zeitalter ausübte – mit seinem Werk, seiner schauspielerischen Geste, seiner Pose. Nietzsche, der am nachdrücklichsten das ungewöhnliche Talent und die Bombastik des Autors von *Lohengrin* aufzeigte, schrieb diese Wirkung Wagners Sensualität zu, dem Sinnesrausch und der spezifischen Beziehung des Musikers zur Kunst, die dem Geist der Dekadenz entsprach.

Thomas Mann bezeichnete seine Beziehung zu Wagner als eine Mischung von Bewunderung und Abneigung. Man könnte von seiner Haßliebe oder auch von seinem liebevollen Haß zum Komponisten sprechen. »Was überdies meinem Verhältnis zu ihm«, schrieb er 1911, »etwas Unmittelbares und Intimes verlieh, war der Umstand, daß ich heimlich stets, dem Theater zum Trotz, einen großen Epiker in ihm sah und liebte. Das Motiv, das Selbstzitat, die symbolische Formel, die wörtliche und bedeutsame Rückbeziehung über weite Strecken hin, – das waren epische Mittel nach meinem Empfinden, bezaubernd für mich eben als solche; und früh hab' ich bekannt, daß Wagners Werke so stimulierend wie sonst nichts in der Welt auf meinen jugendlichen Kunsttrieb wirkten, mich immer aufs neue mit einer neidisch-verliebten Sehnsucht erfüllten, wenigstens im Kleinen und Leisen, auch dergleichen zu machen. Wirklich ist es nicht schwer, in meinen ›Buddenbrooks‹, diesem epischen, von Leitmotiven verknüpften und durchwobenen Generationszuge, vom Geiste des ›Nibelungenringes‹ einen Hauch zu verspüren.

Lange Zeit«, führt Thomas Mann weiter aus, »stand des Bayreuthers Name über all meinem künstlerischen Denken und Tun. Lange Zeit schien mir, daß alles künstlerische Sehnen und Wollen in diesen gewaltigen Namen münde. Zu keiner Zeit aber, auch nicht, als ich keine ›Tristan‹-Aufführung des Münchner Hoftheaters versäumte, wäre mein Bekenntnis über Wagner eigentlich ein Bekenntnis zu Wagner gewesen. Als Geist, als Charakter schien er mir suspekt, als Künstler unwiderstehlich, wenn auch tief fragwürdig in bezug auf den Adel, die Reinheit und Gesundheit seiner Wirkungen, und nie hat meine Jugend sich ihm mit jener vertrauensvollen Hingabe überlassen, mit der sie den großen Dichtern und Schriftstellern anhing, – jenen Geistern, von denen Wagner als von ›Literaturdichtern‹ fast mitleidig sprechen zu dürfen glaubte. Meine Liebe zu ihm war eine Liebe ohne den Glauben, – denn stets schien es mir pedantisch, nicht lieben zu können, ohne zu glauben. Es war ein Verhältnis, – skeptisch, pessimistisch, hellsichtig, fast gehässig, dabei durchaus leidenschaftlich und von unbeschreiblichem Lebensreiz. Wunderbare Stunden tiefen, einsamen Glückes inmitten der Theatermenge, Stunden voller Schauer und kurzer Seligkeiten, voll von Wonnen der Nerven und des Intellekts, von Einblicken in rührende und große Bedeutsamkeiten, wie nur diese nicht zu überbietende Kunst sie gewährt!

Heute jedoch glaube ich nicht mehr, wenn ich es jemals glaubte, daß die Höhe eines Kunstwerks in einer Unüberbietbarkeit seiner Wirkungsmittel bestehe. Und ich meine zu wissen, daß Wagners Stern am Himmel deutschen Geistes im Sinken begriffen ist.«[11]

Mann gab auch mehrmals zu verstehen, daß ihn nur die Musik Wagners bezauberte und nicht seine Theorie und Ideologie, gegen die er manche Bedenken hatte. »Goethe hätte Wagner als grundwiderwärtige Erscheinung empfinden müssen«, lesen wir in einem Brief aus dem Jahre 1911. »Freilich war er großen Tatsachen und Wirkungen gegenüber moralisch sehr tolerant und zuweilen frage ich mich, ob er uns nicht geantwortet hätte: ›Der Mann ist euch zu groß‹. Aber das wäre seine Sache. Die Deutschen sollte man vor die Entscheidung stellen: Goethe oder Wagner. Beides zusammen geht nicht. Aber ich fürchte, sie würden ›Wagner‹ sagen. Oder doch vielleicht nicht? Sollte nicht doch vielleicht jeder Deutsche im Grunde seines Herzens *wissen*, daß Goethe ein unvergleichlich verehrungs- und vertrauenswürdigerer Führer und Nationalheld ist, als dieser schrumpfende Gnom aus Sachsen mit dem Bombentalent und dem schäbigen Charakter?«[12]

Einer sehr merkwürdigen Verwandlung unterlagen Nietzsches Gedanken in den Auffassungen und im Werk des jungen Mann. Der Autor der *Geburt der Tragödie* übte auf den Anfänger einen wohl noch größeren Einfluß aus als Schopenhauer oder Wagner, was begründet war. Denn als Mann seine schriftstellerische Laufbahn begann, »war Schopenhauer keineswegs mehr der Philosoph des Tages, er war von gestern oder vorgestern, war bürgerliches Zeitalter, Museum, *Bildung*, – die in mir noch einmal aus dem schon Historischen sich löste und leidenschaftliches Erleben wurde«.[13] Wagner wendete sich der Vergangenheit zu und zwang außerdem zu ›Vorsicht‹, weil sein Pathos, seine Vorliebe für Effekt und Theatralik so enervierend waren, daß am Ende sogar der treue Nietzsche ihn aufgab. Der Schüler wendete sich gegen den Meister und nannte ihn einen Hysteriker und ›Mimomanen‹. Nietzsche hingegen war ›aktuell‹, durch und durch zeitgenössisch, seine Gedanken zogen immer weitere Kreise. Zum wachsenden Interesse an seiner Person trug die Atmosphäre der Kompromißlosigkeit, des Leidens und der absoluten Einsamkeit bei, die ihn umgab. »Die Tragödie Friedrich Nietzsches«, sagt Stefan Zweig, »ist ein Monodram: sie stellt keine andere Gestalt auf die kurze Szene seines Lebens als ihn selbst. In allen den lawinenhaft abstürzenden Akten steht der einsam Ringende allein, niemand tritt ihm zur Seite, niemand ihm entgegen, keine Frau mildert mit weicher Gegenwart die gespannte Atmosphäre.«[14]

Jene Elemente in den Auffassungen Nietzsches, die für die Popularität des ›Modephilosophen‹ ausschlaggebend waren, die Verehrung des Übermenschen, die Apotheose der ›blonden Bestie‹, die

Verachtung der Masse, der Ästhetizismus, all das war am wenigsten nach dem Geschmack des jungen Prosaikers. »Ich sah in Nietzsche«, bekannte Thomas Mann später, »vor allem den Selbstüberwinder; ich nahm nichts wörtlich bei ihm, ich *glaubte* ihm fast nichts, und gerade dies gab meiner Liebe zu ihm das Doppelschichtig-Passionierte, gab ihr die Tiefe. Sollte ich es etwa ›ernst‹ nehmen, wenn er den Hedonismus in der Kunst predigte? Wenn er Bizet gegen Wagner ausspielte? Was war mir sein Machtphilosophem und die ›blonde Bestie‹? Beinahe eine Verlegenheit. Seine Verherrlichung des ›Lebens‹ auf Kosten des Geistes, diese Lyrik, die im deutschen Denken so mißliche Folgen gehabt hat, – es gab nur eine Möglichkeit, sie mir zu assimilieren: als Ironie. Es ist wahr, die ›blonde Bestie‹ spukt auch in meiner Jugenddichtung, aber sie ist ihres bestialischen Charakters so ziemlich entkleidet, und übriggeblieben ist nichts als die Blondheit zusammen mit der Geistlosigkeit, – Gegenstand jener erotischen Ironie und konservativen Bejahung, durch die der Geist, wie er genau wußte, sich im Grund so wenig vergab. Mochte doch die persönliche Verwandlung, die Nietzsche in mir erfuhr, Verbürgerlichung bedeuten. Diese Verbürgerlichung schien mir und scheint mir noch heute tiefer und verschlagener als aller heroisch-ästhetischer Rausch, den Nietzsche sonst wohl literarisch entfachte. Mein Nietzsche-Erlebnis bildete die Voraussetzung einer Periode konservativen Denkens, die ich zur Kriegszeit absolvierte; zuletzt aber hatte es mich widerstandsfähig gemacht gegen alle übel-romantischen Reize, die von einer *inhumanen* Wertung des Verhältnisses vom Leben und Geist ausgehen können und heute so vielfach ausgehen.«[15]

Im Juli 1895 unternahm Mann seine erste Auslandsreise, nach Italien, wo sich damals sein älterer Bruder Heinrich aufhielt. Die Brüder trafen sich in Rom und begaben sich von dort in das Sabinergebirge, um den heißen Sommer in dem italienischen Städtchen Palestrina, dem Geburtsort des berühmten Komponisten, zu verbringen. Im Oktober kehrte Mann nach München zurück. Einige Monate später vollendete er die Novelle *Der Wille zum Glück*, die Ende 1896 im *Simplicissimus* abgedruckt wurde. Im Oktober desselben Jahres fuhr er wieder nach Italien, zuerst nach Venedig, von dort über Ancona und Rom nach Neapel. Schließlich traf er wieder mit Heinrich in Rom zusammen.

»Den Winter mit seinem Wechsel von schneidenden Tramontana- und schwülen Sciroccotagen«, erinnert sich Mann, »verbrachten wir in der ›ewigen‹ Stadt als Untermieter einer guten Frau, die in der Via Torre Argentina eine Wohnung mit steinernen Fußböden innehatte. Wir waren Abonnenten eines kleinen Restaurants namens ›Genzano‹, das ich später nicht wiederfand und wo es guten Wein und vorzügliche ›Croquette di Pollo‹ gab. Abends spielten wir Domino in einem Café und tranken Punsch dazu. Wir verkehrten mit keinem Menschen. Hörten wir deutsch sprechen, so flohen wir. Wir betrachteten Rom als Berge unserer Unregelmäßigkeit, und wenigstens ich lebte dort nicht um des Südens willen, den ich im Grunde nicht liebte, sondern einfach, weil zu Hause noch kein Platz für mich war.«[16]

Unter Geldmangel litten die Brüder nicht, denn die Mutter schickte jedem von ihnen 160 bis 180 Mark monatlich, die Quote aus dem Erbteil, das ihnen auf Grund des väterlichen Testaments zustand. Diese Summe sicherte ihnen ein bescheidenes, aber sorgloses Leben und volle Freiheit. »Jetzt waren sie endlich frei«, schrieb Klaus Mann, »zwei unabhängige junge Leute im Besitz einer bescheidenen Rente und einer Fülle von melancholischem Humor, Beobachtungsgabe, Gefühl und Phantasie. Beide waren seit längerem entschlossen, sich ganz der Literatur zu widmen, Schriftsteller zu werden.«[17]

Aus Italien schickte Mann an die *Neue Deutsche Rundschau,* eine vom Berliner Verlag S. Fischer herausgegebene Zeitschrift, die Novelle *Der kleine Herr Friedemann,* die er aus München mitgenommen hatte. Die Antwort, die er erhielt, übertraf alle Erwartungen: der Chefredakteur der *Neuen Deutschen Rundschau,* Oskar Bie, akzeptierte die Erzählung, ja noch mehr: er bat den Autor, ihm alle Novellen zu schicken, die er in der Schublade habe. Mann sah seine fertigen Arbeiten durch und lief mit dem Päckchen zur Post, das fünf Erzählungen enthielt: *Tod, Der Wille zum Glück, Enttäuschung, Bajazzo* und *Tobias Mindernickel.* Fischer gefielen die Novellen, und so begannen sich die Konturen des ersten Novellenbandes abzuzeichnen. Doch das war nicht alles; der Herausgeber legte Mann den Gedanken nahe, einen Roman zu schreiben. Das war kein geringer Erfolg: das Wohlwollen eines der bekanntesten Verleger erlaubte es, mit Vertrauen in die Zukunft zu blicken und große Hoffnungen zu nähren.

Fischers Gedanken fielen auf fruchtbaren Boden. Der Romanentwurf war noch nebelhaft, alles war ungewiß, bis auf eines: es sollte die Geschichte einer Bürgerfamilie werden, und den Hintergrund des Romans sollte das hanseatische Lübeck bilden. Ursprünglich trug sich Thomas Mann mit dem Gedanken, das Werk gemeinsam mit dem Bruder zu schreiben, doch dann gab er diese Absicht auf. Inzwischen war der Sommer 1897 gekommen, und die Brüder reisten von Rom nach Palestrina. Sie wohnten im Albergo Casa Bernardini bei einer Witwe, Signora Pastina, und Thomas Mann schrieb sich in das Gästebuch als ›Dichter aus München‹ ein. Fünfzig Jahre lang bewahrte der Dichter in seinem Gedächtnis dieses Haus in dem schattigen engen Gäßchen, das jetzt Via Thomas Mann heißt, und den geräumigen, mit Naturstein verkleideten Saal im ersten Stock, jenen Saal, in dem der Held des *Doktor Faustus,* der deutsche Komponist Adrian Leverkühn, einmal seinen Pakt mit dem Teufel schließen sollte.

Hier also begann Thomas Mann an den *Buddenbrooks* zu schreiben. »In unserem kühlen, steinernen Saal«, lesen wir in Heinrich Manns Erinnerungen, »auf halber Höhe einer Treppengasse, begann der Anfänger, mit sich selbst unbekannt, eine Arbeit, – bald sollten viele sie kennen, Jahrzehnte später gehörte sie der ganzen Welt. In dem Entwurf, den er unternahm, war es einfach unsere Geschichte, das Leben unserer Eltern, Voreltern, bis rückwärts zu Geschlechtern, von denen uns überliefert worden war, mittelbar oder von ihnen selbst.«[18] Vorläufig aber stand der Dichter am Anfang eines langen Weges: er stellte ein Schema der Genealogie der Familie Mann auf, ordnete die chronologische Folge, fixierte die Daten, legte eine Liste von Namen an, holte bei den Verwandten Informationen über Ereignisse ein, deren Schauplatz Lübeck und das elterliche Haus waren. Er sammelte Anekdoten und lustige Aussprüche, Redewendungen mit lokaler Färbung, Ausdrücke aus dem prätentiösen Sprachschatz der patrizischen Salons, er holte sogar die Küchenrezepte seiner Mutter ein.

»Ich wußte nicht genug«, erzählte er später, »ich wandte mich mit allerlei geschäftlichen, städtischen, wirtschaftsgeschichtlichen, politischen Fragen nach Lübeck, an einen nun längst verstorbenen Verwandten, einen Vetter meines Vaters, den soldatisch liebenswürdigen Konsul Wilhelm Marty, an den vielleicht einige unter Ihnen sich noch erinnern, und ich vergesse nie, mit welcher Gefälligkeit er, der Lübecker Kaufmann, von dem doch viel Verständnis für meine offenbar brotlosen Pläne wirklich nicht zu verlangen war, in langen Schreibmaschinenausführungen meiner Ignoranz abzuhelfen suchte.«[19]

Eine große Familie, ihre Freunde und Feinde mußten auf die Bühne gestellt, vier Generationen, die alte Stadt, ihre Häuser, Gassen und Gäßchen gezeigt werden. Der Autor wandte sich auch an seine Schwester Julia um Hilfe. Sie schrieb auf seine Bitte hin einen achtundzwanzig Seiten langen Bericht über die Tante, die Schwester des Senators, aus dem Hause Mann, nachmalig Haag, dann Elfeld, die zu einer der farbigsten Gestalten des Romans wurde. Aus Julias Bericht nahm Mann viele Einzelheiten in sein Werk auf und verwendete häufig fast wörtlich ihre Formulierungen. Er kam auch nicht ohne die Ratschläge der Mutter aus – als besonders wertvoll erwiesen sich die Erinnerungen an ihre Jugendzeit, als sie im Lübekker Pensionat des Fräuleins Therese Bousset ihre Erziehung empfing.

Im Oktober 1897, aus Palestrina nach Rom zurückgekehrt, ging Thomas Mann daran, seinen Roman niederzuschreiben. Trotz der Vielzahl so sorgfältig zusammengetragener Details hatte das Lübeck seiner Kinderjahre noch sehr nebelhafte Umrisse. »Als ich die ›Buddenbrooks‹ zu schreiben begann«, erzählt der Dichter in *Bilse und ich,* »saß ich in Rom, Via Torre Argentina trenta quattro, drei Stiegen hoch. Meine Vaterstadt hatte nicht viel Realität für mich, man kann es mir glauben, ich war von ihrer Existenz nicht sehr überzeugt. Sie war mir, mit ihren Insassen, nicht wesentlich mehr als ein Traum, skurril und ehrwürdig, geträumt vorzeiten, geträumt von mir und in dem Buche, mit Müh' und Treue.«[20]

Im Frühling 1898 verließ Thomas Mann Italien, das handgeschriebene Manuskript der ersten Kapitel der *Buddenbrooks* im Koffer. In München wohnte er bei der Mutter, aber nach kurzer Zeit übersiedelte er in eine Junggesellenwohnung in der Theresienstraße, später in eine in der Barerstraße. Frau Julia blieb in ihrer Wohnung mit den zwei Töchtern Julia und Carla und dem jüngsten Sohn, Viktor, zurück.

»Die brasilianische Schöne«, lesen wir in Klaus Manns Erinnerungen, »hatte sich unversehens, gleichsam über Nacht, in eine schlichte Matrone verwandelt, als hätte sie Schönheit, Anmut und Lächeln wie Juwelen oder kostbare Andenken ihren Kindern zum Opfer gebracht. Das älteste der beiden Mädchen, Lula (Julia), war von scheuem Liebreiz, zart und reserviert; die jüngere, Carla, beeindruckte die Herrenwelt durch sensuellen Charme und leicht gewagte Manieren. Sie wollte Schauspielerin werden, trug kecke Hüte und rauchte Zigaretten. Ihr Bruder Heinrich betete sie an und porträtierte sie später in vielen seiner Bücher.«[21]

In jener Zeit erschien das erste Buch Thomas Manns, ein Band ausgewählter Novellen. *Der kleine Herr Friedemann* leitete die sechs Erzählungen ein. »Noch während des römischen Aufenthalts«, erinnert sich Mann später, »erschien mein erstes kleines Buch, ein Novellenband, der den Titel jener Erzählung trug. Ich durfte ›mich‹ in den Auslagen römischer Librerien liegen sehen.«[22] Einige dieser Erzählungen bildeten gewissermaßen ein Präludium zu den *Buddenbrooks:* Lübeck tauchte in ihnen auf, mit seinem Patriziertum, mit dem Herrn Friedemann und dem Bajazzo, mit den Abkömmlingen reicher Bürgergeschlechter, mit alten Häusern, die an den früheren Wohnsitz der Familie Mann erinnerten.

Die Novellen verband ein gemeinsames Thema – das tragische Untergangsmotiv. Ihre Helden unterliegen im Kampf mit einem trostlosen und grausamen Leben. Sie sind ausgestoßen, mit dem Stigma einer unheilbaren Krankheit *(Der Wille zum Glück),* eines Gebrechens *(Der kleine Herr Friedmann),* einer wunderlichen Eigenartigkeit *(Tobias Mindernickel)* gezeichnet oder unterscheiden sich durch eine gewisse Eigentümlichkeit von ihrer Umgebung *(Der Bajazzo, Enttäuschung),* was sie zu Einsamkeit verurteilt, die am Ende ihr ›kleines Glück‹ zerstört und ihnen Verderben bringt. Alle sind sie sozusagen ›anders‹, und früher oder später werden sie zum Opfer ihres Andersseins. In allen Arbeiten ist der Einfluß Schopenhauers und Nietzsches erkennbar: die Gestalten dieser Novellen hegen eine melancholische Sympathie für den Tod und bleiben mit ihm auf vertrautem Fuß, er verspricht ihnen Erlösung, bringt schließlich Licht in ihr Leben, indem er ihnen den Zauber des Gedankens und der Kunst erschließt. In den frühen Erzählungen Thomas Manns breitet sich ein Abgrund zwischen den Weiten des Lebens und den Gefilden des Todes aus. In ersteren herrscht die brutale Banalität, in letzteren Nachdenklichkeit und Unruhe. Der Dichter identifiziert sich niemals mit seinen Helden, obgleich er die Sympathie, die er für sie empfindet, nie verhehlt, und er wahrt Distanz zwischen sich und ihnen, indem er sich durch einen Erzähler vertreten läßt oder durch die Fiktion von Erinnerungen, aus denen klar hervorgeht, daß sie nicht mit jenen des Verfassers identisch sind. Diese Distanz ist stets von einer diskreten, mitfühlenden Ironie getragen.

Bald nachdem er wieder in München war, wurde Mann Redaktionsmitglied der von Albert Langen gegründeten Wochenzeitschrift *Simplicissimus*. Die Zeitschrift, die unter dem Motto »Lerne lachen, ohne zu weinen« redigiert wurde, erwarb sich innerhalb weniger Jahre den Ruf, eine der besten humoristischen Wochenschriften Europas zu sein. Seine Position verdankte der Dichter dem blinden Zufall, der ihn eines Tages auf der Straße mit Korfiz Holm zusammenführte, einem Schulkollegen aus Lübeck und Mitherausgeber des *Frühlingssturm*. Holm, damals Eigentümer einer Verlagsfirma, schlug dem Freund ein Monatsgehalt von hundert Mark vor, worauf dieser gerne einging. Im Mai 1898 wurde Mann ›Lektor und Korrektor‹ in einer Person. Zu den Mitarbeitern des *Simplicissimus* gehörten unter anderen Frank Wedekind, Jakob Wassermann und der Maler Thomas Theodor Heine. Der Chefredakteur der Zeitschrift, Langen, befand sich damals in Paris, wohin er vor der Verfolgung wegen Majestätsbeleidigung geflüchtet war.

»Ich liebte das Blatt . . .«, schreibt Mann in seiner Autobiographie, »und war sehr glücklich gewesen, als schon in zwei seiner ersten Nummern eine frühe Erzählung von mir, ›Der Wille zum Glück‹, gedruckt worden war, für die der junge Jakob Wassermann mir das Honorar in Gold eingehändigt hatte.«[23] Zu den Pflichten des neuen Mitarbeiters gehörte es, unter den in der Redaktion einlaufenden Erzählungen eine Auswahl zu treffen und der höheren Instanz vorzuschlagen, die in der Person von Doktor Geheeb vertreten war. Diese Arbeit gefiel dem jungen Prosaiker sehr gut. »Meine Beziehungen zu dem außerordentlichen Witzblatt«, schreibt er weiter, »entbehrten also nicht der inneren Legitimität. Während ich bei seiner Redaktion behilflich war, blieb ich direkter Mitarbeiter. Mehrere meiner kurzen Novellen, ›Der Weg zum Friedhof‹ etwa, auch solche, die ich nicht in meine Gesammelten Schriften aufgenommen habe, erschienen dort zuerst, sogar ein Weihnachtsgedicht. ›Der Weg zum Friedhof‹ fand den besonderen Beifall Ludwig Thoma, der damals dem ›Simplicissimus‹ und seinem Verlage schon nahe stand. «[24]

Simplicissimus publizierte auch Manns Novelle *Schwere Stunde,* die er zum 100. Geburtstag Schillers geschrieben hatte. Thoma schätzte auch diese Novelle, sehr zur Freude des Anfängers, hoch ein. »Es war mir erstaunlich und rührte mich, mit welcher warmen und ernsten Anerkennung der oberbayrische Volksdichter diese kleine Arbeit des Jüngeren und so anders Gearteten begrüßte. Von meiner Seite habe ich seine ›Lausbubengeschichen‹ und Filser-Briefe herzlich bewundert und geliebt. Ich verbrachte einen und den anderen Abend mit ihm und weiteren ›Simplicissimus‹-Leuten, Geheeb, Th. Th. Heine, Thöny, Reznicek und anderen in der Odeonbar. Meistens schlief Thoma, die erkaltete Pfeife im Munde.«[25]

Manns zweite Leidenschaft neben der Literatur war die Musik. »Herzlich befreundet«, lesen wir in seiner autobiographischen Erinnerung, »war ich zu jener Zeit mit zwei jungen Leuten aus dem Jugendkreise meiner Schwestern, Söhnen eines Dresdner Malers und Akademieprofessors (Ehrenberg). Meine Neigung für den Jüngeren, Paul, der ebenfalls Maler war, Akademiker damals und Schüler des berühmten Tiermalers Zügel, außerdem vorzüglich Violine spielte, war etwas wie die Auferstehung meiner Empfindungen für jenen zugrunde gegangenen blonden Schulkameraden, aber dank größerer geistiger Nähe sehr viel glücklicher. Carl, der Ältere, Musiker von Beruf und Komponist, ist heute Akademieprofessor in Köln. Während sein Bruder mein Porträt malte, spielte er uns in seiner gebundenen und wohllautenden Art ›Tristan‹ vor. Wir führten, da auch ich etwas geigte, zusammen seine Trios auf, fuhren Rad, besuchten im Karneval miteinander die Schwabinger ›Bauernbälle‹ und hatten oft, bei mir oder den Brüdern, die gemütlichsten Abendmahlzeiten zu dritt. Ich hatte ihnen das Erlebnis der Freundschaft zu danken, das mir sonst kaum zuteil geworden wäre. Mit gebildeter Harmlosigkeit überwanden sie meine Melancholie, Scheu und Reizbarkeit, einfach indem sie sie als positive Eigenschaften und Begleiterscheinungen von Gaben nahmen, die sie achteten. Es war eine gute Zeit.«[26]

In diese Zeit fiel auch der Beginn seiner Freundschaft mit Kurt Martens, dem Autor historischer und Sittenromane, der mit seinem *Roman aus der Décadence* (1898) Aufsehen erregte. Martens, fünf Jahre älter, gehörte zu dem sehr engen Kreis von Leuten, mit denen Thomas Mann sich duzte. Ihre Freundschaft hielt viele Jahre, erst später trübte sie sich. Gleich freundschaftlich verbunden blieb Mann auch mit Arthur Holitscher, dem impressionistischen Prosaiker und Dramatiker; durch ihn lernte er Alfred Kubin kennen, dessen Graphik ihn ungeheuer beeindruckte und der später den Entwurf ›melancholisch-groteske Zeichnung‹ für den Umschlag der ersten Ausgabe des *Tristan* anfertigte.

Das letzte Jahr des hinscheidenden Jahrhunderts war von der zeitraubenden Arbeit an den *Buddenbrooks* und einigen kleineren Werken ausgefüllt. Die Ausbeute dieser Monate bestand unter anderem in den Novellen *Gerächt, Der Kleiderschrank* und *Luischen.* Eine mehrtägige Reise nach Dänemark brachte kurze Erholung. Unterwegs machte der Dichter in Lübeck halt, wo er im Hotel ›Stadt Hamburg‹ wohnte. Dort hatte er ein komisches Erlebnis – er wurde als Hochstapler beinahe verhaftet, doch klärte sich die Verwechslung rasch auf.

Zu Beginn des neuen Jahrhunderts nahm er von der Redaktion

des *Simplicissimus* Abschied und konnte mehr Zeit den *Buddenbrooks* widmen, deren Manuskript großen Umfang annahm. Er arbeitete bereits an den letzten Kapiteln, im Frühling wollte er fertig sein. Im Mai befand sich das Manuskript bei S. Fischer. »Ich weiß noch«, schrieb er über diesen unvergeßlichen Augenblick, »wie ich es verpackte: so ungeschickt, daß ich mir heißen Siegellack auf die Hand fallen ließ und eine fürchterliche Brandblase davontrug, die mich lange quälte. Das Manuskript war unmöglich. Doppelseitig geschrieben – ich hatte es ursprünglich abschreiben wollen, aber später, da der Umfang überhand genommen hatte, darauf verzichtet –, täuschte es über seinen Umfang, stellte aber für Lektoren und Setzer eine starke Zumutung dar. Eben weil es nur einmal vorhanden war, erste und einzige Niederschrift, entschloß ich mich zu einer Postversicherung und setzte neben die Inhaltsangabe ›Manuskript‹ eine Wertsumme auf das Paket: ich glaube gar eintausend Mark. Der Schalterbeamte lächelte.«[27]

Seine weitere literarische Tätigkeit wurde für kurze Zeit durch den Militärdienst unterbrochen. Zweimal schon war Mann vor der Rekrutierungskommission gestanden, und beide Male hatte er einen Aufschub bekommen wegen »engen Brustkorbes« und einer Herzneurose. Doch diesmal erkannte die Kommission ihn als diensttauglich. Die Episode fand in die Literatur Eingang – sie wurde sowohl vom älteren Bruder in dem Roman *Der Untertan* benützt wie auch von Thomas Mann selbst, in den *Bekenntnissen des Hochstaplers Felix Krull.* Anfang Oktober packte der Schriftsteller ›die Flinte‹ wie er seinem Freund Paul Ehrenberg schrieb, und »zum Entsetzen aller Feinde des Vaterlandes«[28] war er damit ganz zufrieden, denn er zählte darauf, daß ein Jahr Militärdienst ihn abhärten und eine günstige Wirkung auf seinen Nervenzustand haben würde. »Möglich ist ja freilich«, fügte er vorsichtig hinzu, »daß ich es doch nicht aushalte, und daß man mich nach ein paar Wochen wieder laufen lassen muß.«[29]

Es war keine falsche Prophezeiung. Die lärmende Umgebung, die Zeitvergeudung und die starren Vorschriften bedrängten ihn, bei einer Defilade zog er sich eine schwere und schmerzhafte Sehnenscheidenentzündung zu, so daß er sich zwei Wochen in der Krankenstube und dann im Militärlazarett behandeln lassen mußte. Nach seiner Rückkehr zum Regiment meldeten sich die Schmerzen, obgleich gemildert, von neuem. Der Hausarzt der Familie Mann, ein Bekannter des Regimentsarztes, nahm sich der Sache an und bewirkte für den Dichter erst einen Urlaub und zu Neujahr die

Befreiung vom Militärdienst, wobei Mann vorher schriftlich erklären mußte, daß er auf Entschädigung für erlittenen körperlichen Schaden verzichte. So endete das Soldatenabenteuer Thomas Manns. »Ich habe«, stellte er fest, »in keinem militärischen Verhältnis mehr gestanden. Auch der Krieg ließ von meiner physischen Person die Hand, einfach weil der erste Stabsarzt, dem ich vorgeführt wurde, ein Leser war, mir die Hand auf die bloße Schulter legte und erklärte: ›Sie sollen Ihre Ruhe haben.‹ Die folgenden unterwarfen sich seinen Befunden.«[30]

Die Geschichte der Buddenbrooks

Das Manuskript der *Buddenbrooks,* das Mann an Fischer geschickt hatte, rief Panik hervor. Statt eines Romans von durchschnittlichem Umfang war eine wahre Epopöe von ungefähr achthundert Druckseiten eingetroffen. Noch im Garnisonslazarett erhielt der Autor einen Brief vom Verleger mit der dringenden Bitte, bedeutende Kürzungen vorzunehmen. Mann widersetzte sich jedoch diesem Verlangen mit der Begründung, daß er den »Umfang des Buches für eine wesentliche und nicht anzutastende Eigenschaft desselben«[1] halte. Alles hing nun von Fischer ab, von dem vorläufig keine Antwort kam. »Fischer schweigt«, beklagte sich Mann bei seinem älteren Bruder, »und wenn ich mahne, so bekomme ich wahrscheinlich den Wechselbalg sofort wieder ins Haus. Wenn nun Niemand das Buch haben will? Ich glaube, ich würde Bankbeamter. Ich habe manchmal solche Anwandlungen.«[2]

Zum Glück erwiesen sich die Befürchtungen als überflüssig. Fischer ging schließlich darauf ein, den Roman ungekürzt herauszubringen. »Ich werde mich photographieren lassen«, triumphierte der Dichter, »die Rechte in der Frackweste und die Linke auf die drei Bände gestützt; dann kann ich eigentlich getrost in die Grube fahren. – Nein, es ist wirklich gut, daß das Buch nun doch ans Licht kommen wird. Es ist so viel persönlich Demonstratives darin, daß ich, namentlich für die Werthe Collegenschaft, eigentlich erst damit ein Profil bekommen werde.«[3]

So fiel also das letzte Hindernis. Mann hatte die Hände frei und konnte sich weiteren literarischen Plänen intensiv widmen. Im Herbst 1900 beschäftigte ihn ein Dramenstoff aus der italienischen Renaissance, *Der König von Florenz,* und gegen Ende des Jahres begann er an der Novelle *Tristan* zu schreiben. Er vernachlässigte auch nicht das Kunstleben, besuchte Theateraufführungen und Konzerte, nach denen er sich während seiner Militärwochen gesehnt hatte. »Vorderhand«, schrieb er an die Opernsängerin Hilde Distel, Freundin seiner Schwester Julia, »genieße ich meine junge Freiheit mit Hingebung und Zärtlichkeit und bin schon wieder ganz in dem Münchner Kunst-, Musik-, Theater- und Literaturleben zu Hause, diesem oft recht klangschönen Orchester, in dem ich, bescheidentlich in einem Winkel, mein untergeordnetes Instrumentlein blase.«[4] Zur gleichen Zeit schrieb Mann die Erzählung *Tristan* und bereitete einen neuen Novellenband vor.

Im Mai 1901 begab sich Mann wieder auf eine Italienreise, nach Florenz und Venedig. In Florenz verliebte er sich in eine junge englische Touristin, Miß Mary, der er die Novelle *Gladius Dei* widmete. Sie hielt sich in Florenz mit ihrer älteren Schwester auf, eroberte sofort sein Herz, und die jungen Leute begannen sogar schon ihre Hochzeit zu planen. Es blieb beim Planen. »Was mich schließlich zurückhielt«, bekennt Thomas Mann, »es möchte zu früh sein, es waren auch Bedenken, die die fremde Nationalität des Mädchens betrafen. Ich glaube, die kleine Britin empfand ähnlich, und jedenfalls löste die Beziehung sich in nichts auf.«[5] Im Oktober 1901 erschien die ungeduldig erwartete Ausgabe des Romans in zwei Bänden. Der Untertitel des Buches lautete lakonisch: *Verfall einer Familie.* »Ich war sehr jung und einsam, als ich dieses Buch schrieb«, erzählt Mann über die Genesis des Werkes, »ein unbekannter Anfänger in der Kunst des Wortes. Mit dreiundzwanzig Jahren entwarf ich es, oder richtiger gesagt, begann ich, es zu schreiben; denn das Wort ›entwerfen‹ könnte die Vorstellung erwecken, als hätte ich es geplant, wie es dann wurde, und eine klare Vorstellung von dem gehabt, was ich damit unternahm. Bücher haben ihren eigenen Willen, der mit den Absichten ihres Autors oft keineswegs zusammenfällt, sondern beträchtlich darüber hinausgeht, und der schöpferische Prozeß besteht eigentlich in der tief aufmerksamen Beobachtung des Eigenwillens eines Werkes und der getreuen Befolgung und Verwirklichung dieses objektiven Willens durch den Autor, – in einer Gehorsamsleistung also, die die jugendlich schwankenden Kräfte des Verfassers von ›Buddenbrook‹ fast überstieg. Mit anderen Worten: die ›Schicksale‹ des Buches waren zunächst innerlich, es waren diejenigen seiner Entstehung. Mir hatte ein Roman durchschnittlichen Umfangs, eine Kaufmannsgeschichte nach skandinavischen Vorbildern vorgeschwebt; denn die Erzählungen der Norweger Kielland und Jonas Lie waren damals, um das Jahrhundertende, das für Deutschland eine Zeit literarischer Lufterneuerung aus dem Ausland, aus Frankreich, Rußland und dem Norden war, in Übersetzungen zu uns gelangt, und die alte Hansestadt Lübeck an der Ostsee, meine Heimatstadt, die, obgleich sie nie genannt wird, den Schauplatz meiner Geschichte bildet, war nach Kultur und Lebensstimmung dem skandinavischen Norden so verwandt, daß jene Muster mir bei meinem Vorhaben sehr nahelagen.

Es war kein übertrieben ehrgeiziges Vorhaben. Aber nochmals, das Buch hatte es anders mit sich vor. Unter den Händen nahm mir der Roman aus dem hanseatischen Bürgerleben epischen Charakter, epischen Geist, epische Ausmaße an; vielfältige und heterogene Bildungserlebnisse: der französische Naturalismus und Impressionismus, der gigantische Moralismus Tolstois, die motivische Musik von Wagners ›Nibelungen‹, niederdeutsche und englische Humoristik, die leidenskundige Philosophie Schopenhauers, der dramatische Skeptizismus und Symbolismus Henrik Ibsens strömten während zweijähriger Arbeit in das Werk ein, und was zustande kam, war eine Seelengeschichte des deutschen Bürgertums, von der nicht nur diese selbst, sondern auch das europäische Bürgertum überhaupt sich angesprochen fühlen konnte.«[6]

Der Verfall einer Bürgerfamilie – dieses Motiv durchzieht die Geschichte von vier Generationen der Buddenbrooks. Dem Leser, der die dahinscheidenden Tage nicht zählt, scheint es, als würde die Handlung des Romans ein ganzes Jahrhundert umfassen, aber im Grunde dauerte sie nur von 1835 bis 1877. Am Beginn und am Ende der Geschichte stehen zwei einander ganz unähnliche Gestalten: der Senior der Familie, stark wie eine Eiche, und sein Urenkel, ein schwächlicher Knabe, der im sechzehnten Lebensjahr stirbt. Im Verlauf der wenigen Jahrzehnte, die die beiden voneinander trennen, erfüllt sich das Schicksal der Patrizierfamilie. Die politischen Ereignisse – manchmal nahegerückt, meist doch nur aus der Ferne – bilden nur den Hintergrund der Familienchronik. Von den großen historischen Erschütterungen der Zeit dringt in den Roman eigentlich nur das Echo der revolutionären Unruhen des Jahres 1848. Dem Kriegsgeschehen der Jahre 1864 bis 1866 und 1870/71 widmet der Dichter nur kurze Erwähnungen. Die Geschichte rollt hinter den Kulissen ab, auf der Bühne ziehen die Familienereignisse vorüber, Todesfälle und Taufen, Hochzeiten und Jubiläen, Scheidungen, Empfänge.

Alle Fäden der Fabel laufen an einem Punkt zusammen – im prächtigen legendären Haus der Buddenbrooks. Die Mauern des Hauses in der Mengstraße sind stumme Zeugen eines Dramas, dessen Hauptdarsteller und Statisten entsprechend dem chronologischen Ablauf der Generationen auftreten. Keine der Gestalten kann als die zentrale Figur des Romans angesprochen werden, ›Held‹ des Werks ist die ganze Familie, ja genauer: die Wandlungen, die über ihren Aufstieg und Verfall entscheiden. Denn wenn auch das Buch die Charaktere und Schicksale einiger Personen sehr detailliert beschreibt, geschieht dies doch nur, um an ihren Erlebnissen den Prozeß der allgemeinen, über den einzelnen hinausgehenden Entwicklung zu demonstrieren.

Als erstes taucht auf und schwindet aus dem Blickfeld die patriarchalische Gestalt des siebenundsiebzigjährigen Johann Buddenbrook, der eine prosperierende Handelsfirma, ein stattliches Haus und einen von allen geehrten Namen als Erbschaft hinterläßt. Diese Figur ist wie aus einem Felsblock gehauen. Ihre Gedanken und Handlungen lassen keine Zweifel, keine Unsicherheiten, keine Bedenken aufkommen. Der alte Kaufmann, der den Glanz des Geschlechtes begründete, wußte immer und weiß, was er will, niemals legte er Gewicht auf ›Ideen‹, er ließ sich von seinem gesunden Menschenverstand leiten und wahrte mit großer Energie seine Interessen, die es »ihm erlaubten, des Nachts gut zu schlafen«, und ihn nicht daran hinderten, die Gaben des Lebens zu nützen – mit einem Wort, Johann Buddenbrook fühlte sich sehr wohl in diesem Erdental und verläßt es nun mit der Überzeugung, daß er seine Zeit nicht vergeudet hat. Aber dieser Mensch gehört bereits der Vergangenheit an.

Nach ihm übernimmt sein Sohn das Steuer, ebenfalls Johann mit Namen, Anhänger »praktischer Ideale«. Auf den ersten Blick geht alles im Haus und im Unternehmen so wie früher, aber manche Ereignisse kündigen beunruhigende Veränderungen an. Konsul Johann Buddenbrook junior ist der Typus des modernen Kaufmanns. Hatte sein Vater gearbeitet, um zu ›leben‹, so lebt er, um zu arbeiten – Arbeit ist für ihn ein moralischer Zwang, nicht ein natürliches Lebenselement. Von Zeit zu Zeit überfallen ihn wohl ›Phantasiegebilde und Gefühle‹, Gedanken an Musik, an die Natur, auch Frömmigkeit. Der Sohn des alten Buddenbrook lebt eigentlich in zwei Welten, in der Sphäre pietistischer Traumzustände – und in seinem praktischen Wirkungskreis; aber es fällt ihm schwer, diese zwei Welten miteinander zu versöhnen. Da und dort mißlingt ihm ein Geschäft, mehr noch, der Konsul erleidet große materielle Verluste durch die betrügerischen Machinationen seines Schwiegersohns. Die Kinder bereiten ihm immer mehr Kummer; Frevel und Wahnsinn bringen Unsicherheit in die bisher dauerhafte Ordnung der Familie; Sorgen und Anstrengungen legen dunkle Schatten um seine kleinen, tiefliegenden Augen, und Schwindelanfälle zeigen an, daß es mit seiner Gesundheit nicht mehr zum besten steht; Kummer und

Willensanspannungen, sonst so notwendig zur Erhaltung des inneren Gleichgewichts, untergraben die Energie des Konsuls – alles Symptome, die nichts Gutes für das künftige Schicksal der Familie anzeigen.

In der dritten Generation manifestiert sich der Prozeß des Verfalls schon recht deutlich. Von den vier Kindern des Konsuls übernimmt der älteste Sohn, Thomas, das Unternehmen und sucht vergebens Unterstützung oder zumindest Verständnis bei den Geschwistern. Sein Bruder Christian, schon als Kind neurotisch, führt das Leben eines exzentrischen Hanswursts, Verschwenders und Bruders Leichtfuß, er hat keine Lust zur Arbeit und fühlt sich am wohlsten in Gesellschaft seiner Kumpane, die er mit wunderbaren Anekdoten unterhält. Auch er ist einer der Mannschen ›Künstler‹ doch ohne Schöpferkraft, er ist nur fähig, zu parodieren und nachzuahmen. Er nimmt weder die bürgerliche Gesellschaftsschicht, aus der er ›ausgebrochen‹ ist, ernst noch das Kabarett oder den Klub, in dem er sich häuslich niedergelassen hat. Ernst nimmt er nur seine Leiden – im Gegensatz zu Thomas, für den die Krankheit eine Last ist, macht er sich mit ihr vertraut. Tony und Clara bereiten Thomas nicht weniger Kummer. Tony, naiv und dümmlich, wenngleich anmutig, erleidet zwei unglückliche Ehen, aus denen sie nichts lernt. Clara stirbt bald nach ihrer Eheschließung an Gehirntuberkulose.

Hauptstütze der Familie bleibt also Thomas, der ›komplizierte‹ Bürger, wie ihn der Verfasser in den *Betrachtungen eines Unpolitischen* nennt. Der erstgeborene Sohn des Konsuls, früh in die Geschäfte eingeführt, nimmt die Zügel der Firma mit jugendlicher Begeisterung und Eifer in die Hand. Dank seiner Arbeitsamkeit und Gewissenhaftigkeit wächst die Bedeutung des Unternehmens und der Familie. Was sein Vater in zwei Ehen gewann, von denen er eine aus Liebe, die andere um der Mitgift willen eingegangen war, erreicht er mit einem Schlage, indem er die schöne Tochter eines niederländischen Millionärs heiratet. Thomas baut ein neues Haus, wird Senator, kurz, es scheint, daß die Firma ihm ihre besten Zeiten verdanken soll.

Doch seine Kräfte nutzen sich schneller ab als die Energie seines Vaters. Jeder Erfolg wird mit größter Anstrengung herbeigeführt, erfordert einen Nervenkrieg. Der Praktizismus des Senators Thomas Buddenbrook ist die Furcht vor Überwindung seiner Unentschlossenheit, ist das Ergebnis der unbesiegten inneren Disziplin und des Pflichtbewußtseins, das ihm befiehlt, für die Tradition und den Glanz der Familie einzustehen. War die Triebfeder des großväterlichen Verhaltens noch das naive Selbstvertrauen, hatte der Vater noch den Glauben an die ererbten Traditionen der Familie genährt, so läßt Thomas sich nur mehr von einem kritischen Bewußtsein leiten, das übrigens sehr bald durch böse Ahnungen und Zweifel geschwächt wird. In den Gedanken dieses Menschen herrscht tödliche Müdigkeit – Thomas Buddenbrook erinnert am Ende an einen Hamlet im Kaufmannsgewand. In sein Leben bricht etwas ›Unbürgerliches‹ ein, eine Unruhe, vor der es keine Rettung gibt.

Die seelische Bedrängnis des Senators wird von seiner Gattin vertieft, der exotischen, in die Musik verliebten Holländerin, die das Element der Kunst in die Familie hineinträgt. Die Musik verleiht zwar ihren Glanz dem gesellschaftlichen Leben im Hause der Buddenbrooks, doch sie birgt Gefahr in sich, denn sie kennt keine Kompromisse, sie fühlt sich nicht wohl in dem bürgerlichen Lebenskreis und zersetzt die von der Familientradition festgelegten Regeln. Sie lockert auch die Bande, die Thomas mit seiner Umwelt verknüpfen, verlockt mit dem Zauber ihres Einsamseins und weckt die Sehnucht nach dem Tod – ein Motiv, das sehr bald in der Erzählung *Tristan,* später im *Zauberberg* und zum letztenmal im *Doktor Faustus* wiederkehrt.

Der Tod des kleinen Hanno, Thomas' Sohn, beschließt die Chronik der Familie. Hanno erfüllt die Hoffnungen, die der Vater in ihn gesetzt hat, nicht, der zarte, sensible Knabe gehört mit seinen Gedanken ganz der Mutter. Der letzte Nachkomme der Buddenbrooks verbringt seine schönsten Augenblicke am Flügel, er wächst in der Welt der Musik auf. Hanno gelingt es nicht wie seinem Vater, den Befehlen einer inneren Disziplin zu folgen, sie kümmert ihn gar nicht mehr, er ist frei und über sie erhaben, im Einklang mit Schopenhauers Lehre, die mit wahrer Freiheit und dem Glück der Wahrheit nur den Künstler oder den Heiligen beschenkt. Die Kunst aber hat, nach Schopenhauers Ansicht, einen Zwillingsbruder – den Tod. Die beiden sind unzertrennlich verbunden durch ein Geheimnis, das sie miteinander teilen. Der Todesschatten, der sich in vielen Details symbolisch manifestiert – im Schimmelgeruch, im dicken Strich unter der letzten Eintragung in der Familienchronik, im zugezogenen Vorhang –, begleitet den Knaben vom Tage seiner Geburt an. Hanno atmet den »fremden und doch so seltsam vertrauten Duft« am Bett der sterbenden Großmutter, dann beim Leichnam des Vaters, und als der Tod sich schließlich auch bei ihm meldet, empfängt er ihn mit Erleichterung und Hingabe.

Der Prozeß des biologischen Zerfalls, der die Zersetzung der Familie begleitet, anfangs langsam und unmerklich, wird gegen Ende gewaltsam. Ähnlich wie die musikalischen Episoden bekommen auch die Krankheits- und Todesszenen immer größeres Gewicht. Schon in der ersten Krankheit schleicht sich in das Haus der Buddenbrooks ›etwas Neues‹, etwas Fremdes, ein unbegreifliches und gefährliches ›Geheimnis‹ ein. Im Verlauf der Handlung häufen und erweitern sich die Schilderungen der Todesfälle; die Agonie der gottesfürchtigen Frau Konsulin bildet bereits ein ganzes langes Kapitel. Im letzten Teil des Romans fegt der Tod in einer kurzen Zeitspanne Thomas Buddenbrook und seinen Sohn hinweg. Den Senator überfällt er heimtückisch, auf der Straße, bestürzend in seiner Abscheulichkeit und Banalität. Eine Infektion, verursacht durch eine Lappalie, einen verfaulten Zahn, fällt den anscheinend gesunden Thomas. Zwei Jahre später stirbt der kleine Hanno. So endet die Saga der Buddenbrooks und zugleich die Geschichte des Aufstiegs und des Verfalls einer gesellschaftlichen Formation – des patrizischen Bürgertums, das sich noch der besten Traditionen deutscher Vergangenheit erinnerte. In das Haus der Buddenbrooks ziehen neue Menschen ein, die Hagenströms, Vertreter der kapitalistischen Bourgeoisie. Sie werden das Vermögen der Firma vergrößern, auf andere Weise als deren frühere Eigentümer: in einem Konkurrenzkampf, der keine Skrupel und kein Pardon kennt.

Rufen wir uns noch einmal den Untertitel des Romans in Erinnerung: Verfall einer Familie. Das Wort ›Verfall‹ hat hier für Mann nicht absolut negative Bedeutung, es ist eher ein vieldeutiger Begriff, der auch konstruktiven Inhalt birgt. Die Zerstörung alter Formen ist auch der Preis für die Entstehung neuer Werte. Mit dem biologischen und gesellschaftlichen Verfall der Buddenbrooks schreitet die Entwicklung ihrer geistigen und künstlerischen Empfindsamkeit einher. Je schwächer der »Lebenwille« der letzten Nachkommen der Familie wird, um so größer werden ihre geistigen und künstlerischen Möglichkeiten.

Die *Buddenbrooks,* Thomas Manns Erstlingsroman, tragen – die siebzig Jahre seit Entstehen des Buches bestätigen das – alle Merkmale eines Meisterwerkes. Der Verfasser wendet bei seiner Gestaltung heteromorphe künstlerische Elemente an. Am Anfang bediente er sich traditioneller Mittel der Schilderung, des Spiels der Motive und der Symmetrie, der Komposition. Der Roman beginnt und endet auch mit einer pittoresken Szene, die die Familienmitglieder vereint. Am ersten Tag der Handlung erfolgt die Einweihung des neuen Hauses der Buddenbrooks, am letzten verlassen die letzten Familienmitglieder, die der Tod verschont hat, ihren Wohnsitz. Zwischen diesen beiden Tagen, getrennt durch vierzig Jahre, entwickelt sich das Leitmotiv des Verfalls. Solcher Szenen gibt es im Roman mehrere – nach jedem Ableben findet ein Familienrat statt, und am Schluß sehen wir in dem großen verlassenen Haus nur mehr drei in ihren Schmerz versunkene Frauen. Die Beschreibung der Gegenstände und der Menschen erfolgt sehr genau und ausführlich und zeichnet sich durch naturalistische Pedanterie aus. Der zeitliche Aufbau der Chronik ist übersichtlich, denn der Autor datiert die wichtigsten Familienereignisse und teilt dem Leser das Alter der einzelnen Buddenbrooks mit. Die Reihenfolge der Ereignisse ist chronologisch, die Vergangenheit kehrt, ohne diese Reihenfolge zu stören, in der Regel in Dialogen oder in Familiendokumenten wieder, in denen die Buddenbrooks, bei verschiedenen Gelegenheiten Einblick nehmen.

Im zweiten Teil, beginnend mit der Geburt des kleinen Hanno, löst sich Mann von dieser Technik des Erzählens, die für die Familienchronik typisch ist. Hier überwiegen bereits die psychologische Analyse und die intellektuelle Meditation, die die Kompliziertheit und Vieldeutigkeit des Prozesses der Dekadenz spiegeln. Der Autor webt in den Roman Essayfragmente und Betrachtungen wissenschaftlicher Natur ein – zum Beispiel die Ausführungen über den Tod, die medizinische Beschreibung der Krankheiten, Zeitlücken gibt es hier viel weniger, der Lauf der Ereignisse verlangsamt sein Tempo, es scheint sogar, daß die Zeit stillsteht, da sich der Akzent vom äußeren auf den inneren Handlungsablauf verschiebt. Diese Kapitel nähern sich formal sehr stark dem Typus des intellektuellen Romans, der gerne die Technik der diskursiven Narration und des Essays anwendet.

Viel später, nach dem Zweiten Weltkrieg, also aus der Perspektive eines halben Jahrhunderts, schilderte der Dichter die Absichten, mit denen er an die Abfassung seines ersten Romans herangegangen war, und das Ergebnis: »Den ›Verfall einer Familie‹, einer einzelnen hanseatisch-norddeutschen, hatte er mit den eben errungenen, den lernend eroberten Mitteln des naturalistischen Romans zu schildern unternommen, aber es fand sich, daß an seinen Bildern, Charakteren, Stimmungen und Schicksalen das europäische Bürgertum überhaupt sich wiedererkannte, sich und seine seelische Situation um die Jahrhundertwende, von wo es knapp anderthalb Jahrzehnte nur noch bis zum Ausbruch des ersten Weltkrieges, zum

Beginn der Weltrevolution und zum Ende des bürgerlichen Zeitalters waren. Ein Buch widersteht der Zeit, wenn sie nachrückend es in sich aufnimmt. Buddenbrooks ist ein sehr deutsches Buch, nicht nur nach seinem Milieu; niederdeutsche Humoristik und die epische Motiv-Technik Richard Wagners gingen darin eine wunderliche Verbindung ein. Aber so sehr es geeignet war, dem deutschen Heimatgefühl zu behagen und zum deutschen Hausbuch zu werden, so stark doch auch wieder ist sein Hang zum Europäisieren und zum literarischen Kosmopolitismus, der es weit abrückte von dem, was damals in Deutschland ›Heimatkunst‹ genannt wurde.«[7]

Der Roman, der in zwei broschierten Bänden mit gelbem Umschlag zum Preis von zwölf Mark herauskam, hatte anfangs kein leichtes Dasein. »Die Befürchtungen des Verlegers«, erinnert sich der Autor, »schienen sich zu erfüllen. Niemand hatte Lust, für das ungefüge Produkt eines obskuren jungen Verfassers soviel Geld auszulegen. Die Kritik fragte mißgelaunt, ob etwa die mehrbändigen Wälzer wieder Mode werden sollten. Sie verglich den Roman mit einem im Sande mahlenden Lastwagen.«[8] Bald jedoch melden sich auch andere Stimmen. Die erste enthusiastische Rezension erschien im *Berliner Tageblatt,* wo der Kritiker Samuel Lublinski die *Buddenbrooks* als »unzerstörbares Buch« bezeichnete, als »eines jener Kunstwerke, die wirklich über den Tag und das Zeitalter erhaben sind, die nicht im Sturm mit sich fortreißen, aber mit sanfter Überredung allmählich und unwiderstehlich überwältigen«.[9] Schmeichelhaft beurteilte den Roman auch Rilke, der die Rezension für eine in Bremen erscheinende Zeitung geschrieben hatte.

Die ersten tausend Exemplare der *Buddenbrooks* wurden im Laufe des Jahres verkauft, was für ein Erstlingswerk nicht schlecht war. Fischer schlug Thomas Mann, wiewohl die Verrechnung erst für den Herbst 1902 vereinbart war, einen Vorschuß von tausend Mark vor, und darüber hinaus warf er eine billige, einbändige Ausgabe auf den Markt, zu fünf Mark pro Exemplar . . . »und alsbald«, wie der Autor es 1930 schilderte, »während die preisenden Pressestimmen, selbst in ausländischen Blättern, sich mehrten, begannen die Auflagen einander zu jagen. Es war der Ruhm. Ich wurde in einen Erfolgstrubel gerissen, wie ich ihn später noch zweimal, binnen weniger Jahre, an meinem fünfzigsten Geburtstag und jetzt bei der Verleihung des Nobelpreises, jedesmal mit gemischten Gefühlen, voller Skepsis und Dankbarkeit, erlebt habe. Meine Post schwoll an, Geld strömte herzu, mein Bild lief durch die illustrierten Blätter, hundert Federn versuchten sich an dem Erzeugnis meiner scheuen

Einsamkeit, die Welt umarmte mich unter Lobeserhebungen und Glückwünschen . . .«[10]

Nicht alle jedoch teilten diese Begeisterung. Das Buch hatte auch Gegner, besonders unter den Bürgern der Geburtsstadt des Dichters, von denen mancher sich tief beleidigt fühlte, weil der Autor ihn, natürlich verkleidet und unter einem erfundenen Namen, in den Roman eingeführt hatte. Die *Buddenbrooks* wurden in Lübeck zum sprichwörtlichen Stein des Anstoßes: Thomas Mann wurde Frechheit vorgeworfen, man nannte ihn einen entarteten Sohn der Stadt. Auch einer der Gymnasiallehrer protestierte empört gegen das Buch. Er bezeichnete Mann als Ignoranten und erinnerte daran, daß er ein begriffsstutziger Schüler gewesen war, der nicht einmal einen Schulaufsatz zustande gebracht habe. In den Salons und Kaffeehäusern kursierte sogar eine Liste der Romanfiguren mit Erklärungen, wen eine jede von ihnen porträtiere.

Der Epilog dieser Affäre spielte sich einige Jahre später in ebendiesem Lübeck im Gerichtssaal ab. Der Name Mann und der Titel seines Romans tauchten in einem Prozeß auf, der 1906 gegen den Leutnant Fritz Oswald Bilse wegen Verleumdung angestrengt wurde, deren er sich in seinem Roman *Die kleine Garnison* schuldig gemacht haben sollte. In diesem jedes künstlerischen Wertes baren Buch zeichnet Bilse naturgetreu Porträts von einigen Militärs der Lübecker Garnison, was einen öffentlichen Skandal und schließlich die Einschaltung des Staatsanwaltes herbeiführte. Der Anklagevertreter verdammte bei dieser Gelegenheit auch die *Buddenbrooks,* die, wie er behauptete, Bilse zur Abfassung der *Kleinen Garnison* inspiriert hätten. »Ich stehe nicht an«, sagte der Prokurator, »laut und offen zu behaupten, daß auch Thomas Mann sein Buch à la Bilse geschrieben hat, daß auch ›Buddenbrooks‹ ein Bilse-Roman ist, und ich werde diese Behauptung vertreten!«[11] Der Dichter reagierte darauf sogleich mit einem Artikel in den *Münchner Neuesten Nachrichten* (abgedruckt in zwei Teilen am 15. und 16. Februar 1906), wo er das Recht des Künstlers verteidigte, lebende Personen künstlerisch zu porträtieren, und einige Worte zu den Grundsätzen der Romankunst sagte, die auch für sein eigenes Werk charakteristisch sind.

»Eines steht fest«, schrieb er: »Wenn man alle Bücher, in denen ein Dichter, ohne von anderen als künstlerischen Rücksichten geleitet worden zu sein, lebende Personen seiner Bekanntschaft porträtiert hat, auf den Namen Leutnant Bilses taufen wollte, so müßte man ganze Bibliotheken von Werken der Weltliteratur unter diesem

Namen versammeln, darunter die allerunsterblichsten. Ich habe nicht Raum für die Beispiele, die ich herschleppen könnte; ich müßte die Literaturgeschichte durchzitieren. Nehmt meinetwegen Iwan Turgenjew, nehmt sogar Goethe – auch sie haben Ärgernis gegeben. Goethe hatte Mühe, nach dem ›Werther‹ die kompromittierten Urbilder der Lotte und ihres Ehemannes zu besänftigen. Turgenjew erregte Empörung, als er die russischen Gutsbesitzer, deren Gastfreundschaft er genossen hatte, in seinen Jägermemoiren mit unbedenklicher Meisterhand abkonterfeite. Und es ist schlechterdings kein Zufall, daß einem, der in der Vergangenheit nach starken und zweifellos echten Dichtern sucht, welche, statt frei zu ›erfinden‹, sich lieber auf irgend etwas Gegebenes, am liebsten auf die Wirklichkeit stützten, gerade die großen und größten Namen sich darbieten, daß es dagegen die teuersten Namen nicht sind, die sich melden, wenn man in der Geschichte der Dichtung nach großen ›Erfindern‹ forscht.«[12]

Thomas Mann berührte in der Folge Probleme, die gewiß sowohl dem Leutnant Bilse wie seinen Richtern und seinem Staatsanwalt gleichgültig waren, jedoch große Bedeutung für das literarische Schaffen als solches hatten und dem Dichter gute Gelegenheit gaben, sein künsterlisches Kredo abzulegen. »Es scheint gewiß«, so führte er aus, »daß die Gabe der Erfindung, mag sie dichterisch sein, doch bei weitem nicht als Kriterium für den Beruf zum Dichter gelten kann. Mehr noch, es scheint, daß sie eine schlechthin untergeordnete Gabe ist, die von den Guten und Besten oft fast schon verächtlich empfunden und jedenfalls ohne Kummer entbehrt wurde.«[13] Zur Unterstützung seiner These rief Mann als Zeugen Schiller, Wagner und vor allem Shakespeare auf, der, obwohl an Erfindungsgabe überreich, nicht allzuviel Gebrauch von ihr machte, sondern am liebsten sich alter Stücke bediente, italienischer Novellen oder anderer Quellen.

»Es ist nicht die Gabe der Erfindung«, faßte Mann zusammen, »die der Beseelung ist es, welche den Dichter macht. Und ob er nun eine überkommene Mär oder ein Stück lebendiger Wirklichkeit mit seinem Odem und Wesen erfüllt, die Beseelung, die Durchdringung und Erfüllung des Stoffes mit dem, was der Dichter ist, macht den Stoff zu seinem Eigentum, auf das, seiner innersten Meinung nach, niemand die Hand legen darf. Daß dies zu Konflikten mit der achtbaren Wirklichkeit führen kann und muß, welche sehr auf sich hält und sich keineswegs durch Beseelung kompromittieren zu lassen wünscht, – das liegt auf der Hand. Aber die Wirklichkeit überschätzt dabei den Grad, in welchem sie für den Dichter, der sie sich aneignet, überhaupt noch Wirklichkeit bleibt – besonders in dem Falle, daß Zeit und Raum ihn von ihr trennen.«[14]

Angriffe kamen nicht nur aus Lübeck. Gegen die *Buddenbrooks* trat auch Alfred Kerr auf, zu Jahrhundertbeginn und in den zwanziger Jahren das Orakel der Berliner Theaterwelt. Kerr veröffentlichte ein satirisch-ironisches Gedicht unter dem Titel *Thomas Bodenbruch,* in dem er Thomas Manns ersten Roman auf boshafte Art verhöhnte, was dem Buch aber durchaus nicht schaden konnte. Die *Buddenbrooks* waren lange Zeit hindurch das beliebteste Werk von Mann in Deutschland, und als dem Dichter 1929 der Nobelpreis zuerkannt wurde, hoben die Herren der Schwedischen Akademie hervor, daß er die Auszeichnung für die *Buddenbrooks* und nicht für den *Zauberberg* erhalten habe, der sich bereits seit einigen Jahren eines großen Publikumserfolges erfreute und eine ausgezeichnete Kritik hatte.

Der Erfolg dieses Buches hatte enorme Bedeutung für den Dichter. »Der erstaunliche Siegeszug des Familienromans«, schrieb Mann, »konnte nicht verfehlen, ändernd auf meine Lebensumstände einzuwirken. Ich war nicht mehr der völlig im Dunkel lebende junge Mensch von einst. Das, was ich in meinen italienischen und Schwabinger ›Verstecken‹ ›abzuwarten‹ gehabt hatte, war nun – ich will nicht sagen: erreicht, aber eingetreten. Es bedeutete nicht länger Verlegenheit, über meine Existenz Auskunft geben zu müssen, es erübrigte sich, eine zu geben, sie stand im Buch: Ein Münchner Fremdenführer und Nachschlagewerk vom Typus ›Who is who?‹ verzeichnete meine Adresse als diejenige des Verfassers von *›Buddenbrooks‹*. Ich war bewiesen, meine dumpfe Widersetzlichkeit gegen alle regulären Ansprüche der Welt waren gerechtfertigt, die Gesellschaft nahm mich auf – soweit ich mich aufnehmen ließ.«[15]

Den Frühling und Sommer 1902 füllte die Arbeit an neuen Erzählungen aus, unterbrochen von einer Erholung in Starnberg in Oberbayern. In jenen Tagen beendete Thomas Mann die Novelle *Gladius Dei,* die er in zwei Julinummern der Wiener *Zeit* veröffentlichte, und begann am *Tonio Kröger* zu arbeiten – mit dem Gedanken an einen neuen Novellenband. Den Herbst verbrachte er in Riva am Gardasee, wo er am *Tonio Kröger* weiterschrieb. In der Freizeit suchte er Abwechslung in Spaziergängen am See oder in der Lektüre der Romane von Hermann Bang und Gustav Frenssen. Zu Jahresende hatte er schließlich den *Tonio Kröger* fertig, und die Erzählung, die er in einem Brief an Paul Amman als seinen *Werther* bezeichnete, erschien im Februar des folgenden Jahres in der *Neuen Deutschen Rundschau.* Im Frühling erschien auch der neue Novellenband *Tristan* im Druck. In diese Auswahl schloß Thomas Mann außer der Titelnovelle fünf Werke ein: *Der Weg zum Friedhof, Der Kleiderschrank, Luischen, Gladius Dei, Tonio Kröger.*

Von den frühen Erzählungen, die 1903 erschienen waren, zogen vor allem zwei – in bezug auf Form und Problematik – die Aufmerksamkeit auf sich: *Tristan* und *Tonio Kröger.* Hauptfigur der einen wie der anderen ist ein Schriftsteller, Hauptkonflikt der Widerstreit zwischen Kunst und Wirklichkeit, der hier deutlich nietzscheschen Charakter trägt. In beiden Novellen äußert der junge Thomas Mann sein Mißtrauen gegenüber der literarischen Existenz, die Angst, die Kunst mache den Künstler lebensunfähig. »Ach, die Literatur ist der Tod!« schrieb er 1901 in einem Brief an den älteren Bruder. »Ich werde niemals begreifen, wie man von ihr beherrscht sein kann, *ohne* sie bitterlich zu hassen! Das Letzte und Beste, was sie mich zu lehren vermag, ist dies: den Tod als eine Möglichkeit aufzufassen, zu ihrem Gegenteil, zum *Leben* zu gelangen. Mir graut vor dem Tage, und er ist ja nicht fern, wo ich wieder allein mit ihr eingeschlossen sein werde, und ich fürchte, daß die egoistische Verödung und Verkünstelung dann rasche Fortschritte machen wird ...«[16]

Mann fürchtete vor allem die natürliche Frische der Eindrücke und die naive Freude zu verlieren, die von der Berührung mit der realen Welt stammt und durch das Nachdenken, durch intellektuelles Meditieren zerstört oder zumindest getrübt wird. Der Künstler gehöre zu den unruhigen Wanderern, die ewig in der Fremde umherirren, die sich selbst vom Leben ausschließen. Nietzsche sagt, daß der vollendete und wirkliche Künstler für alle Zeiten vom realen Leben und von der Wirklichkeit verbannt sei. In satirischer Weise personifiziert diesen Gedanken Detlev Spinell im *Tristan,* den Mann in einem Brief an seinen Bruder Heinrich als Burleske bezeichnete, und in ironisch-tragischer Form Tonio Kröger.

Spinell und Kröger: der esotherische Ästhet, von sonderbarem Aussehen, über der Wirklichkeit stehend, Verfasser eines einzigen exaltierten Romans, der Mensch, der für die Menschen nichts übrig hat und jede seiner eigenen Gesten zelebriert – und der sympathische, zum Leben hindrängende Jüngling aus Lübeck, von Einsamkeit verfolgt, die wie ein Alptraum auf ihm lastet. Jenen treffen wir im Lungensanatorium, vor dem Hintergrund einer Szenerie also, die wir später im *Zauberberg* aus der Nähe erblicken werden – diesen in den Gassen von Lübeck und München, die Manns Lebenskreis sind. Doch nicht nur der Schauplatz der Handlung, auch die Atmosphäre der Novellen unterscheidet sie voneinander. Im *Tristan* überwiegt der parodistische Ton, *Tonio Kröger* hingegen ist, wie der Verfasser es in den *Betrachtungen eines Unpolitischen* formulierte, »eine Mischung aus Wehmut und Kritik, Innigkeit und Skepsis, Storm und Nietzsche, Stimmung und Intellektualismus ...«[17] Im *Tristan* entscheidet sich der Konflikt innerhalb der Musik, im *Tonio Kröger* in der Sphäre der Literatur. Tonio ist ein Schriftsteller, den sein ›unreines Gewissen‹ plagt, ein Künstler, der das Alltagsleben meidet, um sich ganz der Kunst hinzugeben, seine Flucht vor dem Leben jedoch als Verrat empfindet. Für ihn ist die Literatur »überhaupt kein Beruf, sondern ein Fluch«; »es hat eine eisige und empörende anmaßliche Bewandtnis mit dieser prompten und oberflächlichen Erledigung des Gefühls durch die literarische Sprache«, sagt Tonio. Der Künstler erscheint ihm als ein der Natur entfremdeter Mensch, denn gewöhnlich unterdrückt er mit der Ironie die natürliche Regung des Herzens, um einen ästhetischen Effekt zu erzielen: »Das Gefühl, das warme, herzliche Gefühl«, beklagt sich Tonio, »ist immer banal und unbrauchbar, und künstlerisch sind bloß die Gereiztheiten und kalten Ekstasen unseres verdorbenen, unseres artistischen Nervensystems.«[18]

Solche Beunruhigung teilt Spinell nicht, diese unheilvoll-komische Gestalt, der Gewissensbisse fremd sind. Im *Tristan* ist nicht er das Opfer des Dramas, sondern die lungenkranke, zarte Frau Kloeterjahn, reiche Kaufmannsgattin, mit der Spinell eine Liebschaft anknüpft und ein für sie gefährliches Spiel treibt. Diese Liebe ist weniger eine Regung der Gefühle als ein ästhetisches Erlebnis, ein Abenteuer, das ihn durch seine Extravaganz reizt und das am Ende von der schönen Frau mit dem Leben bezahlt wird. Der Hintergrund der Katastrophe ist recht ungewöhnlich, voll romantischer Stimmungen, die mit der seltsamen Komik Spinells kontrastieren: Der Tod tritt am Abend ein, im Schein brennender Kerzen, während draußen vor den Fensterscheiben dichter Schnee fällt. Frau Kloeterjahn hat den Bitten Spinells nachgegeben, sie setzt sich über die Anweisungen des Arztes, der ihr das Klavierspielen verboten hat, hinweg und spielt auf dem Pianoforte. Im Dämmerlicht des Empiresalons ertönen Chopins Notturnos und ein Fragment aus Wagners *Tristan*. Die von der Krankheit geschwächte Frau überfordert ihre Kräfte – es ist der Anfang vom Ende. Die Musik umhüllt sie mit dem mystischen Hauch des Todes, der bald sein Opfer fordern wird.

Von den frühen Novellen stand *Tonio Kröger,* an dem Mann mehrere Monate arbeitete, dem Autor am nächsten. In dem Helden der Erzählung erkennen wir viele autobiographische Züge des Verfassers. Tonio verbringt Kindheit und Jugend in Lübeck, er hat, wie Thomas Mann, eine musikalische Mutter, wie jener spielt er Geige und ist Schriftsteller. Diese Gestalt spiegelt ziemlich getreu die Stimmung von Manns Jugend wider. »Die Erzählung«, sagt Thomas Mann, »hat vor dem ihr nächstverwandten ›Tod in Venedig‹ den Schmelz jugendlicher Lyrik voraus, und rein künstlerisch genommen mögen es ihre musikalischen Eigenschaften sein, die ihr Sympathien gewannen. Hier wohl zum ersten Mal wußte ich die Mustik stil- und formbildend in meine Produktion hineinwirken zu lassen. Die epische Prosakomposition war hier zum erstenmal als ein geistiges Themengewebe, als musikalischer Beziehungskomplex verstanden, wie es später, in größerem Maßstabe, beim ›Zauberberg‹ geschah. Auch wenn man diesen dahin bestimmt hat, er gebe ein Beispiel ab für den ›Roman als Ideenarchitektur‹ so geht die Neigung zu solcher Kunstauffassung bis zum ›Tonio Kröger‹ zurück. Vor allem war darin das sprachliche ›Leitmotiv‹ nicht mehr, wie noch in ›Buddenbrooks‹, bloß physiognomisch-naturalistisch gehandhabt, sondern hatte eine ideelle Gefühlstransparenz gewonnen, die es entmechanisierte und ins Musikalische hob.«[19]

Im Jahre 1903 beendete Thomas Mann sein achtundzwanzigstes Lebensjahr. An der Schwelle des Mannesalters war er bereits ein bekannter Schriftsteller, Verfasser zweier Novellenbände und eines Romans, deren Publikumserfolg mit jedem Tag wuchs. Nach dem Erscheinen der Novellenauswahl *Tristan* lockte ihn wieder die novellistische Arbeit, die in den nächsten Jahren auch reiche Früchte trug. Vorläufig verwendete er jedoch größte Energie auf die Dramatisierung der Novelle *Fiorenza,* die er schon lange im Sinn hatte. Viel Zeit nahmen ihm auch Reisen, besonders da er immer mehr Einladungen zu Vorträgen aus verschiedenen Städten bekam. Eine dieser Reisen führte ihn nach Berlin, wo er nicht versäumte, seinen Verleger, Samuel Fischer, zu besuchen. In Fischers Haus war es, wo er Gerhart Hauptmann kennenlernte, der damals bereits eine literarische Macht war, während Thomas Mann als begabter und vielversprechender Autor galt. Das Zusammentreffen der beiden fand im Oktober 1903 statt. »Besonders erkenntlich bin ich Ihnen dafür«, schrieb Thomas Mann dann aus München an seinen Verleger, »daß

Sie mir die Bekanntschaft mit Gerhart Hauptmann vermittelten. Das Zusammentreffen mit ihm war für mich ein Erlebnis ersten Ranges, und ich wünschte nur, ich hätte ihm ein etwas glücklicheres Bild von mir geben können, als er wahrscheinlich empfangen hat. Er, der Siegreiche, wird den Eindruck von Wirrsal, Kampf, Krampf und schweren Ermattungen gewonnen haben – und das würde stimmen.«[20]

Die Bekanntschaft des größten Dramatikers und des hervorragendsten Prosaschriftstellers der Epoche dehnte sich über Jahrzehnte aus und war vielen Wechselfällen unterworfen. Es ist schwer, sich einen größeren Kontrast vorzustellen als den zwischen dem temperamentvollen, rastlosen, vom »Wahn der Einbildungskraft« gejagten Hauptmann und dem ausgeglichenen Intellektuellen und Meister der kontemplativen Prosa. Von den zeitgenössischen deutschen Schriftstellern sah Mann, wie wir aus seinen Briefen und Bekenntnissen wissen, nur einen als ebenbürtig an, eben Gerhart Hauptmann, und vielleicht noch Hermann Hesse. Die Beziehung zu Gerhart Hauptmann hatte nichts von einer konventionellen literarischen Freundschaft an sich und erinnerte in gewissem Sinne an ein berauschendes Getränk, aus verschiedenen Ingredienzen zusammengebraut: aus größtem Entzücken für den Genius des Dramatikers und ein paar Tropfen Ironie, aus Bewunderung mit dem bitteren Beigeschmack der Rivalität, aus dem Gefühl enger Gemeinsamkeit und weiten Abstandes, der zwei leuchtende Sterne an zwei entgegengesetzten Himmelsenden voneinander trennt. Die Freundschaft der beiden, angeknüpft in Fischers Salon, hatte eine lange Geschichte, zu der wir noch mehrmals zurückkehren sollen.

Vor Jahresende 1903 vergrößerte sich Manns Manuskriptstoß um zwei weitere Erzählungen: *Das Wunderkind* und *Ein Glück.* Die erste Novelle schrieb der Verfasser auf Bestellung der Wiener *Neuen Freien Presse,* die die Erzählung in der Weihnachtsnummer abdruckte, die zweite für *Die Neue Rundschau.* Mit der früher um Mann herrschenden Stille war es vorbei, die Zeitschriften und Verlagshäuser begannen miteinander um ihn zu wetteifern, Bestellungen kamen wie aus einem Füllhorn geschüttelt. »Nun sitzt man nicht mehr einsam, frei und verpflichtungslos in seinem Kämmerlein und dichtet so l'art pour l'art vor sich hin. Nun fühlt man sich im Lichtbereich eines ungeheuren Scheinwerfers, in ganzer Figur sichtbar der Öffentlichkeit, mit Verantwortung belastet für die Verwendung der Gaben, die man unklug genug war der Mitwelt zu verraten . . .«[21]

Das Ende der Einsamkeit

Im Frühling 1903 begann Thomas Mann Gesellschaften zu besuchen, sein Ruhm öffnete ihm die Türen der Münchener literarisch-künstlerischen Salons. Unter anderem wurde er häufig in das Haus des bekannten Verteidigers Max Bernstein eingeladen, dessen Gattin lyrische Ambitionen hatte und unter dem Pseudonym Ernst Rosmer Gedichte publizierte, und in das kleine Palais von Professor Alfred Pringsheim, seinem späteren Schwiegervater. »Die Atmosphäre des großen Familienhauses«, beschrieb Mann den Pringsheimschen Salon, »die mir die Umstände meiner Kindheit vergegenwärtigte, bezauberte mich. Das im Geiste kaufmännischer Kultureleganz Vertraute fand ich hier ins Prunkhaft-Künstlerische und Literarische mondänisiert und vergeistigt. Jedes der fünf erwachsenen Kinder (es waren fünf wie bei uns, die Jüngsten ein Zwillingspaar) besaß eine eigene schöngebundene Bibliothek, zu schweigen von der reichen Kunst- und Musikbücherei des Hausherrn, einer der frühesten Wagnerianer, der den Meister gekannt hatte und nur aus einer Art von intelligenter Selbstbezwingung sich nicht ganz der Musik, sondern der Mathematik, die er dozierte, gewidmet hatte. Die Hausfrau, aus Berliner literarischem Hause stammend, Ernst und Hedwig Dohms Tochter, voller Sinn für meine Existenz und meine jugendliche Leistung, war der leidenschaftlichen Neigung nicht entgegen, die für die einzige Tochter des Hauses in mir keimte und die vor irgendjemandem zu verbergen meine Einsamkeit mich nicht gelehrt hatte.«[1]

Die alten Pringsheims bildeten ein malerisches und recht eigenartiges Paar. Er, Sohn eines jüdischen Eisenbahnmagnaten, der aus der Provinz nach Berlin gezogen war, Erbe eines großen Vermögens, wohnte mit seiner Frau in München, wo er sich an der Universität habilitierte und bald darauf den Professorentitel und einen Lehrstuhl erwarb. Die Karriere des Mathematikers wurde später durch die Würde eines Mitglieds der Akademie der Wissenschaften und Titularrates gekrönt. Er war übrigens nicht der einzige Gelehrte in der Familie: um wissenschaftlichen Ruhm wetteiferten mit ihm noch zwei Brüder, bekannte Naturwissenschaftler, Nathan und Ernst Pringsheim. Die charakteristische Prägung Alfred Pringsheims fiel schon von weitem ins Auge: er hatte eine leuchtende Glatze, lebhafte, unruhige Augen und eine krächzende Stimme. Der Geheimrat war der Sklave von vier Leidenschaften, die sein Leben ausfüllten. Die erste war seine Frau, die er anbetete, die zweite war die Mathematik, die dritte war seine Sammlerleidenschaft, und die vierte war die Musik Richard Wagners. »Er sammelte Gemälde, Gobelins, Majolikas, Silbergerät und Bronze-Statuetten – alles im Renaissance-Stil«, erinnert sich Klaus Mann seines Großvaters. »Seine Kollektion war so bedeutend, daß Kaiser Wilhelm II. ihm als Zeichen seiner Anerkennung dafür den Kronenorden zweiter Klasse verlieh. Das Palais in der Arcisstraße wirkte wie ein Museum, war aber mit allem Komfort der Neuzeit ausgestattet. Die Pringsheims waren unter den ersten, die sich in München ein Telephon und elektrisches Licht zulegten. Ihr Haus wurde bald zu einem Zentrum der intellektuellen und mondänen Welt.«[2]

Wagners Musik war im Leben des Professors keine geringere Leidenschaft als die Renaissancekunst. Im schönen Saal seines Palais spielte der Rat mit den Freunden Teile aus Wagneropern, er gehörte auch zu den großzügigsten finanziellen Gönnern der Bayreuther Festspiele, und sein Leben lang betrieb er mit dem geliebten Meister einen wahren Kult. Die persönliche Bekanntschaft des Geheimrats mit dem Komponisten fand allerdings ein ziemlich abruptes und unerwartetes Ende; sie riß ab, als Wagner sich in der Gesellschaft seines ›nichtarischen‹ Enthusiasten eine antisemitische Bemerkung erlaubte. »Das Genie war taktlos und undankbar und der Professor hatte ein reizbares Temperament.«[3]

Alfred Pringsheim hatte sich jedoch nur mit Wagner überworfen, nicht mit dessen Musik. »Der zierliche, etwas barocke, hochmusikalische Greis«, erinnert sich Monika, Thomas Manns Tochter, »saß auf dem Podium seines fürstlichen Musiksaales mit zwei Flügeln und spielte gemeinsam mit seinem Freund die zweiklavierigen Opernauszüge des ›Ring‹, ›Tristan‹, ›Parsifal‹, ›Holländer‹, ›Lohengrin‹, der ›Meistersinger‹ und ›Feen‹, denen wir auf den goldbordigen samtenen Wandbänken etwas benommen und ergötzt lauschten.«[4] Die Liebe zur Musik Richard Wagners war wohl das einzige, was Thomas Mann mit dem Mathematiker verband. Darüber hinaus blieben die Beziehungen zwischen ihnen korrekt, aber kühl, und beide redeten einander ihr Leben lang mit ›Sie‹ an. Der Dichter hatte jedoch Sympathie für seinen Schwiegervater und versäumte nicht, ihn als leicht veränderte Gestalt in eine seiner Erzählungen einzuführen: Alfred Pringsheim, mit seinem Reichtum, seiner Sammelleidenschaft und seiner Anbetung der Wagnermusik, verwandelte sich in *Königliche Hoheit* in den Mister Spoelman.

Frau Hedwig Pringsheim, in ihrer Jugend Schauspielerin, deren außerordentliche Schönheit den jungen Mathematiker so verzaubert hatte, daß er sich auf den ersten Blick in sie verliebte, stammte aus einer verarmten, aber traditionsbewußten Berliner Familie. Ihr Vater, Ernst Dohm, war einer der Begründer des bekannten satirischen Wochenblattes *Kladderadatsch,* und die Mutter hatte Berühmtheit erlangt als Fürsprecherin der Frauenemanzipation und als Literatin. Die Heldinnen ihrer Romane, die um die Jahrhundertwende gerne gelesen wurden und dann völlig in Vergessenheit gerieten, waren, wie Klaus Mann schreibt, »meist unverstandene Frauen, die unter ihren banausischen Gatten litten, Nietzsche lasen und das Wahlrecht verlangten«.[5]

Nach der Hochzeit erbaute Doktor Pringsheim seiner Frau ein fürstliches Haus im schönsten Stadtteil Münchens. Im Gegensatz zum Gatten war Frau Hedwig völlig unmusikalisch, dafür hatte sie eine Schwäche für die Literatur, was dem jungen Schriftsteller ihre Zuneigung eintrug. Zu jener Zeit, als Mann sich um die Hand ihrer Tochter bemühte, war Frau Hedwig schon eine stattliche Matrone, gut erhalten, eine prächtige Erscheinung. An den Musikabenden, die ihr Gatte arrangierte, saß sie als Dekoration da, »eine sehr würdige Dekoration übrigens«, erinnert sich Monika, »denn sie saß da sehr aufrecht, im Spitzengewand, mit ihrem schönen, weißgepuderten Gesicht, Silberlöckchen, Lorgnette in der beringten Hand –, klopfte uns auf die Finger, wenn diese in der Benommenheit auf die goldbordigen Samtpolster geraten waren«.[6] Bei alledem hatte sie einen lebhaften Geist und viel literarischen und gesellschaftlichen Schliff. »Die Wirtin – eine verführerische Mischung aus venezianischer Schönheit à la Tizian und problematischer *grande dame* à la Henrik Ibsen –«, schreibt Klaus Mann, »beherrschte die in unserem Jahrhundert so seltene Kunst vollendeter Konversation, wobei sie ihre geübte Beredsamkeit gerne mit Kaskaden perlenden Gelächters begleitete. Sie wußte immer amüsant und originell zu sein, ob sie nun über Schopenhauer und Dostojewski plauderte oder über die letzte Soirée im Hause der Kronprinzessin. Zu ihren Verehrern gehörten Künstler wie Franz von Lenbach, Kaulbach und Stuck, von denen sie sich porträtieren ließ, und Schriftsteller wie Paul Heyse und Maximilian Harden, die ihr die geistvollsten Huldigungen darbrachten.«[7] Natürlich entging auch sie nicht dem Schicksal, das der Mehrzahl der Verwandten und Bekannten ihres Schwiegersohnes widerfuhr: Thomas Mann ruft ihre Umrisse, stark stilisiert, in der Novelle *Beim Propheten* ins Gedächtnis.

Unter den vielen Schätzen, die das Renaissancehaus des Professors Pringsheim barg, fand Mann ein lebendes Kleinod, die einzige Tochter des Mathematikers, Schwester von vier Brüdern. Katja Pringsheim, um acht Jahre jünger als der Schriftsteller, eine dunkeläugige Brünette, ein Mädchen von außergewöhnlicher Schönheit, wovon Fotografien und die Erzählungen aller Leute, die sie kannten, Zeugnis ablegen, studierte an der Münchner Universität Mathematik und Physik. Ihr hübsches Aussehen war Mann aufgefallen, bevor er sie noch in dem Haus in der Arcisstraße kennengelernt hatte. Der Autor der *Buddenbrooks* hatte sie öfters beobachtet, wenn sie auf dem Fahrrad zur Universität fuhr, oder sie heimlich bei Konzerten im Kaimsaal, dem schönsten Konzertsaal Münchens nach dem Odeon, bewundert, wozu er sich in einem Brief an sie vom Mai 1904 bekannte: »Ich sehe Sie links vorne hereinkommen, mit Ihrer Mutter und Ihren Brüdern, sehe, wie Sie zu Ihrem Platz in einer der vordersten Stuhlreihen gehen, sehe den Silbershawl um Ihre Schultern, Ihr schwarzes Haar, die Perlenblässe Ihres Gesichtes darunter, Ihre Miene, mit der sie verbergen wollen, daß Sie die Blikke der Leute auf sich fühlen – es ist nicht zu sagen, wie vollkommen und wunderbar im Einzelnen ich Sie sehe! . . .«[8]

Ein halbes Jahr verging, bis der Verliebte Mut faßte; er zögerte lange, um so mehr, als das Mädchen seine Werbungen zunächst kühl aufnahm. Schließlich ermutigte ihn Frau Pringsheims Zuneigung und eine Stimmung, die ihn bei einer der Unterhaltungen im Hause des Professors bezauberte. »Ein großes Ballfest«, erinnert sich Mann, »in den goldenen Hochrenaissance-Gesellschaftsräumen des Pringsheim'schen Hauses, eine glänzende und menschenreiche Veranstaltung, bei der ich vielleicht zum erstenmal die Sonne der öffentlichen Gunst und Achtung voll auf mir ruhen fühlte, brachte Gefühle zur Reife, auf die mein Leben zu gründen ich hoffen durfte.«[9]

Ein Hindernis mußte aber noch überwunden werden, das dem Glück im Wege stand: Katjas Vater betrachtete die Werbungen des jungen Schriftstellers mit scheelen Augen, er konnte sich nicht mit dem Gedanken abfinden, daß er sich von seinem Liebling werde trennen müssen. Es war kein leichtes, den alten Herrn zu besänftigen und ihn wenigstens dazu zu bewegen, die Besuche des Verliebten zu tolerieren. Gewiß, Thomas Mann war bereits ein ziemlich bekannter Schriftsteller, aber der Professor hatte für die Literatur ungefähr so viel übrig wie der Verfasser der *Buddenbrooks* für die Mathematik. Der väterliche Einspruch nützte jedoch nichts, und der Professor mußte am Ende doch nachgeben, ob er wollte oder nicht.

Inzwischen war es zu einer monatelangen Trennung gekommen, denn Katja war nach Bad Kissingen gefahren, wo Herr Pringsheim zur Kur weilte. Dann begleitete sie ihre Mutter in die Schweiz und von dort nach Norddeutschland. Den Trennungsschmerz linderten Briefe, von denen nur wenige, und zwar nur solche von der Hand Thomas Manns, erhalten geblieben sind. Heute noch rührt uns, wenn wir sie lesen, der schmerzliche und zarte Ton der Bekenntnisse, die schüchterne Freude der Erwartung und Hoffnung. Das Ende der Einsamkeit, die wie ein Alptraum auf dem Dichter gelastet hatte, war sehr nahe: »Sie wissen«, gestand er Katja in einem der Briefe, »daß ich mich, persönlich, menschlich, nicht gleich anderen jungen Leuten habe entwickeln können, daß ein (Talent) als Vampyr: blutsaugend, absorbierend wirken kann; Sie wissen, welch kaltes, verarmtes, rein darstellerisches, rein repräsentatives Dasein ich jahrelang geführt habe; wissen, daß ich mich Jahre, *wichtige* Jahre lang als Mensch für nichts geachtet und nur als Künstler habe in Betracht kommen wollen ... Sie begreifen auch, daß dies kein leichtes, kein lustiges Leben sein und selbst bei starker Antheilnahme der Außenwelt kein gelassenes und keckes Selbstvertrauen zeitigen kann.«[10] Und zum Schluß die inständige Bitte: »Eine Heilung von dem Repräsentativ-Künstlichen, das mir anhaftet, von dem Mangel an harmlosem Vertrauen in mein persönlich-menschliches Teil ist mir durch Eines möglich: durch das Glück; durch Sie, meine kluge, süße, gütige, geliebte kleine Königin! ... Was ich von Ihnen erbitte, erhoffe, ersehne, ist Vertrauen, ist das zweifellose Zumirhalten selbst einer Welt, *selbst mir selbst* gegenüber, ist etwas wie Glaube, kurz – ist *Liebe* ... Diese Bitte ist Sehnsucht ... Seien Sie meine Bejahung, meine Rechtfertigung, meine Vollendung, meine Erlöserin, meine Frau!«[11]

Die Bitte wurde erhört, und die Verlobung erfolgte am 3. Oktober 1904. »Die Sache«, schrieb Mann in einem Brief an Hilde Distel, »ist nun zu einem Abschluß gelangt, der meines Lebens Krone ist und ohne den alles, was ich etwa sonst erreicht, mir werthlos sein würde.«[12] Am 11. Februar 1905 fand im Hause Pringsheim die Hochzeit statt, ein gesellschaftliches Ereignis großen Stils. ›Ganz München‹ kam, um das junge Paar zu beglückwünschen. Der Vater der Braut hielt eine Ansprache, die mit ironischen Scherzen gespickt war; an der Hochzeitsfeier nahm auch Katjas Großmutter, Frau Hedwig Dohm, teil, die einstige glühende Frauenrechtlerin, und Frau Julia Mann bezauberte alle mit ihrer exotischen, noch nicht ganz verblaßten Schönheit. Katja, bleich und bewegt, saß zwischen ihrem scherzenden Vater und Thomas Mann, der seine Verlegenheit zu verbergen suchte. Eine kurze Ansprache des Bräutigams war gleichfalls nicht zu umgehen, und Katja, in Gedanken versunken und verwirrt, vergaß darauf zu antworten.

Thomas Manns ältester Sohn, Klaus, hat mit einigen zarten Strichen die Züge seiner Mutter skizziert: »Offenbar gehörte sie nicht zu jenem Typ der Blauäugigen und ›Gewöhnlichen‹, zu denen die Helden seiner Bücher sich mit so viel zärtlicher Verachtung und ironischer Selbstsucht hingezogen fühlten. Sie war weder blond noch unwissend und robust, sondern dunkeläugig und nachdenklich und nur zu vertraut mit den Schmerzen, die er beschrieb. Ihre Ehe war also nicht die Begegnung zweier polarer Elemente; eher handelte es sich wohl um die Vereinigung von zwei Wesen, die sich miteinander verwandt wußten – um ein Bündnis zwischen zwei Einsamen und Empfindlichen, die gemeinsam einen Kampf zu bestehen hofften, dem jeder für sich vielleicht nicht gewachsen wäre.«[13]

Frau Katja begleitete ihren Gatten auf seiner langen Wanderung von mehr als einem halben Jahrhundert. Still, geduldig und von außergewöhnlicher Güte, nahm sie die Last der täglichen Pflichten auf sich, die wahrhaft nicht leicht waren. Sie gebar und zog sechs Kinder auf, führte das Haus, kümmerte sich um das ›Geschäftliche‹, war die Sekretärin ihres Gatten und erledigte seine Korrespondenz, mit einem Wort, sie tat, was sie konnte, um die Sorgen des Alltags, die ihn von seiner literarischen Arbeit ablenkten, von ihm fernzuhalten, um so mehr als Thomas Mann nicht viel Sinn für das Praktische hatte.

Diese Ehe hatte ihre schönen und ihre dunklen Tage: sie war gesegnet mit viel Erfolg, Wohlstand und Ruhm, wie sie wenigen lebenden Künstlern beschieden waren, doch sie blieb nicht verschont von Erschütterungen, deren schlimmste die Emigration der Manns und der Selbstmord des ältesten Sohnes, Klaus, war. Im Jahre 1930, am Vortag der silbernen Hochzeit, brachte der Schriftsteller im *Lebensabriß* Katja Mann seine Huldigung dar: »Nicht genug Dank zollen aber kann ich auch in dieser Beziehung der Frau, die seit nun bald auf den Tag fünfundzwanzig Jahren mein Leben teilt, – dies schwierige, Geduld vor allem erfordernde, aber leicht ermüd- und

Das »Buddenbrook«-Haus
in Lübeck.

Links:
Die Mutter, Julia Mann, geborene da Silva-Bruhns.
Rechts:
Thomas Johann Heinrich Mann, der Vater.

verstörbare Leben, von dem ich nicht weiß, wie es sich ohne den klugen, tapferen und zarten und dabei energischen Beistand der außerordentlichen Gefährtin auch nur, wie es geschehen, hätte behaupten sollen.«[14]

Doch wir haben weit vorgegriffen, und es ist Zeit, zu der Stelle zurückzukehren, an der wir den Bericht unterbrochen haben. Nach der Hochzeit unternahm das Ehepaar eine Reise in die Schweiz, wo es sich zehn Tage aufhielt. Nach München zurückgekehrt, mieteten sie eine Wohnung in der Franz-Joseph-Straße im Bezirk Schwabing, in der Nähe des Pringsheimschen Hauses. Frau Katja und ihr Gatte waren dort häufig zu Besuch, es schien, als wäre alles wie früher, doch das war Täuschung. Für das junge Paar hatte ein neues Leben begonnen.

Kurz vor der Hochzeit beendete Mann sein Stück *Fiorenza,* das in zwei Folgen in der Monatszeitschrift *Die Neue Rundschau* erschien, im Juli und August 1905. Zum ersten (und letzten) Male brachte er eine Handlung auf die Bühne, wandelte sich der Romancier und Novellist in einen Dramatiker. Mit der Bezeichnung der Form dieses Werkes hatte der Autor immer Schwierigkeiten, er wußte nicht genau, wie er es nennen sollte, und definierte es einmal als ›dramatische Novelle‹, ein anderes Mal als ›mehr oder weniger dramatischen Dialog‹. *Fiorenza* ist in Akte und Szenen gegliedert, aber eine Inszenierung ist außerordentlich schwierig, wovon ihr Bühnenschicksal Zeugnis ablegt. Dem Stück fehlt es an Handlung im traditionellen Sinn des Wortes, und mancher Text geht über fünf und mehr Druckseiten, was große Anforderungen an den Schauspieler stellt und den Zuschauern nicht wenig Ausdauer abfordert. Im *Versuch über das Theater* aus dem Jahre 1908 verwarf Mann – in Verteidigung der Aufführbarkeit von *Fiorenza* – die These, die ›Handlung‹ sei das eigentliche Wesen des Dramas. Er berief sich auf die Griechen der Antike und die Franzosen des 17. Jahrhunderts, die ins Theater gingen, hauptsächlich um ›schöne Reden‹ zu hören. Dieses Argument, an dem gewiß etwas Richtiges ist, half nicht viel. *Fiorenza* hatte auf der Bühne geringen Erfolg.

Das Stück knüpft in der Thematik an *Gladius Dei* an; diese Novelle erzählt die Geschichte eines fanatischen Jünglings, der in eine vornehme Münchner Antiquitätenhandlung eintritt und vom Eigentümer verlangt, er möge ein allzu sinnlich gemaltes Bild der Madonna mit dem Jesuskind aus der Auslage entfernen. Das Problem dieser Erzählung, deren Handlung sich in unserem Jahrhundert abspielt, wird in *Fiorenza* in den Rahmen der Renaissance gestellt.

Die Sache spielt sich hier Ende des 15. Jahrhunderts ab, dessen Kolorit und Atmosphäre der Autor sehr getreu wiedergibt, ohne auch nur auf geringfügige Einzelheiten zu vergessen. Die historische Dekoration des Stückes hat aber ganz untergeordnete Bedeutung, bildet sie doch nur den Hintergrund für den allgemeinen, durch Jahrhunderte und Epochen wirkenden Konflikt zwischen der christlichen Askese und der hedonistischen Kultur und ihrem sinnlichen Schönheitsbegriff. Jene Idee wird von Savonarola repräsentiert, der die Menge fortreißt, diese von dem der Kunst und den Genüssen des Lebens ergebenen Lorenzo Medici. Die beiden Gegner, den Dominikanermönch und den Fürsten trennt ihr Gegensatz in Denkart und Charakter, aber gemeinsam ist ihnen der Wunsch, die Menge zu beherrschen. In Thomas Manns Schaffen findet sich kaum ein zweites Werk, das von Nietzsches Doktrin stärker geprägt wäre: in *Fiorenza* stehen einander zwei nietzscheanische Gestalten gegenüber, der fanatische Mönch und der weltliche Fürst, der den Rausch im Sinnesgenuß sucht – der Vertreter Christi und der Dionysosanbeter.

Die Beziehung des Verfassers zu diesem Stück war eigenartig. Das Werk war Thomas Mann ans Herz gewachsen, und deshalb schmerzte ihn sein Mißerfolg auf dem Theater. Anderseits nahm Mann eine kritische Haltung zur Sache ein, und im *Lebensabriß* erinnert er an die »Dialoge, die nicht ohne Kühnheit in der Absicht, aber als verfehlt, in fünfundzwanzig Jahren nicht aufgehört haben, das Theater leise zu beunruhigen und es gelegentlich zu verlokken.«[15] Die Uraufführung fand am 11. Mai 1907 im Frankfurter Schauspielhaus statt. Thomas Mann war zufrieden. »Ja, das Frankfurter Experiment ist über das allgemeine Erwarten geglückt«, schrieb er an Hilde Distel, »die Aufführbarkeit des Stückes, bisher nicht nur angezweifelt, sondern überhaupt nicht diskutiert, ist nun ganz einfach erwiesen.«[16] Dann führte das Münchner Residenztheater *Fiorenza* auf (1908), und im Januar 1913 wurde es in den Berliner Kammerspielen unter der Regie von Max Reinhardt gegeben. In der Hauptstadt fiel das Stück total durch, und obendrein ließ Alfred Kerr, der Thomas Mann nicht leiden konnte, keine Gelegenheit vorübergehen, sehr boshafte Rezensionen darüber zu schreiben. Dann erschien *Fiorenza* auf deutschen Bühnen nur noch selten.

Im Jahre 1905 entstanden noch zwei Novellen: *Schwere Stunde* und *Wälsungenblut*. Die erste Erzählung, zum hundertsten Todestag Schillers geschrieben und in einer der Mainummern des *Simpli-*

cissimus abgedruckt, schildert den heroischen Kampf des Dichters mit Krankheit und den Qualen, die er durchlitt, als er des Nachts mit dem »gewaltigen Stoff des ›Wallenstein‹ rang«. »Sie mag wohl aussehen«, schrieb der Verfasser später über die Novelle, »als sei sie mir leicht von der Hand gegangen; aber ich weiß noch, mit wieviel biographischer Lektüre ich mich auf die Arbeit vorbereitete und wieviel Mühe und Sorgfalt ich aus Ehrfurcht vor meinem großen Gegenstande an sie wandte. Dabei ist ja der Name Schillers nirgends, noch der des Werkes, um das es sich handelt, in der Erzählung erwähnt – was man aus dem Wunsch des Verfassers erklären mag, bei aller Betreuung des Speziellen und Einmaligen sich über dieses zu erheben und der Schilderung eine symbolische Gültigkeit für die einsamen Nöte alles Schöpfertums zu verleihen.«[17]

Die Novelle *Wälsungenblut,* aufgebaut auf dem Motiv der Blutschande, bereitete der Dichter für *Die Neue Rundschau* vor, doch ließ er diese Absicht später fallen und zog diese Erzählung zurück. Ihr Manuskript lag mehr als fünfzig Jahre in der Schublade und erschien erst nach dem Tode des Dichters im Rahmen der Stockholmer Ausgabe der Werke Thomas Manns.

Das Jahresende ging in die Familienchronik mit einem fröhlichen Ereignis ein: Im November gebar Frau Katja ein Töchterchen, das den Namen Erika erhielt. Ein Jahr später kam ein Sohn, Klaus, zur Welt – im Hause wurde es lebendig und geräuschvoll.

Die meiste Zeit nahm in diesen Jahren die Arbeit an dem Roman *Königliche Hoheit* in Anspruch, dessen erster Entwurf wahrscheinlich schon 1905 entstanden war. Mann schrieb an diesem Opus mehr als zwei Jahre lang, endlich, Anfang 1909, war es fertig. Der Roman erschien zuerst in Fortsetzungen in *Die Neue Rundschau,* im Herbst in Buchform bei S. Fischer.

Königliche Hoheit ist der einzige Roman Thomas Manns mit einem sogenannten Happy-End, in hellen Farben und fröhlicher Stimmung gehalten; er war, wie der Autor bekannte, die Ernte froher Tage, »die erste künstlerische Frucht« der glücklichen Ehe und einer Zeit, die ihn mit Erfolg und Hoffnung beschenkte. Der Dichter nannte dieses sein Werk den ›Versuch eines Lustspiels in Romanform‹,[18] und ein anderes Mal bezeichnete er es als ›lehrhaftes Märchen‹. In ihrem Wesenskern hat die Fabel, auf den ersten Blick banal, den Charakter eines Märchens: die Handlung spielt in einem kleinen, am Rande des Bankrotts stehenden deutschen Fürstentum, das jedoch dank der Heirat des Thronfolgers, des sympathischen und recht eigenartigen Prinzen Klaus Heinrich, mit Fräulein Imma

Spoelman, Tochter eines amerikanischen Milliardärs, aus der schwierigen finanziellen Lage herauskommt. Alles nimmt hier einen günstigen Verlauf, die Geschichte endet, ganz wie im Märchen, mit einer brausenden Hochzeit, begleitet von den Hurrarufen der entzückten Menge, es fehlt auch nicht an konventionellen Märchenrequisiten, wie der Zukunftsvoraussage einer Zigeunerin, den Gespenstern, die in den Winkeln des alten Schlosses spuken, oder der Geschichte vom verlorenen und wiedergefundenen Duft des Rosenstrauchs.

Die Sache spielt sich in der Wilhelminischen Epoche ab, was an vielen historischen Merkmalen leicht zu erkennen ist, doch ging es dem Dichter nicht um ein episches Bild der konkreten Zeit, er wollte vielmehr die Handlung in die Sphäre allgemeiner Symbolik versetzen. »Ich verstehe«, stellt er fest, »daß die Detailmenge, die zu arrangieren ich mich nicht verdrießen ließ, daß die Akribie eines Schriftstellers, der durch die naturalistische Schule gegangen ist, über die innere Natur des Buches täuschen konnte, aber die Geschichte des kleinen einsamen Prinzen, der auf so scherzhafte Art zum Ehemann und Volksbeglücker gemacht wird, ist schlechterdings kein realistisches Sittenbild aus dem Hofleben zu Anfang des zwanzigsten Jahrhunderts, sondern ein lehrhaftes Märchen.«[19]

Das Schicksal des dreißigjährigen Prinzen Klaus Heinrich, der mit seinem steifen Arm von ferne an Wilhelm II. erinnert, interessierte Thomas Mann nicht als Erforscher gesellschaftlicher Erscheinungen oder als Moralisten, sondern als Psychologen der Dekadenz. Die Geschichte der Dynastie, die in dem kleinadeligen Staat herrscht, ist ähnlich wie die Sage der *Buddenbrooks* – eine Geschichte des Verfalls. Klaus Heinrichs Bruder, der die Macht im Lande ausübt, erfüllt seine Pflichten mit Resignation, zeigt sich dem Leben gegenüber gleichgültig, ist von der Sehnsucht nach dem Tode beherrscht, und seine alternde Mutter, deren Sinne verwirrt sind, irrt wie ein Gespenst durch den Palast. In dieser Familie ist alles entseelte Tradition, Geste der Langeweile, Form ohne Inhalt. Auch Klaus Heinrich, dessen Existenz nur ›formalen‹ Charakter hat, kann sich nicht naiv über das Leben freuen, von dem die Einsamkeit ihn trennt.

Der Roman ist jedoch nicht einfach nur eine Analyse der Dekadenz, sondern auch der Versuch, diese zu überwinden. Im zweiten Teil geht der Autor von der Diagnose zur Therapie über, um an das Ziel zu gelangen, von dem Tonio Kröger vergeblich geträumt hat: sich aus der Vereinzelung, aus der ›formalen Existenz‹ zu befreien und zum Leben zurückzukehren. Dieser Weg führt über die Liebe zum ›Glück‹, das bisher – wie der Erzieher des Prinzen uns belehrte – etwas ›Verdächtiges‹ war, eine Bedrohung der Erhabenheit und des Adels des Geistes. Die Erziehung Klaus Heinrichs übernimmt ein anderer: Imma Spoelman – unschwer entdeckt man an ihr die Wesenszüge Katjas –, ein spöttisches und kluges Mädchen, das bürgerliche Vorsorge höher schätzt als dekorative Form und das keineswegs der Ansicht ist, daß sich echte Menschlichkeit nicht mit ›aristokratisch-melancholischem‹ Individualismus vereinbaren läßt.

»Das ›Glück‹, von dem ›Königliche Hoheit‹ handelte«, argumentierte Mann, »war nicht ganz platt und eudämonistisch gemeint. Ein Problem wurde lustspielhaft gelöst, aber es war ein Problem immerhin, ein empfundenes dazu und kein müßiges: Ein junger Ehemann fabulierte hier über die Möglichkeit der Synthese von Einsamkeit und Gemeinschaft, Form und Leben, über die Aussöhnung des aristokratisch-melancholischen Bewußtseins mit *neuen* Forderungen, die man schon damals auf die Formel der ›Demokratie‹ hätte bringen können. Seine humoristischen Phantasien trugen autobiographisch-stimmungsmäßiges Gepräge und ließen jede direkte und tendenziöse Verkündigung aus dem Spiel; daß aber das Spiel seinen Ernst hatte und gewisse, fast schon politische Suggestionen davon in die deutsche Welt von 1905 ausgingen, möchte ich wahrhaben.«[20]

Im Werk Thomas Manns ist *Königliche Hoheit* ein Zwischenglied, das die frühe Periode mit der Zeit der Reife verbindet, es ist eine Brücke zwischen den *Buddenbrooks* und dem *Zauberberg.* »Das Mißverständnis zwischen Leser und Autor«, schrieb Mann, »besteht öfters darin, daß jener das eben vorliegende Werk als ein absolutes und für sich stehendes sieht und wertet, während es diesem Stufe, Versuch, Bindeglied, Mittel und Vorbereitung bedeutet. Welches auch immer das spezifische Eigengewicht der Prinzengeschichte sein möge, – in dem Leben ihres Verfassers steht sie an ihrem notwendigen Platz, und er muß wünschen, das Vergnügen, das sie dem Leser etwa gewährt, möchte durch die biographische Einsicht vertieft werden, daß ohne sie weder der ›Zauberberg‹ noch ›Joseph und seine Brüder‹ zu denken sind.«[21]

Und wirklich finden wir in *Königliche Hoheit* Ankündigungen, Umrisse der Motive, die sich später entwickeln, vertiefen und verschiedene Verwandlungen durchmachen werden. Das betrifft die Technik und Art der Erzählung, die Methode der Charakterisierung und Beschreibung der Haupt- und Nebengestalten. Im Helden von *Königliche Hoheit* sind bei genauerer Beobachtung bereits manche Charakterzüge Hans Castorps aus dem *Zauberberg* erkennbar, und der Erzieher des Prinzen trägt die Züge von Castorps Pädagogen, Settembrini.

Die Kritik nahm den Roman eher kühl auf, »nicht ganz ernst«, wie sich der Autor in einem Brief an den älteren Bruder im Januar 1910 beklagte. Der Dichter hielt es daher für angebracht, sein Buch mehrere Male zu verteidigen und Mißverständnisse in einem Artikel *Über ›Königliche Hoheit‹* 1910 aufzuklären. Noch in späteren Jahren bedauerte er es, daß das Buch gewissermaßen auf Geringschätzung gestoßen war und nicht den Erfolg hatte, der seinen anderen Büchern zuteil wurde, »obgleich entstanden in heiterer Lebenszeit und heiter in sich selbst, hat sie von Anfang an ein eigentümlich beschattetes, fast melancholisches, ich möchte sagen: vernachlässigtes Dasein geführt. Zuweilen war es mir leid um sie. Dieselbe Liebe, Sorge und ausbildende Geduld, die seine geehrten Geschwister großzog, hat auch auf diesem Werk meiner Hände geruht, und dennoch soll es so recht nicht mitzählen; selbst Kompositionen, an die weit weniger Lebenszeit zu wenden war, bloße long short stories, wie ›Unordnung‹ und ›Mario und der Zauberer‹, erfreuen sich größeren Namens als das Lustspiel in Romangestalt.«[22]

Dann erklärt Thomas Mann die Ursachen der ungünstigen Aufnahme, die das Buch gefunden hatte: »Der Roman war der Nachfolger von ›Buddenbrooks‹, die beim breiten bürgerlichen deutschen Publikum so viel Glück gemacht, und hatte somit einen schweren Stand. Er wurde, als er erschien, absolut und relativ zu leicht befunden: zu leicht im Sinne der Ansprüche, die man in Deutschland an den Ernst und das Schwergewicht eines Buches stellte, zu leicht selbst in Hinsicht auf den Verfasser. Man fand, der ›Hofroman‹ mit Happy-End, dessen Fabel bedenklich ins Magazinmäßige hinüberspielte, die Geschichte des kleinen Prinzen, der in so gravitätischem Zeitungsstil zum Ehemann und Volksbeglükker gemacht wurde, bedeutete einen enttäuschenden Abstieg gegen das pessimistisch-humoristische Familien-Epos; der Autor habe die einmal erworbene Würde nicht gewahrt und nicht gehalten, was man nach seiner ersten Leistung von ihm zu erwarten berechtigt gewesen. Was aber erwartet das Publikum – und gewiß nicht nur das deutsche – von einem Schriftsteller, der einmal sein Gefallen erregt? Es ist eigentlich dies: daß er dasselbe noch einmal und immer wieder mache. Ich zweifle nicht, daß ich dem Wunsch des deutschen

Bürgertums am besten genügt hätte, wenn ich mein Leben lang lauter ›Buddenbrooks‹ geschrieben hätte. Eben das war nicht meine Sache und genügte den Ansprüchen nicht, die ich an mich selber stellte. Novarum rerum cupidus zu sein, darin schien mir immer die Ehre des Künstlers zu bestehen; ich suchte nach neuen Wegen, hatte sie in den Novellen, die zunächst auf ›Buddenbrooks‹ folgten, längst gesucht und ging sie in ›Königliche Hoheit‹ weiter.«[23]

Im März 1909 vergrößerte sich die Familie Mann neuerlich – der zweite Sohn kam zur Welt, Angelus Gottfried Thomas Mann, anders gesagt Golo, heute bekannter Historiker und Essayist. In der kleinen Wohnung wurde es zu eng, man begann an ein Sommerhaus zu denken. Die Wahl fiel auf den Badeort Tölz, wo der Dichter bald eine geräumige Villa erstand.

In dieser Zeit erweiterte sich auch bedeutend der Kreis der Bekannten, unter denen vor allem zwei zu nennen sind: Max Reinhardt und Ernst Bertram. Den Regisseur hatte Thomas Mann im August kennengelernt: »Ich war oft in München, im Reinhardt-Theater«, schrieb er an Walter Opitz, »das ein bedeutendes Erlebnis für mich war und mir viel Gedankenarbeit verursacht hat. Die Bekanntschaft mit Reinhardt selber hat mich so erregt, wie mich Kindskopf immer die persönliche Berührung mit einem Menschen von Sendung erregt.«[24] Die jahrelange Freundschaft mit dem Symbolisten Ernst Bertram, Dichter, Literaturhistoriker und Essayist, der aus dem Kreis Georges hervorkam, begann in Briefen zu Beginn des Jahres 1910. Anlaß für die Anknüpfung dieser Korrespondenz war ein Vortrag über *Königliche Hoheit,* den Bertram in der Bonner Literaturhistorischen Gesellschaft gehalten hatte.

Nach *Königliche Hoheit* kehrte Mann für mehrere Jahre zur Novellistik zurück, bis zu dem Augenblick, da er mit der Arbeit am *Zauberberg* begann. Die *Bekenntnisse des Hochstaplers Felix Krull* kamen als erstes dran, blieben aber lange Zeit ein novellistisches Fragment. Die Geschichte dieses Themas gehört zu den merkwürdigsten im Schaffen Thomas Manns. Sie zog sich fast ein halbes Jahrhundert lang hin und endete erst mit dem Tode des Dichters.

Im Spätsommer 1910, nicht lange nach der Geburt des vierten Kindes, Monika, erlitt die Familie einen schweren Schock durch die Nachricht vom Selbstmord der jüngsten Schwester Thomas Manns, Carla. Die Tragödie Carlas, die wir später im Roman *Doktor Faustus* wiederfinden, beschrieb Thomas Mann im *Lebensabriß* von 1930, und auch Klaus gedachte Carlas im Erinnerungsbuch *Der Wendepunkt.*

Carla, eine außergewöhnlich schöne Frau, wählte die Laufbahn einer Schauspielerin, für die sie wenig Eignung besaß. »Ein stolzer und spöttischer Charakter, entbürgerlicht, aber vornehm, liebte sie die Literatur, den Geist, die Kunst und wurde durch eine unentwikkelte, ihrer Stufe ungünstige Zeit ins unselig Bohemehafte gedrängt«,[25] so beschrieb sie Thomas Mann. Ungenügendes schauspielerisches Talent verschloß ihr den Weg zu großen Bühnen, so daß sie sich damit begnügen mußte, in Provinztheatern aufzutreten. »Von der Bühne enttäuscht«, schrieb Mann weiter, »begehrt von den Männer, aber ohne höheren Erfolg, mochte sie sich nach einem Rückweg ins Bürgerliche umsehen, und ihre Lebenshoffnungen klammerten sich an die Heirat mit einem jungen elsässischen Industriellensohn, der sie liebte.«[25] Diese Rechnung wurde jedoch durch den Erpressungsversuch eines ehemaligen Freundes durchkreuzt, eines skurpellosen Menschen, von Beruf Arzt. »Sie nahm Gift im Hause ihrer Mutter«, lesen wir bei Klaus Mann, »die auf dem Korridor zuhören mußte, wie ihr Kind in der verriegelten Stube röchelte und verschied. Die Schauspielerin Carla Mann beging Selbstmord, ehe ihre theatralische Karriere eigentlich begonnen hatte, vielleicht, weil sie im Grund ihres Herzens wußte, daß ihr Talent für eine Karriere großen Stils wohl kaum ausgereicht hätte.«[26]

Die Einzelheiten dieser Szene beschrieb Thomas Mann ausführlich: »Die Tat geschah fast unter den Augen unserer armen Mutter, auf dem Lande, in Polling bei Weilheim in Oberbayern, wohin die einst gefeierte Gesellschaftsdame bei wachsendem Ruhe- und Einsamkeitsbedürfnis mit einigen Möbeln, Büchern und Andenken sich zurückgezogen hatte. Meine Schwester war bei ihr zu Besuch, der Bräutigam hatte sich eingefunden, von einer Unterredung mit ihm kommend, eilt die Unglückliche lächelnd an ihr vorbei in ihr Zimmer, schließt sich ein, und das letzte, was von ihr laut wird, ist das Wassergurgeln, womit sie die Verätzungen in ihrem Schlunde zu kühlen sucht. Sie hatte damals noch Zeit gehabt, sich auf die Chaiselongue zu betten. Dunkle Flecken an den Händen und im Gesicht zeugten von dem Erstickungstod, der, nach einem kurzen Zögern der Wirkung, jäh gewesen sein mochte. Ein Zettel in französischer Sprache fand sich: ›*Je t'aime. Une fois je t'ai trompé, mais je t'aime*‹. Ein Telefonanruf, dessen Umschreibungen nicht viel zu bezweifeln übrigließen, störte uns abendlich auf, und in nächster Frühe fuhr ich nach Polling, in die Arme unserer Mutter, um ihren wimmernden Schmerz an meiner Brust zu bergen.«[27]

Carlas Tod traf besonders schmerzhaft den ältesten Bruder,

Heinrich, der mit der Schwester sehr eng verbunden war, und die Mutter. »Ihr ohnedies mit dem Alter schwach und ängstlich gewordenes Herz«, beschließt Thomas Mann dieses Kapitel, »hat den Stoß niemals verwunden. In dem meinen mischte sich der Jammer um die Verlorene, das Erbarmen mit dem, was sie durchgelitten haben mußte, mit dem Protest dagegen, daß sie ihre Schreckenstat in unmittelbarer Nähe dieses schwachen Herzens hatte begehen müssen, und mit der Auflehnung gegen die Tat selbst, die mir in ihrer Selbstverständlichkeit, ihrer lebensstrengen und fürchterlich endgültigen Wirklichkeit auf irgendeine Weise wie ein Verrat an unserer geschwisterlichen Gemeinschaft erschien, einer Schicksalsgemeinschaft, die ich – es ist schwer zu sagen – den Wirklichkeiten des Lebens im letzten als ironisch übergeordnet empfand und deren die Schwester für mein Gefühl bei ihrer Tat vergessen hatte. In Wahrheit durfte ich mich nicht beklagen. Denn auch ich war ja schon weitgehend ›wirklich‹ geworden, durch Werk und Würde, Haus, Ehe und Kind, oder wie die Dinge des Lebens, die strengen und menschlich gemütlichen, nun hießen, und wenn die Verwirklichung in meinem Falle nach Segen und Heiterkeit aussah, so bestand sie doch aus demselben Stoff wie die Tat meiner Schwester und schloß dieselbe Untreue ein. Alle Wirklichkeit hat todernsten Charakter, und es ist das Sittliche selbst, das, eins mit dem Leben, es uns verwehrt, unserer wirklichkeitsreinen Jugend die Treue zu halten.«[28]

In dieser schweren Zeit suchte der Dichter Zuflucht in der Arbeit, hauptsächlich an der Geschichte des Felix Krull, manchmal sich von ihr losreißend, von einer Essay- oder Novellenidee verlockt. Im Herbst 1910 veröffentlichte er in der von Maximilian Harden redigierten Zeitschrift *Die Zukunft* ein Essay, *Der alte Fontane,* in dem er der belletristischen Kunst des von ihm geliebten Dichters Ehrerbietung zollte. Im Februar des folgenden Jahres publizierte er in den *Süddeutschen Monatsheften* die Erzählung *Wie Jappe und Do Escobar sich prügelten.*

Im Mai fuhr er zur Erholung nach dem Süden, zuerst nach Brioni, doch nach wenigen Tagen reiste er von dort weiter, zum Lido, dessen Atmosphäre ihm sehr zusagte. Dort entstand auch der erste, noch schattenhafte Entwurf zu seiner schönsten Novelle. »Nicht zum erstenmal verbrachten wir, meine Frau und ich, einen Teil des Mai auf dem Lido«, erinnerte er sich später dieses Venediger Frühlings. »Eine Reihe kurioser Umstände und Eindrücke mußte mit einem heimlichen Ausschauen nach neuen Dingen zusammenwirken, damit eine produktive Idee sich ergäbe, die dann unter dem

Namen des ›Tod in Venedig‹ ihre Verwirklichung gefunden hat. Die Novelle war so anspruchslos beabsichtigt wie nur irgendeine meiner Unternehmungen; sie war als rasch zu erledigende Improvisation und Einschaltung in die Arbeit an dem Betrügerroman gedacht, als eine Geschichte, die sich nach Stoff und Umfang ungefähr für den ›Simplicissimus‹ eignen würde. Aber die Dinge – oder welches dem Begriff des Organischen nähere Wort hier sonst einzusetzen wäre – haben ihren eigenen Willen, nach dem sie sich ausbilden.«[29] Endgültig ging Mann an diese Arbeit erst im Herbst, nach Beendigung des Essays *Chamisso,* das im Oktober 1911 in der *Neuen Rundschau* erschien.

Zunächst war er noch immer mit dem *Felix Krull* beschäftigt. Während er an diesem Werk schrieb, trat ein Ereignis ein, mit dem die Geschichte seines künftigen Romans in Verbindung stand. Im Mai 1912 verspürte Frau Katja Schmerzen in der Lunge und begab sich nach Davos. Die Heilung nahm längere Zeit in Anspruch, als ursprünglich vorgesehen, und Katja Mann blieb ein halbes Jahr dort. Fünf Tage nach der Abreise seiner Gattin besuchte Mann sie im Sanatorium, wo er Fieber bekam, so daß der Arzt, eine Tuberkulose befürchtend, ihm einen längeren Gebirgsaufenthalt empfahl. Der Dichter hörte jedoch nicht auf den Ratschlag und kehrte nach München zurück. An seiner Stelle unterwarf sich der Kurbehandlung der Held des *Zauberberg,* Hans Castorp, von dem noch die Rede sein wird.

Zeit des Krieges

Der Tod in Venedig, die längste der frühen Erzählungen Thomas Manns, die ihn ein volles Jahr Arbeit kostete, erschien 1912 als Sonderband im Hyperionverlag und nicht, wie die vorhergegangenen Arbeiten, bei Fischer. Der Autor schloß diese Erzählung nicht in den Sammelband *Das Wunderkind* (1914) ein, sie hätte mit ihrem Gewicht die fünf kurzen Novellen dieses Buches erdrückt.

Das Thema von *Der Tod in Venedig* ist, wie Mann in einem Brief an den Kritiker Carl Maria Weber schrieb, »Leidenschaft als Verwirrung und Entwürdigung«. Ursprünglich wollte der Dichter die Erzählung vom Verfall eines Schriftstellers, der seine Würde verliert und dem Tode als »einer verführerischen, widersittlichen Macht«[1] unterliegt, auf einem ganz anderen Motiv aufbauen; auf der erschütternden und gleichsam grotesken Liebe des 74jährigen Goethe zur 19jährigen Ulrike von Levetzow – ein Abenteuer, dessen Reminiszenz die *Marienbader Elegie* war. Mann verwarf jedoch die ursprüngliche Absicht. » . . .diese Geschichte«, schrieb er in dem erwähnten Brief an Weber, »mit allen ihren schauerlich-komischen, hoch-blamablen, zu ehrfürchtigem Gelächter stimmenden Situationen, diese peinliche, rührende und große Geschichte, werde ich eines Tages vielleicht doch noch schreiben.«[2] Goethe als Figur einer Novelle oder eines Romans – dazu war es noch zu früh. Zum Verfasser der *Wahlverwandtschaften* – dessen Gestalt bereits am Horizont der Erzählung *Schwere Stunde* auftauchte – kehrte Mann, abgesehen von einigen Essays über ihn in den zwanziger und dreißiger Jahren, erst viel später zurück, im Roman *Lotte in Weimar* (1939). Zum Helden von *Der Tod in Venedig* wählte er schließlich eine fiktive Gestalt, Gustav Aschenbach, einen fünfzigjährigen Romancier und Essayisten, Schriftsteller von Ruf, obgleich völlig vereinsamt und nur in sein Schaffen vertieft. Aschenbach, lesen wir in der Novelle, »war der Dichter all derer, die am Rande der Erschöpfung arbeiten, der Überbürdeten, schon Aufgeriebenen, sich noch Aufrechthaltenden, all dieser Moralisten der Leistung, die, schmächtig von Wuchs und spröde von Mitteln, durch Willensverzückung und kluge Verwaltung sich wenigstens eine Zeitlang die Wirkung der Größe abgewinnen«.[3] Die Devise dieses Menschen, dessen Leben auf der fortwährenden Überwindung seiner Schwäche beruht, lautet »durchhalten« – trotz Tausender Widerstände und quälender Krisen. Sein Werk ist das Geschenk eines Talents im Bündnis mit Geduld und einem Willen, der ihn täglich zu übermenschlicher Anstrengung befähigt. Bei Gustav Aschenbach – Mann nannte ihn später seinen »verstorbenen Freund« – entdekken wir die Züge mehrerer Personen. So » . . . gab ich meinem orgiastischer Auflösung verfallenen Helden«, enthüllt Mann 1921 dem Maler Wolfgang Born, »nicht nur den Vornamen des großen Musikers, sondern verlieh ihm auch bei der Beschreibung seines Äußeren die Maske Mahlers, – wobei ich sicher sein mochte, daß bei einem so lockeren und versteckten Zusammenhange der Dinge von einem Erkennen auf seiten der Leserschaft gar nicht würde die Rede sein können«.[4] Aschenbach weckt aber nicht nur die Erinnerung an Gustav Mahler, der im Jahre 1911 starb, also zur Zeit, als die Novelle geschrieben wurde, sondern auch an August Platen, besonders an seine homo-erotische Liebe. In dem Helden der Erzählung erinnert manches aber auch an Thomas Mann selbst: Aschenbach wohnt in München, erlebt sein Drama in Venedig, wo der Plan der Novelle entstanden war, ist der Verfasser eines Buches über Friedrich II., über den Mann ebenfalls einen Roman zu schreiben gedachte, und er äußert Ansichten über das literarische Schaffen, die sich hin und wieder kaum von den Auffassungen Thomas Manns unterscheiden. Aus diesen Analogien sollte man jedoch nicht eilfertig Schlüsse ziehen. Gustav Aschenbach entfernt sich im Verlauf der Handlung von seinem Modell, ähnlich wie Detlev Spinell im *Tristan*. Der Dichter stattet Aschenbach mit eigenem Leben und einem Schicksal aus, das pure Fiktion ist.

Die Erzählung ist handlungsarm, ihr Schauplatz zum größten Teil Aschenbachs innere Welt. Sogenannte äußere Ereignisse und die Leute, die in dieser Novelle herumirren, sind eigentlich symbolische Exponenten seiner seelischen Erlebnisse. Die Geschichte beginnt damit, daß der müde Dichter zufällig auf einem Münchner Friedhof einem unbekannten, sonderbar aussehenden Mann begegnet, dessen Anblick in ihm den plötzlichen und unerklärlichen Wunsch erweckt, aus München abzureisen. Doch noch wirkt die Vernunft. Aschenbach glaubt, daß er überarbeitet ist, und beschließt, in den Süden zu fahren, um auszuruhen. Vorläufig gibt er sich nicht Rechenschaft darüber, daß dies eine Flucht ist, die letzte

Kapitulation vor dem Leben, das ihm wohl den ersehnten Ruhm gebracht hat, aber etwas zu schwer geworden ist.

Von der Reise, auf die sich der Münchner Schriftsteller begeben hat, gibt es keine Rückkehr mehr. Die Gestalten, äußerst seltsame, denen er unterwegs begegnet – unter ihnen auch der unheimliche Gondoliere, der Aschenbach zum Lido fährt –, gemahnen an Vorboten oder Fährleute des Todes. In Venedig lauert das Verderben in der Gestalt eines polnischen Knaben, Tadzio, schön wie ein Ephebe, dessen Liebreiz Aschenbach fasziniert. Der Zauber dieser übrigens völlig platonischen Liebe, die sich auf den Austausch von Blikken beschränkt, behext ihn, zerstört alle bisherige Strenge seines Lebens und befreit ihn von allen Verpflichtungen. Die harte Disziplin, in Jahrzehnten gestählt, lockert sich, die Leidenschaft gewinnt Oberhand und betäubt die Stimme der Vernunft, die zur Abreise aus dem von der Pest bedrohten Venedig mahnt. Und so vollendet der Tod in Venedig das Werk der Zerstörung, das mit jener rätselhaften Begegnung auf dem Münchner Friedhof begonnen hat. Ob Aschenbach an einem Herzschlag stirbt oder ob er der Seuche zum Opfer gefallen ist, das ist schwer zu entscheiden; übrigens hat die Antwort auf diese Frage keinerlei Bedeutung angesichts der unvermeidlichen Katastrophe, die als Rache für die ›verlorene Würde‹ eintritt.

Dieses Motiv hob der Verfasser einige Jahre später in einem Brief an eine seiner Leserinnen hervor: »Gewiß ist die Geschichte«, schrieb er über seine Novelle, »auch hauptsächlich eine Geschichte vom Tode und zwar vom Tode als einer verführerischen, widersittlichen Macht – eine Geschichte von der Wollust des Unterganges. Das Problem aber, das ich besonders im Auge hatte, war das der Künstlerwürde – ich wollte etwas geben wie die Tragödie des Meistertums.«[5]

Der Tod in Venedig hatte in Deutschland großen Erfolg. »Beim deutschen Publikum«, schrieb Mann ironisch, »das im Grunde nur das Seriös-Gewichtige, nicht das Leichte achtet, bewirkte sie trotz ihrer stofflichen Bedenklichkeit eine gewisse moralische Rehabilitierung des Autors von ›Königliche Hoheit‹.«[6] Auch im Ausland wurde die Novelle günstig aufgenommen. »›Der Tod in Venedig‹«, berichtete Mann 1923 Felix Bertaux, dem französischen Übersetzer der Novelle, »hat Glück in der weiten Welt. Er liegt seit kurzem in polnischer Sprache vor, nachdem er schon früher ins Ungarische, Russische, Schwedische und, ich glaube, auch ins Italienische übersetzt wurde. Es wird mir eine besondere Genugthuung sein, ihn nun auch in der Sprache Flauberts vor mir zu sehen. Diese Geschichte ist eigentlich der ›Tonio Kröger‹ noch einmal auf höherer Lebensstufe erzählt. Hat dieser den Vorzug der größeren Frische, der jugendlichen Empfindung, so ist ›Der Tod in Venedig‹ ohne Zweifel das reifere Kunstwerk und die gelungenere Komposition. Ich vergesse nicht das Gefühl der Befriedigung, um nicht zu sagen: des Glückes, das mich damals beim Schreiben momentweise anwandelte. Es stimmte einmal alles, es schoß zusammen, und der Kristall war rein.«[7]

Die letzten zwei Jahre vor dem Ausbruch des Weltkriegs verflossen ruhig, nichts kündigte das Gewitter an, das in der Luft hing. Die Gedanken des Dichters wurden in dieser Zeit vor allem vom *Zauberberg* in Anspruch genommen. Neben seiner Arbeit am Roman beschäftigte Mann das neue Haus, das im Villenviertel an der Isar erstehen sollte. Seine Mauern wuchsen rasch, und Anfang 1914 übersiedelte die Familie in die Poschingerstraße 1. Die Manns lebten dort neunzehn Jahre lang. Sie verloren die Villa durch die deutsche Katastrophe, die Thomas Mann veranlaßte, die Heimat zu verlassen. »Das war in wenigen Jahren nun schon das zweite Eigenheim«, beschrieb Viktor Mann den neuen Wohnsitz, »das Thomas sich und den Seinen errichtete, und ich erkannte bereits damals das Patriarchalische, das dieser angeborenen Neigung zum Siedeln auf eigenem Boden zum ›hier laßt uns Hütten bauen‹ zugrunde lag. Es ist merkwürdig: alle unsere Ahnen haben eigenen Boden – sehr viel Boden manchmal – besessen. Von uns fünfen hat es nur Thomas zum Siedler gebracht, obwohl das eigentlich mehr in der Linie meines Lebens gelegen wäre. Offenbar war in ihm der Wille am stärksten erhalten, denn beim Siedeln kommt es auf den Willen mehr an als auf materielle Mittel.«[8]

Der Erfolg und der Wohlstand hielten weiter an, ständig kamen Einladungen zu Vorträgen und Autorenabenden aus verschiedensten Städten, aus Göttingen, Berlin, Hamburg, Basel und selbst aus Lübeck, wo man den Autor der *Buddenbrooks* anfangs scheel angesehen hatte. Doch es fehlte auch nicht an Angriffen, vor allem aus literarischen Kreisen. Rilke, der die *Buddenbrooks* so schmeichelhaft beurteilt hatte, betrachtete den zweiten Teil von *Tonio Kröger* als nicht gelungen. Ricarda Huch erregte sich darüber, daß man jetzt überall lese, Thomas Mann sei der größte lebende Epiker, obwohl doch seine korrekt gedeichselten Werke im Grunde ohne Bedeutung seien. Manns Werk fand auch bei Stefan Zweig Mißbilligung, der ihm die Epik Heinrich Manns und Jakob Wassermanns entgegenstellte.

Die jüngeren Schriftsteller, hauptsächlich mit dem Expressionismus verbunden, bezeigten kühle Gleichgültigkeit, mit Ausnahme von Kafka, der sich für *Tonio Kröger* begeisterte. Manche nahmen Anstoß an der Frau des Dichters wegen ihrer halbjüdischen Herkunft, die selbst Kurt Martens, Thomas Manns Freund, zu einer bissigen Bemerkung veranlaßte, gar nicht zu reden von den Anwürfen des reaktionären Wortführers der ›Heimatkunst‹, Adolf Bartels.

Der Ausbruch des Ersten Weltkrieges war für den Dichter eine große Überraschung. »Im Ernst, muß man sich nicht schämen«, schrieb Mann im September 1914 an Philip Witkop, Lyriker und Professor der Germanistik in Freiburg, »so gar nichts geahnt und gemerkt zu haben? Selbst nach dem Fall des Erzherzogs hatte ich noch keinen Schimmer, und als der Kriegszustand verhängt war, schwor ich immer noch, daß es zu nichts Ernsthaftem kommen werde.«[9]

In den ersten Wochen des Krieges waren die Deutschen vom Taumel der Begeisterung erfaßt, die Mehrzahl war sicher, daß sie den Feinden eine vernichtende Niederlage bereiten würden. »Wenn ich versuche, die Atmosphäre von 1914 wieder einzufangen«, schrieb Klaus Mann über diese Zeit, »so sehe ich flatternde Fahnen, graue Helme, mit possierlichen Blumensträußchen geschmückt, strickende Frauen, grelle Plakate und wieder Fahnen – ein Meer, ein Katarakt in Schwarz-Weiß-Rot. Die Luft ist erfüllt von der allgemeinen Prahlerei und den lärmenden Refrains der vaterländischen Lieder. ›Deutschland, Deutschland über alles‹ und ›Es braust ein Ruf wie Donnerhall . . .‹ Das Brausen hört gar nicht mehr auf. Jeden zweiten Tag wird ein neuer Sieg gefeiert. Das garstige kleine Belgien ist im Handumdrehen erledigt. Von der Ostfront kommen gleichfalls erhebende Bulletins. Frankreich natürlich, ist im Zusammenbrechen. Der Endsieg scheint gesichert.«[10]

Innerhalb der deutschen Intelligenz war es nur ein ganz kleines Häuflein, das sich der Kriegspsychose widersetzte. Zur Tribüne der Kriegsgegner wurde die Zeitschrift *Weiße Blätter,* von René Schikkele in der Schweiz herausgegeben. Hier druckten Leonhard Frank, Carl Sternheim, Franz Werfel, Johannes R. Becher, Walter Hasenclever und andere ihre Werke ab, in dieser Zeitschrift erschien Heinrich Manns Essay über Zola, das den Krieg und die Herrschaft des Absolutismus verdammte. Ein bedeutender Teil der Schriftsteller jedoch, und auch solche von nicht geringem Rang, unterstützte die Politik des Wilhelminischen Staates. Der angesehenste unter ihnen, Gerhart Hauptmann, pries in Versen den Zauber des ›Heldentodes‹ und bezeichnete in einem Artikel den Krieg als ›Bestimmung‹, die den Deutschen gebiete, »für Freiheit und Fortschritt« zu kämpfen; Romain Rolland antwortete empört im *Journal de Genève* mit der Aufforderung an die deutschen Intellektuellen, über ihre Regierung den Stab zu brechen und ihre Stimme gegen die ›Hunnen‹ zu erheben, die die Macht in Deutschland ausübten. In seiner Replik bemühte sich Hauptmann, Rolland zu beweisen, daß die Annexion Belgiens und die Zerstörung von Löwen durch höhere Notwendigkeit gerechtfertigt sei. Krieg sei Krieg; Rolland möge sich beklagen, doch er könne sich nicht über Dinge wundern, die mit diesem Elementarereignis untrennbar verbunden seien.

Gerhart Hauptmann kamen Friedrich Gundolf und Karl Wolfskehl zu Hilfe, später schlossen sich ihnen Robert Musil, Rudolf Borchardt, Ernst Bertram, Stefan George an, sogar Rainer Maria Rilke versäumte nicht, in einigen Gedichten den ›Gott des Krieges‹ zu preisen. Hauptmann wurde, in einträchtigem Chor, von Richard Dehmel, Ernst Lissauer – dem Verfasser des damals populären Haßliedes gegen England – und von Alfred Kerr unterstützt, zu denen sich die vielen etwas kleineren Schriftsteller gesellten, die darin wetteiferten, den Kaiser ihrer Loyalität zu versichern. Die Professoren der deutschen Universitäten blieben nicht hinter ihnen zurück. Max Scheler erging sich über den ›Genius des Krieges‹, Werner Sombart erhob die Deutschen über die Engländer, indem er den Unterschied zwischen ihnen als den Gegensatz zwischen ›Händlern und Helden‹ bezeichnete, und Ernst Troeltsch wies in der ersten Kriegsphase die unbedingte Überlegenheit der deutschen Ideenwelt über die Kultur anderer Nationen nach.

Thomas Mann begrüßte den Krieg mit gemischten Gefühlen – mit Schrecken und mit Hoffnung. »Welche Heimsuchung!« schrieb er Anfang August an den Bruder Heinrich. »Wie wird Europa aussehen, innerlich und äußerlich, wenn sie vorüber ist? Ich persönlich habe mich auf eine vollständige Veränderung der materiellen Grundlagen meines Lebens vorzubereiten. Ich werde, wenn der Krieg lange dauert, mit ziemlicher Bestimmtheit das sein, was man ›ruiniert‹ nennt. In Gottes Namen! Was will das besagen gegen die Umwälzungen, namentlich die seelischen, die solche Ereignisse im Großen zur Folge haben müssen! Muß man nicht dankbar sein für das vollkommen Unerwartete, so große Dinge erleben zu dürfen?«[11]

Aber in einem Brief an Heinrich Mann vom September schlug er schon einen ganz anderen Ton an und sprach von »diesem großen, grundanständigen, ja feierlichen Volkskrieg«,[12] und in dem schon erwähnten Schreiben an Witkop meldete sich bereits die optimistische Überzeugung vom Sieg der Deutschen: »Unser Sieg scheint ja in der Consequenz der Geschichte zu liegen, aber Deutschlands Wege und Schicksale sind nicht wie andere, – es *kann* zunächst auch noch einmal ein furchtbares Unglück geben, – wonach es freilich zur Zeit gewiß nicht aussieht.«[13]

Öffentlich trat er erst ziemlich spät auf, nach Hauptmann, Dehmel, Rilke, Gundolf. Im November 1914 veröffentlichte er in der *Neuen Rundschau* einen Artikel *Gedanken im Kriege,* in welchem er die Überzeugung aussprach, daß nur der Sieg Deutschlands Europa den Frieden sichern könne und daß die Erhaltung der »deutschen Seele« zur Vertiefung der Kultur beitragen werde. Er bezeichnete den Krieg auch als »Elementar- und Grundmacht des Lebens« und sprach der Kunst das Recht ab, in den Bereich der politischen und gesellschaftlichen Belange einzudringen. »Die Kunst ist fern davon«, heißt es im Artikel weiter, »an Fortschritt und Aufklärung, an der Behaglichkeit des Gesellschaftsvertrages, kurz, an der Zivilisierung der Menschheit innerlich interessiert zu sein. Ihre Humanität ist durchaus unpolitischen Wesens, ihr Wachstum unabhängig von Staats- und Gesellschaftsformen. Fanatismus und Aberglauben haben nicht ihr Gedeihen beeinträchtigt, wenn sie es nicht begünstigten, und ganz sicher steht sie mit den Leidenschaften und der Natur auf vertrauterem Fuße, als mit der Vernunft und dem Geiste.«[14]

Diese Gedanken entwickelte der Dichter einige Jahre später ausführlicher in den *Betrachtungen eines Unpolitischen.* Hier hob er zum erstenmal den Unterschied zwischen *Zivilisation* und *Kultur* heraus, hier stellte er den Dämonen der Gefühle die Vernunft, das Genie dem Geiste, das Heroische den bürgerlichen Tugenden entgegen – anders gesprochen, er konfrontierte die deutschen Wesenszüge mit den französischen. Friedrich II. und Voltaire, Soldat und Denker – das waren die zwei Gestalten, die für Thomas Mann zur Verkörperung des deutsch-französischen Kontrastes wurden.

Die in dem Artikel *Gedanken im Kriege* dargelegten Ideen riefen in deutschnationalen Kreisen Begeisterung, bei den Kriegsgegnern scharfen Widerspruch hervor. Im Dezember veröffentlichte Romain Rolland im *Journal de Genève* einen Artikel, in dem er Thomas Mann »falschen Dünkel« und »bösen Fanatismus« vorwarf.

Damals griff Mann, zur Rechtfertigung seiner Ideen, auf die Geschichte zurück, auf die Epoche der Entfaltung der preußischen Macht und der autokratischen Monarchie als Inbegriff des ›deutschen Genies‹. Aus dem Studium der Vergangenheit entstand das Essay *Friedrich und die große Koalition,* 1915 in *Der Neue Merkur* abgedruckt. Dieses Essay war eine Wiedergabe der Grundauffassungen des konservativen Historikers Treitschke. Der Kern der Arbeit ist ein Bericht über die Verletzung der Neutralität Sachsens und die Besetzung des Staates durch Friedrich II. im Jahre 1756. In dem Bemühen, diese Annexion zu rechtfertigen, behauptete Thomas Mann, daß in der Politik der Name Angriff meist irreführend sei: ein Angriff könne ja aus Not erfolgen, und dann sei er schon kein Angriff mehr, sondern eine Verteidigung. In der Skizze über Friedrich II. war kein Wort über Belgien enthalten, doch die Anspielung war auch so deutlich genug, und sie zielte auf Romain Rolland, der den Deutschen die Verletzung der Neutralität dieses Landes vorgeworfen hatte.

Thomas Manns Abhandlung entbehrt nicht einer gewissen Ironie, man kann sie nicht einfach als Apotheose des preußischen Königs abtun. Der Verfasser schilderte diesen als selbstherrlichen Herrscher, Gotteslästerer, zynischen Despoten, der Dichtern und Philosophen Gastfreundschaft gewährte, sie aber gleichzeitig auf das grausamste verspottete. Er sah im Monarchen die Verkörperung der Größe und des Bösen und sprach von seinem zweifelhaften Charakter. Dieses Bild konnte die preußischen Konservativen nicht entzücken. Thomas Mann sprach sich für den preußischen Nationalismus aus, aber er tat dies, wie er an Paul Amann schrieb, auf »eine verschmitzte und skeptische Weise«. In diesem Brief gab er auch eindeutig zu verstehen, daß die Ära des Preußentums zur Überwindung bestimmt sei und es jetzt nur darum gehe, daß diese Überwindung den Deutschen nicht »Schimpf und Schande« bringe.

Der kriegerische Ton Thomas Manns war bereits etwas gemildert in einem Artikel, der im Mai 1915 im *Svenska Dagbladet* als Antwort auf eine von der Zeitung veranstaltete Enquete publiziert wurde. Der Dichter erinnerte hier zwar noch an die Synthese von Geist und Kraft, sprach aber auch von der Bedeutung des Liberalismus und sogar vom Niedergang der Epoche Bismarcks. Es mußten noch einige Jahre verstreichen, ehe Thomas Mann zu jener Besinnung fand, die ihm die Augen für die Gefahren öffnete, die den Deutschen von seiten des militanten Konservatismus drohten. Später, als er bereits genügend Abstand zu dieser Zeit gewonnen hatte, beurteilte er sie folgendermaßen: »Ich teilte die Schicksalsergriffenheit eines geistigen Deutschtums, dessen Glaube soviel Wahrheit und Irrtum, Recht und Unrecht umfaßte und so furchtbaren, ins Große gerechnet aber heilsamen, Reife und Wachstum fördernden Belehrungen entgegenging. Ich habe diesen schweren Weg zusammen mit meinem Volke zurückgelegt, die Stufen meines Erlebens waren die des seinen, und so will ich's gutheißen.«[15]

Der um zwanzig Jahre jüngere Carl Zuckmayer, der als Soldat den Krieg mitmachte, erklärt in seinem Erinnerungsbuch die Kapitulation der deutschen Intellektuellen mit deren politischer Gleichgültigkeit oder gar völliger Naivität. Er schreibt: »Der Aufruf des großherzigen Deutschenfreundes Romain Rolland, den der Krieg in der Schweiz überrascht hatte, zu einer Internationale des Geistes über die nationalen Gegensätze hinweg wurde von deutscher Seite schroff zurückgewiesen und verhallte in seinem eigenen Land ungehört. Thomas Mann gehörte einem Gremium deutscher Gelehrter und Schriftsteller an, das eine harte Absage an die Intellektuellen des ›Westens‹ und ein rückhaltloses Bekenntnis zum nationalen Krieg publizierte. Wie kam das alles? Nur engstirnige Fanatiker können sich einbilden, daß diese hervorragenden Träger des deutschen Geisteslebens alle miteinander nichts als feige Opportunisten gewesen seien, daß sie als ›Knechte der herrschenden Klasse‹, wider besseres Wissen, mit ins Kriegshorn geblasen hätten, um ihre Auflagen oder Tantiemen zu sichern. Aber sie waren *zutiefst unpolitisch,* auch jene, deren Werk von sozialem Empfinden inspiriert war. Sie hatten vielleicht gesellschaftskritisch denken gelernt, aber kritische Verantwortung für Zeit- und Weltpolitik lag ihnen fern und gehörte nicht zum kulturellen Metier. Dadurch wurden auch sie von der Hochstimmung, der ekstatischen Gläubigkeit des vaterländischen Rauschs, des patriotischen Ethos blindlings überwältigt.«[16]

Befand die Welt sich in Aufruhr, im Haus in der Poschingerstraße floß die Zeit langsam und ruhig dahin. Der Krieg geizte natürlich nicht mit Sorgen, man mußte sich an Unbequemlichkeiten und Entsagungen gewöhnen, es gab auch Krankheiten, die sich besonders in der Anfangszeit fühlbar machten. Im Sommer 1915 erkrankte Klaus sehr schwer. Der Knabe mußte sich einer Operation unterziehen, es traten ernste Komplikationen auf, die einen neuerlichen chirurgischen Eingriff notwendig machten. »Wenn das Kind am

Leben bleibt«, schrieb Mann an Frau Fischer, die Gattin seines Verlegers, »wird es uns wahrhaftig neu geschenkt sein.«[17] Im selben Monat erkrankte Frau Katja, die ebenfalls in die Klinik gebracht und operiert werden mußte. Schließlich erinnert die Familienchronik an ein Ereignis, das bereits in die letzte Kriegsperiode fiel: im April 1918 kam das fünfte Kind des Dichters, Elisabeth Veronika, zur Welt.

In den Kriegsjahren betrieb Thomas Mann hauptsächlich Publizistik – er ließ sogar den *Zauberberg* im Stich, da ihm nun die politischen Probleme, die ihn früher nicht sonderlich interessiert hatten, als Wichtigstes erscheinen. Im November 1915 begann er seine *Betrachtungen eines Unpolitischen* zu schreiben, die ihn zwei volle Jahre beschäftigten. Die mehr als sechshundert Seiten starke Abhandlung war im Oktober 1918 fertig. Sie bedeutete eine Wende in Manns Denken, sie war Zusammenfassung und zugleich Abschied von der Vergangenheit: der Kulminationspunkt einer Krise, die im letzten Abschnitt der Kriegsperiode zu einer Lösung herangereift war. Das Buch hatte aber noch andere Bedeutung. Bis zu seinem Erscheinen war Thomas Mann nur eine Figur im literarischen Leben gewesen, ein Künstler, der abseits der aktuellen Ereignisse stand, nun befand er sich im Zentrum der öffentlichen Angelegenheiten, wurde zu einem allseits bekannten politischen Publizisten, obwohl er sich von der Politik völlig lossagte.

Die scharfe Polemik in den *Betrachtungen eines Unpolitischen* richtete sich gegen eine mysteriöse Person – gegen den ›Zivilisationsliteraten‹. Mit dieser anonymen Gestalt, deren Namen im Buch kein einziges Mal erwähnt wird, war niemand anderer gemeint als Thomas Manns älterer Bruder Heinrich. Der Stein, der die Lawine ins Rollen gebracht hatte, war Heinrich Manns Essay über Zola, geschrieben in einer Zeit, da die Deutschen einen Sieg nach dem anderen davontrugen, und publiziert im November 1915 in René Schickeles Zeitschrift *Die Weißen Blätter*. Dieses Essay über Zola war doppeldeutig, ebenso übrigens wie die Abhandlung über Friedrich II., mit der sie polemisierte. So wie Thomas Mann sich in die Epoche des preußischen Königtums zurückzog und dort Analogien zur Gegenwart suchte, wandte sich Heinrich der französischen Vergangenheit zu: er griff das Zweite Kaiserreich an und hatte dabei den Staat Wilhelms II. im Sinn. Friedrich als Symbol des Preußentums – und Zola, der Republikaner, Sprecher der Gerechtigkeit, das war der politische Gegensatz, der die Brüder entzweite.

Der Streit zwischen dem konservativen Gegner der Politik und dem begeisterten Demokraten und Anhänger der Französischen Revolution hatte seit langem geglommen, jetzt war er in voller Stärke entflammt. »Bei mir überwiegt das nordisch-protestantische Element«, schrieb Thomas Mann an den Theaterkritiker Karl Strecker, »bei meinem Bruder das romanisch-katholische. Bei mir ist also mehr Gewissen, bei ihm mehr aktivistischer Wille. Ich bin ethischer Individualist, er Sozialist – und wie sich der Gegensatz weiter umschreiben und benennen ließe, der sich im Geistigen, Künstlerischen, Politischen, kurz in jeder Beziehung offenbart.«[18]

Thomas Manns Sohn Klaus beschreibt die weitere Entwicklung des Konfliktes zwischen den Brüdern: »Das Verhältnis zwischen den beiden hatte sich seit dem Ausbruch des Krieges wesentlich getrübt. Heinrich war Pazifist; der Krieg bedeutete für ihn ein ruchloses Abenteuer, dazu bestimmt, das deutsche Volk in äußerstes Unglück zu stürzen. Er versuchte, ›au-dessus de la mêlée‹ zu bleiben wie einige seiner französischen Kollegen unter der Führung Romain Rollands. Dem Autor der ›Betrachtungen‹ aber wollte es scheinen, daß der Bruder keineswegs wirklich über den Parteien, sondern einfach auf der anderen Seite stand, ein militanter Anhänger der ›Entente Cordiale‹, ein unduldsam selbstgerechter Vorkämpfer des westlichen Zivilisationsgedankens. Das politisch-weltanschauliche Zerwürfnis erreichte bald einen solchen Grad von emotioneller Bitterkeit, daß jeder persönliche Kontakt unmöglich wurde. Die beiden Brüder sahen einander nicht während des ganzen Krieges. Heinrich Mann, der bis dahin nur in den Kreisen der literarischen Avantgarde eine gewisse Rolle gespielt hatte, wurde nun so etwas wie der Repräsentant einer politischen Bewegung. Als im Jahre 1914 die deutsche Intelligenz fast ausnahmslos in den Chorus der Kriegsbegeisterten einstimmte, gehörte er zu den wenigen, die klarsichtig und besonnen blieben. Zwei Jahre später fingen seine Warnungen an auf weitere Kreise zu wirken, noch nicht auf die Masse, aber doch auf eine sich allmählich vergrößernde intellektuelle Elite.«[19]

Im Zola-Essay verteidigte Heinrich Mann die Freiheit und die Bürgerrechte und verurteilte das Kaiserreich Ludwig Bonapartes mit scharfen Worten, die sich eigentlich gegen das Wilhelminische Deutschland richteten. »Niemand im Grunde«, schrieb er, »glaubt an das Kaiserreich, für das man doch siegen soll. Man glaubt zuerst noch an seine Macht, man hält es für fast unüberwindlich. Aber was ist Macht, wenn sie nicht Recht ist, das tiefste Recht, wurzelnd in dem Gewissen erfüllter Pflicht, erkämpfter Ideale, erhöhten Menschentums. Ein Reich, das einzig auf Gewalt bestanden hat und nicht auf Freiheit, Gerechtigkeit und Wahrheit, ein Reich, in dem nur befohlen und gehorcht, verdient und ausgebeutet, des Menschen aber nie geachtet ward, kann nicht siegen, und zöge es aus mit übermenschlicher Macht.«[20]

Diese Worte klangen nicht angenehm in Thomas Manns Ohren, aber am schmerzhaftesten trafen ihn die Anklagen gegen die »geistigen Mitläufer« der Macht, die »schuldiger als selbst die Machthaber« sind. Diese Vorwürfe bezog der Verfasser von *Friedrich und die große Koalition* nicht ohne Grund auf sich und ahnte sehr wohl die Absicht des Bruders, als er in seinem Zola-Essay über »die Wortführer und Anwälte des Rückfalls«[21] schrieb.

Thomas Mann sah in dem »glanzvollen Machwerk«, wie er das Essay über Zola nannte, eine Beschimpfung, die man nicht hingehen und ohne Antwort lassen konnte. Heinrichs Vorwürfe versuchte er in den *Betrachtungen* zu parieren, aber dieses Werk beschränkte sich nicht auf die Polemik mit dem Bruder, es war mehr, es war eine allgemeine Überprüfung – wie er sagte – der Ansichten über Literatur, Kunst und deutsche Probleme; eine Revision, die jedoch unverständlich bleibt, zieht man nicht den Zwiespalt in Betracht, von dem jedes Wort der Abhandlung berührt ist: »Ich habe nie eine Arbeit betrieben, die in meinen eigenen Augen so sehr das Gepräge des Privatwerkes und der öffentlichen Aussichtslosigkeit getragen hätte. Ich war allein mit meiner Plage. Keinem Fragenden war auch nur klarzumachen, was ich da eigentlich täte.«[22]

Spukten in Heinrichs Essay die Anhänger der autoritären Macht und Verteidiger des Rückschritts herum, so geisterte in Thomas' Buch das Gespenst in der Gestalt des »Zivilisationsliteraten«. Dieser Dämon repräsentierte die Anschauungen des Bruders und trat unter verschiedenen Pseudonymen auf, wie ›rhetorischer Bourgeois‹, ›radikaler Literat‹, ›Entente-Freund‹, ›Voluntarist‹ usw. Der verdächtige Literat nimmt hundert Gestalten an, und gegen ihn, den Wortführer des Bösen, richtete sich der ganze Zorn Thomas Manns. »Rolland«, lesen wir in den *Betrachtungen,* »schalt und beklagte mit heftigen Worten, aber er zischte nicht ... Es war der deutsche Zivilisationsliterat, der mir das Giftigste und Erniedrigendste gesagt hat.«[23]

Die *Betrachtungen* waren wohl die eifrigste und verzweifeltste – weil in vollem Bewußtsein ihrer Vergeblichkeit unternommene – Trennung der Kunst von der Politik und damit von der Demokratie (in Thomas Manns Ausführungen decken sich diese beiden Begriffe beinahe) als einem Element, das dem deutschen Geist fremd ist. »Ich will nicht die Parlaments- und Parteiwirtschaft, welche die Verpestung des gesamten nationalen Lebens mit Politik bewirkt«, bekannte Thomas Mann, »ich will nicht Politik. Ich will Sachlichkeit, Ordnung und Anstand.«[24] Wer den Deutschen die bürgerliche Demokratie westlicher Art aufdrängen will, so legte der Verfasser dar, der verkennt ihre Geschichte und ihren Charakter.

Dem Dämon, der den deutschen Gedanken zu depravieren suchte, stellte der Autor der *Betrachtungen* den deutschen Bürger gegenüber, dessen geistige Entwicklung außerhalb der politischen Sphäre erfolgte. Das Wort *Bürger,* von radikalen Literaten und Intellektuellen zum Schimpfwort degradiert, hatte in der Auffassung Manns nichts Gemeinsames mit dem Begriff *Bourgeois,* der ein Synonym für Philistertum war. Die deutsche Bürgerlichkeit, führte der Dichter aus, erzogen in der Tradition des klassischen Humanismus und Individualismus, entzog sich immer radikalen Gesellschaftsprogrammen, »woraus folgt, daß sie nicht, wie die westliche, politisch ist, oder es zumindest bis gestern nicht war«.[25]

Die Eigentümlichkeit der *Betrachtungen eines Unpolitischen* beruhte auf einem Paradoxon: ihr Verfasser glaubte inbrünstig an die Richtigkeit seiner Thesen, und gleichzeitig war er überzeugt, daß es keine Möglichkeit gebe, sie zu verwirklichen. Aus diesem Grund nannte er sein Buch auch ein »Rückzugsgefecht«, er gab sich einfach Rechenschaft darüber, daß er eine gefallene Festung verteidigte. Er beendete die Abhandlung gegen Kriegsende und gab sie erst nach der endgültigen Niederlage Deutschlands in Druck, was durch die völlig neue politische Konstellation dem Inhalt der Abhandlung seine Aktualität nahm. Darum lassen sich die *Betrachtungen* weniger als Programm denn als Zusammenfassung einordnen, als erster Schritt zu einer Wandlung und, wie der Dichter selber schrieb, als »Ausdruck einer Krisis, das Produkt einer neuen, von tiefaufwühlenden äußeren Ereignissen hervorgerufenen Situation«.[26]

»Vielleicht«, schrieb Klaus Mann, »kann man dieses Buch – seine stupenden Irrtümer sowie seine problematische Schönheit – nur begreifen, wenn man die Umstände kennt, unter denen es geschrieben wurde. Die grausame Spannung jener Tage, die Vereinsamung und trotzige Melancholie des Autors, sein völliger Mangel an politischem Training, sogar die unzulängliche Ernährung und die frostige Temperatur in seinem Studio während der Wintermonate, all dies wirkte zusammen, um die sonderliche Stimmung zu erzeugen, die verwirrende Mischung aus Aggressivität und Schwermut, aus Polemik und Musik, die für die ›Betrachtungen‹ charakteristisch ist. Es ist ein Dokument höchst eigenartiger, ja einzigartiger Natur, dies lange, leidvolle Selbstgespräch des vom Kriege zerstörten Dichters: literarisch beurteilt, ein Meisterstück, ein glanzvoller tour de force; vom politischen Standpunkt, eine Katastrophe. Der ironische Analytiker komplexer Emotionen wagte sich hier zum erstenmal aus seiner eigentlichen Sphäre in das fremde und gefährliche Gebiet politisch-sozialer Probleme. Das neue Interesse am Politischen manifestierte sich paradoxerweise zunächst als ein gereizter, bitterer Protest gegen die Politik. Der Schüler Goethes, Schopenhauer und Nietzsches hielt es für seine vornehmste Pflicht, die tragische Größe germanischer Kultur gegen die militant-humanitäre Haltung der westlichen Zivilisation zu verteidigen. Er verwechselte die brutale Arroganz des preußischen Imperialismus mit den reinen Offenbarungen des deutschen Genius von Dürer und Bach bis zu den Romantikern und zum Zarathustra. Tristans tödliche Verzükkung, die verspielte Unschuld des Eichendorffschen ›Taugenichts‹, die strenge Melancholie des ›Palestrina‹ von Hans Pfitzner, all dies wurde ihm zum Argument für die pangermanische Expansion und den uneingeschränkten Unterseebootskrieg. Indessen fehlt diesen fragwürdigen Schlußfolgerungen jegliche Überzeugungskraft; sie scheinen auf eine seltsam zögernde Art vorgebracht, mit schlechtem Gewissen gleichsam, als ob der Autor sich im Grunde der Bedenklichkeit seiner eigenen Position nur zu gut bewußt wäre.«[27]

Die *Betrachtungen* erfuhren kein glückliches Los – das Buch stieß im allgemeinen auf Ablehnung. Es fand wenige Anhänger und Feinde ohne Zahl. Die Konservativen schätzen es nicht, da es ihnen zu europäisch und sogar zu liberal erschien, und in den demokratischen Kreisen Deutschlands rief es einen Sturm der Unzufriedenheit hervor. Kasimir Edschmid stellte fest, Thomas Mann »sei nun für das In- und Ausland spurlos von seinem Platze weggewischt«.[28] Der Verfasser selbst sagte sich nach seinen eigenen Worten »von manchem Peripheren« seiner Abhandlung los, das ihm heute »unhaltbar scheint«.[29] Das Buch bedrückte Thomas Mann, obgleich er es immer gefühlvoll in seinem Gedächtnis bewahrte, als ein Ballast und blieb »ein Rückzugsgefecht großen Stils – das letzte und späteste einer deutsch-romantischen Bürgerlichkeit – geliefert im vollen Bewußtsein seiner Aussichtslosigkeit und also nicht ohne Edelmut«.[30]

Schon vor dem Erscheinen der *Betrachtungen eines Unpoliti-*

schen bemühte sich Heinrich Mann, eine Versöhnung mit dem jüngeren Bruder herbeizuführen, doch Thomas' Erbitterung war so groß, daß dieser Versuch scheiterte. Zum Anlaß dieser Versöhnungsgeste nahm Heinrich eine Umfrage der Zeitung *Berliner Tageblatt,* die sich zu Weihnachten 1917 an eine Gruppe hervorragender deutscher Schriftsteller und Gelehrter wendete, sie möchten sich über die *Möglichkeiten eines künftigen Weltfriedens* äußern. Die Brüder antworteten auf den Appell der Zeitung: Heinrichs Artikel, *Leben – nicht Zerstörung,* erschien am 25. Dezember, der von Thomas unter dem Titel *Weltfrieden?* zwei Tage später. Heinrich, getreu den Grundsätzen, zu denen er sich bisher bekannte, gab dem Glauben Ausdruck, die Menschheit würde nun endlich begreifen, daß der Krieg kein befreiendes Erlebnis sei und den Völkern nur Zerstörung und Unglück bringe, und er schloß seine Ausführungen mit Worten der Hoffnung auf den Sieg der Demokratie und des Friedens. Thomas, der seinen Aufsatz mit einem skeptischen Fragezeichen versah, verschwieg nicht, daß er an den Möglichkeiten der Demokratie zweifle, versäumte aber auch nicht hervorzuheben, daß er den Augenblick herbeisehne, in welchem die Völker sich vom Krieg lossagten.

Heinrich, der aus Thomas' Artikel den Wunsch zur Beilegung des Zwistes herauslas, schrieb einen Versöhnungsbrief an den Bruder. Der Verfasser der *Betrachtungen* lehnte jedoch das Angebot ab und antwortete mit einem Schreiben, das von tiefster Erbitterung erfüllt war. »Das brüderliche Welterlebnis«, mahnte er den Bruder, »färbt alles persönlich. Aber Dinge, wie Du sie in Deinem Zola-Essay Deinen Nerven gestattet und den meinen zugemutet hast, – nein, dergleichen habe ich mir niemals gestattet und nie einer Seele zugemutet. Daß Du nach den wahrhaft französischen Bösartigkeiten, Verleumdungen, Ehrabschneidereien dieses glanzvollen Machwerks, dessen zweiter Satz bereits ein unmenschlicher Exzeß war, glaubtest, ›Annäherung suchen‹ zu können, obgleich es ›hoffnungslos schien‹, beweist die ganze Leichtlebigkeit Eines, der ›sein Herz ins Weite erhob‹ . . .«

Der Brief endet mit den Worten: »Laß die Tragödie unserer Brüderlichkeit sich vollenden. Schmerz? Es geht. Man wird hart und stumpf. Seit Carla sich tötete und Du fürs Leben mit Lula (Julia, die Schwester der Manns, Anm. d. Verf.) brachst, ist Trennung für alle Zeitlichkeit ja nichts Neues mehr in unserer Gemeinschaft. Ich habe dies Leben nicht gemocht. Ich verabscheue es. Man muß es zu Ende leben, so gut es geht.«[31]

Der Zauberberg

Der Krieg zerstörte die Täuschungen, denen sich Thomas Mann und mit ihm die Mehrzahl der deutschen Intellektuellen hingegeben hatten. Auf den Ruinen des Wilhelminischen Kaiserreichs entstand eine Republik, die ein sehr unruhiges Leben hatte und nach kaum mehr als einem Dutzend Jahren mit einer Katastrophe endete. In der ersten Periode nach der Niederlage durchlebte das Land überaus schwere Tage, von sozialen und politischen Konflikten zerrissen. Ungestüme Zeiten brachen auch in Bayern und seiner Hauptstadt an, die zum Schauplatz rechtsgerichteter Putschversuche und Verschwörungen wurde. »München galt als die Hochburg der Reaktion«, lesen wir bei Klaus Mann, »das Zentrum antidemokratischer Strömungen und Intrigen. Der Herausgeber einer Berliner linken Wochenschrift präsentierte alle Nachrichten aus der Isarstadt unter der Schlagzeile: ›Aus dem feindlichen Ausland‹. Die Münchener ihrerseits waren davon überzeugt, daß Berlin von einer Bande jüdischer Schieber und bolschewistischer Agitatoren regiert werde.«[1]

Die Ereignisse überschlugen sich mit unglaublicher Geschwindigkeit: Im Februar 1919 fiel, von einer kaisertreuen Kugel getroffen, der bayrische Ministerpräsident Kurt Eisner, im April bildete sich die Bayrische Räterepublik, und im Mai unternahmen die Freikorpseinheiten General Epps den Sturm auf München. Die Stadt lebte in ständiger Spannung und litt Not, die in der Inflationszeit noch schlimmer wurde. Selbst im Hause Mann mußte man den Gürtel enger schnallen, um so mehr, als der Geheime Rat Pringsheim, auf dessen Unterstützung man sich früher stets verlassen konnte, nun schon sehr selten in die Tasche griff. Am empfindlichsten bekam dies Frau Katja zu spüren, die mit der Haushaltsführung und der Sorge um eine recht große Familie belastet war.

Thomas Mann, der politischen Publizistik überdrüssig, kehrte nach dem Krieg sogleich zur Epik und zum literarischen Essay zurück. »Nach dem Abschluß der ›Betrachtungen‹«, teilte er Kurt Martens mit, »hatte ich dem Schriftstellern eigentlich abgeschworen (ich war und bin seiner entsetzliche müde) und mir fest vorgenommen, mich fortan auf die künsterlischen Pläne, die ich noch ausführen möchte, streng zu konzentrieren. Denn ich bin 44 Jahre alt und möchte bis zum 50. die beiden vor der großen Unterbrechung begonnenen Romane fertig haben, um meine Gesammelten Werke unter Dach zu bringen.«[2] Das Ergebnis der Nachkriegsmonate waren zwei Werke: im April 1919 veröffentlichte der Dichter in der Monatsschrift *Der Neue Merkur* ein Versidyll, *Gesang vom Kindchen,* und gleich darauf erschien die früher vollendete Erzählung *Herr und Hund*. Das Poem, in Hexametern verfaßt, sowie die Novelle, in idyllischer Stimmung gehalten, kontrastierten mit der Atmosphäre des kürzlich beendeten Krieges und der nachfolgenden Zeit – sie waren gewissermaßen ein Aufatmen nach der Unruhe der letzten Jahre.

Am 21. April des Jahres 1919, als auf den Straßen Münchens blutige Kämpfe vor sich gingen, gebar Katja Mann ihr letztes Kind. In einem Brief an Witkop, datiert vom 12. Mai, schrieb Mann über die Unruhen und das Geschützfeuer, von denen die Geburt seines jüngsten Sohnes begleitet war: »Es war toll, aber wir sind wohlauf, sind durch alle Stürme persönlich so gut wie unangefochten hindurch gekommen, und zähle ich die Häupter meiner Lieben, so finde ich sie sogar um eines vermehrt. Am Ostermontag (das schwere Geschütz arbeitete) hat meine Frau einem Knäblein das Leben geschenkt, das Michael heißen soll, mit dem denn nun, zur hoffentlich endgültigen Beruhigung meiner Frau, das dritte Pärchen komplett und die Symmetrie hergestellt ist.«[3]

Das erste Nachkriegsjahr brachte Mann auch eine Würdigung in Form des Ehrendoktorates der Bonner Universität, die ihre Hundertjahrfeier beging. Die weitere Geschichte dieser Auszeichnung rief Jahre später großen Widerhall in der ganzen Welt hervor.

»Die Tatsache, daß sich unter den so festlicherweise ernannten Ehrendoktoren der Bonner philosophischen Fakultät auch ein deutscher Schriftsteller befindet«, schrieb Thomas Mann an den Dekan, »ist zu erfreulich und dankenswert, als daß ich mich lange fragen möchte, ob man recht wählte, indem man mich wählte –, eine Frage und Sorge, zu der allenfalls Anlaß vorhanden wäre. Denn ich bin weder gelehrt noch ein ›Lehrer‹, vielmehr ein Träumer und Zweifler, der, auf die Rettung und Rechtfertigung des eigenen Lebens notgedrungen bedacht, sich nicht einbildet, er ›könnte was lehren, die Menschen zu bessern und zu bekehren‹. Wenn trotzdem mein Treiben und Schreiben in der äußeren Menschenwelt bildende, führende, helfende Wirkung gezeitigt hat, so ist das ein Akzidens, das mich in demselben Grade überrascht, wie es mich beglückt.«[4]

Die große literarische Autorität, deren sich Thomas Mann damals bereits erfreute, führte dazu, daß sein Haus zum Treffpunkt vieler Dichter und Künstler wurde. Auf Reisen zwischen Wien und Berlin kehrten Jakob Wassermann und Hugo von Hofmannsthal hier ein, von Zeit zu Zeit kam der Berliner Verleger Samuel Fischer, der die Familie mit seinem angenehmen, jovialen Humor erheiterte, auch Gerhart Hauptmann zeigte sich, dessen von grauen Haaren umkränzter Kopf mit der mächtigen Stirn und dem Glanz seines lebhaften Blickes an Goehte erinnerte. »Hauptmann war kein Freund«, erinnert sich Klaus Mann, »seine seltenen Besuche, mit stolzer Gattin und gar zu elegantem Sohn Benvenuto, hatten den Charakter solenner Staatsvisiten, schon durch den ungewöhnlich großen Konsum von Rotwein und Champagner.«[5]

Innige Freundschaft verband Thomas Mann mit Ernst Bertram aus Köln, Professor, Dichter aus dem George-Kreis, Essayist und Literaturhistoriker, Autor eines damals berühmten Buches über Nietzsche, das in Köln erschien; seine Ferien verbrachte Bertram in München, wo er öfters bei den Manns wohnte.

Im Hause der Familie Mann war häufig auch der Schriftsteller und Übersetzer Hans Reisiger zu Besuch, seltener der vom Dichter geschätzte Musiker Hans Pfitzner. »Der romantische Komponist«, erinnerte sich Klaus Mann, »ein respektabler, wenngleich etwas anämischer Imitator der deutschen Meister, war ein verbissener Konservativer, um nicht zu sagen: ein wütender Reaktionär.«[6] Nahe Beziehung zu dem Musiker hatte übrigens Thomas Mann nur zur Zeit seiner Arbeit an den *Betrachtungen,* in denen er ein Kapitel *Palestrina,* der besten Oper Pfitzners, widmete. Von den Münchnern erschien ständig Bruno Frank, den Mann als Dichter und Menschen schätzte, und der Dirigent Bruno Walter, der in der Nachbarschaft wohnte. Unter der Führung von Walter erlebte die Münchner Oper damals ihre Blüte – der große Dirigent schuf aus dem Orchester und den Sängern ein Musik- und Chorensemble, das Berühmtheit erlangte. Dem ›Herrn Generalmusikdirektor‹ standen übrigens stets zwei Fauteuils in der ersten Reihe des Parketts zur Verfügung, von denen die Familie Mann sehr oft Gebrauch machte.

Von anderen Personen, mit denen der Verfasser der *Buddenbrooks* am Beginn der zwanziger Jahre Bekanntschaft geschlossen hatte, wäre der ungarische Kritiker György Lukács zu erwähnen.

Mann teilte nicht die »Weltanschauung und das soziale Glaubensbekenntnis« des marxistischen Theoretikers, aber er schätzte seinen Intellekt, seine Gelehrsamkeit und Überzeugungsgabe. »Er hat mir einmal in Wien eine Stunde lang seine Theorien entwickelt. Solange er sprach, hatte er recht. Und wenn nachher der Eindruck fast unheimlicher Abstraktheit zurückblieb, so blieb doch auch derjenige der Reinheit und des intellektuellen Edelmutes.«[7] Im *Zauberberg* stattete der Autor eine der zentralen Figuren, Naphta, mit Lukács' Zügen aus, ziemlich boshaft parodiert.

Im vierten Jahr nach dem Krieg trat im Verhältnis zwischen den entzweiten Brüdern endlich eine Besserung ein. Anfang 1922 erkrankte Heinrich schwer, zuerst an einer Grippe, dann kam Blinddarm- und Bauchfellentzündung hinzu. Die Operation, die das Herz schwächte, führte Komplikationen herbei, und einige Tage lang gab der Zustand des Patienten Anlaß zu ernsten Befürchtungen. Die Krankheit versöhnte die Brüder. Die Beziehungen wurden vorerst zwischen den Frauen wiederaufgenommen, Katja besuchte Heinrichs Frau, dann schickte Thomas Blumen und einen Brief ins Spital. »Es seien schwere Tage gewesen«, schrieb Mann an Bertram, »aber nun seien wir über den Berg und würden besser gehen, – zusammen, wenn es ihm ums Herz sei, wie mir. Er ließ mir Dank sagen und wir wollten uns nun – Meinungen hin und her – ›nie wieder verlieren‹.«[8]

War dies die endgültige Versöhnung? Was Thomas Mann betraf, hatte sich die alte Wunde noch nicht ganz geschlossen: »Eigentlich Freundschaft ist kaum denkbar. Die Denkmale unseres Zwistes bestehen fort – übrigens versichert man mir, daß er die ›Betrachtungen‹ niemals gelesen hat. Das ist gut – und auch wieder nicht: denn von dem, was ich durchgemacht, weiß er also nichts ... Davon, und wie die Zeit mich zum Manne schmiedete, wie ich dabei wuchs und auch anderen zum Helfer und Führer wurde – von alldem weiß er nichts. Vielleicht wird er es irgendwie fühlen, wenn wir wieder zusammenkommen. Noch darf er niemanden sehen. Er soll weicher, gütiger geworden sein in diesen Jahren. Unmöglich, daß seine Anschauungen nicht irgendwelche Korrektur erlitten haben. Vielleicht kann von einer gewissen Entwicklung zueinander hin doch die Rede sein.«[9] Die Zeit hat auf diese Frage eine bejahende Antwort gegeben.

Die Auffassungen änderten sich, doch nicht die von Heinrich, sondern die von Thomas. Der erste Verständigungsschritt war ein Vortrag Thomas Manns, *Von Deutscher Republik,* den er am

15. Oktober 1922 zum sechzigsten Geburtstag Gerhart Hauptmanns hielt. Diese Rede war kein geringes politisches Ereignis: im Berliner Beethovensaal stand vor den deutschen Studenten der Verfasser der *Betrachtungen,* bis dahin als Gegner von Politik und Demokratie bekannt, um den jungen Hörern die Notwendigkeit der Republik klarzumachen: »Mein Vorsatz ist, ich sage es offen heraus, euch, sofern das nötig ist, für die Republik zu gewinnen und für das, was Demokratie genannt wird und was ich Humanität nenne ...«[10] Seine Intentionen begründete der Dichter folgendermaßen: »Es ist dagegen absurd und nichts weiter, Tatsachen leugnen und sich im Wirklichen nicht ausprägen lassen zu wollen, die es für jedermann innerlich sind, auch für die Leugner und Opponenten. Studentenschaft! Bürgertum, eingesprenkelt in die Reihen der akademischen Jugend! Die Republik, die Demokratie sind heute solche inneren Tatsachen, sind es für uns alle, jeden einzelnen und sie leugnen heißt lügen.«[11]

Im weiteren Verlauf wendete sich der Redner gegen den »geistigen Obskurantismus«, der die Republik verunglimpft, und äußerte die Befürchtung, daß seine eigenen *Betrachtungen* dem Dunkelmännertum zu Hilfe gekommen waren; schließlich appellierte er an die Jugend, sich nicht von der Reaktion verführen zu lassen.

In dem Vortrag *Von Deutscher Republik* nahm Thomas Mann einen klaren politischen Standpunkt ein, und von da an gab es keinen Zweifel mehr, auf welcher Seite er stand. Die Rede wirkte wie ein Donnerschlag. Die *Betrachtungen,* das darf man nicht vergessen, waren ein schwieriges Buch und konnten nicht auf große Verbreitung zählen, während das Auftreten in Berlin ein starkes Echo im ganzen Land hatte und zur Sensation des Tages wurde.

In seiner Rede auf die *Betrachtungen* zurückkommend, erklärte der Dichter: »Ich widerrufe nichts. Ich nehme nichts Wesentliches zurück. Ich gab meine Wahrheit und gebe sie heute.«[12] Kann man tatsächlich glauben, daß der Vortrag, in dem er mit Eifer die Demokratie verteidigte, nicht im Widerspruch zu der Abhandlung stand, in der er mit nicht geringer Beredsamkeit diese Demokratie verurteilte? Ja und nein.

Im Vorwort zur Sonderausgabe der Rede, die kurze Zeit nachdem sie gehalten worden war, in Buchform erschien, versicherte der Verfasser: »Ich weiß von keiner Sinnesänderung. Ich habe vielleicht meine Gedanken geändert, – nicht meinen Sinn. Aber Gedanken, möge das auch sophistisch klingen, sind immer nur Mittel zum Zweck, Werkzeug im Dienste eines Sinnes, und gar dem Künstler wird es viel leichter, als unbewegliche Meinungswächter wissen können, sich anders denken, anders sprechen zu lassen als vordem, wenn es gilt, einen bleibenden Sinn in veränderter Zeit zu behaupten.«[13] In diesem Sinne besteht eine Verbindung zwischen den *Betrachtungen* und der Rede *Von Deutscher Republik.* In beiden Fällen trat Mann, entsprechend seiner Überzeugung, für den ›deutschen Geist‹ ein. In der Kriegszeit war er überzeugt, das größte Unglück für Deutschland sei die Demokratie, deren Gefahr, wie ihm schien, in der Laxheit, dem leeren Geschwätz, der platten Phrase beruhte. Die Kriegsereignisse und später die Niederlage Deutschlands öffneten ihm die Augen für die wirklichen Gefahren. Der Kapp-Putsch, der die blutigen Ziele der Verschwörung der Rechten enthüllte, die Praktiken der konservativen bayrischen Regierung, die Ermordung Walter Rathenaus, die Mann erschütterte, beseitigten die letzten Illusionen. Das war es, was der Dichter im Sinn hatte, als er 1929 in einem Interview für die *Vossische Zeitung* sagte: »So hat sich mein Urteil in manchem gewandelt. Aber nur dem mag das seltsam und unbegreiflich erscheinen, der die ›Betrachtungen‹ für etwas anderes hält, als sie sind. Sie sind kein Dogma, sie sind der Versuch der Selbstrechtfertigung.«[14]

Schwieriger ist es schon, mit den Worten Manns übereinzustimmen, die er 1923 sprach: »Ich nehme kein Wort von alledem zurück, was ich 1918 gesagt habe, und unterschreibe alles wieder, was ich von der Deutschen Republik kürzlich sagen mußte.«[15] Versicherungen dieser Art soll man nicht wörtlich nehmen, Thomas Mann änderte seine Ansichten, wie er selbst festgestellt hat, »in mancher Hinsicht«, und das half ihm, auch in den späteren Jahren seinen Weg zu finden. Daß die Berliner Rede der Beginn einer Wendung war und anderseits eine Änderung in seinem Leben anzeigte, davon zeugte auch die Reaktion der Presse und der öffentlichen Meinung. Nahmen die liberalen Zeitungen den Vortrag anerkennend auf, so überfielen die nationalistischen Blätter ihn wie eine Meute toller Hunde. Das konservative Wochenblatt *Das Gewissen* brachte eine Glosse mit dem Titel »Mann über Bord«, die sich direkt an den Dichter wendete: »Sie predigen, wie ein sanfter Poet, der achtziger Jahre, als deutsche Tugend die Humanität, die längst zu einer Hure geworden ist.«[16] *Der Tag,* Berlin, meinte, Thomas Mann verwechsle das Ideal mit der Wirklichkeit, und Hanns Johst, später Präsident der »Reichsschrifttumskammer«, warf ihm Verrat am Deutschtum vor.

So endete das »Berliner Abenteuer«. Es häuften sich die Angriffe und Intrigen – »Politik umschäumt mich«,[17] schrieb Thomas Mann an den älteren Bruder. Neben der Politik machte sich die Inflation fühlbar. »Amerikanische Touristen«, lesen wir bei Klaus Mann, »kaufen Barockmöbel für ein Butterbrot, ein echter Dürer ist für zwei Flaschen Whisky zu haben. Die Herren Krupp und Stinnes werden ihre Schulden los: der kleine Mann zahlt die Rechnung.«[18] Die Entbehrungen der Kriegsjahre waren nicht mehr so spürbar, aber noch immer war das Leben schwer. »Bei uns zu Hause ging es jetzt etwas weniger spartanisch zu als in den düsteren Tagen von 1917. Zwar ließ das Essen immer noch zu wünschen übrig, aber die Zeit der faulen Kartoffeln und Kohlrüben war doch vorüber.«[19] Die Einkünfte aus den Büchern waren mager, nur kleinere Arbeiten für die New-Yorker *The Dial Press,* die die Honorare in Dollar auszahlte, und häufige Vortragsreisen in verschiedene europäische Länder retteten die Situation.

Mann war Gast in Holland und einige Male in der Schweiz, später in Wien, Budapest, Dänemark und Schweden, und im Frühling 1923 fuhr er nach Spanien, wo er einige Vorträge hielt und von der Infantin Isabella empfangen wurde. »Sie (die Reise) ging zu Schiff«, schrieb er »unter noch gebotener Vermeidung Frankreichs, von Genua nach Barcelona, Sevilla und Granada, dann, durch die Halbinsel zurück, zum nördlichen Santander, durch den Golf von Biscaya über Plymouth nach Hamburg. Das Gedächtnis des Himmelfahrtstages in Sevilla wird mir bleiben, mit der Messe im Dom, dem herrlichen Orgelspiel und der Fest-Corrida am Nachmittag. Im ganzen aber hatte der andalusische Süden mir weniger zu sagen als das klassich-hispanische Gebiet, Kastilien, Toledo, Aranjuez, Phillips granitne Klosterfestung und jene Fahrt, dem Excorial vorüber, nach Segovia, jenseits des schneehohen Guadarrama. – Wir hatten damals die engliche Küste, heimkehrend, nur berührt.«[20]

Aber der Frühling 1923 hinterließ auch schmerzhafte Erinnerungen: im März starb im dreiundsiebzigsten Lebensjahr die Mutter des Dichters. Frau Julia segnete das Zeitliche in einem bescheidenen Zimmerchen, das sie im Dorf Wessling, fünfundzwanzig Kilometer von München entfernt, bewohnte. Am Bett der Sterbenden hatten sich die drei Brüder eingefunden, alarmiert von der Nachricht über eine Lungenentzündung, die hohes Fieber verursacht hatte. Sie kamen gerade zurecht, um sich von der Mutter zu verabschieden. »Wir standen am Lager«, beschreibt Viktor Mann die Szene, »die Schwester hatte die Tote ordentlich gebettet. Mamas Züge waren entspannt, aber noch sehr wie im Leben. Es war noch

Von links nach rechts:
Die Geschwister Heinrich, Thomas, Carla und Julia Mann
um 1885.

Heinrich und Thomas Mann
um 1900.

Seele in ihnen, und fast schien die Mutter noch immer zu lächeln. ›Wie liebenswürdig ihr Gesicht ist‹, sagte Thomas neben mir, und dann sprangen ihm die Tränen aus den Augen. Mir ist das Weinendürfen vom Mannesalter genommen worden. Es ist sehr hart, in solchen Augenblicken keine Tränen zu haben.«[21]

Unter den Erinnerungen an sie, die wir allen drei Söhnen verdanken, lenken die Worte des jüngsten, Viktor, die Aufmerksamkeit auf sich: »Mama war, vom ersten Schrei ihres Ältesten an, immer nur Mutter gewesen. Mutter mit jeder Faser ihres Herzens und mit jedem Gedanken. Gewiß auch unseres Vaters liebevolle Frau, die schöne, gütige und elegante Repräsentantin des großen Hauses, und dann in München die geistvolle Gastgeberin einer freien, hochkultivierten Gesellschaft, aufgeschlossen auch außerhalb der Familie allem guten Leben: der Natur, den Menschen und den Künsten. Aber vor oder über allem war sie die Mutter der fünf. Große Sorgen um sich selbst hat sie sich nie gemacht, trotz ihrer Ängstlichkeit, und ihre eigenen Ansprüche an das Leben waren gering. Ihre Sorgen um uns aber waren ohne Grenzen, ihre Ansprüche für uns von einer oft naiven Maßlosigkeit und ihre Opferbereitschaft manches Mal zu weitgehend. Der Satz, daß eine Mutter wohl zehn Kinder ernähre, diese zehn Kinder aber nicht die eine Mutter erhalten könnten, war für sie unumstößlich.«[22]

Das folgende Jahr war eine Periode weiterer Reisen. Der Weg führte nach Norden, zuerst nach Amsterdam, wo Thomas Mann einen Vortrag über *Demokratie und Leben* hielt, und von dort nach London. In der englischen Hauptstadt war Mann Gast des seit zwei Jahren bestehenden PEN-Clubs, der für den deutschen Romancier ein festliches Bankett gab. Der Aufenthalt in England dauerte einige Tage und schloß einen Besuch bei Galsworthy in Hendon ein, wohin auch Wells und Shaw kamen, sowie einen in Oxford. Die nächsten Monate nach der Heimkehr widmete Mann den letzten Kapiteln des *Zauberberg*, an dem er bereits seit Jahren arbeitete. Der Roman war im September 1924 beendet und erschien zwei Monate später in einer zweibändigen Ausgabe bei S. Fischer.

Die Geschichte des *Zauberberg* begann im Frühsommer 1912. Damals kam Thomas Mann nach Davos, um seine Frau zu besuchen, die in einem Sanatorium auf Kur war. Er hielt sich in dem Luftkurort ungefähr drei Wochen auf – ebensolange wie der Held des Romans, Hans Castorp, in der Schweizer Heilanstalt verbleiben wollte. Der Dichter zog sich damals einen Bronchialkatarrh zu und beschloß, sich beim Arzt Rat zu holen. »Der Chef«, erinnert sich Mann, »der, wie Sie sich denken können, meinem Hofrat Behrens in Äußerlichkeiten ein wenig ähnlich sah, beklopfte mich und stellte mit größter Schnelligkeit eine sogenannte Dämpfung, einen kranken Punkt an meiner Lunge fest, die, wenn ich Hans Castorp gewesen wäre, vielleicht meinem ganzen Leben eine andere Wendung gegeben hätte. Der Arzt versicherte mir, ich würde sehr klug handeln, mich für ein halbes Jahr hier oben in die Kur zu begeben, und wenn ich seinem Rat gefolgt wäre, wer weiß, vielleicht läge ich noch immer dort oben. Ich habe es vorgezogen, den ›Zauberberg‹ zu schreiben, worin ich die Eindrücke verwertete, die ich in kurzen drei Wochen dort oben empfing.«[23] Da der Arzt nur eine ›feuchte Stelle‹ in der Lunge entdeckte, packte Mann ganz schnell seine Koffer und fuhr heim. Der gleiche Grund, der ihn zur Abreise bewog, veranlaßte Castorp, sieben lange Jahre im Sanatorium zu verbringen.

Mit dem *Zauberberg* geschah dasselbe, was mit fast allen vorhergehenden und späteren Romanen Thomas Mann geschah: das Werk dehnte sich aus, bis die ursprünglich geplante Form völlig gesprengt war. Es war zuerst als Novelle gedacht, »sollte nichts weiter sein als ein humoristisches Gegenstück zum ›Tod in Venedig‹«, schrieb er, »ein Gegenstück auch dem Umfang nach, also eine etwas ausgedehnte short story ... Die Faszination des Todes, der Triumph rauschhafter Unordnung über ein der höchsten Ordnung geweihtes Leben, die im ›Tod in Venedig‹ geschildert ist, sollte auf eine humoristische Ebene übertragen werden.«[24] Das satirische Spiel, das zur tragischen Italiennovelle in Kontrast treten sollte, wuchs sich unter den Händen zu einem an Meditationen überreichen großen Roman aus. »Machte man sich alle Möglichkeiten und alle Schwierigkeiten eines Werkes im voraus klar und kennt man seinen eigenen Willen, der sich von dem des Autors häufig gar sehr unterscheidet, so ließe man wohl die Arme sinken, und hätte gar nicht den Mut, zu beginnen. Ein Werk hat unter Umständen seinen eigenen Ehrgeiz, der den des Autors weit übertreffen mag, und das ist gut so.«[25]

Diese Verwandlungen hatten verschiedene Ursachen; vor allem war es der Einfluß des Ersten Weltkrieges und der geistigen Veränderungen Nachkriegseuropas, der den Dichter zum Überdenken der in den *Betrachtungen eines Unpolitischen* vorgetragenen Anschauungen veranlaßte. Der *Zauberberg* nahm den Dialog der *Betrachtungen* wieder auf. Dieser Problemkreis war so weit, daß er in einer kleinen Erzählung nicht untergebracht werden konnte. Man kann den Roman also nur verstehen, wenn man ihn als ein Glied in der Kette des Mannschen Schaffens betrachtet. »Es gibt Autoren, deren Namen mit dem eines einzigen großen Werkes verbunden und fast identisch mit ihm sind, deren Wesen in diesem einen Werk vollkommen ausgesprochen ist. Dante – das ist die Divina Commedia. Cervantes – das ist der Don Quijote. Aber es gibt andere – und zu ihnen muß ich mich rechnen –, bei denen das einzelne Werk keineswegs diese vollendete Repräsentivität und Signifikanz besitzt, sondern nur Fragment eines größeren Ganzen ist, des,Lebenswerkes, ja des Lebens und der Person selbst . . .«[26]

Der Roman erzählt die Geschichte eines Hamburger Ingenieurs, der seinen Vetter in einem Davoser Lungensanatorium besucht. Drei Wochen soll er bleiben, aber man behält ihn sieben Jahre lang oben. Der Ingenieur, ein gutsituierter junger Mann, letzter Nachkomme einer angesehenen Kaufmannsfamilie, die in mancher Hinsicht an die Buddenbrooks erinnert, tut genau das, worauf Thomas Mann nicht eingehen wollte. Als die Ärzte bei ihm Fieber konstatieren, gibt er ihrem Zureden nach, verlängert seinen Aufenthalt im Gebirge zunächst um ein halbes Jahr, dann um ein ganzes, um zwei, drei und mehr Jahre, bis er sich endlich entschließt, den *Zauberberg* in dem Augenblick zu verlassen, als es scheint, daß er nie mehr von dort wegkommen würde. In all diesen sieben Jahren hat er sich der Kur unterzogen, seine Temperatur gemessen, hat er geflirtet, lange Gespräche geführt und geduldig den Gesprächen der anderen zugehört. Darin besteht die Handlung des *Zauberberg*, sofern man nicht enden wollende Dialoge und Meditationen noch als Handlung bezeichnen kann.

Die Romanhandlung – bleiben wir bei diesem Terminus – spielt in den Jahren 1907 bis 1914, doch in der Problematik des Werkes läßt sich bereits der Geist späterer Zeiten feststellen: die Gespräche in dem vornehmen Sanatorium und mit ihnen alle anderen Überlegungen kreisen um die Fragen Nachkriegseuropas. Auf den ersten Blick macht das Werk den Eindruck eines traditionellen, mehr noch, eines pedantisch realistischen Romans. Wir beobachten jede Einzelheit, jede Figur, jedes Ereignis wie durch ein Vergrößerungsglas. Der Verfasser gibt genau und weitschweifig die Sprechweise, das Aussehen, die Gewohnheiten, die Gestik der Kurgäste wieder, die Umrisse der kleinen Welt der Kuranstalt, ihrer Zimmer, Korridore, Veranden, Ärztezimmer, Salons. Jeder Moment des Tagesablaufs wird festgehalten, vom morgendlichen Fiebermessen bis zum

Abendspaziergang. Der erste Tag von Castorps Aufenthalt im Sanatorium geht erst auf der hundertsten Seite zu Ende, und man muß weitere zweihundert lesen, bis sich der junge Ingenieur entschließt, auf dem Berg zu bleiben, mit anderen Worten, bis der Roman eigentlich beginnt. Alles geht hier in langsamem Tempo vor sich, die Akteure kommen in großen Abständen auf die Bühne, während in den *Buddenbrooks* die wichtigsten Romanfiguren sofort auftreten, gleich in der ersten Anfangsszene im Haus des Senators.

Doch schon in den ersten Gesprächen, die Hans Castorp mit den Kurgästen führt, nimmt die Welt des Sanatoriums eigentümliche Gestalt an. Es heißt dort, daß der junge Ankömmling »oben« wie »Odysseus im Schattenreich« herumwandert, die Ärzte, die ihre Patienten ziemlich sonderbar behandeln, heißen Minos und Radamanth, irgendwer bezeichnet die Insassen der Heilanstalt als Unselige, die zu ewiger Verdammnis verurteilt sind; Rätsel und Vieldeutigkeiten mehren sich, es beginnt das geheimnisvolle Spiel der Symbole und Anspielungen und der mannigfaltigen Motive, das sich durch das ganze Buch zieht und komplizierteste Arabesken schafft. Castorps Spaziergänge auf dem Berg – gibt einer der Patienten zu verstehen – sind ein Weg der Mysterien und der Läuterungen, und die Leute, die ihn begleiten, sind nur die Schatten des Geheimnisses.

Der Berg, auf den die Krankheit einige Dutzend Schiffbrüchige ausgeworfen hat, gleicht einer mythischen Landschaft. Abseits vom Alltag gelegen, gestalten sich die Schicksale hier ganz anders als im ›Flachland‹, sind sie einer völlig anderen Gesetzmäßigkeit unterworfen. In einen magischen Zauber verstrickt, halb real, halb grotesk, irren die Menschen in dem Grenzland zwischen Wirklichkeit und Einbildung umher. Die Erziehung des Abkömmlings einer hanseatischen Familie geht in einer Atmosphäre »fieberhafter Hermetik« vor sich, die Personen, Dinge, Raum und Zeit dicht umgibt. »In der fieberhaften Hermetik des Zauberberges aber erfährt dieser schlichte Stoff eine Steigerung, die ihn«, sagt der Autor über Castorp, »zu moralischen, geistigen und sinnlichen Abenteuern fähig macht, von denen er sich in der Welt, die immer ironisch als das ›Flachland‹ bezeichnet wird, nie hätte etwas träumen lassen. Seine Geschichte ist die Geschichte einer Steigerung, aber sie ist Steigerung auch in sich selbst, als Geschichte und Erzählung. Sie arbeitet wohl mit den Mitteln des realistischen Romanes, aber sie ist kein solcher, sie geht beständig über das Realistische hinaus, indem sie es symbolisch steigert und transparent macht für das Geistige und

Ideelle. Schon in der Behandlung ihrer Figuren tut sie das, die für das Gefühl des Lesers alle mehr sind, als sie scheinen: sie sind lauter Exponenten, Repräsentanten und Sendboten geistiger Bezirke, Prinzipien und Welten.«[27]

Das Buch ist ein Roman vom Tod, es schildert dessen willenschwächenden und gedankenvergiftenden Einfluß, es warnt vor der Gefahr und dem Zauber seiner Versuchungen. Krankheit und Leiden, gewöhnlich Ausnahmezustände, sind in der Heilanstalt eine Dauererscheinung, sind gewissermaßen selbstverständlich, üben auf die Kranken einen magischen Zauber aus. Das Schweizer Sanatorium, dieses Asyl des kranken Europa, wird zu einer Welt, aus der es keine Flucht gibt. Die Tore des Berghades schließen sich für ewig hinter jedem Patienten, behütet von unsichtbaren Wächtern des Todes. Für immer verläßt man den Berg nur auf der Totenbahre. Der Zauberberg ist der Montsalvat der Sterbenden, der Ort, wohin man fährt, um zu gesunden, und wo man den Tod findet. Hier herrscht unteilbar die Krankheit, die nicht nur eine biologische Anomalie bedeutet, sondern auch eine seelische Disposition zu Schmerz und Zerstörung, und in gesellschaftlichem Sinne Verachtung des Menschen und seiner geistigen Errungenschaften. Die hermetische Scheidewand des Todes, die in der Venediger Novelle zwischen Aschenbach und der Welt emporwächst, umgibt hier den Gesamtkomplex des Romans. Die Gefahr der Zerstörung ist um so größer, als der Tod auf dem Berg nicht in Gestalt eines abstoßenden Knochenmannes auftritt, sondern als faszinierende Erscheinung, die die Kranken mit ihrer verlockenden Schönheit verführt. Die Nähe des Todes erzeugt bei den Kurgästen einen fieberhaften Zustand und eine exaltierte Erregung, Stimmungen der Euphorie oder der Resignation.

In dieser Atmosphäre macht Hans Castorp eine siebenjährige Erziehung durch. »Für den Autor«, sagt der Dichter, »sind Tod und Krankheit und alle makabren Abenteuer, die er seinen Helden durchlaufen läßt, ja gerade das pädagogische Mittel, durch das eine gewaltige ›Steigerung‹ und Förderung des schlichten Helden über seine ursprüngliche Verfassung hinaus erzielt wird. Sie sind, eben als Erziehungsmittel, weitgehend positiv gewertet, wenn auch Hans Castorp im Laufe seines Erlebens hinausgelangt über die ihm angeborene Devotion vor dem Tode und eine Menschlichkeit begreift, die die Todesidee und alles Dunkle, Geheimnisvolle des Lebens zwar nicht rationalistisch übersieht und verschmäht, aber sie einbezieht, ohne sich geistig von ihr beherrschen zu lassen.«[28]

Dank der Wißbegierde, die die neue Umgebung in ihm weckt, wird der Zauberberg für Castorp zum Raum eines großen Abenteuers, zu einer Bildungsprovinz, in der sich seine Metamorphose vollzieht. Ihm allein unter allen Bewohnern der Gebirgsheilanstalt gelingt es, die Versuchung des Todes zu bezwingen und sich vom romantischen Kult des Leidens zu befreien. Castorp spricht es nach längerem Aufenthalt auf dem Berg selber aus: er würde es nicht zulassen, daß »der Tod seine Gedanken beherrscht«, denn darauf beruht die menschliche Güte und Liebe, auf nichts anderm. »Was er begreifen lernt«, kommentiert Thomas Mann, »ist, daß alle höhere Gesundheit durch die tiefen Erfahrungen von Krankheit und Tod hindurchgegangen sein muß, so wie die Kenntnis der Sünde eine Vorbedingung der Erlösung ist.«[29] Von dem Augenblick an, da Castorp die »Sympathie mit dem Tode« in sich überwindet, steht für ihn der Weg in das Flachland offen.

So zieht die Symbolik des *Zauberberg*, gewoben aus literarischen Fäden, Reminiszenzen und Analogien, die bis zum Mittelalter und weiter, bis zu antiken Mythen, zurückreichen, einen weiten Bogen um unser Jahrhundert. Der kleine Flecken Erde auf dem Berghang bekommt repräsentative Bedeutung, und das in doppeltem Sinn. Zum ersten wird hier Deutschland vorgestellt, vor allem jene deutschen Geistesrichtungen, die ihren Ursprung in der romantischen Sehnsucht nach dem Tode haben, und die spekulativen Strömungen, deren Quelle in der Schopenhauerschen Doktrin zu suchen ist. Zum zweiten entwickelt der Roman eine universale Problematik, die die deutschen Fragen mit den allgemeinen verbindet, mit den Problemen von Leben und Tod, Fortschritt und Reaktion. Die Meditationen umfassen hier die philosophischen, gesellschaftlichen und politischen Richtungen einer Epoche, vom Liberalismus des neunzehnten Jahrhunderts bis zum modernen Totalitarismus.

Die Wendung bei Thomas Mann, die ihren publizistischen Ausdruck in der Rede *Von Deutscher Republik* fand, äußerte sich im *Zauberberg* in ganz anderer Form als in den Werken der frühen Zeit. Der Roman bricht auch mit manchen Gedankengängen der Vergangenheit. Der »Zivilisationsliterat«, in den *Betrachtungen* mit bissigem Spott bedacht, tritt im *Zauberberg* in der Gestalt des italienischen Liberalen Settembrini auf, den Mann mit wohlwollender Ironie, aber auch unbezweifelbarer Sympathie darstellt. Einer anderen Romanfigur, Naphta, der manchen Abschnitt der *Betrachtungen* mit seinem Namen hätte zeichnen können, bezeigt der Autor nur Mißtrauen und Abneigung. »Denn dieses Buch«, stellte er fest, »das den Ehrgeiz besitzt, ein europäisches Buch zu sein, es ist das Buch eines guten Willens und Entschlusses, ein Buch ideeller Absage an vieles Geliebte, an manche gefährliche Sympathie, Verzauberung und Verführung, zu der die europäische Seele sich neigte und neigt und welche alles in allem nur *einen* fromm-majestätischen Namen führt, – ein Buch des Abschiedes, sage ich, und pädagogischer Selbstdisziplinierung; sein Dienst ist Lebensdienst, sein Wille Gesundheit, sein Ziel die Zukunft.«[30]

In der *Einführung in den Zauberberg* riet Thomas Mann dem Leser, der mit dem Roman »zu Ende gekommen ist«, ihn noch einmal zu lesen, »denn seine besondere Machart, sein Charakter als Komposition bringt es mit sich, daß das Vergnügen des Lesers sich beim zweitenmal erhöhen und vertiefen wird, – wie man ja auch Musik schon kennen muß, um sie richtig zu genießen«. »Nicht zufällig gebrauchte ich das Wort ›Komposition‹«, führt er weiter aus, »das man gewöhnlich der Musik vorbehält. Die Musik hat von jeher stark stilbildend in meine Arbeit hineingewirkt. Dichter sind meistens ›eigentlich‹ etwas anderes, sie sind versetzte Maler oder Graphiker oder Bildhauer oder Architekten oder was weiß ich. Was mich betrifft, muß ich mich zu den Musikern unter den Dichtern rechnen. Der Roman war immer eine Symphonie, ein Werk der Kontrapunktik, ein Themengewebe, worin die Ideen die Rolle musikalischer Motive spielen. Man hat wohl gelegentlich – ich selbst habe das getan – auf den Einfluß hingewiesen, den die Kunst Richard Wagners auf meine Produktion ausgeübt hat. Ich verleugne diesen Einfluß gewiß nicht, und besonders folge ich Wagner auch in der Benützung des Leitmotives, das ich in die Erzählung übertrug, und zwar nicht, wie es noch bei Tolstoi und Zola, auch noch in meinem eigenen Jugendroman ›Buddenbrooks‹ der Fall ist, auf eine bloß naturalistisch-charakterisierende, sozusagen mechanische Weise, sondern in der symbolischen Art der Musik. Hierin versuchte ich mich zunächst im ›Tonio Kröger‹. Die Technik, die ich dort übte, ist im ›Zauberberg‹ in einem viel weiteren Rahmen auf die komplizierteste und alles durchdringende Art angewandt.«[31]

Das Buch wurde sehr günstig aufgenommen, obgleich da und dort kritische Stimmen zu Wort kamen, die jedoch, übertönt von Worten allgemeiner Anerkennung, bald verhallten. »War zu glauben gewesen«, wunderte sich Mann nach vierzehn Jahren, »daß ein wirtschaftlich bedrängtes und gehetztes Publikum aufgelegt sein werde, den träumerischen Verknüpfungen dieser in zwölfhundert Seiten ausgebreiteten Gedankenkomposition zu folgen? Würden unter den heutigen Umständen mehr als ein paar tausend Leute sich bereit finden, für eine so wunderliche Unterhaltung, die mit Romanlektüre in irgendeinem gewohnten Sinn fast nichts zu tun hatte, den Preis von sechzehn oder zwanzig Mark zu erlegen? Sicher war, daß die beiden Bände auch nur zehn Jahre früher weder hätten geschrieben werden noch Leser finden können. Es waren dazu Erlebnisse nötig gewesen, die der Autor mit seiner Nation gemeinsam hatte und die er beizeiten in sich hatte kunstreif machen müssen, um mit seinem gewagten Produkt, wie einmal schon, im günstigen Augenblick hervorzutreten. Die Probleme des ›Zauberberg‹ waren von Natur nicht massengerecht, aber sie brannten der gebildeten Masse auf den Nägeln, und die allgemeine Not hatte die Rezeptivität des breiten Publikums genau jene alchimistische ›Steigerung‹ erfahren lassen, die das eigentliche Abenteuer des kleinen Hans Castorp ausgemacht hatte. Ja, gewiß, der deutsche Leser erkannte sich wieder in dem schlichten, aber ›verschmitzten‹ Helden des Romans; er konnte und mochte ihm folgen.«[32]

Im Verlauf von vier Jahren erreichte die Gesamtauflage des Buches hunderttausend Exemplare. Fast gleichzeitig mit der Originalausgabe erschien die ungarische Übersetzung, dann wurde der Roman in viele europäische Sprachen übertragen, zuerst ins Holländische, Englische, Schwedische, 1929 erschien die polnische, zwei Jahre später die französische Übersetzung. Auch in den Vereinigten Staaten erfreute sich das Buch großer Beliebtheit. »Auf der anderen Seite«, schrieb Mann an André Gide 1930, »höre ich immer wieder gänzlich verwerfende Urteile darüber, die meist dahin lauten, es sei kein Roman, keine Dichtung, ein Werk des Verstandes und der Kritik. Das Amüsanteste ist, daß der Stockholmer Literaturprofessor und Kritiker Böök, der bei der Verteilung des Nobelpreises ausschlaggebenden Einfluß hat, es (den ›Zauberberg‹, Anm. d. Verf.) seiner Zeit öffentlich für ein künstlerisches Unding erklärt hat, und daß ich den Preis ausschließlich oder doch ganz vorwiegend für meinen Jugendroman ›Buddenbrooks‹ erhalten habe. Das ist wenigstens die Auffassung der Akademie, die aber ganz offenbar im Irrtum ist. ›Buddenbrooks‹ allein hätte mir niemals die Geltung verschafft, welche es der Akademie ermöglicht und sie bestimmt hätte, mir den Preis zu verleihen. Diese Stellung in der Welt ist tatsächlich erst durch den verpönten Roman geschaffen worden, dessen rein narrative Eigenschaften meiner Überzeugung nach doch seinen analytischen so weit die Waage halten, um das Ganze als Komposition und Kunstwerk haltbar zu machen.«[33]

Es war noch kein Monat seit dem Erscheinen des *Zauberberg* vergangen, als der Dichter sich bereits mit neuen literarischen Plänen befaßte. Er suchte, wie er es immer nach Beendigung eines Romans tat, Abwechslung in der kleinen Form. Das Jahr 1925 war, abgesehen von einer einzigen Novelle, *Unordnung und frühes Leid*, ein Jahr der Publizistik und des Essays. Thomas Mann begann dieses Jahr mit den Vorbereitungen zu einem umfangreichen Essay *Goethe und Tolstoi*, bei dem er sich auf einen Vortrag stützte, den er vier Jahre früher in Lübeck gehalten hatte und der 1923 veröffentlicht worden war. Das Essay wurde in den im selben Jahr herausgegebenen Band *Bemühungen* aufgenommen, der nach dem Ersten Weltkrieg gedruckte Arbeiten umfaßte. Von publizistischen Arbeiten wurden in diesen Auswahlband die Rede *Von Deutscher Republik* aufgenommen und von den kleineren Arbeiten die Artikel über Spengler, Ricarda Huch und einige Rezensionen.

Eine kurze Erholung von der Arbeit fand Thomas Mann auf einer Mittelmeerfahrt, zu der ihn die Schiffahrtsgesellschaft Stinnes eingeladen hatte. Von dem Plan der Reise, die auch nach Ägypten führen sollte, berichtete Thomas Mann an Bertram in einem Brief, in dem wir die erste, vorläufig noch ganz allgemein gehaltene Erwähnung eines künftigen biblischen Romans finden: »Ich werde einen Blick auf die Wüste, die Pyramiden, die Sphinx werfen, dazu habe ich die Einladung angenommen, denn das kann bestimmten, wenn auch noch etwas schattenhaften Plänen, die ich im Geheimen hege, nützlich sein.«[34] Die Reiseroute führte von Venedig nach Cattaro, Griechenland und Konstantinopel, von dort nach Port Said, Luxor, Karnak und zurück nach Italien. Die Eindrücke von dieser Reise, die vier Wochen dauerte, schildert Mann in einer Skizze *Unterwegs*, die ebenfalls in den Band *Bemühungen* aufgenommen wurde. Nach der Heimkehr beendete der Dichter die autobiographische Erzählung *Unordnung und frühes Leid*, die er der *Neuen Rundschau* für die Juninummer zugesagt hatte, ein Heft, das Thomas Mann gewidmet war, denn am 6. Juni 1925 wurde der Verfasser des *Zauberberg* fünfzig Jahre alt.

Der Weg zum Ruhm

Zum fünfzigsten Geburtstag regnete es Glückwünsche. Unter den Gratulanten waren Stefan Zweig, Max Rychner, Alfred Kubin, Hans Pfitzner, Gerhart Hauptmann, Hugo von Hofmannsthal. In der deutschen und ausländischen Presse erschienen Artikel über das Leben und Werk Thomas Manns. Die offizielle Feier wurde im Münchner Rathaus unter dem Ehrenschutz des Oberbürgermeisters der Stadt abgehalten. Die Geschwister Manns, die beiden Brüder und die Schwester, Freunde und Kollegen nahmen daran teil.

»Die Stadt München«, schildert Viktor Mann dieses Ereignis, »Bürgermeister, Hochschulen, Ministerien, Schriftstellerverbände und sonstige geistige Spitzen des Landes hatten zur Feier im Alten Rathaus eingeladen, und so vollzog sich dies Geschwistertreffen in großer Öffentlichkeit, in Fräcken und Abendkleidern und zu Meister Pembaurs Interpretation von Schubert und Chopin.

Die Festreden dehnten das Diner ins Unendliche. Besonders eine, die, mit langsamer Zitterstimme gesprochen, jeder Thomas Mannschen Menschengestaltung vom Kleinen Herrn Friedemann aufwärts ein eigenes Kapitel widmete. Ich war sehr erleichtert, als der weinerliche Redner endlich mit dem ›Fahnenjunker Joachim‹ schloß. Und dann erhob sich gegenüber dem Gefeierten unser Ältester.

›Lieber Bruder‹, sagte Heinrich mit so ruhiger, unrednerischer Stimme, als wären wir ganz unter uns, ›als wir Kinder waren, da bauten unsere lieben Eltern, wenn einer von uns beiden Geburtstag hatte, dem anderen einen zweiten kleinen Gabentisch auf, um auch ihn in Festfreude zu versetzen. Das ist heute freilich nicht mehr nötig. Freuden und Ehrungen, die dir zuteil werden, sind Freuden und Ehrungen genauso für mich und uns alle. Und so nimm meine Glückwünsche.‹

Im prasselnden Beifall schritt Thomas um die lange Tafel auf den Bruder zu. Fast lief er, und seine Augen waren naß. Heinrich kam ihm entgegen, und umtost von Rufen und Klatschen umarmten sich die beiden.

›Das Ende des Bruderzwists‹, hörte ich gescheite Leute flüstern, und einige Zeitungen deuteten tags darauf ähnliches an. Ich wußte es besser: der Zwist, der ja im Sinne der Flüsterer nie existiert hatte, die Trennung vielmehr, war längst vorüber.«[1]

Die Reihe der Ansprachen beschloß der Jubilar, der mit wenigen Worten sein Selbstporträt skizzierte und den moralischen Sinn seines Werkes definierte: »Wenn ich einen Wunsch für den Nachruhm meines Werkes habe, so ist es der, man möge davon sagen, *daß es lebensfreundlich ist, obwohl es vom Tode weiß.* Ja, es ist dem Tod verbunden, es weiß von ihm, aber es will dem Leben wohl. Es gibt zweierlei Lebensfreundlichkeit: eine, die vom Tod nichts weiß; die ist recht einfältig und robust, und eine andere, die von ihm weiß, und nur diese, meine ich, hat vollen geistigen Wert. Sie ist die Lebensfreundlichkeit der Künstler, Dichter und Schriftsteller.«[2]

Am nächsten Tag fand zu Ehren des Dichters eine Matinee im Residenztheater statt. Musik, ein Vortrag von Professor Fritz Strich und ein Fragment aus den *Bekenntnissen des Hochstaplers Felix Krull*, vom Autor gelesen, bildeten das Programm. Die nächsten vier Tage verbrachte Thomas Mann in Wien, wo er in den Räumen des PEN-Clubs eine Vorlesung über Natur und Nation hielt und einer Aufführung von *Fiorenza* im Deutschen Volkstheater beiwohnte. Der Aufenthalt in Österreich endete mit einem Bankett, das den Abschluß der Geburtstagsfeiern bildete.

Jetzt begann eine Zeit repräsentativer Reisen. Thomas Manns Werke, in viele Sprachen übersetzt, hatten große Popularität gewonnen – der Verfasser des *Zauberberg* wurde für Europa zu einem der ersten Vertreter der deutschen Literatur. Einladungen kamen aus Paris, Warschau, Holland, der Schweiz und anderen Ländern. »Repräsentation war es«, lesen wir in Viktor Manns Erinnerungen, »was in Thomas' Leben immer stärker hervortrat. Die Reisen, auf denen er das deutsche Schrifttum im Ausland aus mancherlei Anlässen zu vertreten hatte, mehrten sich, und eine scharf disziplinierte Einteilung des Tages war nötig, um seinen Forderungen zu genügen und doch am eigenen Werk weiterschaffen zu können.«[3]

Zwei dieser Reisen, unternommen 1926, sind besonders erwähnenswert: die nach Paris und die ins heimatliche Lübeck. In der französischen Hauptstadt hielt Mann sich neun Tage, vom 20. bis zum 28. Januar, als Gast der Carnegie-Stiftung auf, die ihn zu einem Vortrag über die geistigen Tendenzen in Deutschland eingeladen hatte. Der französische PEN-Club, die »École Normale Supérieure« und der Verband französischer Intellektueller veranstalteten ihm zu Ehren Empfänge, und außerdem war er Gast bei Charles du Bos, bei Edmond Jaloux und bei seinem Übersetzer Félix Bertaux. Seine Pariser Eindrücke schilderte Mann im autobiographischen Bericht *Pariser Rechenschaft*, der in der Mai- und Juninummer der *Neuen Rundschau* abgedruckt wurde.

Nach Lübeck begab er sich fünf Monate später, in den ersten Tagen des Juni; man hatte ihn zur Siebenhundertjahrfeier des Hansehafens eingeladen. Die alten, durch die *Buddenbrooks* verursachten Mißverständnisse zwischen Lübeck und Thomas Mann waren schon lange vergessen. Die Stadt ehrte den Dichter mit einer Aufführung von *Fiorenza* – die Vorstellung fand am 4. Juni statt – und mit der Verleihung des Professortitels durch den Senat. Für die Gastfreundschaft und die Ehrungen dankte Thomas Mann in der Abendveranstaltung im Stadttheater mit einer Rede, die als gedruckte Arbeit den Titel *Lübeck als geistige Lebensform* erhielt. In der Zeit seines Aufenthaltes in Lübeck kam der Dichter auch mit alten Bekannten zusammen und besuchte das Katharineum, wo er die Schulbank gedrückt und ziemlich schlechte Noten geerntet hatte, was er des öfteren eingestand.

Im Herbst wurde Thomas Mann wieder eine Ehrung zuteil: er wurde zum Mitglied der neueröffneten Literatursektion der Preußischen Akademie der Künste ernannt. In die Akademie wurden außerdem unter anderen Gerhart Hauptmann, Hermann Hesse, Ricarda Huch, Heinrich Mann, Arthur Schnitzler, Jakob Wassermann und Franz Werfel aufgenommen. Bei der Inauguration der Literatursektion sprachen der Präsident der Akademie, Max Liebermann, der Kultusminister, und Thomas Mann antwortete.

Die Feiern und Reisen gönnten Mann nur wenig Zeit zum Arbeiten, doch er nützte jeden freien Augenblick für die umfangreichen Studien und Vorbereitungen zu dem Roman über den biblischen Joseph. Am Jahresende entstanden die ersten Seiten dieses Werkes, dessen Plan gleichfalls sehr bescheiden angelegt war. »Ich bin recht froh«, schrieb Mann an seine älteste Tochter im Dezember 1926, »daß ich wieder schreibe. Man fühlt sich eigentlich doch nur und weiß nur etwas von sich, wenn man etwas macht. Die Zwischenzeiten sind greulich. Der Joseph wächst Blatt für Blatt, wenn es vorläufig auch nur eine Art von essayistischer oder humoristisch-pseudowissenschaftlicher Fundamentlegung ist, womit ich mich amüsiere. Denn Spaß macht mir die Sache mehr, als je etwas anderes.«[4]

»Das Jahr 1927 sodann«, erinnert sich Mann in seinem Lebensabriß, »brachte eine Reise nach Warschau, dessen Gesellschaft den deutschen Schriftsteller mit einer unvergeßlichen Gebärde hochherzig-freundschaftswilliger Gastlichkeit empfing.«[5] Nach Warschau kam der Dichter auf Einladung des polnischen PEN-Clubs, bei dem er drei Tage zu Gast war.

Nach Hause zurückgekehrt, nahm er die Arbeit an *Joseph und seine Brüder* auf, die viel Konzentration und Ruhe erforderte. Aber mit beidem wurde es angesichts der beständig anwachsenden nationalsozialistischen Bewegung mit ihren Provokationen und Feindseligkeiten immer mißlicher. Die nationalen Blätter begannen gegen Thomas Mann und andere liberale Schriftsteller zu polemisieren, auch der *Völkische Beobachter* rüstete zum Angriff. Im reaktionären München war die Situation besonders gespannt. »Wir mußten es erleben«, schrieb Mann, »daß München in Deutschland und darüber hinaus als Hort der Reaktion, als Sitz aller Verstocktheit und Widerspenstigkeit gegen den Willen der Zeit verschrien war, mußten hören, daß man es eine dumme, die eigentlich dumme Stadt nannte.«[6]

Zunächst jedoch kündigte sich die Katastrophe noch nicht an. Die folgenden zwei Jahre waren mit der Arbeit an dem biblischen Zyklus angefüllt, und von Zeit zu Zeit unternahm Mann Vortragsreisen innerhalb Deutschlands und ins Ausland. Dieser Zeitabschnitt brachte auch einige Essays, deren bedeutendste die *Rede über Lessing*, gehalten im Januar 1929 in der Preußischen Akademie der Künste zum zweihundertsten Geburtstag Lessings, und die Abhandlung *Die Stellung Freuds in der modernen Geistesgeschichte* waren. Letztere nennt Mann in einem Brief an Charles du Bos »eine ausladende Abhandlung über das Problem der Revolution, voller pädagogischer Absichten, und namentlich derjenigen dienend, die psychoanalytische Bewegung als die einzige Erscheinungsform des modernen Anti-Rationalismus erkennen zu lassen, welche keinerlei Handhabe bietet zu reaktionärem Mißbrauch.«[7] Über Freud sprach Mann im Auditorium maximum der Münchner Universität im Mai 1929, und noch im selben Jahr erschien seine Abhandlung in der Wiener Zeitschrift *Psychoanalytische Bewegung.*

Von den kleineren Arbeiten dieser Zeit sind erwähnenswert der Artikel zum Tode Hofmannsthals, die *Rede über das Theater*, gehalten bei der Eröffnung der Heidelberger Festspiele, und ein kurzer Aufsatz anläßlich des siebzigsten Geburtstages von Knut Hamsun. 1929 nahm der Dichter auch die Erzählung *Mario und der Zauberer* in Angriff. Über die Umstände, die zur Entstehung dieser

Novelle führten, erzählt er im *Lebensabriß*: »Einmütig gewöhnt, keinen Sommer ohne einen Aufenthalt am Meere vorübergehen zu lassen, verbrachten wir, meine Frau und ich, mit den jüngsten Kindern im Jahre 1929 den August in dem Ostseebad Rauschen ... Auf dieser bequemen, aber weitläufigen Reise das angeschwollene Material, das unabgeschriebene Manuskript des ›Joseph‹ mitzuschleppen, empfahl sich nicht sehr. Da ich mich aber auf beschäftigungslose ›Erholung‹ durchaus nicht verstehe und eher Nachteil als Nutzen davon erfahre, beschloß ich, meine Vormittage mit der leichten Ausführung einer Anekdote zu füllen, deren Idee auf eine frühere Ferienreise, einen Aufenthalt in Forte dei Marmi bei Viareggio und dort empfangene Eindrücke zurückging: mit einer Arbeit also, zu der es keines Apparates bedurfte und die im bequemsten Sinn des Wortes ›aus der Luft gegriffen‹ werden konnte.«[8]

Von Rauschen wurde ein Ausflug an die Kurische Nehrung gemacht, deren Landschaft ihnen vielfach anempfohlen worden war, und sie verbrachten dort einige Tage in Nidden, einem Fischerdorf im litauisch verwalteten Memelgebiet. »Wir waren«, erzählt Mann, »von der unbeschreiblichen Eigenart und Schönheit dieser Natur, der phantastischen Welt der Wanderdünen, den von Elchen bewohnten Kiefern- und Birkenwäldchen zwischen Haff und Ostsee, der wilden Großartigkeit des Strandes so ergriffen, daß wir beschlossen, uns an so entlegener Stelle, als Gegengewicht gleichsam zu unserer süddeutschen Ansässigkeit, einen festen Wohnsitz zu schaffen. Wir nahmen die Verhandlungen auf, pachteten von der litauischen Forstverwaltung ein Dünengrundstück mit großidyllischer Umschau und beauftragten eine Memeler Architektenfirma mit der Errichtung des Häuschens, das schon unter Schilfdach ist ...«[9] Von da an verbrachte dort Thomas Mann mit Frau und Kindern jeden Sommer, und die Ferien in Nidden waren immer die schönste Erinnerung. »Mein Vater«, schreibt Monika Mann in ihrem Tagebuch, »ist an der Ostsee geboren, und es hat ihn immer wieder dorthin oder auch an ein anderes Meer gezogen. Abgesehen davon, daß wohl alle Jugend meerbegeistert ist, sitzt es uns also obendrein im Blut und wir waren alle glücklich da. Das Haus lag mitten im Kieferwald, eine Viertelstunde Wegs vom Strand. Es hatte braune Holzwände, blaue Fensterläden und ein Dach aus Stroh und blickte auf das Binnenmeer, das sogenannte Watt.«[10] Gerade hier, in dieser nördlichen Gegend, beendete Mann die Novelle, deren Handlung sich unter der sengenden Sonne am Ufer des Tyrrhenischen Meeres abspielt.

Mario und der Zauberer ist nach den Novellen *Herr und Hund* und *Unordnung und frühes Leid* die letzte Erzählung Manns, die deutlich autobiographische Züge trägt. Der Dichter erzählt hier von einem authentischen, nur im Schluß veränderten Ereignis, dessen Zeuge er gemeinsm mit seiner engsten Familie gewesen war. Der Autor, seine Frau und seine zwei jüngsten Kinder sind Zuschauer bei der Vorführung eines Gauklers – Mann hatte tatsächlich einer solchen Darbietung im Jahre 1927 in Italien beigewohnt –, die einen dramatischen Verlauf nimmt. Auf der Bühne des überfüllten Saales produziert sich der mißgestaltete, bucklige, abstoßend häßliche *prestidigitatore* Cipolla: der Scharlatan übt einen magischen Einfluß auf die Zuschauer aus, unterwirft sie seinem Willen und liefert jene, die sich für seine Experimente hergeben, dem Gelächter und der Erniedrigung aus. Cipolla gewinnt mit Hilfe von Hypnose und Überredungskünsten Macht über die Zuschauer, wobei er eine Reitpeitsche schwingt, deren Zischen immer wieder im Saal zu hören ist. Zum Schluß lädt der Betrüger den sympathischen Kellner Mario auf die Bühne, versetzt ihn in einen hypnotischen Trancezustand und zwingt ihn, seine Befehle auszuführen, sehr zum Vergnügen des Publikums. Als das Zischen der Reitpeitsche den Kellner weckt, tötet dieser Cipolla mit zwei Pistolenschüssen. Der Einfluß des Hypnotiseurs wird erst durch die Kugel zerstört.

Das Werk gehört zu jenen Erzählungen, die die »Verwirrung der Gefühle« beschreiben, doch hat es eine bestimmte Eigentümlichkeit. Während in den vorhergegangenen Erzählungen die Gestalten ihr Verderben in sich selber trugen und sich in dem Augenblick ins Unglück stürzten, da sie die Herrschaft über ihre Gefühle verloren, wird hier die ›Verwirrung‹ durch äußeren Zwang herbeigeführt, durch den Terror des einen Willens gegenüber dem anderen. Cipolla erzielt Erfolge, indem er andere quält. Dort, wo der menschlichen Natur Gewalt angetan wird, wo die Freiheit der eigenen Entscheidung verschwindet, wird der Mensch zur Karikatur oder zum Opfer. Die psychologische Problematik hat in dieser Novelle eine politische Schattierung, was der Verfasser in einem späteren Kommentar selbst hervorhob. Man spürt in dieser Novelle deutlich die Aura des faschistischen Nationalismus im Italien Mussolinis. Cipolla hat etwas vom ›Duce‹ an sich: er jongliert mit patriotischen Phrasen, heißt das Publikum mit dem ›römischen‹ Gruß willkommen, macht ständig Andeutungen über Führer und Nationen und erklärt das Gelingen seiner Experimente mit dem Triumph des Befehls und dem Nutzen des Gehorsams.

Im Herbst 1929, nach Beendigung des *Mario*, traf eine Nachricht ein, die das ganze Haus in der Poschingerstraße auf die Beine brachte. Am 12. November erhielt Thomas Mann eine telegrafische Verständigung aus Stockholm, daß ihm der Nobelpreis zuerkannt worden sei. Gerüchte, daß er diese Auszeichnung erhalten würde, gingen schon seit Jahren um. »Die sensationelle Auszeichnung«, erinnert sich Mann, »welche die Schwedische Akademie zu vergeben hat und die nach siebzehn Jahren zum erstenmal wieder nach Deutschland fiel, hatte, soviel ich wußte, schon mehr als einmal dicht über mir geschwebt und traf mich nicht unvorbereitet. Sie lag wohl auf meinem Wege – ich sage es ohne Überheblichkeit, aus gelassener, wenn auch nicht uninteressierter Einsicht in den Charakter meines Schicksals, meiner ›Rolle‹ auf Erden, zu der nun einmal der zweideutige Glanz des Erfolges gehörte und die ich durchaus menschlich betrachte, ohne viel geistiges Aufheben davon zu machen. Im Sinn einer solchen nachdenklich hinnehmenden Gelassenheit habe ich den geräuschvollen Zwischenfall, bei dem mir soviel Festlich-Freundliches geschah, als lebenszugehörig anerkannt und ihn in möglichst guter Haltung bestanden – auch innerlich, was das Schwierige ist. Mit einiger Einbildungskraft und einiger Nachgiebigkeit gegen sie könnte man wohl süße Erschütterungen aus dem Abenteuer ziehen, sich feierlich und vor aller Welt in den Kreis der Unsterblichen aufgenommen zu sehen und Mommsen, France, Hamsun, Hauptmann seine Peers nennen zu dürfen; aber die träumerische Exaltation zu dämpfen, ist der Gedanke an diejenigen recht sehr geeignet, welche den Preis *nicht* bekommen haben.«[11]

In der deutschen und ausländischen Presse erschien eine Unzahl von Artikeln über das Leben und Schaffen Thomas Manns, von offiziellen Persönlichkeiten und Institutionen, von Freunden und Bekannten trafen Glückwünsche ein. Noch im selben Monat brach der Dichter zu einer Reise in das Rheinland auf, deren Termine und Route schon seit langem festgelegt waren. Die Fahrt führte nach Bochum, Duisburg, Köln und Bonn. »Das Stockholmer Vorkommnis«, schrieb Mann, »verlieh einer von längerer Hand her verabredeten Vortragsreise ins Rheinland einen besonderen festlichen Akzent. Die Feier in der Aula der Universität Bonn, deren philosophische Fakultät mich kurz nach dem Kriege zum Doktor h. c. promoviert hatte, bleibt mir unvergeßlich durch einen jugendlichen Zudrang, der nach Aussage besorgter Professoren den Fußboden des alten Saales auf eine bedenkliche Belastungsprobe stellte. Aber die besagte Reise fiel ungünstig insofern, als fast unmittelbar die an meine Aktivität so große Anforderungen stellende Fahrt gen Norden sich anschloß . . .«[12]

Nach Stockholm fuhr Mann mit seiner Gattin einige Tage vor dem festgesetzten Termin, er wollte unterwegs in Berlin halt machen. In der deutschen Hauptstadt war er Gast der Internationalen Studentenvereinigung. Der Schutzverband Deutscher Schriftsteller veranstaltete einen Festabend im großen Konzertsaal der Musikhochschule, wo Arnold Zweig dem Dichter im Namen der deutschen Autoren gratulierte. Am 9. Dezember war das Ehepaar Mann in Stockholm. Empfänge, Presseinterviews, Zusammenkünfte und Gespräche ließen den Dichter kaum zu Atem kommen. Am nächsten Tag fand der feierliche Akt der Preisübergabe statt. Im großen Saal des ›Konserthuset‹ überreichte König Gustav V. die Diplome an fünf Professoren der Physik, Chemie und Medizin und an Thomas Mann. Die Zeremonie ging in Anwesenheit des Thronfolgers, seiner Gattin, der Mitglieder der Schwedischen Akademie und anderer wissenschaftlicher Gesellschaften vor sich. Professor Frederik Böök hielt die Ansprache an Thomas Mann, worauf Mann ihm in einer kurzen Rede dankte. Ein Mittagessen im königlichen Schloß, das am nächsten Tag gegeben wurde, beschloß die Feierlichkeiten.

Der Text des Diploms lautet: »Thomas Mann, Inhaber des literarischen Nobelpreises des Jahres 1929, insbesondere für seinen großen Roman ›Buddenbrooks‹, der im Laufe der Jahre eine immer mehr gefestigte Anerkennung gefunden hat als ein klassisches Werk der Gegenwart.«[13] Mit dem Verdikt des Stockholmer Komitees, das, wie schon gesagt, die Meinung des Professors Böök zum Ausdruck brachte, hat der Preisträger nie übereingestimmt, er betrachtete es als ungerecht, weil es den *Zauberberg* mit Schweigen überging.

»Und doch«, schrieb Mann später, »hätte das Nobelcomité sich kaum in der Lage gesehen, mir den Preis zuzuerkennen, ohne einiges Weitere, das ich nachher getan. Wenn es mir nur für ›Buddenbrooks‹ und bereits für diese gebührte, warum habe ich ihn dann nicht fünfundzwanzig Jahre früher erhalten? Die ersten Anzeichen, daß man im Norden anfing, meinen Namen mit dieser Institution in Zusammenhang zu bringen, kamen zu mir im Jahre 1913, nach dem Erscheinen des ›Tod in Venedig‹. Ohne Zweifel trifft das Comité seine Entscheidungen frei und dennoch nicht ganz nach eigenem Kopf. Es fühlt sich auf die Zustimmung der Welt angewiesen, und ich glaube, es mußte nach ›Buddenbrooks‹ noch einiges aus mir werden, ehe es sich dieser Zustimmung auch nur in dem Grade versehen konnte, wie es sie gefunden hat.«[14] Übrigens war nicht nur Mann über die Begründung des Stockholmer Komitees verwundert. Das Gratulationstelegramm André Gides enthielt Glückwünsche »nicht zum Nobelpreis, sondern zur Vollendung des ›Zauberberg‹, mit dem Sie sich diese Ehrung verdient haben.«[15]

Der verliehene Preis stärkte die literarische Stellung Thomas Manns außerordentlich. »Die ›nette kleine Auszeichnung‹ «, lesen wir bei Klaus Mann, »bedeutete für meinen Vater nicht nur einen direkten finanziellen Gewinn, sondern brachte ihm auch erhebliche indirekte Vorteile. Sein Welt-Prestige wuchs, die internationale Popularität seiner Werke nahm rapide zu; in Amerika wurde ›The Magic Mountain‹ zum ›bestseller‹, während in Deutschland die neue Volksausgabe der ›Buddenbrooks‹ einen fast beispiellosen Erfolg hatte: in kurzer Zeit verkaufte der S. Fischer-Verlag über eine Million Exemplare! Mielein, die Verwalterin der Finanzen, hatte plötzlich keine Sorgen mehr.«[16]

Der Aufenthalt in Stockholm hatte fünf Tage gedauert. Auf dem Rückweg hielt sich Mann in Kopenhagen auf, wo es auch nicht ohne Empfang abging, und nochmals in Berlin. Endlich, am 23. Dezember, war er wieder in München, völlig erschöpft. »Nur langsam«, schrieb er, »hat nach der Heimkehr der Wogenhochgang, in den durch den Zwischenfall mein Leben versetzt worden, sich zu legen begonnen. Das Entnervende ist, daß man, höchst öffentlich in den Besitz einer Geldsumme geraten, wie mancher Industrielle sie ohne Aufsehen alljährlich beiseite bringt, sich plötzlich dem ganzen Elend der Welt Aug in Auge gegenübergestellt findet, welches, von der Ziffer angestachelt, in unzähligen Formen und Abwandlungen das Gewissen des glücklichen Gewinners bestürmt.«[17]

Anfang Januar 1930 beging Thomas Mann noch eine Feier, diesmal mit Katja im Kreis der Familie: den fünfundzwanzigsten Hochzeitstag. »Der Tag des Ehegedenkfestes steht unmittelbar bevor«, mit diesen Worten beschließt er seinen *Lebensabriß*, »herbeigeführt von einem Jahr, dessen Zahl rund ist wie alle, die mein Leben beherrschen. Es war Mittag, als ich zur Welt kam; zwischen den Mitten der Jahrzehnte lagen meine fünfzig Jahre, und inmitten eines Jahrzehnts, ein halbes nach seiner Mitte, heiratete ich. Mein Sinn für mathematische Klarheit stimmt dem zu wie er der Anordnung zustimmt, daß meine Kinder als drei reim- und reigenartig gestellte Paare – Mädchen, Knabe – Knabe, Mädchen – Mädchen, Knabe – erschienen und wandeln. Ich vermute, daß ich im Jahre 1945, so alt wie meine Mutter, sterben werde.«[18] Diese Annahme bestätigte sich nicht. Er irrte sich um rund zehn Jahre.

Das Jahr 1930 begann mit der ›Inspektionsreise‹ nach Ägypten und Palästina, wo sich die Handlung der biblischen Tetralogie abspielt. Zu Beginn war das Wetter nicht günstig, die Fahrt von Genua nach Alexandrien war stürmisch und besonders ermüdend für Frau Katja, die ihren Mann begleitete. Das Ehepaar besuchte Nubien, von dort kehrten sie über Assuan und Luxor nach Kairo zurück und begaben sich nach Jerusalem. Nach eineinhalbmonatigem Aufenthalt im Nahen Osten schifften sie sich nach Italien ein.

Die wichtigste Veröffentlichung des Jahres 1930 war der Band *Die Forderung des Tages*, im Oktober bei S. Fischer erschienen. Das Buch umfaßte literarische und publizistische Schriften aus den Jahren 1925 bis 1929. Es enthielt unter anderem die Rede *Lübeck als geistige Lebensform*, einen im Warschauer PEN-Club gehaltenen Vortrag *Rede über Lessing*, ferner zu bestimmten Anlässen gehaltene Reden – über Ibsen, Wagner, Tolstoi, Gerhart Hauptmann, Jakob Wassermann –, schließlich Rezensionen und Einführungen zu Büchern. Ungefähr um diese Zeit hat der Dichter wahrscheinlich auch den ersten Band seines biblischen Zyklus, *Die Geschichten Jaakobs*, beendet.

Mittlerweile verschärfte sich die politische Lage in Deutschland von Tag zu Tag. Die nationalsozialistische Partei erhielt immer stärkeren Zulauf und verbreiterte ihren Einfluß auch im Kulturleben. »Das Gift der kulturfeindlichen Reaktion«, schreibt der älteste Sohn Thomas Manns, »korrumpierte nicht nur das politische Leben, sondern begann auch schon, auf die Gesinnung und Ideen der sogenannten ›liberalen‹ Intelligenz zersetzend einzuwirken. Der Blut-und-Boden-Kult, die bösartige Akzentuierung biologischer Werte auf Kosten der geistigen, die Überschätzung des Instinktes und der Intuition samt der dazugehörigen Unterschätzung der Kritik, all diese Symptome der faschistischen Infektion ließen sich nicht nur in der rechtsradikalen, nationalistischen Presse konstatieren, sondern auch im anspruchvollen Jargon modischer Philosophen und Literaten.«[19]

Die Septemberwahlen zum Reichstag ernüchterten die größten Optimisten – von nun ab saß im deutschen Parlament eine starke faschistische Partei. Die latente Krise und die mit ihr verbundenen Gefahren traten nun offen zutage. Die Nazi gingen zu Angriffen auf fortschrittliche Schriftsteller und Intellektuelle über, es begann die Zeit des Terrors und der Gewalt. »Ein ›Schädling‹ und Feind der nationalen Sache, wie Thomas Mann«, schreibt Klaus Mann weiter, »wurde nicht nur mit Invektiven überhäuft, sondern auch mit Drohungen. Patriotisch überhitzte Jünglinge machten ihn brieflich oder telephonisch darauf aufmerksam, daß sie ihn umzulegen gedächten, falls man noch einen Muckser gegen die Nationale Erhebung von ihm zu hören bekommen sollte. Leider bestand kein Grund, solche Hinweise auf die leichte Achsel zu nehmen. Die Zahl der Opfer war schon erschreckend groß. Trotzdem mußte weitergekämpft werden.«[20]

Thomas Mann stand, trotz der Drohungen, am 17. Oktober auf dem Podium des Berliner Beethovensaals, wo er seine berühmte *Deutsche Ansprache* hielt, um die Deutschen zur Verteidigung der Demokratie und zum Kampf gegen den Faschismus aufzufordern. Der Dichter verurteilte entschieden die Bewegung, »die man aktuell unter dem Namen Nationalsozialismus zusammenfaßt« und die er als »exzentrische Barbarei« und »Jahrmarktsroheit«[21] bezeichnete. »Der Aufruhr im Saal brach los«, lesen wir bei Klaus Mann, »als der Redner das deutsche Bürgertum mit dringlichem Ernst ermahnte, Frieden zu machen mit der organisierten Arbeiterschaft und die Idee der sozialistischen Demokratie endlich zu akzeptieren, auf daß die Schmach und Katastrophe des Dritten Reiches verhütet werde. An dieser Stelle erhob sich die gekränkte deutsche Ehre von ihrem Sitz und ließ bellende Töne hören.«[22] Joseph Goebbels' damaliger Enthusiast Arnolt Bronnen, der eine Abteilung befrackter Sturmschärler dirigierte, inszenierte einen Tumult, so daß der Dichter sich einer gefährlichen Situation gegenübersah. Zum Glück erschien rechtzeitig Bruno Walter, der Mann zum Hinterausgang der angrenzenden Philharmonie führte und ihn in seinem Wagen an einen sicheren Ort brachte. Dieser Zwischenfall war aber erst der Prolog zu Ereignissen, die Thomas Mann zwei Jahre später zur endgültigen Trennung von Deutschland zwangen. In den literarischen Plänen Thomas Manns kam jetzt dem zweiten Band des biblischen Romans, die Hauptrolle zu, und er widmete ihm auch die allernächsten Jahre. Dieses Werk veranlaßte auch Thomas Mann, den Vorschlag zweier Verleger, Knaur und Fischer, abzulehnen, ein Buch über Goethe anläßlich seines hundertsten Todestages zu schreiben. Es gab jedoch noch einen zweiten Grund, den er Bertram in einem Brief auseinandersetzte: »Hinzu kommt, daß mir der Gedanke, ein für mein Leben bedeutendes und verantwortungsvolles Werk auf Bestellung und gegen ein im voraus zu empfangendes Hoch-Honorar in Angriff zu nehmen, zuweilen unheimlich ist: Ich habe es nie getan, meine Bücher entstanden frei, aus Not und Spaß, und der Erfolg war ein unerwartet-behaglich Hinzukommendes.«[23]

Im März 1931 kam es zur Anknüpfung enger, vorläufig brieflicher Beziehungen zu dem Historiker und Philosophen Erich Kahler, mit dem Thomas Mann später, in der Emigration, eine herzliche Freundschaft verband. Es begann damit, daß Erich Kahler den Dichter nach Wolfratshausen bei München einlud, um ihm einige Kapitel aus seinem neuen Buch über den *Deutschen Charakter in der Geschichte Europas* vorzulesen, das er für den Druck vorbereitete. Arbeitsüberlastung hinderte Mann damals daran, Kahler, den er sehr schätzte, zu besuchen, aber der Brief des Philosophen bedeutete den Anfang einer jahrelangen Bekanntschaft. Kurz danach fuhr Mann nach Berlin, um an einer literarischen Jubiläumsfeier teilzunehmen, die gleichzeitig ein Familienfest war: Heinrich Mann war sechzig Jahre alt geworden, und die Geburtstagsfeier fand in der Preußischen Akademie der Künste statt. Sie wurde vom Präsidenten der Akademie eröffnet, nach ihm sprachen Gottfried Benn, Lion Feuchtwanger und Thomas Mann.

Einige Wochen später begab sich Mann nach Paris, wohin ihn der französische Verleger Fayard aus Anlaß des Erscheinens der französischen Ausgabe des *Zauberberg* eingeladen hatte. In der französischen Hauptstadt hielt der Dichter einige Vorträge, unter anderem einen über Sigmund Freud im Germanistischen Institut der Sorbonne. Damals lernte er Jean Schlumberger und André Gide persönlich kennen. Gide kam zwei Monate später nach München und besuchte bei dieser Gelegenheit Thomas Mann. »André Gide war zu unserer Freude ein paar Tage in München«, schrieb Mann an Schlumberger, »und ich hatte Gelegenheit, seine reizvolle und tief merkwürdige Persönlichkeit intensiver auf mich wirken zu lassen, als es in Paris möglich war. Wir machten en famille einen hübschen Ausflug an den Starnberger See, und er war sogar so aufmerksam, einer Vorlesung aus meinem biblischen Roman beizuwohnen, die ich abends in der Universität hielt. Er sagte mir erstaunlich schlagende Dinge darüber, die mir ein Beweis seiner Intuition waren.«[24]

Das Jahr 1932, das letzte in Deutschland verlebte Jahr, stand im Zeichen Goethes. Die Feiern zu Ehren des klassischen Dichters, der vor hundert Jahren gestorben war, begannen Mitte März, doch schon vorher hielt Thomas Mann Vorträge über Goethe in der Schweiz und in Prag, wo er Gast des PEN-Clubs war. Die Hauptveranstaltung fand in der Preußischen Akademie der Künste in Berlin statt, wo Mann von Goethe als dem »Repräsentanten des bürgerlichen Zeitalters« sprach. »Ich rufe die Empfindungen auf«, begann er seine Rede, die in Deutschland Widerhall fand, »die mich bestürmten, als ich vor Jahren zum erstenmal durch Goethe's Elternhaus am Hirschgraben zu Frankfurt ging. Diese Treppen und Zimmer waren mir nach Stil, Stimmung, Atmosphäre urbekannt. Es war die ›Herkunft‹, wie sie im Buche, im Buch meines Lebens steht, und zugleich der Anfang des Ungeheuren. Ich war ›zu Hause‹ und dennoch ein scheuer und später Gast in der Ursprungssphäre des Genius. Heimat und Größe berührten sich.«[25]

In der Rede, zu einem Leben zurückkehrend, das vor einem Jahrhundert geendet hatte, war der Widerhall der Gegenwart hörbar. Das Deutschland, das dem Genius von Weimar seine Huldigung darbot, wurde eben von einer schweren Krise erschüttert. Was würde die nächste Zukunft bringen? Das war die Frage, die alle beunruhigte. – Thomas Mann gab sich noch eitlen Hoffnungen hin, er glaubte noch, daß die demokratischen Kräfte Oberhand gewinnen würden. »Kein Zweifel«, so schloß er seinen Vortrag über Goethe, »der Kredit, den die Geschichte der bürgerlichen Republik heute noch gewährt, dieser nachgerade kurzfristige Kredit, beruht auf dem noch aufrechterhaltenen Glauben, daß die Demokratie, was ihre zur Macht drängenden Feinde zu können vorgeben, *auch kann*, nämlich eben diese Führung ins Neue und Zukünftige zu übernehmen. Nicht indem es sich nur festlich mit ihnen brüstet, erweist das Bürgertum sich seiner großen Söhne wert.«[26] Das deutsche Bürgertum erfüllte diese Hoffnungen nicht.

Am Vorabend von Goethes Todestag, am 21. März, hielt Thomas Mann in der Stadthalle von Weimar eine Vorlesung *Goethes Laufbahn als Schriftsteller*; anschließend führte das Ensemble des Wiener Burgtheaters im Stadttheater *Tasso* auf. Den Schlußakkord der Feier bildete die Einweihung des erweiterten Goethemuseums in Frankfurt am Main. Auch bei dieser Gelegenheit war Thomas Mann der Hauptredner. »Ich bekenne mich tief ergriffen«, sagte er, »von der Ehre, mit der diese Stunde mich belädt: der Ehre, dies fromme Liebeswerk, diesen Reliquienhort, das Frankfurter Goethemuseum – gleichsam als Vertreter der Nation zu treuen Händen entgegenzunehmen. Das ist darum so rührend für mich, weil es zu den phantastischen Verwirklichungen gehört, die das Leben für die, denen es wohlwill, mit sich bringt, und weil sich das alte, von Goethe zitierte Wort darin bewährt: ›Was man in der Jugend sich wünscht, hat man im Alter in Fülle.‹ Etwas von der Fülle der Zeit, von Lebens- und Liebeserfüllung liegt für mich in dieser Stunde, dieser Situation, von der meine jugendliche Liebe zu Goethe sich nichts hat träumen lassen und die sie sich nicht einmal zu wünschen vermocht hätte. Ja, ich habe ihn geliebt, von jung auf, warum soll ich es hier und heute nicht sagen, – mit einer Liebe, die die höchste Steigerung der Sympathie, die Bejahung des eigenen Selbst in seiner Verklärung, Idealität, Vollendung war.«[27]

Diese Worte gaben einer Wandlung Ausdruck, die von Schopenhauer und Wagner zur deutschen Klassik geführt hatte. Die Wendung war schon im Essay *Goethe und Tolstoi* 1922 sehr deutlich gewesen, in dem der klassische Dichter als Anthäus-Gestalt vorgestellt wurde, als *Natur*mensch, der eine ursprüngliche Sympathie für alles Organische hegt. So sah ihn schon vorher Schiller in der Novelle *Schwere Stunde*, den Heiden, Tatseligen, Sinnlichen, Göttlich-Unbewußten. Dann kam Mann dem Autor des *Faust* noch näher. Wagner und Ibsen, bekannte er, liebt man um ihrer Werke willen, nur Goethe bezaubert durch sein *Leben*. Mit der Zeit wuchs Goethes Einfluß. Im *Zauberberg* entspinnt sich das Spiel Goethischer Motive und Zitate, im biblischen Roman wird Joseph in manchen Zügen Goethe immer ähnlicher, schließlich kam die Stunde, da der Schöpfer des *Werther* zum Helden des Mannschen Romans *Lotte in Weimar* wird. Die Lebensbejahung und die pessimistische Billigung des Lebens, gestand Mann, hatten ihn anfangs an Goethe gestört; dann jedoch überwand Goethes Lebenszugewandtheit die »Sympathie für den Tod«.

Im Sommer 1932 war wahrscheinlich der zweite Band des biblischen Romans, *Der junge Joseph*, bereits fertig. »Ich schreibe am 3. Bande des ›Joseph‹ «, berichtet Mann an Bertram in der zweiten Julihälfte. »Fischer wollte durchaus die beiden fertigen ›schon‹ jetzt herausgeben, aber ich habe mich geweigert. Man möchte das Ganze doch zu seiner Stunde en bloc hinstellen.«[28] Die politischen Ereignisse verzögerten jedoch die Arbeit am Roman. Die Lage wurde sehr kritisch. Bei den Reichstagwahlen 1932 erreichten die Nationalsozialisten 230 Mandate von insgesamt 608. Faschistische Parteiformationen beherrschten die Straße, der Terror wütete, der Nationalsozialismus bereitete sich auf den endgültigen Kampf um die Macht vor.

In der Fremde

»Meine Gesundheit ist nicht die beste, die Nerven, der Kopf sind recht ermüdbar. Ich habe ein bißchen viel zu tragen, auch zu vielerlei«,[1] beklagte sich Mann in einem Brief an die Romanschriftstellerin Adele Gerhard Anfang Januar 1933. Von einer weiteren Arbeit an dem biblischen Roman war vorläufig nicht die Rede, die Zeiten waren zu unruhig und machten die dazu nötige Sammlung unmöglich. Der Dichter konnte sich gerade noch zur Vorbereitung einer Rede über Wagner aufschwingen, die er in Amsterdam, Brüssel und Paris halten sollte.

Was sich in Deutschland abspielte, gemahnte an einen Hexensabbat. Die Treibjagd auf die Gegner des Faschismus hatte begonnen, keiner von ihnen war des Tages oder der Stunde sicher. Auch um Thomas Mann zog sich die Schlinge enger. Sein Chauffeur war, wie sich herausstellte, schon seit Jahren als Spitzel für das Braune Haus tätig, das er über alles informierte, was sich in der Poschingerstraße ereignete und was dort geredet wurde. Täglich trafen anonyme Drohbriefe ein. Besonders symbolisch und beredt war eine Postsendung, die im Sommer 1932 in Nidden aufgegeben worden war: das Päckchen enthielt ein verkohltes Exemplar der *Buddenbrooks*, eine Drohung, die sich auf dem Opernplatz in Berlin nur zu bald erfüllte.

Ende Januar 1933 vertraute der 85jährige Reichspräsident Hindenburg das Schicksal Deutschlands Adolf Hitler an. Die Vorsichtigen – zu ihnen gehörte Heinrich Mann – retteten sich durch Flucht, viele gaben sich jedoch keine Rechenschaft über die Gefahr ab. Am 10. Februar hielt Thomas Mann im Auditorium maximum der Münchner Universität eine Vorlesung über *Leiden und Größe Richard Wagners*, am nächsten Tag fuhr er ins Ausland. Er konnte nicht wissen, daß er Deutschland für lange verlassen sollte. Er wurde Emigrant, zunächst durch Zufall, dann aus Überzeugung.

»Die Abreise am 11. Februar 1933 zu Vorträgen im Ausland«, sagte Mann in einer Rede zum 200. Geburtstag Goethes (1949), »eine Reise, unternommen wie hundert frühere, mit leichtem Gepäck, ohne die leiseste Vorstellung davon, wie das Schicksal es mit dieser Ausfahrt meinte. Es gab keine Heimkehr. Ein Sturz von Ereignissen, die ich nicht zu nennen brauche, versperrten mir den Rückweg – für einige Zeit, wie ich zu glauben versuchte, für lange, für immer, wie ich langsam zu begreifen lernte. Wogegen ich zehn Jahre lang nach meinen Kräften gekämpft, wovor ich in den letzten Jahren mit wachsendem Grausen, auf Kosten meiner Ruhe und dessen, was man Popularität nennt, gewarnt hatte, das war durch Gewalt und List in Deutschland zu unumschränkter Macht gelangt. Ein Rausch, mir unheimlich in tiefster Seele, hob das Volk auf und nannte sich ›nationale Revolution‹. ›Der Rausch‹ – was für ein zweideutig deutsches Wort! Wie mischen sich darin Begeisterung mit Entgeisterung, das Höchste mit dem Niedrigsten, das Glück der Enthemmung, das Elend der Vernunftlosigkeit. Andere Sprachen haben dieses Zauberwort gar nicht; sie setzen dafür ein sehr sachliches und nüchternes wie: Intoxikation, Vergiftung. Vergiftet schien mir Deutschland, nicht erhoben. Wild-fremd geworden über Nacht und verfratzt bot es mir keine Stätte und Atemluft mehr. Ich war nicht emigriert, ich war nur auf eine Reise gegangen. Und plötzlich fand ich mich als Emigrant.«[2]

Die Vortragsreise begann in Holland. In Amsterdam hielt er einen Vortrag über Wagner im überfüllten Saal des Concertgebouw. Am nächsten Tag sprach er in Brüssel, im Palais des Beaux Arts, und wenige Tage später in Paris, im Théâtre des Ambassadeurs. Aus Frankreich begab er sich nach Arosa zur Erholung, wo er einige Wochen bleiben wollte. Inzwischen waren aus Deutschland alarmierende Nachrichten gekommen. Am 27. Februar ›brach‹ der Reichstagsbrand aus, und der Terror nahm bisher nie gekannte Ausmaße an.

Erika und Klaus, die zu jener Zeit in der Schweiz waren, kehrten nach München zurück, doch sie mußten sofort von dort flüchten. Der von seinem Gewissen oder vielleicht auch von Mitleid geplagte Chauffeur-Spitzel verriet ihnen, daß das Haus in der Poschingerstraße unter Polizeibewachung stand, und er gab den Geschwistern den Rat, Deutschland raschest zu verlassen. An jenem Abend schlich sich Klaus mit seiner Schwester in die Villa ein und setzte sich – ohne das Licht aufzudrehen – telefonisch mit Arosa in Verbindung, um den Vater vor der Rückkehr nach München zu warnen. Den Verlauf dieses Gespräches, das bezeigte, wie wenig sich Thomas Mann über den Ernst der Lage Rechenschaft gab und mit welcher Naivität er die Gefahr unterschätzte, schildert Klaus Mann in seinen Memoiren: »Hierbei empfahl sich eine diskrete Ausdrucksweise: es war möglich oder sogar wahrscheinlich, daß unsere Telephongespräche abgehört wurden. Wir hüteten uns also, auf die politische Lage direkt anzuspielen, sondern sprachen vom Wetter. Dieses sei miserabel in München und Umgebung, behaupteten wir; die Eltern würden klug daran tun, noch eine Weile fernzubleiben. Leider zeigte unser Vater sich abgeneigt, auf diese Art der Argumentation einzugehen. So schlimm werde es wohl nicht sein mit den Frühlingsstürmen, meinte er, und übrigens sähe es auch in Arosa nach Regen aus. Ein Hinweis auf die Zustände in unserem Haus (›Es wird gestöbert! Scheußliches Durcheinander!‹) schien ebensowenig Eindruck auf ihn zu machen. Er blieb störrisch, wollte nicht verstehen: ›Die Unordnung stört mich nicht. Ich will nach Hause. Wir reisen übermorgen.‹ ›Es geht nicht, du darfst nicht kommen.‹ Schließlich sprachen wir es aus, mit verzweifelter Direktheit: ›Bleib in der Schweiz! Du wärst hier nicht sicher.‹ Da hatte er verstanden.«[3] Noch am selben Abend kehrte Erika in die Schweiz zurück, wo sie sich mit den bestürzten Eltern traf, und vierundzwanzig Stunden später bestieg ihr Bruder den Zug in Richtung Paris.

Thomas Mann meinte damals – übrigens nicht er allein –, das »Abenteuer« werde einige Wochen dauern, dann würde er nach Deutschland oder zumindest nach Bayern zurückkehren können, wo man, so hoffte er, bald wieder Ordnung herstellen werde. »Wir hatten auf Bayern gerechnet«, schrieb er an seine italienische Übersetzerin, Lavinia Mazzucchetti, »und erwartet, daß dank der Stärke der katholischen Volkspartei dort jedenfalls alles so ziemlich beim Alten bleiben werde. Ein Wahl-Resultat wie es auch dort und gerade dort tatsächlich zustande gekommen, hätten die kundigsten Leute sich nicht im Entferntesten träumen lassen. Die Nachricht wirkte als unsinnige Katastrophe. Wir sahen uns in unserem ganzen Vertrauen getäuscht, aber gerade unsere innere Unruhe zog uns mächtig nach Hause, und unsere Koffer waren schon gepackt. Da kamen von allen möglichen befreundeten Seiten Abmahnungen und Warnungen; meine persönliche Sicherheit sei zur Zeit keineswegs gewährleistet, und ich möchte unbedingt die nächsten Wochen abwarten und bleiben, wo ich glücklicherweise sei.«[4]

Übrigens gab sich nicht nur Thomas Mann der Täuschung hin, daß die Nationalsozialisten nicht lange an der Macht bleiben würden. Aus Berichten und Tagebüchern vieler deutscher Schriftsteller, die aus Deutschland ausgewandert sind, geht hervor, daß nur ein kleines Häuflein mit einer langdauernden Emigration rechnete.

Alfred Döblin gab seiner Einschätzung in einem lakonischen Satz Ausdruck: »Es war ja nur ein Ausflug, man läßt den Sturm vorübergehen.«[5] Klaus Mann ist der Auffassung gewesen, daß die Ausreise nur eine Vorsichtsmaßregel ist, ratsam geworden durch den Reichstagsbrand. »Ein paar Wochen, ein paar Monate vielleicht«, so schrieb er, »dann mußten die Deutschen zur Besinnung kommen und sich des schmachvollen Regimes entledigen.«[6]

Thomas Mann teilte diese Illusionen, doch auf der anderen Seite konnte er sich des unheilvollen Gefühls nicht erwehren, daß die Wanderung vielleicht lange dauern und für ihn beschwerlich sein würde. Obwohl es ihm im Vergleich zu anderen Emigranten nicht übel erging, erwartete er nichts Gutes von der nächsten Zukunft. Seine Lage – sowohl die eines Emigranten wie auch eines Schriftstellers – war ohnegleichen, und das von Beginn an. Ganz unerwartet befand er sich im Ausland. Er war aus München mit Handgepäck weggefahren, in der Meinung, bald wieder daheim zu sein. Das Schicksal war ihm gnädig gewesen, es hatte ihn davor bewahrt, ungeduldig auf die Ausreise, auf Paß und Visum zu warten, es hatte ihm Ungewißheit und Qual erspart.

Internationales Ansehen und großer Ruhm sicherten ihm finanzielle Unabhängigkeit, jedes seiner Bücher, in einige, manche in Dutzende Sprachen übersetzt, versprach Erfolg und verschaffte ihm Einnahmen, während die Mehrzahl der deutschen Autoren, die sich im Exil befanden, der Not ausgeliefert war. »Der Schriftsteller, der den Leserkreis seines eigenen Landes verliert«, stellt Lion Feuchtwanger fest, »verliert mit ihm sehr häufig das Zentrum seiner wirtschaftlichen Existenz . . . Es ist erstaunlich, wie viele Autoren, deren Leistungen die ganze Welt anerkannt hat, jetzt im Exil trotz ernsthafter Bemühungen völlig hilf- und mittellos dastehen.«[7] Zu den Ausnahmen zählten Thomas Mann, Stefan Zweig und Lion Feuchtwanger, deren Werke, in viele Sprachen übersetzt, sich im Ausland großer Popularität erfreuten. Wer nicht in Europa einen Namen hatte, der konnte kaum auf Erfolg und Honorare zählen.

Ein zweites Unheil, von dem Thomas Mann verhältnismäßig wenig bedrängt wurde, waren die Miseren des Alltags, »in einem Hotel wohnen zu müssen und auf Schritt und Tritt bürokratischen Weisungen unterworfen zu sein« (Feuchtwanger), was für literarisches Arbeiten gewiß nicht vorteilhaft ist. »Einen weitgespannten Roman in einem Hotelzimmer zu schreiben«, führt Feuchtwanger aus, »ist nicht jedem Schriftsteller gegeben, es reißt an den Nerven; es reißt doppelt an den Nerven, wenn der Autor nicht weiß, ob er morgen noch dieses Hotelzimmer wird zahlen können, wenn seine Kinder ihn um Essen bitten und wenn die Polizei ihm mitteilt, daß binnen drei Tagen seine Aufenthaltsbewilligung abgelaufen sei.« Und weiter: »Aber die Überwindung dieser kleinen äußeren Schwierigkeiten kostet im günstigsten Fall viel Zeit und Geld. Von mir zum Beispiel verlangte man in verschiedenen Ländern, ich solle Papiere beibringen, die ich als Flüchtling nicht haben konnte, ich solle mit Dokumenten aus meiner Heimat nachweisen, daß ich ich bin, daß ich geboren bin und daß ich Schriftsteller bin. Ich übertreibe nicht, wenn ich konstatiere, daß die Bemühungen, dies nachzuweisen, mich ebensoviel Zeit gekostet haben wie das Schreiben eines Romans.«[8] Ebendiese Sorgen blieben Mann erspart.

Auch andere Dinge spielten keine geringe Rolle. Thomas Mann war ein anerkannter Dichter, die Welt brachte ihm Achtung entgegen, sein Wort hatte Gewicht. Ihn quälte nicht, wie andere Autoren, jedenfalls nicht in diesem Maße, das Gefühl unendlicher Einsamkeit, der Sinnlosigkeit des eigenen Schaffens – jenes Gefühl, das manchem Schriftsteller die Feder aus der Hand schlug und ihn Erlösung durch den Freitod suchen ließ. Er konnte die Arbeiten, die er in Deutschland begonnen hatte, fortsetzen, ohne Gefahren und Nöten des Exils so ausgesetzt zu sein wie die meisten seiner Kollegen.

Und doch war das Exil die größte Qual seines Lebens. »Ein Dichter«, schrieb er, »es war August von Platen, hat wohl mit Wahrheit und Recht davon gesprochen, ›wie leicht es ist, die Heimat aufzugeben, allein wie schwer, zu finden eine zweite‹.«[9] Schwer war es auch, in vorgeschrittenem Alter ein neues Leben zu beginnen und sich neuen Bedingungen anzupassen. »Übrigens fragt es sich ja«, schrieb er in einem Brief in den ersten Monaten des Exils, »ob für meinesgleichen fortan überhaupt noch Raum sein wird in Deutschland, ob die Luft dort für mich zu atmen sein wird. Ich bin ein viel zu guter Deutscher, mit den Kultur-Überlieferungen und der Sprache meines Landes viel zu eng verbunden, als daß nicht der Gedanke eines jahrelangen oder auch lebenslänglichen Exils eine sehr schwere, verhängnisvolle Bedeutung für mich haben müßte. Dennoch haben wir notgedrungen begonnen, uns nach einer neuen Lebensbasis, womöglich doch wenigstens im deutschen Sprachgebiet, umzusehen. Mit 57 Jahren mag ein *solcher* Verlust der bürgerlichen Existenz, in die man sich eingelebt und in der man schon ein wenig steif zu werden begann, keine Kleinigkeit sein.«[10]

In den ersten Monaten wohnte er im ›Chalet Canols‹ in Lenzerheide, dann übersiedelte er nach Lugano, wo Bruno Frank und

Erich Maria Remarque sich niedergelassen hatten. Dort war es auch nicht weit zu Hermann Hesse, der in Montagnola seinen ständigen Wohnsitz hatte. Die Ereignisse in Deutschland wiesen nun nicht mehr auf eine baldige Heimkehr hin. Die Vollmachten, die der Reichstag beschloß, ebneten Hitler den Weg zur Diktatur. In dem Tagebuch, das Thomas Mann 1933 bis 1934 führte und das später unter dem Titel *Leiden an Deutschland* publiziert wurde, schrieb er: »Mir klingen die Ohren von Mord- und Schauergeschichten aus München, die die fortlaufenden regulären Gewalttaten politischer Art ständig begleiten: wüste Mißhandlungen von Juden. Angebliche Verzweiflung dieses Idioten von H. über die Anarchie und die Wirkungslosigkeit seiner Verbote. Kein Abflauen der Gewalttätigkeit ... Die Verbote, Verbrennungen, Unterdrückungen, Tendenz, der Nation möglichst alle Bildungsmittel abzuschneiden.«[11]

Die Hetze gegen Thomas Mann begann in München. Den Vorwand dazu lieferte sein Essay *Leiden und Größe Richard Wagners*, das in der *Neuen Rundschau* erschienen war. Gegen diese Abhandlung veröffentlichten die *Münchner Neuesten Nachrichten* einen *Protest der Richard-Wagner-Stadt München*, unterschrieben neben anderen vom Dirigenten Hans Knappertsbusch, von den Komponisten Hans Pfitzner und Richard Strauss, dem Karikaturisten Olaf Gulbransson. Die Autoren des Protestes erhoben das Wort als Verteidiger des »großen deutschen Meisters Richard Wagner« im Moment, in dem »die nationale Erhebung Deutschlands festes Gefüge angenommen hat«. Thomas Mann habe, heißt es weiter, das Andenken des großen Komponisten entweiht. Wagners Beschützer warfen ihm »ästhetisierenden Snobismus« und einen »kosmopolitisch-demokratischen Standpunkt« vor, und am Ende sprachen sie ihm das Recht ab, im Ausland als »Vertreter des deutschen Geistes« aufzutreten. Der Angegriffene parierte diese Vorwürfe mit einem Artikel, der noch in der Berliner *Deutschen Allgemeinen Zeitung* erscheinen konnte. Der Ton dieser Antwort war gemäßigt, vorsichtig – Mann wollte vorläufig den endgültigen Bruch mit Deutschland vermeiden.

Die deutschen Behörden blieben jedoch nicht untätig und antworteten mit der Sperrung seines Bankkontos und Beschlagnahme des Hauses und der gesamten Einrichtung. In der Villa in der Poschingerstraße quartierte sich ein SS-Kommando ein, und der Besitz wurde das Opfer von Plünderern. Manns Auto wurde von einem SA-Offizier gestohlen und total zertrümmert. Die Münchner Polizei ließ das nicht hingehen und schickte Thomas Mann in die

Schweiz eine Anklageschrift wegen Verursachung eines Unfalls. Im Frühling 1933 erfolgten weitere Beschränkungen. Das deutsche Generalkonsulat in der Schweiz verweigerte dem Dichter die Verlängerung seines Reisepasses, dessen Gültigkeit ablief.

Im Mai übersiedelte Mann von Lugano an die französische Riviera, nach Bandol, das ihm René Schickele empfohlen hatte. »Ich habe Frau und Kinder bei mir«, schrieb Mann an Alfred Neumann, »und die notwendigen Bücher; das Klima ist höchst liebenswürdig, und es fehlt nicht an wohltuenden Zeichen der Sympathie und der Treue. Dennoch äußert die Mitgenommenheit meiner Nerven sich in einer Trägheit und Unlust des Geistes, die an jedem lichten Morgen wieder schon nach wenigen Zeilen über den guten Willen zum Vorwärtsdringen den Sieg davonträgt. Schlimm, aber am Ende kein Wunder.«[12] Trotz seiner Niedergeschlagenheit vernachlässigte Mann die Arbeit an der biblischen Tetralogie nicht völlig, um so mehr, als er durch ein glückliches Zusammentreffen von Umständen das daheim zurückgelassene Manuskript wiedergewann. Erika hatte noch einmal eine Fahrt nach München gewagt und sich heimlich in das besetzte Haus eingeschlichen und dort das Manuskript gefunden. Dieser Streich, den sie mit dem Leben hätte bezahlen können, ersparte Mann die mühevolle, zeitraubende Wiederherstellung des Textes.

Nach einigen Wochen übersiedelte der Ausgestoßene von Bandol nach Sanary-sur-Mer, wo er ein kleines, aber komfortables Haus, ›La Tranquille‹ mietete. »Hier war es still«, lesen wir in Monika Manns Tagebuch, »nachdem das erste Entsetzen und die erste Depression gewichen waren, öffneten sich allmählich Auge und Sinn für die vielfältigen Reize jenes Südens. Die herb-süße Großartigkeit der Landschaft fing an, die Seele ins Schwingen, den Geist in Tätigkeit zu versetzen. Mein Vater nahm seine Arbeit wieder auf, und unser Dasein erhielt ein relativ normales Gesicht. Man faßte gleichsam Fuß im Vagen, nicht wissend, von welcher Dauer und welchen Konsequenzen das ›Entsetzliche‹ für das eigene und das Schicksal der Welt sein würde. Jener Zustand der pessimistischen Spannung machte eine Aktivität notwendiger denn je und erweckte Sehnsucht nach dem Positiven. Wir ergriffen alles Gute wie ein Geschenk, die Schönheit der Landschaft, die Freunde, das Pittoreske des alten Fischerhafens, und schließlich war da das Meer . . .«[13]

Sanary-sur-Mer, ein kleines Fischerdorf in Südfrankreich, war in jener ersten Periode eines der größten Zentren der deutschen Emigration. In dieser Ortschaft versammelten sich viele Schriftsteller, die bereits 1933 in Scharen Deutschland verlassen hatten. »Die deutschen Schriftsteller«, lesen wir bei Klaus Mann, »– es darf mit Genugtuung konstatiert werden – haben sich im Jahre 1933 besser bewährt als irgendeine andere Berufsklasse. Während der letzten Jahre vor Ausbruch des Dritten Reiches hatte es wohl den Anschein, als wären manche unter ihnen bereit, sich mit dem Abscheulichen abzufinden oder dieses gar zu begünstigen, und in der Tat hat es ja an Abtrünnigen nicht ganz gefehlt. Einige glaubten vielleicht allen Ernstes, im Nationalsozialismus das Neue, Revolutionäre zu erkennen und bewundern zu müssen (wie der verblendete Gottfried Benn es tat); aber die Zahl derer, die sich düpieren oder korrumpieren ließen, ist doch vergleichsweise gering, verglichen nämlich mit der erschreckend umfangreichen Liste gleichgeschalteter Philosophen, Historiker, Juristen, Ärzte, Musiker, Schauspieler, Maler, Pädagogen. Die weitaus meisten Autoren von literarischem Rang stellten sich sofort und aufs entschiedenste gegen die Diktatur, an deren zutiefst *geistfeindlichem* Charakter für keinen Klarsichtigen der geringste Zweifel bestehen konnte. Ein Massenexodus der Dichter setzte ein; noch nie zuvor in der Geschichte hat eine Nation innerhalb weniger Monate so viele ihrer literarischen Repräsentanten eingebüßt. Nicht allein die ›rassisch Kompromittierten‹ suchten das Weite; mit ihnen entfernten sich viele von einwandfrei nichtjüdischem Blut: Fritz von Unruh und Leonhard Frank, Bertolt Brecht und Oskar Maria Graf, René Schickele und Annette Kolb, Werner Hegemann und Georg Kaiser, Erich Maria Remarque und Johannes R. Becher, Irmgard Keun und Gustav Regler, Hans-Henny Jahnn und Bodo Uhse, Heinrich und Thomas Mann: um nur diese zu nennen.

Die literarische Emigration konnte sich sehen lassen; in ihren Reihen gab es Ruhm, Talent, kämpferischen Elan. Während die Parteifunktionäre sich zankten, hielten die Schriftsteller zusammen, auch wenn ihre politischen Ansichten voneinander abwichen. Besonders während der ersten Jahre des Exils, von 1933 bis 1936, war dies Gefühl der Zusammengehörigkeit stark und echt. Ja, die verbannten Literaten bildeten wohl so etwas wie eine homogene Elite, eine wirkliche *Gemeinschaft* innerhalb der diffusen und amorphen Gesamtemigration.

Man wußte, was man wollte; die Forderung des Tages schien klar vorgezeichnet. Der deutsche Schriftsteller im Exil sah seine Funktion als eine doppelte: Einerseits ging es darum, die Welt vor dem

Dritten Reich zu warnen und über den wahren Charakter des Regimes aufzuklären, gleichzeitig aber mit dem ›anderen‹, ›besseren‹ Deutschland, dem illegalen, heimlich opponierenden also, in Kontakt zu bleiben und die Widerstandsbewegung in der Heimat mit literarischem Material zu versehen; andererseits galt es, die große Tradition des deutschen Geistes und der deutschen Sprache, eine Tradition, für die es im Lande ihrer Herkunft keinen Platz mehr gab, in der Fremde lebendig zu erhalten und durch den eigenen schöpferischen Beitrag weiter zu entwickeln.

Es war nicht leicht, diese beiden Verpflichtungen – die politische und die kulturelle – miteinander zu vereinigen. Eine ungewöhnliche, geistig gewagte, in jedem Sinn extreme Situation forderte die ungewöhnliche Anstrengung, den extremen Einsatz der Kräfte. Die Literaturgeschichte der Zukunft (wenn uns eine Zukunft beschieden ist, die sich noch für dergleichen interessiert!) wird feststellen, daß die exilierten deutschen Schriftsteller Bedeutendes geleistet haben. Fast allen gelang es, ihr Niveau zu halten; manche wuchsen über sich selbst hinaus und gaben gerade jetzt, in der Verbannung, ihr Bestes. Die Emigrationsverlage, die sich damals in Amsterdam, Paris, Prag und anderen europäischen Zentren etablierten, haben eine Produktion von imposanter Fülle und Qualität aufzuweisen. Die literarische Ernte des Exils wurde durch ihren Reichtum zum eindrucksvollsten Protest gegen das Barbaren-Regime, das soviel Talent und Fleiß aus dem Lande getrieben hatte.«[14]

Der Exodus der Intellektuellen begann, im Gegensatz zur Emigration anderer Gruppen, sehr früh, schon nach dem 30. Januar 1933, und nahm nach dem Reichstagsbrand und den Bücherverbrennungen vom 10. Mai zu.

Im Westen wurde anfangs Frankreich zum Hauptasyl der deutschen Emigration, da es dort relativ am leichtesten war, die Aufenthaltsbewilligung zu bekommen. Die Flüchtlinge, die ihre deutsche Staatsbürgerschaft verloren hatten, erhielten eine »carte d'identité«, eine provisorische Aufenthaltsbewilligung, die immer wieder verlängert werden mußte. In jener Zeit floß der Strom der Flüchtlinge hauptsächlich in zwei Richtungen: nach Paris und nach Sanary-sur-Mer.

In Sanary-sur-Mer fanden viele deutsche Schriftsteller Zuflucht: Bertolt Brecht, Lion Feuchtwanger, Bruno Frank, Wilhelm Herzog, Alfred Kerr, Hermann Kesten, Rudolf Leonhard, Ludwig Marcuse, Ernst Toller, Franz Werfel, Friedrich Wolf und andere. Heinrich Mann, der damals an dem Roman über Frankreichs Renaissance-

Thomas Mann
im Alter von einunddreißig Jahren.

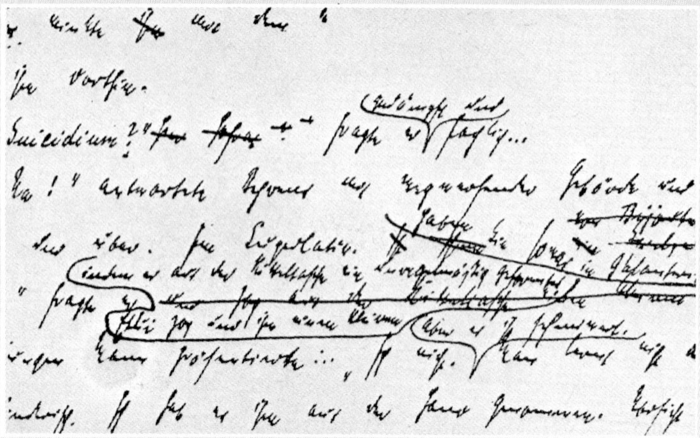

Die Handschrift Thomas Manns:
Aus dem Roman »Der Zauberberg« (1924).

könig Heinrich IV. schrieb und bereits im August 1933 die deutsche Staatsbürgerschaft verloren hatte, wohnte in der Nähe, in Nizza, wo sich auch René Schickele niedergelassen hatte.

Aus dem abgelegenen Sanary beobachtete Thomas Mann mit äußerster Spannung die Ereignisse in Deutschland, wie die Eintragungen in seinem Tagebuch *Leiden an Deutschland* bezeugen. Mit tiefer Bitterkeit erfüllte ihn die Kapitulation der deutschen Intelligenz: »Was wird eines Tages mit diesen Intellektuellen, die es hemmungslos, mit unterworfenen und begeisterten Hirnen mitgemacht haben! Spranger, der in der Preußischen Akademie der Wissenschaften Hitler den ›charismatischen Führer‹ nennt. Der Ordinarius für Philosophie, A. Messer, der ein Heft seiner Zeitschrift der ›Weltanschauung des Nationalsozialismus‹ widmet und darin einen Artikel bringt: ›Goethe und das Dritte Reich‹. Nicht zu reden von einem Bäumler, dem Nietzsche-Verhunzer, der auf Fichte's Katheder sagte: ›Hitler ist nicht weniger als die Idee – er ist mehr als die Idee, denn er ist wirklich.‹ Petersen, der Goethe und Schiller ›die ersten Nationalsozialisten‹, Bertram, der Schiller ›einen dorisch-germanisch-friderizianischen Menschen‹ nennt und Hitler unbedenklich mit George's ›Retter‹ verwechselt. Wiederum nicht zu reden von Benn, Hauptmann, Binding oder gar Johst, oder dem Gros der Ärzte, Juristen, Nationalökonomen, die in kläglichem Rausch mit den tollsten Unsinnsreden und ›Beiträgen‹ der Psychose nachgeben und sich vor der Geschichte prostituiert haben. Was war das Manifest der neunzig Gelehrten im Jahre 1914 gegen dieses unvergeßliche und für die Ehre des deutschen Geistes tödliche Versagen.«[15]

Sanary war gewissermaßen ein Provisorium, und Mann war sich darüber klar, daß er hier nicht lange bleiben würde. »Seit zehn Tagen bewohnen wir dies schön gelegene und allerliebst eingerichtete kleine Haus«, schrieb er an den Schweizer Kritiker und Schriftsteller Robert Faesi, »in dem wir vier unserer Kinder, die jüngeren, bei uns haben. Unsere Zukunftspläne sind sehr schwankend. Es gibt Freunde in Deutschland, die an unserer Rückkehr arbeiten, in bester Meinung zweifellos. Aber es ist recht zweifelhaft, ob ihr Erfolg zu begrüßen wäre. Ich kann mir das Leben in dem Deutschland, wie es heute ist, nicht vorstellen und Heimkehr ins Alte ist unmöglich, da eben das Alte nicht mehr besteht. Wir haben an verschiedene Städte für unsere spätere Niederlassung gedacht. An Basel, Zürich, Straßburg, auch Prag und, unter gewissen Umständen sogar an Wien.«[16]

Die Wahl fiel auf Zürich, genauer gesagt, auf Küsnacht bei Zürich, eine Ortschaft, die in einer hübschen Umgebung am Zürcher See gelegen ist, wo dank den Bemühungen von Frau Faesi eine angemessene Villa gemietet werden konnte. Das Haus war nicht so geräumig wie jenes in München, bot aber alle Annehmlichkeiten und hatte einen Garten. Mann übersiedelte im Frühherbst hierher und nahm sogleich seine literarische Arbeit auf, um so leichter, als hier behagliche Ruhe herrschte. Von den sechs Kindern waren nur zwei bei den Eltern geblieben: Michael und Elisabeth, die in Zürich zur Schule gingen und eine Neigung zur Musik hatten. Michael wollte Geiger werden, Elisabeth Pianistin. Erika, die damals in Zürich das Kabarett ›Die Pfeffermühle‹ leitete, war meist mit ihrem kleinen Theater auf Gastspielreisen und kam nur selten nach Küsnacht. Klaus leitete in Amsterdam die Exilzeitschrift *Die Sammlung*, die unter der Schirmherrschaft von André Gide, Aldous Huxley und Heinrich Mann stand, und Golo erhielt die Dozentur in der ›École Normale‹ in Saint-Cloud bei Paris, von wo er später nach Rennes übersiedelte. Monika schließlich blieb in Sanary und fuhr von dort nach Florenz, wo sie sich mit dem ungarischen Kunsthistoriker Jenö Lányi anfreundete, dessen Frau sie später wurde. So war das Haus leer, nur von Zeit zu Zeit sprachen Bekannte vor. »Von den alten Münchener Freunden«, erinnert sich Klaus, »ließen sich freilich nur noch jene sehen, die, wie wir, die Beziehungen zu Nazi-Deutschland abgebrochen hatten; wer dort noch leben und verdienen wollte, mied unser verrufenes Haus.«[17]

Im Oktober 1933 erschien der erste Band der biblischen Tetralogie, *Die Geschichten Jaakobs*, im Druck. Das Buch kam noch in Deutschland heraus, als Ausgabe des Fischer Verlages. Es wurde dort von der Kritik abgelehnt und boshaft besprochen. Der Autor beklagte sich in einem Brief an den befreundeten Romancier Alexander M. Frey über die hoffnungslose Stumpfsinnigkeit der Rezensenten, deren Ausführungen ihn mit Ekel erfüllten. Die Exilautoren hingegen, Rudolf Kayser, Stefan Zweig, Franz Werfel, äußerten sich begeistert über das Werk und ermutigten zu weiterer Arbeit.

Indessen ging das Jahr 1933, das erste Jahr des Exils, das so viele Veränderungen mit sich gebracht hatte, seinem Ende zu. Im Dezember kam noch ein Brief aus Deutschland, von der Reichsschrifttumskammer, mit der Aufforderung an Thomas Mann, das beigelegte Mitgliedsformular auszufüllen. Die Kammer, die einen so wunderlichen Namen führte und auf den Trümmern des Schutzverbandes deutscher Schriftsteller errichtet worden war, unterstand dem Propagandaministerium und war eine Zwangsvereinigung der Literaten, Verleger und Buchhändler; wer nicht Mitglied war, konnte seinen Beruf nicht ausüben. Es war klar, daß Schriftsteller, die keine arische Herkunft nachweisen konnten oder als Marxisten galten, mit einer Aufnahme in diese Vereinigung nicht rechnen konnten. Mann lehnte die vorgeschlagene Mitgliedschaft natürlich ab. »Ich werde die Eintrittsformulare der Berliner Zwangsorganisation auf keinen Fall unterzeichnen«, schrieb Mann an Frey. »Die Anmeldung hatte ich in der Weise vollzogen, daß ich schrieb: als Ehrenmitglied des im Reichsverband aufgegangenen Schutzverbandes deutscher Schriftsteller nähme ich an, daß man mich nach wie vor als zum deutschen Schrifttum gehörig betrachte und daß weitere Formalitäten sich erübrigten.«[18]

Das neue Jahr brachte Hiobsbotschaften. Im Dezember des abgelaufenen war Stefan George gestorben, der Deutschland schleunigst verlassen hatte, vom nationalsozialistischen Regime angeekelt, obwohl dieses seine Lyrik für die eigenen Zwecke zu beanspruchen suchte. Der fünfundsechzigjährige Dichter fiel als erster der Emigration zum Opfer. Am ersten Januar 1934 starb in der Steiermark Jakob Wassermann, um fünf Jahre jünger als George. Wassermann war schon lange zuckerkrank und herzleidend gewesen, und die Erlebnisse der letzten Jahre hatten seine angegriffene Gesundheit vollends untergraben. Um das Unglück voll zu machen, reiste er, von Geldschwierigkeiten geplagt, nach Holland, wo er, um die Kosten eines Hotelzimmers zu vermeiden, in einer privaten, ungeheizten Garage übernachtete. Nach Österreich zurückgekehrt, streckte ihn ein Herzanfall nieder, der den einst so vielgelesenen Autor wahrscheinlich vor dem Hungertod bewahrte.

Die Nachricht vom Tode Wassermanns hatte Thomas Mann tief betroffen: »Sein Werk«, schrieb er an Schickele, »hat mir wegen eines gewissen leeren Pompes und feierlichen Geplappers oft ein Lächeln abgenötigt, obgleich ich wohl sah, daß er mehr echtes Erzählerblut hatte als ich. Auch kannte ich seinen heiligen Ernst, seine Vision eines großen Werkes (nicht das Werk, fand ich, war ›visionär‹, sondern sein leidenschaftliches Wunschbild davon, sein Wille) und hielt seine persönliche Freundschaft in Ehre. Die Todesnachricht war mir, ohne daß ich es gleich gemerkt hätte, ein solcher Choc, daß ich mich noch heute nicht davon erholt habe: die Nerven und der Magen versagten, ich war ein paar Tage bettlägerig. Daran hatte die Aufnahme in Deutschland wohl ihren Anteil. Der Berliner Börsencourier schrieb: ›W. war einer der angesehensten Schriftsteller November-Deutschlands. Mit der deutschen Literatur hatte er so gut wie nichts zu schaffen.‹ Soll einen diese stinkende Idiotie nicht unter die Erde bringen? Sehen Sie es sich an: Es ist der deutsche Nekrolog für uns Alle.«[19]

Trost brachte in dieser Zeit nur die Arbeit, der Roman von Joseph und seinen Brüdern. Je umfangreicher das Manuskript des biblischen Zyklus wurde, desto mehr Schwierigkeiten türmten sich auf, die nachträgliche Studien und fachmännische Ratschläge beanspruchten. In dieser Zeit trat Thomas Mann in Briefwechsel mit Karl Kerényi, dem ungarischen Religionshistoriker und Kenner der antiken Mythen, der ihm gerne mit Erläuterungen und Hinweisen diente. Dieser Briefwechsel dauerte viele Jahre und erwies sich als sehr nützlich für den Roman. Das Josephthema nahm jetzt die Energien des Autors voll in Anspruch, und nur zwei Reisen dieses Jahres ließen die Arbeit daran für kurze Zeit vergessen.

Ende Januar begann Mann eine Vortragstournee, die ihn in sieben Schweizer Städte führte. Im Mai begann er sofort mit den Vorbereitungen zu einer Reise in die Vereinigten Staaten. Sein New-Yorker Verleger, Alfred A. Knopf, hatte ihn anläßlich des Erscheinens der amerikanischen Ausgabe der *Geschichten Jaakobs*, in der Übersetzung von Helen T. Low Porter, zu sich eingeladen. Noch vor seiner Abreise langte aus Deutschland ein Exemplar des zweiten Bandes des biblischen Romans, *Der junge Joseph*, ein, der so wie der erste im S. Fischer-Verlag in Berlin erschienen war.

Am 19. Mai verließ Mann mit seiner Gattin Europa auf dem holländischen Dampfer ›Volendam‹. »Ich habe einfach Lampenfieber«, schrieb er über seine erste Reise in die Vereinigten Staaten, »– ist es ein Wunder? Meine Jungfernfahrt über den Atlantik, die erste Begegnung und Bekanntschaft mit dem Weltmeer steht mir bevor, und am Ende, jenseits der Erdkrümmung, über die das Riesenwasser sich zieht, erwartet uns Neu-Amsterdam, die Weltstadt. Solcher gibt es vier oder fünf, und sie bilden eine Sonder- und Monstergattung des städtischen, übermäßigen Stils und heraustretend auch aus der Klasse der Großstädte, ähnlich wie im Bereich der Natur und des Landschaftlichen des Erz- und Elementar-natürlichen Wüste, Hochgebirge und Meer sich ungeheuerlich absondert. Ich bin an der Ostsee erwachsen, einem provinziellen Gewässer, und meine Blutsüberlieferung ist alt- und mittelstädtisch, eine mäßige Zivilisation, deren nervöse Einbildungskraft den Ehrfurchtsschrekken kennt vor dem Elementarischen – und auch seine ironische Ablehnung.«[20]

Der zehntägigen Schiffsreise verdankte Mann Erholung; er verbrachte die Zeit mit seinem geliebten Roman *Don Quijote. Meerfahrt mit Don Quijote*, so lautet auch der Titel des Berichts, in dem er von diesem Erlebnis erzählt. Ende Mai lief die ›Volendam‹ im New-Yorker Hafen ein. »Wir sind, zur Ankunft gerüstet, an Deck gegangen«, schließt Mann seinen Bericht über diese Reise, »der Einfahrt beizuwohnen. Schon hebt im Dunste der Ferne eine vertraute Figur, die Freiheitsstatue, ihren Kranz empor, eine klassizistische Erinnerung, ein naives Symbol, recht fremd geworden in unserer Gegenwart.«[21]

Der Aufenthalt in Amerika dauerte zehn Tage und war ziemlich anstrengend. Interviews, Empfänge, Vorlesungen, Radiovorträge und ähnliches ließen Mann keine Minute aufatmen. Den Höhepunkt des Besuches bildete ein Bankett, an dem der Bürgermeister von New York, La Guardia, teilnahm. Am 19. Juni verließ das Ehepaar Mann die USA auf dem amerikanischen Schiff ›Rotterdam‹, und nach zehntägiger Fahrt waren sie wieder in Küsnacht. »... das Abenteuer ist zurückgelegt«, schrieb Mann an Fischer, »und scheint nur noch ein Traum. Ein etwas wirrer, aber sehr freundlicher. Ich habe viel Gutes und Wohltuendes erfahren und geerntet, was in Jahr und Tag gesät worden.«[22]

Die Ereignisse in Deutschland und Österreich verdarben die gute Stimmung. Am 30. Juni brach der Röhm-Putsch aus, der in Blut erstickt wurde, im Juli erschossen die Naziattentäter den österreichischen Kanzler Dollfuß, und im August, nach Hindenburgs Tod, vereinigte Hitler das Amt des Reichspräsidenten und des Reichskanzlers in seiner Person und riß damit die unumschränkte Macht an sich. »Ich kann nicht sagen«, bekannte Mann in einem Brief an Kerényi, »wie die Atrozitäten des 30. Juni, die österreichischen Schrecknisse und dann der Staatsstreich jenes Menschen, seine weitere Erhöhung, die wohl zweifellos eine neue Befestigung seines schon schwankenden Regimes bedeutet, mir zugesetzt haben, wie sehr sie mich erregen und mich dem entfremden, was ich wohl, wenn mein Herz fester und kälter wäre, als das einzig mir Wichtige und Gemäße betrachten sollte. Was geht mich die ›Weltgeschichte‹ an, sollte ich wohl denken, solange sie mich leben und arbeiten läßt? Aber ich kann so nicht denken. Mein moralisch-kritisches Gewissen ist in einem beständigen Reizungszustande, und immer unmöglicher wird es mir, dem, mag sein, sublimen Spiel meiner Roman-Arbeit weiter nachzuhängen, bevor ich nicht ›Rede und Antwort‹ gestanden und mir vom Herz(en) geschrieben, was darauf liegt an Sorge, Erkenntnis, quälendem Erlebnis und auch an Haß und Verachtung.«[23]

In den ersten Jahren des Exils mied Thomas Mann die Publizistik und enthielt sich öffentlicher Erklärungen. Über sein Verhältnis zu Hitlerdeutschland und zum Faschismus erfahren wir aus seinen Briefen und aus dem Tagebuch *Leiden an Deutschland*, das 1933/34 entstand, doch erst 1946 im Druck erschien. Diese Aufzeichnungen verraten eine grenzenlose Verachtung des Nationalsozialismus und seiner Führerpersönlichkeiten und sind ein interessanter Kommentar der Ereignisse in Deutschland. Die Führer des Nationalsozialismus wurden vom Verfasser mit kräftigen Worten bezeichnet. Hitler charakterisiert er in *Leiden an Deutschland* als »das elende Subjekt, den hergelaufenen Betrüger, das hohle Monstrum, den undeutschen Hochstapler der Macht«, der an die niedrigsten Instinkte der Masse appelliere. Göring nannte er einen »putzsüchtigen Henker mit seinen dreihundert Uniformen«, der mit Befriedigung Todesurteile über Widerstandskämpfer unterschreibe, Goebbels einen »Propagandachef der Hölle« und »Krüppel an Leib und Seele«, und für Rosenberg hatte er das Beiwort eines »schamlosen Philosophasters«, der »mit seiner verhunzten Groschenwirtschaftlichkeit, seinem Viertelbildungsschmus und Rassengefasel, einem Denkertum der Gosse das Verbrechen ›ideologisch untermauert‹ «.[24]

Am meisten empörte ihn die Verwilderung und die geistige Entartung, die das neue Regime verbreitete: »Die Primitivisierung. Die Nuance als das rote Tuch. Die fast jähe Niveausenkung, der Kulturschwund, die Verdummung und Reduzierung auf eine Kleinbürger-Massen-Mentalität, von den Intellektuellen nicht mit Schrekken, sondern mit perverser Bejahung als ›Barbaren-Einfall‹ von innen begrüßt. Ihr törichtes Schwelgen im Machtvoll-dunkel-Volkhaften. Ohne Sinn dafür, daß das Moralische mit dem Intellektuellen zusammenhängt, daß sie zusammen steigen und fallen und moralische Verwilderung die Folge der Vernunftverachtung ist. Vernunft hat etwas mit Sittlichkeit zu tun, sie ist die Sittlichkeit des Lebens. Ohne sie gibt es nichts als den Orgiasmus der Triebe, die Ausschweifung. Dozenten des Irrationalen, wie sie im Deutschland des heraufkommenden Nationalsozialismus massenweise grassierten, erziehen das Volk zum moralischen Sansculottismus und zur Stumpfheit gegen alle Greuel.«[25]

Und trotzdem zweifelte Mann nicht an der Niederlage des Nazismus, er war sicher, daß die Besinnung kommen würde, von der er sich allerdings auch nicht viel Gutes versprach: »Man weiß am tiefsten: diese Narren und blutigen Stümper werden scheitern. Und was dann? Was wird aus dem unglücklichen, jetzt berauschten und scheinglücklichen deutschen Volk? Welche Enttäuschungen wird es noch hinunterwürgen müssen, welche physischen und seelischen Katastrophen sind ihm aufgespart? Das Erwachen, das ihm bevorsteht, wird zehnmal furchtbarer sein als das von 1918.«[26]

Man mußte jedoch diese Schmach überleben und bei der deutschen Sprache ausharren. »Verbunden und verschränkt aber immer mit der durchaus auch physiologischen Anstrengungen des Sichumstellens und der Adaption blieb der Wille zum Beharren«, sprach er 1949 von dieser Zeit, »die aktive Treue zur deutschen Sprache, dieser wahren und unverlierbaren Heimat, die ich mit ins Exil genommen und aus der kein Machthaber mich vertreiben konnte. Nie ist es mir in den Sinn gekommen, auch als Schriftsteller zu emigrieren und etwa, wie mancher es von mir erwartete, ja forderte, eine Arbeit gleich auf Englisch herzustellen, da es ein deutsches Publikum für sie ja doch nicht gab. Die Zweiteilung meines Lebenswerks in eine deutsche und eine englische Hälfte erschien mir als Absurdität. Im Gegenteil wurde mir in der Fremde – mochte die Zeit sie auch ins Vertraute und Heimatliche verwandeln und herrliche Zugehörigkeitsgefühle in mir großziehen –, im Gegenteil wurde mir mein Tun gerade in diesen Jahren mehr und mehr zum bewußten Sprachwerk, zur versuchenden Lust, alle Register des herrlichen Orgelwerks unserer Sprache zu ziehen, zu einem Streben nach Rekapitulation zugleich und Vorwärtstreibung gleicher Sprachzustände und Ausdrucksmöglichkeiten deutscher Prosa. Fern von Deutschland, nach der tiefen Zäsur, die das Jahr 1933 bezeichnet, baute sich mir so ein neues Lebenswerk auf.«[27]

Der Haß gegen den Nationalsozialismus, ein »tödlicher Haß«, wie er später sagte, »dessen ich mich nicht zu schämen hatte«,[27] veranlaßte ihn schließlich, mit seinem alten Freund Ernst Bertram zu brechen. Bertram hatte sich gerne und schnell mit der faschistischen Macht arrangiert und erblickte sogar in jener Gestalt des ›Retters‹, die häufig in den Versen seines geliebten Dichters Stefan George aufschien – Adolf Hitler. Das überschritt bereits jedes Maß: »Daß Sie fähig sind«, hält Mann in einem Brief von Juni 1934 Bertram vor, »dies Deutschtum zu verwechseln mit seiner niedrigsten Travestie und den widrigsten Popanz, den die Weltgeschichte gebar, für den ›Retter‹ nehmen, von dem Ihr Dichter sagt, – das ist mir ein beständiger Kummer, der oft genug im Begriffe ist, in das Gegenteil dessen umzuschlagen, wovon er denn doch zuletzt ein Ausdruck ist. Es geschieht gewiß nicht mit übertriebener Feierlichkeit, daß ich Sie darauf aufmerksam mache: hätte ich Ihrem freundschaftlich gemeinten Anraten und Insistieren Folge geleistet, so wäre ich heute mit soviel Wahrscheinlichkeit, daß man eben so gut von Gewißheit sprechen kann, nicht mehr am Leben. Was verschlüge es, werden Sie sagen, gegen die im Gange befindliche ›Geschichtsschöpfung‹! Gewiß nichts. Und doch denke ich manchmal, daß diese Gewißheit, einfach Ihrer Natur nach, vermögend sein sollte, Ihr gläubig dienendes Verhältnis zu den Mächten, vor deren Zugriff ein gnädiges Geschick mich bewahrt hat, leise zu modifizieren.«

Und weiter: »›Wir werden sehen‹, schrieb ich Ihnen vor Jahr und Tag, und Sie antworteten trotzig: ›Gewiß, das werden wir.‹ Haben wir angefangen zu sehen? Nein, denn mit blutigen Händen hält man Ihnen die Augen zu, und nur zu gern lassen Sie sich den ›Schutz‹ gefallen. Die deutschen Intellektuellen – verzeihen Sie das rein sachlich gemeinte Wort – werden sogar die allerletzten sein, die zu sehen anfangen, denn zu tief, zu schändlich haben sie sich eingelassen und bloßgestellt.«[28]

Das andauernde Schweigen Thomas Manns war für die Emigrationskreise, die schon lange auf sein öffentliches Auftreten gegen das Hitlerregime warteten, unbegreiflich und rief sogar scharfe Kritik hervor; am Ende begann es auch auf dem Dichter zu lasten. Die Gründe dieses Schweigens waren verschiedenster Art. Anfangs fiel es ihm schwer, überhaupt zu einem Entschluß zu kommen. »Ich kann es dem alten Hauptmann nicht übelnehmen«, schrieb er Mitte 1933 an Frey, »daß er schweigt. Was soll er sich um Habe und Vaterland reden? Ich schweige auch – einfach weil ich gewohnt bin, die Dinge lange mit mir herumzutragen und zu verarbeiten, das heißt zu objektivieren – obgleich zu Subjektivitäten in meinem Fall viel Anlaß wäre. Meine Lage ist schwer, und groß die Bitterkeit der für mich zu treffenden Entscheidungen, für die es nur lebensgefährliche Lösungen gibt.«[29]

Thomas Mann hegte auch die Hoffnung, übrigens völlig unbegründet, daß es ihm gelingen werde, sein Münchner Haus mitsamt der Einrichtung zu retten und sogar eine Verlängerung des Reisepasses zu erreichen, wie er an René Schickele schrieb: »An meinem Abscheu vor den Zuständen dort und meinem Herzenswunsch, die Bande, die da wirtschaftet, möchte recht bald in irgend einer Form der Teufel holen, hat sich nicht das geringste geändert. Aber ich sehe immer weniger ein, wie ich dazu komme, um dieser Idioten willen von Deutschland ausgeschlossen zu sein oder ihnen auch nur meine Habe, Haus und Inventar zu überlassen. Ich stehe von dem Versuch nicht ab, diese den Münchener Rammeln aus den Händen zu winden; und da ich auch beim letzten Schub, zur Enttäuschung eben jener Rammel, nicht ausgebürgert worden bin, besteht tatsächlich eine Art von Aussicht, daß ich sie in absehbarer Zeit zurückerhalte. Die Verfügung über unsere Möbel würde eine große Mietersparnis für uns bedeuten, und eine seelische Beruhigung wäre es auch, von den Dingen des vorigen Lebens umgeben zu sein. Hauptsächlich aber: ihre Rückeroberung wäre einfach ein Triumph über die Münchener Gewalthaber, und nach dem Ermessen menschlicher Vernunft müßte sich die Erneuerung meines Passes wohl oder übel daran schließen. Dann könnte ich wenigstens durch Deutschland reisen, um unser Haus im Memel-Gebiet aufzusuchen. Ich erhebe Anspruch auf solche Freizügigkeit, ich empfinde es als ungehörige Zumutung, daß sie mir versagt sein soll! Ist das nicht *auch* ein Standpunkt? Sagen Sie mir doch, ob Sie ihn verräterisch und charakterlos finden!«[30]

Die Frage, mit der dieser Brief schließt, zeigt, daß Thomas Mann sich seiner Sache nicht sicher fühlte. Die Möglichkeit einer gefahrlosen Durchreise durch Deutschland mußte ihm gewiß unwahrscheinlich vorkommen, er stellte sie ja selbst drei Monate später in Frage in dem bereits angeführten Brief an Ernst Bertram, indem er die Mutmaßung aussprach, daß ihn, wäre er im Land geblieben, die Faschisten ermordet hätten. Es gab für sein Schweigen noch einen zweiten Grund, den wichtigsten, und der der Wahrheit am nächsten kam. Seine Bücher waren vorerst nicht verboten worden, ja die ersten zwei Bände von *Joseph und seine Brüder* erschienen in Deutschland noch nach Hitlers Machtantritt. Trotz der wütenden Hetze gegen den Dichter, die in puncto Lügen und Verleumdungen gewiß nicht wählerisch war, hatten die Hitlerbehörden sich noch nicht entschlossen, was man mit Mann ›machen‹ sollte. Seine große schriftstellerische Bedeutung und sein internationaler Ruf, bestätigt durch den Nobelpreis, veranlaßten zur Vorsicht. Es gab auch zwischen der Reichsschrifttumskammer und dem Propagandaministerium Differenzen darüber, welche Taktik anzuwenden sei. Übrigens war zu Anfang auch die Meinung der Presse geteilt. Als der Literaturhistoriker Paul Fechter 1933 sich gegen einen Ausschluß Thomas Manns aus der Akademie aussprach, druckte die *Deutsche Rundschau* Fechters Artikel ab, die *Fränkische Tageszeitung* hingegen lehnte scharf seinen Antrag ab. Thomas Mann, so argumentierte Fechter, hat zwar in letzter Zeit viel politischen Unsinn gesagt und den Wandel der Zeit nicht begriffen, aber die deutsche Literatur könne nicht ohne ihn auskommen. Darauf die *Fränkische Tageszeitung*: »Guten Morgen, Herr Fechter! Ausgeschlafen? Wir leben in der nationalsozialistischen Revolution! Für Sie ist der Fall ›Thomas Mann‹ schon längst erledigt, und alle Versuche, ihn wieder aufs Tapet zu bringen, können bei uns nur ein vergnügtes Lächeln hervorzaubern!«[31]

Der ›Fall‹ war jedoch nicht längst erledigt, denn die Behörden forderten Viktor Mann, der in Deutschland geblieben war, auf, seinen Bruder zur Rückkehr zu bewegen. Das Gespräch darüber fand im Palais Wittelsbach, dem Sitz der Münchner Gestapo, statt. »Sie gaben zu verstehen«, beschreibt Viktor die Szene, »daß ich Thomas ins Dritte Reich heimholen solle. Sie wüßten, daß ich gut mit ihm stände, sagten sie, und es sei hochanständig von mir, trotz der Mißverständnisse persönlich zu ihm gehalten zu haben. Heinrich sei ja endgültig verloren, aber Thomas! Es sei meine Pflicht als Bruder und Deutscher, ihn zu überzeugen. Mein erster Gedanke war: jetzt lassen sie dich hinaus in die Schweiz! Aber sofort wußte ich, daß sie natürlich Nelly (Viktors Gattin, Anm. d. Verf.) als Geisel zurückbehalten würden und daß es schlimmer als bisher um mich stehen würde, wenn ich – was ja selbstverständlich war – ohne den Bruder heimgekommen sei. So tat ich ergriffen und sprach stockend zu den schlechten Komödianten vor mir. Ich sagte, daß ich wegen des großen Altersunterschiedes für die Brüder immer der kleine Bub von einst geblieben sei, daß ich in einer anderen Welt gelebt habe als sie, daß das alles zwar unser herzliches Verhältnis nie getrübt habe, meinem etwaigen Beeinflussungsversuch aber von vornherein jedes Gewicht nehmen würde. Natürlich würde man mir nicht böse sein, und eine Reise zum Wiedersehen sei sehr verlockend für mich, aber es wäre gewissenlos von mir, das Angebot auszunützen, obwohl für mich das Mißlingen der Mission feststehe. Ich sei nicht der Richtige, obwohl ich der richtige Bruder sei. Man redete mir noch eine Zeitlang zu und drohte nicht einmal dabei. Offenbar lag der Auftrag vor, nicht abzubrechen. Und dann ließen sie mich gehen, und ich lief in den nächsten Laden, um zu telephonieren.«[32]

Als dieser Versuch mißlang, wurde die Mission der ›Bekehrung‹ Thomas Manns Ernst Bertram übertragen, der mit dem Emigranten – das wußte die Gestapo – im Briefwechsel stand: »Erst 1945 habe ich erfahren«, erinnert sich Viktor, »daß ein anderer den ehrenden Auftrag übernommen hat, der mir zugedacht war: ein deutscher

Schriftsteller hatte sich der Aufgabe unterzogen, den Verfemten, Beraubten und Beschimpften zur Rückkehr zu bewegen, damit Goebbels einen weiteren weltbekannten Namen für seine Propaganda benützen könne. Die Ablehnung muß sehr deutlich, vielleicht nicht einmal höflich gewesen sein.«[33]

Diese Absage lautete, wie wir dem Brief Thomas Manns an Bertram entnehmen, folgendermaßen: »Nein, ich sehe das neue Deutschland (wenn man es neu nennen kann; die Mächte, unter deren Druck und Drohung wir seit mehr als zehn Jahren leben, sind ja jetzt nur zur absoluten Alleinherrschaft gelangt) – durch kein verzerrtes Medium, sondern, wie ich die Dinge zu sehen gewohnt bin, mit meinen eigenen Augen. Ich kenne seine Gedanken und Werke, seinen Sprech- und Schreibstil, sein in jedem Sinne falsches Deutsch, sein mit erstaunlichem Freimut bekundetes moralisches und geistiges *Niveau* – und das genügt. Daß auch Ihnen dieses Niveau zuweilen eine Verlegenheit ist, davon halte ich mich überzeugt, und wenn Sie es noch so eifrig bestreiten. Ich brauche da aber ein allzu leichtes Wort für am Ende doch lebens- und todesernste Dinge. Ich hoffe im abgekürzten Verfahren Schweizer zu werden und will in der Schweiz begraben sein, wie Stephan George es wollte, der, nach diesem ›letzten Willen‹, den gigantischen Regierungskranz, der seinen Hügel ziert, doch wohl nicht so ganz rein verdient hat.«[34]

Wie daraus zu ersehen ist, trennte den Dichter von Anfang an ein tiefer, nicht überbrückbarer Abgrund vom nationalsozialistischen Regime. Wenn er vorläufig von öffentlichen Erklärungen Abstand nahm, dann allein aus dem Grunde, daß er, solange dies nur möglich war, die Beziehung mit den Lesern in Deutschland erhalten wollte, denen der Zugang zu den Werken ihrer größten zeitgenössischen Dichter verwehrt war. »Ich habe gegen das, was in Deutschland seit Jahren heraufkam und nun zur absoluten Gewalt gelangt ist, fast allein unter den deutschen Schriftstellern mit allen Kräften angekämpft«, schrieb er an den Literaturhistoriker und Soziologen Harry Slochower, »und mein heutiges Exil, halb freiwillig, halb unfreiwillig, wie es ist, stellt eben die Konsequenz dieses Kampfes dar. Ich habe zwei Drittel meiner irdischen Habe geopfert, um außerhalb der deutschen Grenzen in Freiheit leben zu können, und demonstriere durch dieses Außensein, auch ohne polemisch gegen das Dritte Reich zu wüten, unaufhörlich gegen das, was heute in Deutschland und an Deutschland geschieht. Ich habe Wert darauf gelegt, mich mit meinem deutschen Publikum, das sich seiner Natur und Bildung nach heute in Opposition befindet und aus dem eines Tages die Gegenbewegung gegen das heute herrschende System hervorgehen kann, in Kontakt zu halten, und dieser Kontakt wäre sofort zerstört, das heißt meine Bücher, die bis jetzt gelesen werden können, wären sofort verboten worden, wenn ich in deutlicherer Weise, als es immerhin in manchen meiner Äußerungen der letzten Jahre geschehen ist, vom Leder gezogen hätte.«[35]

Das war der Hauptgrund seines Schweigens, und dafür war er bereit, seine Feder zu bändigen. Im Frühling 1934 sandte er ein Schreiben an das Innenministerium mit der Bitte, seinen Reisepaß zu verlängern und ihm sein bewegliches Gut, vor allem die Bibliothek, die für seine Arbeit unentbehrlich sei, herauszugeben. In diesem Brief legte er deutlich seinen politischen Standpunkt dar und gab seiner Abneigung gegen das Hitler-Regime Ausdruck: »Aus meiner inneren angeborenen und naturnotwendigen Abneigung gegen das nationalsozialistische System mache ich auch heute, an dieser Stelle, um so weniger Hehl, als ich die Geringschätzung kenne und würdige, die der siegreiche Nationalsozialismus der Speichelleckerei ... entgegenbringt.«[36] Dieses Schreiben blieb unbeantwortet.

Man muß hinzufügen, daß Thomas Mann in der ersten Periode des Exils sich eher von der deutschen Emigration abseits hielt und nicht an die Zweckmäßigkeit gemeinsamer Aktionen glaubte, die nur zur Bildung von Vereinigungen oder zur Annahme von Resolutionen führten. »Er sah die vielen Unstimmigkeiten unter den Emigranten«, schreibt Matthias Wegner in *Exil und Literatur*, »und hielt es – im Gegensatz zu seinem Bruder Heinrich – nicht für seine Aufgabe, die Emigration zur Einheit aufzurufen.«[37] Das Mißtrauen zu den Emigrantengruppen, die einander oft heftig bekämpften, spiegelte sich besonders in den Briefen an Bertram: »Meine Haltung, mein Urteil sind nicht vom Emigrantengeist bestimmt oder beeinflußt«, schrieb er in einem Briefe. »Ich stehe für mich und habe mit dem in der Welt verstreuten deutschen Emigrantentum überhaupt keine Fühlung. Im Übrigen hat dieses deutsche Emigrantentum im Sinne irgendwelcher geistigen und politischen Einheit gar keine Existenz. Die individuelle Zersplitterung ist vollkommen.«[38]

Diese Isolation manifestierte sich nachdrücklicher in der Absage an den Schriftsteller Rudolf Olden, als dieser Anfang Mai 1934, also immerhin mehr als ein Jahr nach Manns Ausreise aus Deutschland, diesen zu einem Internationalen Kongreß in Schottland einlud, an dem einige deutsche Emigranten teilnehmen sollten. Mann redete sich zwar auf Terminschwierigkeiten aus, versäumte aber doch nicht, seine grundsätzliche Abneigung gegen Propagandakongresse der Emigration anzudeuten. »Ich habe all dergleichen recht satt«, erklärte er Olden. »Seit ich die deutschen Amtlichkeiten losgeworden, die ich nur aus sozialer Gutwilligkeit, nicht aus innerer Neigung zum Organisatorischen und Offiziellen auf mich genommen hatte, ist es mein Wunsch, als Privatmann lebend meine persönlichen Aufgaben zu Ende führen zu können.«[39]

Später änderte Thomas Mann seine Auffassung, befreite sich von seinem Mißtrauen gegenüber den Emigrantenkreisen und nahm nicht nur wohlwollende Beziehungen zu ihnen auf, sondern wurde auch zu einem der hervorragendsten Exponenten der deutschen Emigration. In der Tiefe seines Herzens war er ja von Anfang an überzeugt gewesen, daß er nicht lange isoliert bleiben und noch weniger im Schweigen verharren konnte. Er wußte, daß er, der Verfasser von Werken, die sich in fast jedem deutschen Haus befanden, auch als Vertreter der Emigration, auf den die Augen der Welt gerichtet waren, eine große Verantwortung trug, und daß er endlich sprechen *mußte.* Das Schweigen wurde unerträglich. »So werde ich wohl«, schrieb er im August 1934 an Kerényi, »von der Erzählung zu einem solchen bekennenden Unternehmen, wie zur Zeit der ›Betrachtungen eines Unpolitischen‹, übergehen, und die Vollendung meines 3ten Bandes (*Joseph und seine Brüder*, Anm. d. Verf.) wird in weitere Ferne gerückt werden. Sei es darum. Ein Mensch und Schriftsteller kann nur tun, was ihm auf den Nägeln brennt; und daß die Krise der Welt auch mir zur Lebens- und Arbeitskrise wird, ist in der Ordnung und ich sollte ein Zeichen meiner Lebendigkeit darin sehen. Die Zeit scheint mir reif für eine Äußerung, wie ich sie vorhabe, und der Augenblick könnte bald kommen, wo ich bereuen würde, mein abwartendes Schweigen über die dafür gegebene Frist hinaus fortgesetzt zu haben.«[40]

Der erste öffentliche Angriff Thomas Manns gegen das Naziregime erfolgte auf der Konferenz des ›Comité de la Coopération Intellectuelle‹, die vom 1. bis 3. April 1935 in Nizza abgehalten wurde. Da er nicht an den Beratungen teilnehmen konnte, sandte er eine Erklärung in französischer Sprache; das deutsche Original erschien unter dem Titel *Achtung, Europa!* 1938 im Druck. Mann sprach hier nicht ausdrücklich über den Nationalsozialismus und dessen Führer, doch die Formulierungen der Deklaration waren mehr als eindeutig. »Der Massengeist, von rummelhafter Modernität, wie er ist«, sagte er, »redet dabei den Jargon der Romantik; er spricht von ›Volk‹, von ›Erde und Blut‹, von lauter alten und frommen Dingen und schimpft auf den Asphaltgeist, – mit dem er identisch ist. Das Ergebnis ist eine lügnerische, in roher Empfindsamkeit schwimmende Vermischung von Seele und Massenmumpitz, – eine triumphale Mischung; sie charakterisiert und bestimmt unsere Welt.«[41] Das war jedoch nur ein Vorgefecht, das erste, das Thomas Mann, seit er die Heimat verlassen hatte, dem deutschen Faschismus lieferte. Die Kriegsansage erfolgte einige Monate später.

Abschied von Europa

Reisen leiteten das Jahr 1935 ein. Mit einem Vortrag über Wagner begab sich Thomas Mann nach Prag und Brünn, von dort nach Wien und Budapest. In Prag traf er sich mit Erika, die hier mit ihrem Kabarett ›Die Pfeffermühle‹ ein Gastspiel absolvierte, und in Budapest mit Karl Kerényi, mit dem er bereits seit einem Jahr in Briefwechsel stand. Nach dieser Tournee fuhr er zur Erholung nach Sankt Moritz. Dort erwartete ihn eine liebe Überraschung – die Begegnung mit seinem herzlich geliebten Freund Bruno Walter und dessen Gattin.

Im Frühling erschien ein Band seiner literarischen Arbeiten, *Leiden und Größe der Meister / Neue Aufsätze*, der zwei Studien über Goethe *(Goethe als Repräsentant des bürgerlichen Zeitalters* und *Goethes Laufbahn als Schriftsteller)*, das Essay *Leiden und Größe Richard Wagners*, Arbeiten über Platen und Storm und schließlich *Meerfahrt mit Don Quijote* enthielt. Die erste Auflage dieser Auswahl war schnell verkauft, und Fischer druckte noch im selben Jahr einige tausend Exemplare nach. Das war das letzte in Deutschland herausgebrachte Buch Thomas Manns. Das nächste erschien dort erst wieder nach dem Krieg, im Jahre 1946.

Am 6. Juni vollendete Mann sein sechzigstes Lebensjahr. Der Geburtstag wurde im Kreise der Familie und einiger Freunde gefeiert. In der Villa in Küsnacht versammelten sich alle seine Kinder, außerdem Hans Reisiger, Bruno Frank mit Gattin und einige der ihm am nächsten stehenden Menschen. Samuel Fischer sandte ihm eine Geschenkkassette mit handgeschriebenen Glückwünschen fast aller seiner Autoren und vieler Freunde Thomas Manns, unter ihnen Albert Einstein, Bernard Shaw, Alfred Kubin, Knut Hamsun, Karl Kerényi; »das Wertvollste, was ich von diesem Tag bewahre«, erinnerte sich Mann später, »ist eine schön ausgestattete Kassette, die mir von meinem Verleger überreicht wurde und handschriftliche Grüße und Glückwünsche von Schriftstellern und Künstlern vieler Länder umschließt. Gehe ich diese Blätter durch, in denen von ersten Geistern der Zeit meinem Leben und Streben große, ergreifende Ehre erwiesen wird, empfinde ich tief die Schönheit und Wahrheit von Goethe's Wort. ›Selten tun wir uns selbst genug; desto tröstlicher ist es, anderen genuggetan zu haben‹ «.[1]

Es kamen auch Glückwünsche von Freunden und Bekannten, die nicht zur Geburtstagsfeier hatten kommen können. »Mein bescheidener 60. war ein arger und schöner Trubel«, schrieb der Jubilar an den Romanisten Karl Vossler, »eine rechte Festivitas mit allen Kindern im Haus, dazu Gästen, einer öffentlichen Feier im Theater schon Ende Mai und einer Teilnahme der Außenwelt, über die ich meine Freude und Ergriffenheit nicht verbergen mag. Es war anders diesmal als beim 50. und bei der Nobelfeier, ernster, feierlicher, tiefer zu Herzen gehend. Ich hatte solche Briefe noch nicht bekommen und kann nur hoffen, daß die Akzente, in denen meine Zeitgenossen diesmal zu mir reden zu sollen glaubten, von der Nachwelt einigermaßen mögen gutgeheißen werden. Ja, ja, die Deutschen haben geschrieben, zu hunderten, und wie! mit offener Adresse, sogar aus Arbeitsdienstlagern. Die Sehnsucht, innere Freiheit zu demonstrieren, muß groß und verbreitet sein, daß diese Gelegenheit so eifrig ergriffen wurde. Was liegt an der Gelegenheit. Aber daß es da immer noch gute Reserven gibt, hat es mir tröstlich gezeigt.«[2]

Im Juni begab sich Mann wieder in die Vereinigten Staaten, diesmal auf Einladung der Harvarduniversität, die ihm und Albert Einstein den Doktor honoris causa verliehen hatte. Zuerst zeigte er keinen großen Eifer, diese Reise zu unternehmen, aber, so schrieb er, »... Schweizer Universitätsleute fragten mich aufgeregt, ob ich ganz von Gott verlassen sei, eine solche Ehre in den Wind schlagen zu wollen. Und allerdings hat sich ja gezeigt, daß Harvard sich nicht mit jedem einläßt. So habe ich mich denn aufgemacht. Warum soll man nicht auch einmal im Talar in akademischer Prozession schreiten? Man muß alles mitnehmen.«[3]

Zehn Tage nach der Geburtstagsfeier fuhr das Ehepaar Mann von Le Havre auf dem Dampfer ›Lafayette‹ ab und kam nach einer Woche im New-Yorker Hafen an. Am 20. Juni fand die Promotion in Harvard, der ältesten Universität der Neuen Welt, in Anwesenheit vieler Gelehrter und Vertreter der amerikanischen Geisteswelt statt. Die nächsten Tage verbrachten Thomas und Katja Mann in der Villa des holländisch-amerikanischen Autors Hendrik Willem van Loon, der ein reizendes Besitztum in Riverside im Staate Connecticut hatte. Hier konnte Mann sogar einige Stunden am Tag weiteren Kapiteln von *Joseph und seine Brüder* widmen. Am 30. Juni stattete er dem Präsidenten der Vereinigten Staaten, Franklin D. Roosevelt, einen Besuch ab. »Dieser lud meine Frau und mich«, schrieb Mann an Gottfried Bermann-Fischer, »privat, ohne Beanspruchung des Botschafters natürlich, zu sich ins Weiße Haus nach Washington, wohin wir von New York mit dem Air-plane in 1 Stunde 20 Minuten reisten. Es war mein erster Flug, ein technisches Abenteuer, nicht sehr bedeutend sonst, ausgenommen eine Strecke über beleuchteten Wolken, mit einem Blick wie vom Rigi.«[4]

Mann sprach nach seiner Übersiedlung in die Vereinigten Staaten noch einige Male mit Roosevelt, doch der Eindruck, den er von dieser ersten Begegnung davontrug, war der entscheidende: »Er hat mir Eindruck gemacht«, schrieb er an Schickele. »Seit 10 Jahren völlig gelähmt und dabei diese Energie und experimentelle, um nicht zu sagen: revolutionäre Kühnheit. Er hat viele Feinde, unter den Reichen, denen er zu Leibe geht, und unter den Hütern der constitution wegen seiner diktatorischen Züge. Aber kann man gegen eine *aufgeklärte* Diktatur heute noch viel einwenden? Richtig ist, daß er ziemlich wegwerfend vom Kongreß sprach, sich über die französische Regierungsstürzerei lustig machte und seine eigene Stellung dagegen rühmte: ›I am prime minister and president at the same time, and before four years they can't get me out.‹ Danach breites amerikanisches Lachen. Er ist aber ein sehr verfeinerter Typus.«[5]

Nach Hause zurückgekehrt, wendete sich Mann wieder dem biblischen Roman zu, der ihm jetzt viel Sorge machte. Der dritte Band sei unwahrscheinlich schwierig, beklagte er sich in einem Brief an Schickele. Außer den Reisen und Vorträgen nahmen ihn die politischen Ereignisse in Anspruch, vor denen er nun nicht mehr flüchten konnte und die den Fortgang der Arbeit störten.

Mit dem Herannahen des Herbstes begann in der Presse, wie jedes Jahr um diese Zeit, das Spiel der Mutmaßungen um den Nobelpreis. Unter den Anwärtern auf den Friedenspreis wurden in diesem Jahr am häufigsten zwei Namen genannt: der des Präsidenten der Tschechoslowakei, Masaryk, und der des Pazifisten und Redakteurs der Wochenzeitschrift *Die Weltbühne*, Carl von Ossietzky, der sich bereits seit Jahren im Konzentrationslager befand. In einem Brief an das Preiskomitee in Oslo bat Mann, die Kandidatur Ossietzkys zu berücksichtigen, und motivierte die Bitte folgendermaßen: »Die Wahl des ehrwürdigen Oberhauptes des tschechischen Staates würde zweifellos von allen Friedensfreunden mit dem herzlichsten Beifall begrüßt werden. Absolut genommen wäre sie glücklich wie denkbar. Welch eine Woge von Freude und Genugtuung aber durch die geistige Welt gehen würde, wenn das Comité zu dem vielleicht weniger korrekten und glatten, dafür aber sittlich gewichtigeren Entschluß gelangte, einem Märtyrer der Friedensidee wie dem seit 3 Jahren das Konzentrationslager erduldenden Ossietzky den Preis zuzuerteilen, das ist in Worten schwer auszudrücken, – und doch liegt mir daran, Ihre Einbildungskraft dafür wachzurufen. Jene erste Wahl wäre eine durchaus gute und schöne, eine untadelige Handlung, niemandem anstößig und niemanden überraschend. Die zweite aber wäre eine große, freie und starke sittliche Tat von unvergleichlicher Leuchtkraft, eine *befreiende* Tat in mehr als einer Beziehung, die Trost, Stärkung und neuen Glauben an die Kraft des Guten nicht nur in das Herz des einen Mannes gießen würde, dem sie gälte, sondern in Millionen gequälter Herzen, die in der Verwilderung und Verdüsterung dieser Zeit am Guten zu verzweifeln im Begriffe sind ...«[6]

Thomas Mann führte auch an, daß die Zuerkennung des Preises dem Inhaftierten die Tore des Konzentrationslagers öffnen und Ossietzky im Hinblick auf dessen zarte Konstitution das Leben retten könnte. Er schloß seinen Brief mit einem Appell: »Wie herrlich, welch eine Erlösung, wenn von irgendeiner hohen Zinne unverhofft das Signal erschölle, das die Ankunft der mit königlicher Autorität ausgestatteten Güte und Gerechtigkeit verkündete! Ein solches Wächterzeichen wäre für Millionen verdüsterter und verängstigter Zeitgenossen die Verleihung des Friedenspreises an den deutschen Dulder. Geben Sie, im Namen Ihrer aller bitte ich Sie von Herzen darum, geben Sie der Welt dieses Zeichen!«[7] Dieser Appell, von der Weltöffentlichkeit unterstützt, fand Gehör. Carl von Ossietzky erhielt den Nobelpreis für das Jahr 1935 und erlangte die Freiheit, deren er sich jedoch nicht lange erfreute. Sein Körper, im Lager furchtbaren Torturen unterworfen, hielt nur mehr drei Jahre stand.

Aus Oslo, von wo die sehnsüchtig erwartete Nachricht über den Beschluß des Nobelpreiskomitees einlangte, kam bald auch eine zweite, die Thomas Mann sehr bedrückte: die Zeitungen berichteten über den Beitritt Knut Hamsuns zur Nationalsozialistischen Partei Norwegens, an deren Spitze Quisling stand. Manns Enttäuschung war um so größer, als der Norweger, den er in seiner Jugend mit ganz besonderem Genuß gelesen hatte, zu den von ihm am meisten geschätzten Autoren gehörte, was er in einem Artikel zum siebzigsten Geburtstag Hamsuns (1929) zum Ausdruck gebracht hatte.

»Seine Dichtung«, schrieb er damals, »die frühe, die um die Jahrhundertwende aufging, gehörte zu den innigsten literarischen Erlebnissen meiner Jugend, die Kulmination seines wunderreichen Lebenswerkes ›Segen der Erde‹, vor zwölf Jahren, war auch für mich das erschütternde Ereignis, das dies herrliche Buch für viele kriegsgequälte deutsche Herzen damals bedeutet hat.«[8]

Thomas Manns Begeisterung fand keine Gegenliebe. Die Schuld daran lag jedoch nicht beim Autor des *Zauberberg*, sondern trifft den deutschen Literaturhistoriker Professor Berendsohn, der sich in einer seiner Studien über den skandinavischen Prosaiker die unvorsichtige Bemerkung erlaubt hatte, Knut Hamsun habe in einer bestimmten Periode unter dem Einfluß seines deutschen Zeitgenossen Thomas Mann gestanden. Diese Erwägung versetzte den Norweger in Wut. Hamsun war empört, daß seine Originalität angezweifelt wurde, und erhob sogleich Einspruch gegen Berendsohns Behauptung. Von Manns Büchern, so erklärte er, habe er nur, kürzlich, die *Buddenbrooks* gelesen, übrigens in der norwegischen Übersetzung, da er keine Fremdsprachen beherrsche; und überhaupt, fügte er hinzu, würde er dem deutschen Literaturprofessor raten, er möge seinen nationalen Ambitionen Einhalt gebieten und nicht weiterhin so riskante Hypothesen aufstellen.

Und nun erschienen in der Presse auf einmal Äußerungen Hamsuns, die eindeutig Sympathie für den deutschen Faschismus bewiesen. Anfangs schrieb Mann dies der Unkenntnis der Dinge oder einem Mangel an Orientierungsvermögen zu. In seinem *Leiden an Deutschland* vermerkt er unter dem 25. Juli 1934: »Der alte Hamsun, dessen Blubo-Kunst viel zu raffiniert ist, als daß irgendein Nazimensch etwas damit anfangen könnte, hat gut reden. Er ist fünfundsiebzig, weiß nicht, was in Deutschland vor sich geht, ist ihm aber großen Dank schuldig und gehört zu der antiliberalen und antistädtischen Geisteswelt, die im Nazitum ihre grauenhafte Verhunzung erfährt. So findet er von außen das alles nicht so schlimm und glaubt, ›Deutschland‹ verteidigen zu müssen, ohne zu bedenken, was auch die Deutschen vergessen haben, daß es sich nicht um Deutschland handelt, sondern um eine Handvoll geistig und moralisch krüppelhafter Gewaltmenschen, die Deutschland in seinem schwächsten und hilflosesten Zustand unterworfen haben und es verderben in jedem Sinn.«[9]

Jetzt, nach dem Eintritt Hamsuns in die faschistische Partei, war Manns Empörung grenzenlos: »Der Fall Hamsun«, schrieb er an Schickele im Dezember 1935, »oder auch der Fall Hamsuns ist auch mir recht nahe gegangen. Welch unbegreifliche Roheit! Er schadet seinem Bilde bei Mit- und Nachwelt zweifellos durch diesen unseligen Schritt. Seine Sympathie für das Regime mag zum Teil auf der Verwechslung von diesem mit Deutschland überhaupt beruhen, dem er, wie alle großen Skandinaven, zu Dank verpflichtet ist. Im Übrigen kennen wir ja aber die politische Gesinnung, die sich von je aus seiner Apostaten-Haltung gegen den Liberalismus ergab. Schon in den ›Mysterien‹ hat er Gladstone verhöhnt und gesagt, die Feder Victor Hugo's gleiche einem ›Speckschinken, von dem es brandrot hinuntertriefe‹, ein schlechtes Bild, ein häßliches Bild und sehr dumm dazu. Später vermischte sich mit seiner doch auch von Paris her stark beeinflußten Akustik das bäuerliche Blut- und-Bodenhafte, Anti-Literarische, Anti-Civilisatorische, und heute ist er bei der Kameradschaft mit den Nazis angelangt.«[10]

Es kam der Tag, da die letzte Möglichkeit schwand, in Deutschland zu publizieren. Im Herbst 1934 war Samuel Fischer, der Gründer des berühmten Verlagshauses, gestorben. »Durch fast vier Jahrzehnte«, schrieb Mann nach dem Ableben seines Verlegers, »war meine Arbeit mit dem Unternehmen verbunden, das er vor achtundvierzig Jahren ins Leben rief und das sich zu so großer Bedeutung entwickeln, eine so wichtige Rolle im deutschen Geistesleben spielen sollte. Ein Stück meines eigenen Lebens sinkt mit dem alten, müden Mann ins Grab, und eine Epoche geht dahin, der ich mich geistig und moralisch zugehörig fühle und von der noch einzelne Vertreter da und dort in einem Zeitklima, das nicht mehr das ihre ist, ihr Lebenswerk zu Ende führen.«[11] Nach dem Ableben Fischers übernahm dessen Schwiegersohn, Bermann-Fischer, die Firma; er verließ Deutschland 1935 und bemühte sich, den Verlag in der Schweiz weiterzuführen; doch gelang das Vorhaben erst zu Beginn des nächsten Jahres in Wien. Nach dem Anschluß Österreichs (1938) an das Dritte Reich verließ Bermann-Fischer Wien und übersiedelte nach Stockholm.

Im Februar 1936 kam es zum endgültigen Bruch Thomas Manns mit dem damaligen Deutschland. Den unmittelbaren Anlaß lieferte eine Polemik zwischen dem deutschen Schriftsteller und Publizisten Leopold Schwarzschild, der in Paris die Emigrantenzeitschrift *Das neue Tagebuch* herausgab, und dem Schweizer Kritiker Eduard Korrodi, Leiter des literarischen Teiles der *Neuen Zürcher Zeitung.* Der Streit entbrannte im Zusammenhang mit dem Fischer-Verlag, im weiteren Verlauf wurde aber die deutsche Literatur zu seinem Gegenstand. Schwarzschild stellte in seiner Zeitschrift fest: »Im Hintergrund steht das einzige deutsche Vermögen, das – merkwürdigerweise – aus der Falle des Dritten Reiches fast komplett nach draußen gerettet werden konnte: die Literatur. Man mag es für mehr oder weniger erheblich halten: Tatsache ist jedenfalls, daß dieses Vermögen nahezu komplett ins Ausland ›transferiert‹ werden konnte, nahezu nichts von Bedeutung ist drüben geblieben.«[12]

Diese Behauptung veranlaßte Korrodi, in der *Neuen Zürcher Zeitung* das Wort zu ergreifen. In dem Artikel *Deutsche Literatur im Emigrantenspiegel* vom 26. Januar 1936 opponierte Korrodi heftig gegen Schwarzschilds These, die ganze deutsche Literatur sei nach Hitlers Machtergreifung aus Deutschland ausgewandert. Aus Deutschland emigrierte, nach Korrodis Ansicht, ›die Romanindustrie‹; nur wenige Autoren von Bedeutung hätten ihre Heimat verlassen. In der Emigration, schloß Korrodi, gäbe es auch keinen einzigen Lyriker, gar nicht davon zu reden, daß nur Schriftsteller jüdischer Abstammung ins Ausland abgewandert seien.

In dieser Phase der Auseinandersetzung hielt es Thomas Mann für angebracht, das Wort zu ergreifen. In einem offenen Brief an Korrodi, der in der *Neuen Zürcher Zeitung* abgedruckt wurde, lehnte er sehr entschieden dessen Argument ab, in einem einzigen Punkt nur gab er ihm recht: man durfte nicht, pflichete er Korrodi bei, die Emigrationsliteratur mit der gesamten deutschen Literatur gleichsetzen: »Die außerhalb dieser Grenze lebenden deutschen Schriftsteller sollten, so meine ich, nicht mit allzu wahlloser Verachtung auf diejenigen herabblicken, die zu Hause bleiben wollten oder mußten, und nicht ihr künstlerisches Werturteil ans Drinnen oder Draußen binden. Sie leiden; aber gelitten wird auch im Inneren, und sie sollten sich vor der Selbstgerechtigkeit hüten, die so oft ein Erzeugnis des Leidens ist.«[13]

In seinen weiteren Ausführungen widersprach Mann jedoch Korrodis Einschätzung, die deutsche Literatur in der Emigration werde ausschließlich von Autoren jüdischer Herkunft repräsentiert. Zu den »rein arischen« gehörten er selbst, Thomas Mann, sein Bruder Heinrich, Leonhard Frank, René Schickele, Fritz von Unruh, Oskar Maria Graf, Annette Kolb, Alexander M. Frey usw. und unter den jüngeren Gustav Regler, Bernhard Brentano, Ernst Glaeser und andere. »Daß in der Gesamt-Emigration der jüdische Einschlag zahlenmäßig stark ist«, schrieb er, »liegt in der Natur der Dinge: es ergibt sich aus der erhabenen Härte der nationalsozialistischen Rassenphilosophie und, von der anderen Seite, aus einem besonderen Grauen der jüdischen Geistigkeit und Sittlichkeit vor gewissen Staatsveranstaltungen unserer Tage. Aber meine Liste, die auf Vollzähligkeit so wenig Anspruch erhebt wie Ihre innerdeutsche, und auf deren Herstellung ich von mir aus nicht verfallen wäre, zeigt, daß von einem durchaus oder auch nur vorwiegend jüdischen Gepräge der literarischen Emigration nicht gesprochen werden kann.«[14]

Mann widersprach auch der Behauptung Korrodis, daß nur die Prosaschriftsteller Deutschland verlassen hätten, während die Lyriker in Deutschland geblieben seien. Dieser sonderbaren Hypothese stünden die Namen Bertolt Brecht, Johannes R. Becher und Else Lasker-Schüler entgegen. Der verächtliche Ton, in dem der Schweizer Kritiker von der Prosa sprach, verletzte Mann. Korrodi unterschätzte die Rolle des Romans, warf er ihm vor, »– eine Rolle, der Sie nicht ganz gerecht werden, wenn Sie sagen, nicht die Dichtung, nur allenfalls die Prosa, der Roman sei ausgewandert. Das wäre an sich kein Wunder. Das reine Gedicht – rein, insofern es sich von gesellschaftlichen und politischen Problemen hübsch fernhält, was nicht alle Lyrik immer getan hat – steht unter anderen Lebensgesetzen als die moderne Prosa-Epopöe, der Roman, der in seiner analytischen Geistigkeit, seiner Bewußtheit, seinem eingeborenen Kritizismus soziale und staatliche Verhältnisse zu fliehen gezwungen ist, in denen jedes, still am Rande, ungestört und in holder Weltvergessenheit blühen mag. Eben diese seine prosaistischen Eigenschaften aber, Bewußtsein und Kritizismus, dazu der Reichtum seiner Mittel, sein freies und bewegliches Schalten mit Gestaltung und Untersuchung, Musik und Erkenntnis, Mythos und Wissenschaft, seine menschliche Breite, seine Objektivität und Ironie machen den Roman zu dem, was er auf unserer Zeitstufe ist: zum repräsentativen und vorherrschenden literarischen Kunstwerk«.[15]

Der Schluß des Briefes war eine öffentliche Kriegsansage an den Nazismus, von der deutschen Emigration schon lange und ungeduldig erwartet. »Die tiefe, von tausend menschlichen, moralischen und ästhetischen Einzelbeobachtungen und -eindrücken täglich gestützte und genährte Überzeugung«, lesen wir im letzten Absatz, »daß aus der gegenwärtigen deutschen Herrschaft nichts Gutes kommen *kann*, für Deutschland nicht und für die Welt nicht, – diese Überzeugung hat mich das Land meiden lassen, in dessen geistiger Überlieferung ich tiefer wurzle als diejenigen, die seit drei Jahren schwanken, ob sie es wagen sollen, mir vor aller Welt mein Deutschtum abzusprechen. Und bis zum Grunde meines Gewissens bin ich dessen sicher, daß ich vor Mit- und Nachwelt recht getan, mich zu denen zu stellen, für welche die Worte eines wahrhaft adeligen deutschen Dichters gelten:

Doch wer aus voller Seele haßt das Schlechte,
Auch aus der Heimat wird es ihn verjagen,
Wenn dort verehrt es wird vom Volk der Knechte.
Weit klüger ist's, dem Vaterland entsagen,
Als unter einem kindischen Geschlechte
Das Joch des blinden Pöbelhasses tragen.«[16]

Thomas Manns Erklärung wurde von den deutschen Emigranten mit Genugtuung aufgenommen. Der Autor selbst fühlte sich durch diesen Schritt erleichtert. »Ich mußte einmal mit klaren Worten Farbe bekennen«, schrieb er einige Tage später an Hesse, »um der Welt willen, in der vielfache recht zweideutig-halb-und-halbe Vorstellungen von meinem Verhältnis zum Dritten Reich herrschen, und auch um meinetwillen; denn schon lange war mir dergleichen seelisch nötig. Nach Korrodi's häßlichem Verhalten nun gar gegen die Emigration unter Verwendung meines Namens war ich dieser eine Genugtuung, ein Bekenntnis zu ihr schuldig.«[17]

Der offene Brief an Korrodi war in Wirklichkeit an die Emigration und an die Machthaber Deutschlands gerichtet. Während die Zustimmung der Emigranten nicht lange auf sich warten ließ, zögerten die Herren des Dritten Reiches mit der Antwort zehn Monate lang. Inzwischen wurde Thomas Manns Aufmerksamkeit und Zeit durch die Arbeit an einem Essay, *Sigmund Freud und die Zukunft*, beansprucht, das er zum achtzigsten Geburtstag des Schöpfers der Psychoanalyse am 6. Mai 1936 vorbereitete. Am 8. Mai las er ihn im »Akademischen Verein für Medizinische Psychologie« in Wien vor und stattete anschließend dem Gelehrten einen Besuch in dessen Haus ab, wo er ihm eine Glückwunschadresse mit den Unterschriften einer großen Anzahl von Gelehrten und Schriftstellern überreichte, unter ihnen Romain Rolland, H.G. Wells, Virginia Woolf und Stefan Zweig. Eine Woche später hielt er die Vorlesung in Brünn und Prag.

Im Juni ging es wieder auf die Reise, diesmal nach Budapest, zur Konferenz des ›Comité de la Coopération Intellectuelle‹, wo er einen Vortrag *Humaniora und Humanismus* hielt, in welchem er die Notwendigkeit tätiger Verteidigung des Fortschritts begründete. »Was heute not täte«, so schloß er seinen Vortrag, »wäre ein militanter Humanismus, welcher gelernt hat, daß das Prinzip der Freiheit und Duldsamkeit sich nicht ausbeuten lassen darf von einem schamlosen Fanatismus; daß er das Recht und die Pflicht hat, sich zu wehren. Europa ist ein mit der humanistischen Idee eng verbundener Gedanke. Aber Europa wird nur sein, wenn der Humanismus seine Männlichkeit entdeckt, wenn er lernt, in Harnisch zu gehen, und nach der Erkenntnis handelt, daß die Freiheit kein Freibrief sein darf für diejenigen, die nach ihrer Vernichtung trachten.«[18] Im Verlauf der Beratungen erlaubte sich einer der Delegierten, anerkennend von den »Errungenschaften« des Faschismus zu sprechen, was Mann veranlaßte, noch einmal das Wort zu ergreifen und »eine improvisierte Rede«, wie er schrieb, »gegen die Freiheitsmörder und über die Notwendigkeit einer militanten Demokratie«[19] zu halten. Diese Improvisation endete mit einem lang anhaltenden Beifallssturm des ungarischen Publikums. Als der Schriftsteller das Podium verließ, wurde er herzlich umarmt von Karel Čapek, der, »als die Demokratie sein Land verriet, an gebrochenem Herzen starb«.[20] »Das Hübscheste war«, schrieb Thomas Mann als Randbemerkung zu seinem Budapester Aufenthalt, »daß der deutsche Gesandte im Innenministerium anrief, man möge doch dafür sorgen, daß sich die Presse nicht soviel mit mir beschäftige. Ich hatte nämlich in der Coopération eine Rede über ›militanten Humanismus‹ gehalten, von der viel die Rede war. Es hat sich auch niemand um die Ermahnung gekümmert. Aber ist es nicht reizvoll: der deutsche Gesandte protestiert dagegen, daß die Presse sich für den einzigen Deutschen interessiert, der an einer Versammlung europäischer Intellektueller teilnimmt.«[21]

Von Juni an arbeitete Mann intensiv an den letzten Kapiteln des dritten Bandes des biblischen Romans, *Joseph in Ägypten.* Ende Juli war das Buch fertig, nach drei Jahren angestrengter Arbeit, von der ihn die Ereignisse und Sorgen des Emigrantenlebens des öfteren abgehalten hatten. Die Fertigstellung des dritten Bandes wurde im Familienkreis gefeiert, mit Punsch und einem Glückwunschgedicht, geschrieben von Erika, vorgelesen von Manns jüngster Tochter, Elisabeth. »Ach, der Schmöker hat gräßlich pedantische Längen, fürchte ich«, schrieb der Autor an Bruno Walter, »aber ich halte ihn doch für fähig, ein bißchen höhere Heiterkeit in die Lande zu tragen, was die Lande schon brauchen könnten.«[22]

Joseph in Ägypten erschien im Oktober im Bermann-Fischer-Verlag in Wien. Die Besprechungen in den Wiener, Prager und Budapester Zeitungen waren freundlich. »Eine Presse wird dieser Band in Deutschland wohl überhaupt nicht mehr haben . . .«,[23] vermutete der Autor, und so war es auch. Jetzt war nur noch der letzte, der vierte Band zu schreiben, der aber auf sich warten lassen mußte, da Mann ein anderes Buch lockte: »Vorerst will ich ja nun versuchen«, verriet er Bermann-Fischer, »zur Abwechslung etwas anderes einzulegen: die Goethe-Geschichte, ›Lotte in Weimar‹, an die ich mich jetzt vormittags, aber eigentlich Tag und Nacht, heranpirsche, ohne mir über die Form schon ganz klar geworden zu sein. Etwas besonderes wird jedenfalls auch dies, soviel fühle ich schon, und wird ein hübsches Bändchen geben.«[24]

Im Oktober verlieh die Tschechoslowakei Thomas Mann die Staatsbürgerschaft, so daß er endlich einen Rückhalt fand, »in dem Land, das ich achte«, wie er schrieb. Dieses Geschenk kam gerade zur rechten Zeit, da ihm am 2. Dezember 1936 kraft einer im *Reichsanzeiger* veröffentlichten Anordnung die deutsche Staatszugehörigkeit entzogen wurde. Das war die Antwort der Nazimachthaber auf den in der *Neuen Zürcher Zeitung* abgedruckten offenen Brief, in dem Mann seine Solidarität mit der antifaschistischen Emigration bekundet hatte. Das Regierungsdekret sprach auch Frau Katja und den vier jüngeren Kindern die Staatsbürgerschaft ab. Klaus und Erika hatten sie schon im Jahre 1934 verloren, so daß nun die ganze Familie »gleichberechtigt in der Rechtlosigkeit« war.

Die Begründung für die Anordnung, die den Dichter und seine Familie der deutschen Staatsangehörigkeit beraubte, gab der *Völkische Beobachter* vom 13. Dezember 1936: »Wiederholt beteiligte er sich«, wurde Mann vorgeworfen, »an Kundgebungen von internationalen, meist unter jüdischem Einfluß stehenden Verbänden, deren feindselige Einstellung gegenüber Deutschland allgemein bekannt war. Seine Kundgebungen hat er in letzter Zeit wiederholt offen mit staatsfeindlichen Angriffen gegen das Reich verbunden. Anläßlich einer Diskussion in einer bekannten Züricher Zeitung über die Bewertung der Emigranten-Literatur stellte er sich eindeutig auf die Seite des staatsfeindlichen Emigrantentums und richtete öffentlich gegen das Reich die schwersten Beleidigungen, die auch in der Auslandspresse auf starken Widerspruch stießen. Sein Bruder Heinrich Mann, sein Sohn Klaus und seine Tochter Erika sind bereits vor längerer Zeit wegen unwürdigen Auftretens im Ausland der deutschen Staatsangehörigkeit verlustig erklärt worden.«[25]

Thomas Mann nahm die Nachricht von der Streichung aus der Liste der deutschen Staatsbürger mit Ruhe auf, wußte er doch, daß dies früher oder später hatte eintreten müssen. Eine Woche danach, als die Presse sich an ihn um seine Meinung in dieser Angelegenheit wandte, erklärte er: »Vor allem habe ich zu bemerken, daß dieser Akt, da ich schon seit 14 Tagen tschechoslowakischer Staatsbürger bin und damit auch automatisch aus dem deutschen Staatsverband ausgeschieden bin, jeder rechtlichen Bedeutung entbehrt, von seiner geistigen Bedeutungslosigkeit brauche ich nicht zu reden. Ich habe gelegentlich schon im voraus erklärt, daß ich in deutschem Leben und deutscher Überlieferung tiefer wurzele als die flüchtigen, wenn auch penetranten Erscheinungen, die zur Zeit Deutschland regieren.«[26]

Einige Tage nach dieser Erklärung erhielt Mann vom Dekan der philosophischen Fakultät der Universität Bonn, Professor für Literatur Karl Justus Obenauer, eine briefliche Mitteilung, daß er aus der Liste der Ehrendoktoren dieser Hochschule gestrichen worden sei. Der Beschluß der deutschen Professoren berührte Mann sehr stark, jedenfalls ging er ihm näher als die Anordnung der Hitlerbehörden, von denen er nichts Gutes erwartet hatte. Dies jedoch wollte er nicht so hingehen lassen. Er antwortete also dem Dekan mit einem Brief, der ein starkes internationales Echo fand; die Zeitungen vieler Länder druckten ihn ab. Diesen Brief bezeichnete Mann als persönliches Bekenntnis, und den Dekan, dessen Namen er bis dahin gar nicht gekannt hatte, ersuchte er, er möge sich nur als zufälligen Adressaten betrachten. Er wandte sich nicht so sehr an ihn als an die Deutschen und an die öffentliche Meinung der Welt.

»In diesen vier Jahren eines Exils«, schrieb er, »das freiwillig zu nennen wohl eine Beschönigung wäre, da ich, in Deutschland verblieben oder dorthin zurückgekehrt, wahrscheinlich nicht mehr am Leben wäre, hat die sonderbare Schicksalsirrtümlichkeit meiner Lage nicht aufgehört, mir Gedanken zu machen. Ich habe es mir nicht träumen lassen, es ist mir nicht an der Wiege gesungen worden, daß ich meine höheren Tage als Emigrant, zu Hause enteignet und verfemt, in tief notwendigem politischen Protest verbringen würde. Seit ich ins geistige Leben eintrat, habe ich mich in glücklichem Einvernehmen mit den seelischen Anlagen meiner Nation, in ihren geistigen Traditionen sicher geborgen gefühlt. Ich bin weit eher zum Repräsentanten geboren als zum Märtyrer, weit eher dazu, ein wenig höhere Heiterkeit in die Welt zu tragen, als den Kampf, den Haß zu nähren. Höchst Falsches mußte geschehen, damit sich mein Leben so falsch, so unnatürlich gestaltete. Ich suchte es aufzuhalten nach meinen schwachen Kräften, dies grauenhaft Falsche, – und dadurch bereitete ich mir das Los, das ich nun lernen muß, mit meiner ihm eigentlich fremden Natur zu vereinigen.«[27]

Der Dichter charakterisierte im weiteren jene Leute, die darüber entschieden hatten, daß er nun nicht mehr Deutscher sei: »Der einfache Gedanke daran, wer die Menschen sind, denen die erbärmlich-äußerliche Zufallsmacht gegeben ist, mir mein Deutschtum abzusprechen, reicht hin, diesen Akt in seiner ganzen Lächerlichkeit erscheinen zu lassen. Das Reich, Deutschland soll ich beschimpft haben, indem ich mich gegen *Sie* bekannte! Sie haben die unglaubwürdige Kühnheit, sich mit Deutschland zu verwechseln! Wo doch vielleicht der Augenblick nicht fern ist, da dem deutschen Volke das Letzte daran gelegen sein wird, nicht mit Ihnen verwechselt zu werden.

Wohin haben Sie, in noch nicht vier Jahren, Deutschland gebracht? Ruiniert, seelisch und physisch ausgesogen von einer Kriegsaufrüstung, mit der es die ganze Welt bedroht, die ganze Welt aufhält und an der Erfüllung ihrer eigentlichen Aufgaben, ungeheurer und dringender Aufgaben *des Friedens*, hindert.«[28]

Der Brief schloß mit den Worten: »Ich habe wahrhaftig vergessen, Herr Dekan, daß ich noch immer zu Ihnen spreche. Gewiß darf ich mich getrösten, daß Sie schon längst nicht mehr weitergelesen haben, entsetzt von einer Sprache, deren man in Deutschland seit Jahren entwöhnt ist, voll Schrecken, daß jemand sich erdreistet, das deutsche Wort in alter Freiheit zu führen. – Ach, nicht aus dreister Überheblichkeit habe ich gesprochen, sondern aus einer Sorge und Qual, von welcher Ihre Machtergreifer mich nicht entbinden konnten, als sie verfügten, ich sei kein Deutscher mehr; einer Seelen- und Gedankennot, von der seit vier Jahren nicht eine Stunde meines Lebens frei gewesen ist und gegen die ich meine künstlerische Arbeit tagtäglich durchzusetzen hatte. Die Drangsal ist groß. Und wie wohl auch ein Mensch, der aus religiöser Schamhaftigkeit den obersten Namen gemeinhin nur schwer über die Lippen oder gar aus der Feder bringt, in Augenblicken tiefer Erschütterung ihn dennoch um letzten Ausdrucks willen nicht entbehren mag, so lassen Sie mich – da alles doch nicht zu sagen ist – diese Erwiderung mit dem Stoßgebet schließen: Gott helfe unserm verdüsterten und mißbrauchten Lande und lehre es, seinen Frieden zu machen mit der Welt und mit sich selbst!«[29]

Der Brief an den Dekan der philosophischen Fakultät in Bonn hinterließ tiefen Eindruck nicht nur in den Kreisen der Emigration, sondern auch in Deutschland, wo er als Broschüre illegal gedruckt und verbreitet wurde, mit einem irreführenden Titel versehen: *Briefe deutscher Klassiker. Wege zum Wissen.* Im Ausland druckten den Brief alle großen Zeitungen ab und versahen ihn mit entsprechenden Kommentaren. Thomas Mann wurde damit zum Botschafter des freien Deutschland und gleichzeitig zum Objekt heftiger Angriffe im Dritten Reich. Aus vielen Metropolen kamen Einladungen, von überall trafen zustimmende Briefe ein.

Der Dichter war jedoch nicht nur Fürsprecher des Geistes der deutschen Emigration, sondern auch ihr *Helfer*, manchmal die letzte Zuflucht der Flüchtlinge. In den folgenden Jahren tat er, was er nur konnte, um verzweifelten Emigranten in ihren Nöten beizustehen, und er konnte durch seine persönliche Bekanntschaft mit vielen Schriftstellern, Politikern und Staatsmännern im Ausland, seinen guten Verbindungen in verschiedenen Ländern und seiner materiell relativ unabhängigen Position mehr tun als andere. Seine Korrespondenz aus den Jahren 1936 bis 1945 bezeugt, daß er sich oft um Visa, Ausreisedokumente und Geldmittel für seine Landsleute im Ausland bemühte und noch öfter in die eigene Tasche griff. »Unser Haus ist zu einem Rettungsbureau für Gefährdete, um Hilfe Rufende, Untergehende geworden«,[30] schrieb er 1940 an Alexander M. Frey, und er selbst war, wie Ludwig Marcuse in seinem Erinnerungsbuch sagt, »Kaiser aller deutschen Emigranten« und »Schutzherr des Stamms der Schriftsteller«.[31]

Zu Beginn des Jahres 1937 begab sich Thomas Mann auf eine mehrtägige Vortragsreise nach Prag, Budapest und Wien. In allen drei Hauptstädten wurde er sehr freundlich aufgenommen. Einen besonders begeisterten Empfang bereiteten ihm die Zuhörer in Prag, denen er sich in einer kurzen Begrüßungsansprache vor der Vorlesung als ihr neuer Mitbürger vorstellte.

Bald danach begann er über eine neue Emigrationszeitschrift zu verhandeln. Als Herausgeber sollten Thomas Mann und der Schweizer Schriftsteller Konrad Falke fungieren, als Chefredakteur stellte sich Lion Feuchtwanger zur Verfügung, Druck und Administration übernahm Emil Oprecht, der Schweizer Verleger und Buchhändler, Besitzer des antifaschistischen Europa-Verlages in Zürich. »Eine reiche und literaturfreundliche Dame«, schrieb Mann an Hesse, »die übrigens ganz im Hintergrund zu bleiben wünscht, hat die nötigen Mittel bereitgestellt . . .«[32] Die anonyme Geldgeberin war Frau Aline Mayrisch de St-Hubert, Witwe eines luxemburgischen Stahlmagnaten. Die letzte Entscheidung fiel Ende Februar. Die Zeitschrift sollte *Maß und Wert* heißen und zweimonatlich erscheinen. »Der Name«, lesen wir in dem erwähnten

Brief an Hesse, »sagt Einiges über den Geist, in dem die Zeitschrift geführt werden soll, den Sinn und die Haltung, die wir zu geben versuchen werden. Sie soll nicht polemisch, sondern aufbauend produktiv, zugleich wiederherstellend und zukunftsfreundlich zu wirken suchen und darauf angelegt sein, Vertrauen und Autorität zu gewinnen als Refugium der höchsten zeitgenössischen deutschen Kultur für die Dauer des innerdeutschen Interregnums. Die Wünschbarkeit, ja Notwendigkeit eines solchen Organes deutschen Geistes außerhalb des Reiches ist wohl unbestreitbar und wird allgemein lebhaft empfunden. Ich muß sagen, ich freue mich über den Beschluß, freue mich auf das, was da werden kann, und bin mit meinem Herzen und meinen Gedanken bei der Sache.«[33]

Die Vorbereitungen für die Herausgabe der Zeitschrift zogen sich bis zum Herbst hin, doch wurden sie bereits ohne die Mitwirkung Thomas Manns durchgeführt, da er, zum drittenmal, eine Reise in die Vereinigten Staaten unternahm, auf Einladung der ›New School for Social Research‹ in New York. Diesmal reiste er auf der ›Normandie‹, die Le Havre am 6. April verließ und eine Woche später die amerikanische Küste anlief. Im Verlauf seines amerikanischen Aufenthaltes knüpfte Mann einige Bekanntschaften an. Zwei von ihnen sollten später eine besonders große Rolle spielen: Joseph Angell, »lecturer« an der Yale University und später Historiker, mit dem er den Plan zur Gründung eines Thomas-Mann-Archivs in Yale besprach, der Politiker, Philanthrop und Herausgeber der *Washington Post*, Eugene Meyer, und dessen Frau Agnes E. Meyer, die sich schriftstellerisch bestätigte. Die Bekanntschaft mit dem Ehepaar Meyer war der Beginn einer langjährigen Freundschaft und einer Korrespondenz mit Frau Agnes. Bei dieser Gelegenheit muß auch an die Anknüpfung der freundschaftlichen Beziehung zu Frau Caroline Newton erinnert werden, Psychoanalytikerin und Verehrerin Manns, mit der er dann ebenfalls lange Zeit in Briefwechsel stand.

Ende April war Thomas Mann wieder in Küsnacht. »Der Kontakt mit Amerika«, schrieb er an Kerényi, »wo ich viele Freunde habe, ist enger geschlossen. Wir gehen ernstlich mit dem Gedanken um, dort einen Teil des Jahres zu verbringen. Meiner seelischen Freiheit und Heiterkeit wäre eine solche Distanzierung von Europa unendlich zuträglich.«[34] Inzwischen gingen die Vorbereitungen zur Herausgabe der neuen Zeitschrift weiter, und endlich, im September, erschien das erste Heft. Im Vorwort sprach Thomas Mann über die Einheit von Tradition und Gegenwart, über die humanistische

Berufung der Literatur und den Zusammenhang zwischen Kunst und Moral, wobei er betonte, daß es notwendig sei, die Freiheit zu verteidigen. »Wir haben unsere Bundesgenossen und Gesinnungsverwandten in allen Ländern und Erdteilen, das wissen wir. Wenn wir unser Unternehmen von einer deutschen Plattform aus anheben, so geschieht es, um dem deutschen Geist, dessen heute in seiner Heimat von unberufenen Wortführern verleugnete Tradition eine unveräußerlich europäische und humane ist, eine Stätte zu schaffen, wo er frei und rückhaltlos dieser seiner wahrhaften Tradition nachleben und in Gemeinschaft mit den Brüdern anderer Nationen zum Wort und zum Werk gelangen mag.«[35]

In *Maß und Wert* erschienen Arbeiten von Thomas Mann, García Lorca, Broch, Silone, Hesse, Musil, Annette Kolb und anderen. Mitarbeiter der Zeitschrift waren Jean-Paul Sartre, Heinz Politzer, Julius Lips, Karl Mannheim. Die Zeitschrift, stets unter Geldmangel leidend, hatte kein leichtes Leben. Anfangs stand sie unter der Leitung Lion Feuchtwangers, dann unter der von Golo Mann, und sie lebte bis November 1940.

Sorge bereitete auch das Mißgeschick der deutschen Flüchtlinge, das sich von Jahr zu Jahr verschlimmerte. In den ersten Jahren konnte man noch legal aus Deutschland ausreisen, doch die Hitlerbehörden gestatteten den Emigranten nur, die notwendigsten Dinge mit sich zu nehmen, so daß die meisten Not litten. Von 1933 bis zum Anschluß Österreichs hielten sich die Flüchtlinge zumeist in den Nachbarländern Deutschlands auf, in Österreich, in der Tschechoslowakei, in der Schweiz, in Frankreich, Belgien und Holland, manche in Polen. Ein kleiner Teil ging nach England oder weiter in die Vereinigten Staaten oder nach Lateinamerika; die kommunistischen Schriftsteller hauptsächlich in die Sowjetunion.

Materielle Sorgen und später Hindernisse seitens der lokalen Behörden erschwerten das Leben der Emigranten im Westen, und so hatte Mann auch hier alle Hände voll zu tun. Im Herbst 1937 kamen beunruhigende Nachrichten aus der Tschechoslowakei, wo man die deutschen Flüchtlinge aus den großen Städten, wie Prag, Preßburg, Brünn, in kleinere Ortschaften übersiedeln wollte. Im September wandte sich Mann um Hilfe an Karel Čapek. »Sie müssen nicht glauben«, versicherte er, »daß ich die Kompliziertheit der Frage unterschätze und einseitig urteile. Es fehlt mir keineswegs an Verständnis für die Gründe, die solche Maßregeln veranlassen. Auf der anderen Seite aber werden Sie verstehen, daß mir nicht nur das Schicksal meiner schwer getroffenen, von ihrer verabscheuenswerten heimatlichen Regierung ausgestoßenen und verfolgten Landsleute nahe geht, sondern daß es mir auch schmerzlich wäre, wenn der Staat, dem ich jetzt angehöre und dessen vorbildlich demokratischer Geist mich immer mit Stolz erfüllt hat, wenn das Land, an dessen Spitze der große Emigrant Masaryk stand und heute der einstige Emigrant Beneš steht, gerade auf diesem Gebiet eine Härte zeigte, die bei aller gebotenen Vorsicht wohl kaum ein anderes bis jetzt noch für nötig gehalten hat.«[36] Später gab es immer mehr solcher Sorgen und auch Anlässe für Bitten, Interventionen und Mühen, die ihn viel Zeit und Energie kosteten.

Neben den Ereignissen in Deutschland, wo der Terror wütete, beunruhigten auch die Nachrichten aus Spanien, wo seit mehr als einem Jahr der Bürgerkrieg tobte. Thomas Mann war auf der Seite der Republikaner und verurteilte besonders scharf die Einmischung und die Hilfe, die das Dritte Reich den Truppen General Francos leistete. »Ein niedergehaltenes, im überlebtesten, rückständigsten Stile ausgebeutetes Volk«, protestierte er 1937 im Artikel *Spanien*, »trachtet nach einem helleren, menschenwürdigeren Dasein, nach einer sozialen Ordnung, mit der es besser als bisher vor dem Angesicht der Gesittung zu bestehen gedenkt. Freiheit und Fortschritt sind dort noch keine von philosophischer Ironie und Skepsis zersetzten Begriffe; sie sind für das Volk höchste, erstrebenswerteste Lebensgüter, Bedingungen der nationalen Ehre.«[37]

Gegen Jahresende unterbrach Thomas Mann seine Arbeit an *Lotte in Weimar*, derentwegen er für längere Zeit die biblische Tetralogie vernachlässigt hatte, und begann einen Vortrag *Vom zukünftigen Sieg der Demokratie* für eine Frühlingstournee durch die Vereinigten Staaten und eine Rede für die Universität Yale vorzubereiten. Zur *Lotte* kehrte er erst nach Weihnachten zurück. »Die augenblickliche Zwischenzeit«, schrieb er an Alfred Neumann, »benutzte ich, um ›Lotten‹ rasch und diebisch noch ein Stückchen vorwärts zu bringen. Es tut mir wohl, daß die erschienenen Stücke Sie interessiert haben. Das Riemer-Gespräch ist natürlich ein centrales, wohl gar das centrale Kapitel, obgleich mit dem Auftreten des Alten selbst noch allerlei Merkwürdiges kommen muß. Ich bin jetzt bei einer Szene zwischen Lotte und dem jungen August, dem Sohn der Mamsell. Einen gewissen Neuigkeitsreiz, irgendetwas Aufregendes und Einmaliges soll die Sache schon wieder haben, und zum Mindesten verwirkliche ich mir einen alten Traum: den, Goethe einmal persönlich wandeln zu lassen. Er stammt schon aus der Zeit des ›Tod in Venedig‹, wo ich es noch nicht wagte.«[38]

Der vierte Aufenthalt in den Vereinigten Staaten dauerte fast fünf Monate, von Februar bis Anfang Juli 1938. Die Reise kam auf Anregung des New-Yorker literarischen Agenten Harold Peat zustande: Thomas Mann sollte seinen Vortrag *Vom zukünftigen Sieg der Demokratie* in fünfzehn Städten halten. Am vierten Tag nach seiner Ankunft in Amerika stand der Dichter auf dem Podium in der Aula der Yale-Universität, um die feierliche Eröffnung des Thomas-Mann-Archivs einzuleiten. »Eine amerikanische Universität«, dankte er den Initiatoren dieser Idee, »die erste neben der von Harvard, richtet ein Archiv, eine Bibliothek ein, worin die Arbeiten meiner Einsamkeit, wie sie in deutschen Drucken und Übersetzungen, als Manuskripte, Brouillons, Entwürfe, Briefe und Studien vorliegen, auch kritische Auslassungen von Zeitgenossen über meine Versuche, übersichtlich zusammengetragen und angeordnet werden, um Freunden der Literatur Einblick in eine geistige Werkstatt unserer Zeit und namentlich der studierenden Jugend die Übersicht über ein Leben zu gewähren, dem der Drang eingeboren war, sich in Wort, Bild, Gedanken zu befestigen, der Vergänglichkeit das Beständige, dem Chaos die Form abzugewinnen und die Erscheinung durchsichtig zu machen für das, was nach Goethe ›des Lebens Leben‹ ist, für den Geist.«[39]

Die Vortragsreise begann in den ersten Märztagen 1938. Die Route führte Mann über Chikago, New York, Philadelphia, Oklahoma nach San Francisco. Der Vortrag über den kommenden Sieg der Demokratie war, wie die im darauffolgenden Jahre gehaltene Vorlesung *Dieser Friede*, ein Aufruf, sich die Gefahr des Faschismus bewußt zu machen und eine aktive, mit exekutiver Gewalt ausgestattete Demokratie zu schaffen, die die Freiheit gegen die Unterdrückung zu verteidigen vermochte. Thomas Mann gab zu verstehen, daß die Westmächte den Faschismus zu nachsichtig behandelten und ihn sogar unterstützten, um der Gefahr zu entgehen, der nach ihrer Meinung Europa vom Kommunismus her drohe. Er betonte, daß er kein Anhänger der kommunistischen Doktrin sei, doch gleichzeitig gab er seiner Überzeugung Ausdruck, die Auffassung westlicher Regierungen sei ein Manöver, die Welt sei hauptsächlich vom Faschismus bedroht, der eine tödliche Gefahr für die Kultur und den Frieden darstelle. »Der Liberalismus«, behauptete er, »ist der Freiheit ausgetrieben worden – mit Skorpionen hat man ihn ihr ausgetrieben. Sie hat gelernt, Humanität wird nicht länger eine Duldsamkeit bedeuten, die sich auf alles erstreckt – auch auf die Entschlossenheit, der Humanität den Garaus zu machen. Aug'

Heinrich und Thomas Mann,
Berlin 1927.

Katja Mann mit den Kindern
Monika, Golo, Michael, Klaus, Elisabeth und Erika.

in Auge mit dem Fanatismus selbst ist eine Freiheit, die aus lauter Güte und humaner Skepsis nicht mehr an sich selber glaubt, verloren. Nicht eine Humanität der Schwäche und der selbstbezweifelten Duldsamkeit ist es, die heute der Freiheit not tut – damit nimmt sie sich erbärmlich und gottverlassen aus angesichts eines Gewaltglaubens, der von keines Gedankens Blässe im mindesten angekränkelt ist. Was not tut, ist eine Humanität des Willens und der kämpferischen Entschlossenheit zu Selbsterhaltung.«[40]

In Kalifornien hielt sich Thomas Mann etwa einen Monat lang auf, hauptsächlich in Beverly Hills, wo er die *Tagebuchblätter* schrieb, die erst im Jahre 1953 unter dem Titel *Bruder Hitler* (im Band *Altes und Neues*) erschienen – es waren Betrachtungen über den Verlust des Vaterlandes und eine ironische Charakteristik Hitlers. Aus Kalifornien kehrte er nach New York zurück, wo er knappe drei Wochen blieb. Hier trug ihm der Präsident der Universität Princeton, Harold W. Dodds, eine Gastprofessur an. Da sich Mann seit einiger Zeit mit dem Gedanken der Übersiedlung nach den USA trug, kam ihm dieser Vorschlag gelegen, um so mehr, als sich nun die beunruhigenden Nachrichten aus Europa häuften.

Im März marschierte die Deutsche Wehrmacht in Österreich ein, und die kleine Republik wurde zu einer Provinz des Hitlerreiches. Mit den Erfolgen wuchs der Appetit der Eroberer. Nach reiflicher Überlegung verständigte Mann am 27. Mai Dodds brieflich, daß er seinen Vorschlag annehme. Die Vorlesungen würden ihn, wie er einsah, nicht besonders in Anspruch nehmen. Princeton, eine kleine Stadt »mit dem Vorzug der Ländlichkeit« und guter Verbindung nach New York, sicherte günstige Arbeitsbedingungen. In einem Brief nach Europa, in dem er seine Entscheidung mitteilte, schrieb er: »Ich löse meinen Schweizer Haushalt auf und will meinen Wohnsitz in einer Universitätsstadt des amerikanischen Ostens nehmen. Ich habe mich also, nicht mehr jung, bei möglichster Aufrechterhaltung meiner geistigen Arbeit, in ganz neue Verhältnisse hineinzufinden und das bedeutet keine geringe Anforderung an meine Spannkraft.«[41]

Ausführlicher begründete er seinen Entschluß in einem Brief an Erich Kahler. Er habe sich überzeugt, erklärte Mann, daß ihm die amerikanische Öffentlichkeit Sympathie und Freundschaft entgegenbringe, und er hege auch die Hoffnung, hier eine Atmosphäre der Wohlgesinntheit zu finden, die ihm in Europa vollkommen gefehlt habe. Er sei auch sicher, daß früher oder später viele Intellektuelle nach Amerika auswandern und daß deutsche Emigrationsverlage hierher übersiedeln würden, was für ihn nicht geringe Bedeutung haben würde. »Kurzum«, folgerte er, »mir scheint, mein Platz ist jetzt hier. Daß man sehr möglicher Weise dem Krieg entgeht, indem man Europa jetzt meidet, ist erst ein Gedanke zweiter Ordnung. Ich kann mit meiner Vernunft nicht an den Krieg glauben. Niemand will ihn und kann ihn wollen wegen der unabsehbaren Folgen. Aber ist es nicht dieselbe Vernunft, die einem sagt, daß gar nichts anderes als der Krieg das Ergebnis von dem sein kann, was Europa braut?«[42]

Die letzten zwei Wochen vor der Abreise nach Europa, wohin er nur mehr zurückkehrte, um die Übersiedlung vorzubereiten, verbrachte Thomas Mann in dem einsamen Haus in Jamestown auf Rhode Island als Gast von Caroline Newton. Dort beendete er sein Essay über Schopenhauer, das er vor seinem Besuch in Amerika begonnen hatte, und kehrte zu *Lotte in Weimar* zurück. Von Jamestown aus unternahm er auch einige Ausflüge nach Princeton, um sich nach einem geeigneten Haus umzusehen. Ende Juni reiste er auf der ›Washington‹ mit seiner Frau nach Europa ab. Das Schönwetter erlaubte es dem Ehepaar, sich auszuruhen, erst in der Irischen See brach ein heftiges Unwetter aus, das die Landung des Schiffes verzögerte. Am 11. Juli war der Dichter wieder in Küsnacht, wo er sofort mit der Vorbereitung seiner Vorlesungen für Princeton und der Arbeit an einigen Kapiteln des biblischen Romans begann.

In dieser Zeit begaben sich Erika und Klaus als Presseberichterstatter nach Spanien, wo sie sich in Madrid, Barcelona und Valencia aufhielten. Nach ihrer Rückkehr schrieb Thomas Mann an den Journalisten Bolko von Hahn: »Glauben Sie mir, die Anstiftung und Hinfristung dieses Bürgerkrieges ist eines der größten Verbrechen der Geschichte. Wenn Sie dort kämpften – welcher Unsinn wäre es, wenn Sie es nicht auf der Seite des Volkes täten, das seit zwei Jahren seine Freiheit mit solchem Löwenmut verteidigt! Meine ältesten Kinder kommen eben dorther. Sie sind voller Bewunderung für die Kampf-Moral der republikanischen Truppen, die derjenigen der anderen, soviel besser ausgestatteten Seite bei Weitem überlegen sei, – und überrascht von ihrer eigenen Furchtlosigkeit im Schützengraben und bei den mitgemachten Bombardements. Sie erklären sie sich aus der unbeschreiblichen Genugtuung, die man darüber empfindet, an der einzigen Stelle zu sein, wo auf den niederträchtigen Weltverderb, der Faschismus heißt, *geschossen* wird.«[43]

Der Monat August war den Vorbereitungen für die weite Reise und dem Abschied gewidmet. Von den Zürichern verabschiedete sich Mann bei einer Feier im Schauspielhaus, wo er Fragmente aus *Lotte in Weimar* las. Am nächsten Tag verließ er schweren Herzens die Schweiz, die ihm mehrere Jahre Zuflucht und Gastfreundschaft geboten hatte.

Zuerst begab sich Mann nach Paris, wo er sich nur kurze Zeit aufhielt, und am 17. August ging es nach Boulogne, wo der Dampfer ›Nieuw Amsterdam‹ bestiegen wurde. In den Tagen der Abreise zogen sich schwarze Wolken über Europa zusammen. Das Dritte Reich, durch die bisherigen Erfolge und die ihm gewährte Straflosigkeit ermutigt, bereitete sich auf neue Abenteuer vor. Die politische Spannung wuchs rapid. Großbritanniens Premierminister Chamberlain begab sich nach Berchtesgaden, um Hitlers Zorn zu beschwichtigen. Er richtete wenig aus.

In Princeton

Die ersten Tage in den Vereinigten Staaten waren nicht geruhsam. Die Politik, gegen die sich Mann vergeblich wehrte, forderte wieder ihr Recht. Die Tschechoslowakei, die ihm die Staatsbürgerschaft verliehen und so viel Gunst erwiesen hatte, befand sich in tödlicher Gefahr. Das Schiff fuhr im New-Yorker Hafen am 25. September 1938 ein, und bereits am nächsten Tag hielt der Dichter auf einer Massenkundgebung im Madison Square Garden eine Rede, die vom ›Komitee zur Rettung der Tschechoslowakei‹ einberufen worden war. »Gestern kam ich mit einem Dampfer aus Europa an«, wandte er sich an die vieltausendköpfige Menge, »der mit Amerikanern und Bürgern anderer Länder überfüllt war. Während 48 Stunden waren diese Menschen in einem Zustand tiefster geistiger Niedergeschlagenheit. Sie erklärten, sie könnten weder essen noch schlafen, wenn sie sich die aus Europa erhaltenen Nachrichten überlegten.«[1]

Zwei Tage später übersiedelte die Familie Mann in ihre neue Wohnung in Princeton. Es war eine Villa, die irgendein Engländer vermietete, groß und bequem. »Das neue Heim war ziemlich alt«, lesen wir in Klaus Manns Tagebuch, »eine bejahrte Villa von stattlichen Dimensionen: viel geräumiger als die gerade aufgegebene Häuslichkeit am Zürichsee. Der ›living room‹ zu ebener Erde, mit Glastüren zum Garten, glich beinah einem Saal: man hätte Feste darin geben können.«[2]

Auf Monika machte das Haus einen eher romantischen Eindruck: »Mein Vater hatte damals eine ›Ehrenprofessur‹ an der Universität Princeton, New Jersey, und wohnte in einem Hause, das, als ich es später kennenlernte, mich ein wenig an ein Geisterschloß gemahnte, mit seinem verwachsenen Garten, den verwitterten Mauern, knarrenden Treppen und großen, steillehnigen roten Damaststühlen in dämmrigen Sälen, die eigentlich von einem makabren Lakai hätten bewacht werden müssen. Statt dessen gab es den schokoladenfarbenen John in der weißen Jacke, der mit einem freundlich-blitzenden Grinsen dem Mister und der Missis Män seine

Dienste anzutragen wußte. Manchmal fehlte John beim Servieren, weil er zu Bett lag und ›disgusted‹ war, wie seine Frau uns belehrte, die im übrigen die Küche versah.«[3]

Dem Dichter aber entsprachen Princeton und die Villa auf das beste. Die Stadt war eine Wegstunde von New York entfernt, und nicht viel länger fuhr man von dort mit dem Zug nach Philadelphia. »Die Landschaft«, schrieb Mann in einem Brief an Kahler, »ist parkartig, zum Spazieren wohl geeignet, mit erstaunlich schönen Bäumen, die jetzt, im *Indian summer*, in den prachtvollsten Farben glühen. Nachts hört man freilich die Blätter schon wie Regen rieseln, aber der heitere Herbst soll sich oft bis gegen Weihnachten hinziehen, und der Winter ist kurz. «[4] Der Schreibtisch, aus München mitgenommen, stand bereits im Arbeitszimmer, und Mann konnte ungestört seine Arbeit an *Lotte in Weimar* aufnehmen, um so mehr, als die Vorlesungen an der Universität ihn wenig Zeit kosteten. Das Jahresprogramm Manns umfaßte vier bis fünf Themen: über Faust, über Goethes Lebenswerk, über Schopenhauer, Wagner und Freud; darüber hinaus war eine Vorlesung über den *Zauberberg* vorgesehen. Wenn Mann um neue Anweisungen bat, mahnte man ihn stets, sich nicht zu überanstrengen und seine Gesundheit nicht zu ruinieren.

Das Haus füllte sich bald mit Gästen, und gegen Abend ging es ziemlich hoch her im enorm großen Salon. Es kam der Arzt und Schriftsteller Martin Gumpert, dessen Züge Mai-Sachme im letzten Band des biblischen Romans trägt, häufig erschienen auch Erikas Gatte, Wystan H. Auden, Hermann Broch, Erich Kahler. Auch Albert Einstein, der ebenfalls in Princeton wohnte, war öfters da. »So blieb denn also die Kontinuität gewahrt«, schreibt Klaus Mann, »auch in diesem Jahr des bangen Wartens. Das Leben ging weiter und mit ihm das Vater-Werk. Diesmal führte er uns nicht in mythisch-ferne Landschaft (der vorletzte Band der ›Joseph‹-Tetralogie war abgeschlossen, der letzte noch nicht begonnen); die neuerdings entstehende, sich geduldig weiterspinnende Geschichte spielte in relativ vertrauter Sphäre. Weimar, das kannt man; in einer Zeit, die nun freilich auch schon mythisch-ferne schien, hatte man sich wohl gelegentlich dort aufgehalten. Und wenn das hochberühmte Musenstädtchen auch zur Zeit ins Unbetretbare und Unvorstellbare entrückt sein mochte, so fühlte man sich doch immer noch recht zu Hause, in seiner traulich-erhabenen Vergangenheit. Ja, es fiel gar nicht schwer, das Haus am Frauenplan, die opulenten Gesellschaftsräume sowohl als auch die kargen Schlaf- und Arbeitsstuben mit größter Genauigkeit zu imaginieren: auf die sonore Erzähler-Stimme war Verlaß, sie ließ nichts aus, jedes Detail wurde gewissenhaft hervorgehoben.«[5]

Die Abende, an denen Mann Fragmente aus *Lotte in Weimar* vorlas, gehörten zu den schönsten in dem großen alten Haus in Princeton und vereinigten die ganze Familie und die Bekannten im Salon. »Ich erinnere mich des Weihnachtsabends (Weihnachten 1938! das Christfest des Wartejahres!)«, verzeichnet Klaus Mann, »an dem der Vater uns Teile aus dem siebenten Kapitel der ›*Lotte in Weimar*‹ las. Welch sonderbarer Klang erfüllte da unseren etwas gar zu großen, gar zu pompösen, ›livingroom‹ in Princeton, New Jersey! Welch geisterhafte Wort-Musik! Welch magisches Geraune! Goethe sprach. Goethe träumte, sinnierte, meditierte. Er saß vor uns, ward uns gegenwärtig, im heilig-nüchternen Licht der Morgenstunde. Sein Arbeitstag begann, einer seiner sehr vielen, fast unzähligen, gesegneten und schweren Arbeitstage. Es kamen der Barbier, der Sohn, der Kammerdiener; er redete zu ihnen; wir hörten, was er sagte, geisterhafter Laut! Er blieb allein; wir durften ihn belauschen; magische Indiskretion enthüllte sein Geheimnis. Goethe vertraute uns seine Sorgen an, auch seine Ahnungen, Fragmente seiner Weisheit, etwas von seinem Glück. Seltsame Konfession unterm Lichterbaum! Wir naschten amerikanisches Gebäck, eine heimatlose Familie in fremdem Land, das Heimat werden sollte, und der Genius der verlorenen Heimat, der deutsche Mythos sprach ...«[6]

Vom ersten Tag an wurde das Mannsche Haus in Princeton gewissermaßen zum geistigen Mittelpunkt der deutschen Emigration in den Vereinigten Staaten. In der alten Villa versammelten sich deutsche und österreichische Emigranten, man sprach von der nahen Vergangenheit und den Möglichkeiten des weiteren Ausharrens. Hier wurde über Hilfsmittel für Flüchtlinge beraten, die sich ständig an Thomas Mann um Rat, finanzielle Unterstützung, ein freundliches Wort und Hilfe zur Erlangung der Einreisebewilligung in die Staaten wandten. Und wenn in diesem Hause Ordnung herrschte, wenn es Wärme und Freundlichkeit ausstrahlte, wenn der Dichter hier ungestört arbeiten konnte, so war dies in hohem Maße das Verdienst von Frau Katja, was Freunde, Bekannte, Verwandte dankbar bestätigten.

»Lebensgefährtin eines schwierig-schöpferischen Mannes«, zeichnet Klaus ihr Porträt aus jener Zeit, »Mutter von sechs Kindern, die ihrerseits nicht gar so einfach sind, wieviel praktisch-tätige

Anteilnahme, wieviel Rat und Trost, wieviel Nachsicht wird von ihr erwartet! Ihre Pflichten sind ohne Zahl; zahllos die Opfer, die sie bringen muß. Pflichten und Opfer scheinen ihr selbstverständlich: ›Dafür bin ich da!‹ Sie scherzt auch noch, während sie Wunder tut. Sie, die ihr Amt so ernst nimmt, vermeidet die feierlichen Mienen und Gebärden; denn Heiterkeit gehört zu ihrem Amt. Nur für andere da, denkt sie kaum an sich selber: ›Wozu auch? Ich bin nicht so wichtig ...‹ Kein zweites Mitglied der Familie ist so anspruchslos. Und doch gäbe es diese Familie nicht ohne diese Frau und diese Mutter. Was wäre aus uns geworden, was würde aus dem schwierig-schöpferischen Mann und den sechs nicht ganz einfachen Kindern, wenn unermüdliche Liebesenergie den kleinen Kreis nicht hütete und wärmte?«[7]

Eines der Hauptthemen der Gespräche im Hause Mann war damals die Tschechoslowakei, deren Zukunftsaussichten äußerst beunruhigend waren. Die Wirklichkeit übertraf die schlimmsten Erwartungen. Ende September unterzeichneten Hitler, Mussolini, Chamberlain und Daladier das Münchner Abkommen, das das Schicksal der Tschechoslowakei besiegelte. Das Land wurde zur Rolle eines stummen Opfers degradiert – die Signatarmächte des Abkommens verhandelten ohne es und fragten nicht nach seiner Meinung. Die Tschechoslowakei verlor an Deutschland das Sudetengebiet und wurde Hitlers Gnade preisgegeben, der feierlich erklärte, dies sei seine letzte territoriale Forderung – und drei Wochen später gab er den geheimen Befehl aus, den verbliebenen Teil der Tschechoslowakei zu besetzen. Erschüttert von dieser brutalen Willkür schrieb Mann an Kahler von dem schmutzigen Stück, »das all die Zeit gespielt worden und dessen Höhepunkt die Übertragung der Hitler'schen Kriegserpressung durch die ›demokratischen‹ Regierungen auf ihre eigenen Völker war ...«[8]

Zwei Monate vergingen, ehe Mann zur *Lotte* zurückkehren konnte, von der er sich unter dem Druck dringender Angelegenheiten so ungern losgerissen hatte. »Erst jetzt eigentlich habe ich mich in die Arbeit an ›Lotte‹ wieder hineingefunden«, teilte er Bermann-Fischer im Dezember 1938 mit, »und betreibe sie jeden Vormittag, soweit die Anforderungen, die dieses Land in seinem naiven Eifer an mich stellt, es erlauben.«[9] Damals plagte er sich gerade mit dem schwierigsten, dem siebenten Kapitel, mit Goethes innerem Monolog, der sich über fast achtzig Seiten hinzog. »Das siebente Kapitel«, schrieb er an Ferdinand Lion, »bringt noch nicht das Mittagessen beim Alten, spielt aber doch schon bei ihm, eigentlich in ihm. Er ist schon da, aber nicht von außen, sondern ausschließlich von innen: Das Kapitel, das wohl so lang wird wie das vorige, gibt assoziativ die Gedanken, die ihm an dem Morgen durch den Kopf gehen, an dem er dann durch Lottes Billet aus dem ›Elephanten‹ überrascht wird. Ein Wagnis natürlich, technisch – und überhaupt. Aber Kahler war von den ersten 25 Seiten, die ich neulich vorlas, so weit beeindruckt, daß er sich zu dem Wort ›großartig‹ verstieg. Es liege am Gegenstand, sagte ich; wenn man sich darauf einlasse, gerate man unwillkürlich ins Großartige. Er lachte über das ›geraten‹, und doch ist es das rechte Wort. Ich schreibe sehr langsam an dem Kapitel und genieße die Intimität, um nicht zu sagen, die unio mystica, unbeschreiblich.«[10]

Das Jahr 1939 begann mit einer gewaltigen Flüchtlingswelle. Leider war Thomas Manns Bruder Heinrich, der mit Ungeduld erwartet wurde, nicht unter ihnen. Plötzlich kam statt seiner der Roman über Heinrich IV., der beste deutsche historische Roman, der in der Emigration entstanden ist. Beide Bände sind Ende Januar mit der Post in Princeton eingetroffen. »Dein Roman«, schrieb der Bruder an Heinrich, »ist vor ein paar Tagen endlich gekommen, – ich kann wohl sagen: ich lese Tag und Nacht darin, tags in jeder freien halben Stunde und abends in der Stille, bevor ich das Licht lösche, was unter diesen Umständen spät geschieht. Das Gefühl festlich erregender Außerordentlichkeit verläßt einen nie bei dieser Lektüre, das Gefühl, es mit dem Besten, Stolzesten, Geistigsten zu tun zu haben, das die Epoche zu bieten hat. Man wird sich gewiß einmal wundern, wie sie in all ihrer Erniedrigung doch dergleichen hervorbringen konnte – zum Zeichen, daß es mit all ihrem zur Schau gestellten Schwachsinn und ihrem Verbrechen nicht soviel auf sich hat und der Menschengeist unterdessen seinen Weg weiter geht und seine Werke schafft, im Grunde ungestört. Das Buch ist groß durch Liebe, durch Kunst, Kühnheit, Freiheit, Weisheit, Güte, überreich an Klugheit, Witz, Einbildungskraft und Gefühl, wunderschön, Synthese und Résumée Deines Lebens und Deiner Persönlichkeit.«[11]

Indessen veränderte sich manches in der Familie, die Kinder wuchsen heran und heirateten. Golo blieb in Zürich und war mit der Herausgabe der Zeitschrift *Maß und Wert* beschäftigt, bei der er nach Lion Feuchtwanger die Stellung des Chefredakteurs übernommen hatte. Im März fanden zwei Hochzeiten gleichzeitig statt: Monika heiratete in London den Kunsthistoriker Jenö Lányi, und der jüngste Sohn, Michael, ging mit seiner Schulkollegin aus der

Schweiz, Grete Moser, die Ehe ein. Selbst die Jüngste, Elisabeth, hatte bereits einen Anbeter gefunden, Giuseppe Antonio Borgese, Schriftsteller und Gelehrter aus Italien, der damals als Ordinarius für italienische Literatur an der Universität von Chikago wirkte.

Im selben Monat begab sich Mann in Begleitung seiner Frau und Erikas auf eine vierwöchige Reise mit dem Vortrag *Dieser Friede.* Die erste Station war Boston, und dann ging es über Texas, Nebraska und einige andere Staaten nach Kalifornien, wo Mann längeren Aufenthalt in Beverly Hills nehmen wollte. Die kalifornische Landschaft und das Klima – der Dichter genoß sie zum zweitenmal – übten eine faszinierende Wirkung auf ihn aus. »Von diesem Landstrich sind wir wieder entzückt«, schrieb er an Agnes Meyer. »Eine leichte Albernheit wird überwogen durch hundertfältigen Charme der Natur und des Lebens. Ob wir nicht doch einmal hier Hütten bauen?«[12] Dieser Gedanke ließ ihn nicht mehr los.

Mitte April war er wieder in Princeton und nahm seine Vorlesungen auf. Anfang Mai kam die Nachricht vom Selbstmord Ernst Tollers – die Emigration begann ihre Opfer zu fordern. Toller war einer der ersten, die freiwillig aus dem Leben schieden. Müde, von furchtbarer Schlaflosigkeit gequält, erhängte er sich in einem Anfall von Depression in seinem New-Yorker Hotelzimmer. »Kein letzter Brief war da«, schreibt Klaus Mann, »um uns sein Motiv zu erklären. Wer ihn gekannt hatte, verstand ihn wohl, auch ohne schriftliche Unterweisung. Ein alternder Freiheitskämpfer sehnte sich nach dem Schlaf, den keine Nacht hienieden ihm gewährte. Die Nächte bringen nicht Vergessen, sondern Erinnerung ... – Das München von 1919, 1920, die Räterepublik, die Tage der Aktion, der Jugend, des gläubigen Überschwangs; die lange Festungshaft, Arbeit (wie leicht man schreibt!), die Schwalben vor der Zelle (wie zärtlich man sie liebt! wie jung man ist!), dann die Berliner Zeit, Theatererfolge, Ruhm, Frauen, Geld, mehr Aktion, aber kein Schlaf; Kongresse, Versammlungen, Premieren, mehr Frauen, mehr Erfolge, auch Niederlagen (läßt das Talent nach, ist die Kraft dahin?) – und kein Schlaf; immer neue Kämpfe, neue Enttäuschungen, man bleibt zur Tat verpflichtet, die doch vergeblich ist; immer neuer Aufschwung, und kein Schlaf; schließlich das Exil – und immer noch der Ruhm, der Kampf, die revolutionäre Geste (und kein Schlaf). Das Leben fällt immer schwerer, auch das Schreiben.«[13]

Nur noch einen Monat bis zum Semesterschluß, dann waren die letzten Tage der Gastprofessur in Princeton auch vorbei. Die Universität voll der Anerkennung für die Verdienste des Dichters, zeichnete ihn mit dem Ehrendoktorat aus, kurz danach erhielt er diesen Titel noch von zwei anderen Hochschulen: von der Dubuque-Universität (Iowa) und vom Hobart-College in New York. Noch vor Ferienbeginn schlug Präsident Dodds Mann die Verlängerung der Professur für das Wintersemester 1939/40 vor. »Ich denke«, schrieb Mann an Frau Meyer, »daß ich wohl annehmen werde ... Vorläufig winken europäische Ferien – hoffentlich mit ausgiebiger Arbeit; zuerst die Schweiz, dann ein schwedisches Seebad.«[14]

Auf dieser Ferienreise begleiteten ihn seine Frau und die älteste Tochter. In der ersten Junihälfte landeten sie in Frankreich, wo sie sich aber nur zwei Tage aufhielten. Heinrich, der aus Nizza gekommen war, erwartete sie in Paris. Von da begab sich Thomas Mann an die holländische Küste, nach Noordwijk aan Zee, wo er den Sommer verbringen wollte. Dort konnte er sich wieder mit *Lotte in Weimar* befassen. Die Arbeit an dem Roman, die er nicht einmal während der Fahrt unterbrochen hatte, näherte sich langsam ihrem Ende. »Jetzt schreibe ich jeden Vormittag in meiner Strandhütte an ›Lotte in Weimar‹« schrieb er aus Holland an René Schickele, »und habe die phantastische Hoffnung gefaßt, das Buch, an dem in Stockholm schon gedruckt wird, im Herbst noch herauszubringen. Ganz unmöglich ist es nicht, da ich mich von dem verrückten amerikanischen Winter gut erholt habe.«[15] Der Dichter schrieb damals schon am vorletzten, dem achten Kapitel, blieb noch das neunte – ein kurzer Epilog.

Anfang August war er in Zürich, wo er vergnüglich die alten Winkel aufsuchte, und nach ein paar Tagen flog er nach London, um Monika und deren Gatten zu besuchen. Von dort begab er sich nach Stockholm zum internationalen Kongreß des PEN-Clubs, der am 21. August beginnen sollte. Der Kongreß kam jedoch nicht mehr zustande, die politische Situation war zu gespannt, der Krieg hing in der Luft. In Schweden traf Thomas Mann mit seinem Verleger Dr. Bermann-Fischer zusammen und besprach mit ihm die Herausgabe seiner Gesammelten Werke, der sogenannten ›Stockholmer Ausgabe‹. Nachdem er dem Präsidenten des schwedischen PEN-Clubs, Prinz Wilhelm, eine Visite abgestattet hatte, verließ er Schweden in Richtung London.

Am 1. September marschierte die Wehrmacht in Polen ein. Der Ausbruch des Krieges, auf den die Deutschen sich schon lange vorbereitet hatten und den der Dichter seit mehreren Jahren hatte kommen sehen, traf ihn ganz unerwartet: während seiner Reise, Tausende Kilometer von seinem Haus entfernt. Es hieß so schnell wie möglich nach den Staaten zurückkehren, was jedoch durchaus keine leichte Sache war. Das wechselvolle Schicksal dieser Rückfahrt schilderte Mann in einem Brief an Bruder Heinrich:

»Du weißt, wie unser Kontakt verloren ging. Nach unserem glücklichen Zusammensein in Paris, dem wohltätigen Aufenthalt von sieben Wochen, den wir in Holland hatten, einem Besuch in der Schweiz und einem in London, reisten wir nach Schweden zum P.E.N. Club Congress, der dann schon garnicht mehr stattfand. Der Krieg kam, und unsere Absicht, von Stockholm noch einmal in die Schweiz zurückzukehren und von dort aus ein weiteres Wiedersehen mit Dir zu bewerkstelligen, wurde zunichte. Um unserer Sicherheit willen wollte man uns überreden, ›die Kriegszeit in Schweden zu verbringen‹. Gottlob, daß wir es nicht getan haben! Die Rückfahrt hatte freilich ihre Bedenken. Ein schwedisches Schiff konnten wir, eben aus Sicherheitsgründen, nicht benutzen. Wir mußten nach England zurückfliegen, um ein amerikanisches Schiff zu gewinnen, das citizens heimbrachte, und der Flug von Malmö nach Amsterdam, nicht weit an Helgoland vorbei, war eher mißlich. Nun, es ist alles gut gegangen, und von Southampton hat der USA-Liner ›Washington‹ uns herüberbefördert – in einem Gedränge von 2000 Personen, die die Nächte auf improvisierten Pritschen in den zu Concentration camps umgewandelten Gesellschaftsräumen verbrachten. Wir waren recht froh – so froh man heute sein kann –, unsere Basis zurückgewonnen zu haben.«[16]

Die Verbindung mit Europa wurde nun viel schwieriger, der Krieg machte eine Korrespondenz fast unmöglich. Heinrich lebte in Frankreich, Golo in der Schweiz, Monika war mit ihrem Mann in London, und die Pringsheims waren keinen Tag, keine Stunde mehr sicher. Von vielen Bekannten war nichts mehr zu hören, man wußte nicht, ob sie lebten, wo sie waren und welche Aussicht auf Rettung sie hatten. Vor allem mußte über das Schicksal von *Maß und Wert* eine Entscheidung getroffen werden, die Zeitschrift hatte mit großen Schwierigkeiten zu kämpfen gehabt und war ziemlich unregelmäßig erschienen. Der Krieg sprach jedoch für weiteres Erscheinen. Eine der letzten Bastionen des unabhängigen deutschen Gedankens zu erhalten wurde zum Gebot der Stunde.

Im Leitartikel des Heftes, das den dritten Jahrgang eröffnete, führte Mann aus: »Es war nur ein Zögern und kurzes Besinnen. Unser Beschluß ist gefaßt: diese Zeitschrift soll fortbestehen. Konnte sie, in dem Bewußtsein ihrer Notwendigkeit als Stätte freien deutschen Geisteslebens, aushalten in einem Frieden, zu dessen Eigentümlichkeit es gehörte, daß er ihr den Sprachraum von Halbjahr zu Halbjahr um ein weiteres Gebiet verkürzte, so muß und wird sie aushalten auch in dem nun ausgebrochenen, nun nicht nur einseitig geführten Kriege, von dessen unvermeidlichem Kommen sie wußte und an dessen geistiger Überwachung von deutscher Seite her teilzunehmen ihre Pflicht ist. Das Ziel dieses Krieges kann nur eines sein: Europa einen Frieden zu erringen, der seinen Namen verdient; der dies höchste, jahrelang niedrig mißbrauchte Wort in die volle Würde seiner Wahrheit einsetzt; einen Frieden, der nicht atavistischen Geschichtsgrößen zur Schutzwehr bei ihren Ruhmestaten dient, sondern die festgegründete Gemeinschaft freier, aber einander verantwortlicher Völker unter einem alle bindenden Sittengesetze ist.«[17]

Obwohl die Zeit für literarische Arbeit nicht günstig war, verzichtete Thomas Mann nicht auf seine belletristischen Pläne. Vor allem arbeitete er fieberhaft an *Lotte in Weimar* und sah ungeduldig dem Tag entgegen, an dem er endlich das letzte Kapitel an den Verleger schicken konnte. Im Herbst des ersten Kriegsjahres war es soweit. »Jetzt schreibe ich an den letzten Seiten von ›Lotte in Weimar‹ «, teilte er Agnes Meyer mit. »Der Tag ist nahe, wo ich wieder einmal das Wort ›Ende‹ schreiben werde. Und am nächsten Morgen werden, wie ich mich kenne, die ersten Zeilen von Joseph IV auf dem Papier stehen. Das erinnert mich an George Sand, die, als sie eines Vormittags einen Roman beendet hatte und noch eine halbe Stunde bis zum *déjeuner* war, rasch noch einen neuen zu schreiben begann.«[18] Noch im selben Jahr, im Dezember, kam das Buch in Stockholm heraus.

Lotte in Weimar war in gewisser Art ein Intermezzo – der Roman entstand zwischen dem dritten und vierten Band des biblischen Zyklus, seine Idee war jedoch viel älter und hatte verschiedene Wandlungen durchgemacht. Das Thema Goethe nahm bereits 1905 in der Novelle *Schwere Stunde* Gestalt an. Doch das Schattenbild des Weimarer Dichters schwebte da noch in der Ferne, trat nur in den Reflexionen eines anderen – Schillers – in Erscheinung. Einige Jahre später, als Mann an die Novelle *Der Tod in Venedig* heranging, faßte er den Gedanken, Goethes Marienbader Abenteuer und seine unglückliche Liebe zur jungen Ulrike von Levetzow belletristisch zu behandeln. Der Autor gab diese Absicht jedoch auf; Goethe als Romanthema erwies sich damals als zu riskantes Unternehmen und auf jeden Fall verfrüht, besonders weil Mann zu jener Zeit unter dem Einfluß Wagners und Nietzsches stand.

Die Wendung trat im *Zauberberg* ein, der die »Sympathie mit dem Tode« überwand, die für Manns erste Schaffensperiode charakteristisch war. In diesem Roman traten schon Motive aus Goethes Werk, besonders aus dem *Faust*, in Erscheinung, mehr als das, Goethes Lebensbejahung gewann hier bereits Oberhand. Dann wurde Goethe zur zentralen Figur der Publizistik. Zwischen 1922 und 1938 schrieb Thomas Mann über den Verfasser des *Werther* vier Essays. Zuerst konfrontierte er ihn mit Tolstoi (*Goethe und Tolstoi*, 1922), dann zeigte er den Dichter in seiner Umgebung, in seinem Haus, im Kreis seiner Freunde, vor dem Hintergrund Weimars und Deutschlands (*Goethe als Repräsentant des bürgerlichen Zeitalters*, 1932). Im selben Jahr beschrieb er den literarischen Weg des Weimarers (*Goethes Laufbahn als Schriftsteller*), und sechs Jahre später verfaßte er ein Essay über *Faust* (*Über Goethes Faust*, 1938), das in der Zeitschrift *Maß und Wert* in der Mai/Juni-Nummer 1939 veröffentlicht wurde.

Das wachsende Interesse an Goethe, das sich langsam, aber stetig, mehr oder weniger seit Ende des Ersten Weltkrieges entwickelt, hatte seine Ursachen. Nach dem verlorenen Krieg, der Deutschlands Schicksal veränderte, lockerte sich Manns Bindung zur deutschen Neoromantik, und sein Blick wendete sich stärker jenem Dichter zu, der in ständiger »Opposition zu Deutschland« stand und seinen Landsleuten oft Wahrheiten sagte, die auszusprechen kein anderer deutscher Dichter den Mut gefunden hatte.

Der Weg zu Goethe war lang. Mann umkreiste diese Gestalt erst von weitem, wie einen himmelhohen Berg. Es mußte viel Zeit verstreichen und in Deutschland vieles sich ändern, ehe er den Weg zu ihm gefunden hatte. Von dem Augenblick an, da der erste Plan einer Erzählung über den greisen Goethe entstand, bis zur Vollendung des Goethe-Romans waren fast dreißig Jahre verflossen. Aber während dieser langen Zeit hatte sich der Mannsche Goethe stark verändert. Auch die Heldin der Liebesromanze war eine andere geworden – den Platz der blutjungen Ulrike von Levetzow, der letzten Liebe des Dichters, nahm eine Matrone, Lotte aus Wetzlar, ein, die Freundin seiner jungen Jahre.

Lotte in Weimar ist kein biographischer Roman. Diese Form, zu Beginn unseres Jahrhunderts so beliebt, reizte Thomas Mann nicht, im übrigen war er sich der Gefahren bewußt, die darin verborgen lagen. Eine ungewöhnliche Persönlichkeit, von der Geschichte beglaubigt, wird in einem Roman schnell unglaubwürdig. Was bisher über Goethe gesagt werden konnte, hatte die Literaturgeschichte gesagt. Ein literarisches Werk hat nicht die Aufgabe, die Wissenschaft zu ersetzen, es ist eher befugt, die Erscheinungen zu beschreiben, die außerhalb ihres Bereiches liegen, die nicht Gegenstand wissenschaftlicher Forschungen sind oder sich ihrem Wesen nach nicht innerhalb der Grenzen der Erkenntnis erfassen lassen. Mann schloß von vornherein eine biographische Darstellung oder eine ästhetische Analyse aus; ihn interessierte allein, und das in ziemlich spezifischer Weise, das Schicksal einer ungewöhnlichen Individualität.

Der Inhalt der nichtigen Romanfabel ist eine recht unbedeutende Episode aus dem Leben des alternden Dichters, ein authentisches Ereignis aus dem Jahre 1816. Damals kam Charlotte Kestner aus dem Hause Buff, eine dreiundsechzigjährige Dame, Witwe nach einem Hofrat und Mutter von neun Kindern, aus Hannover nach Weimar, um hier ihre Schwester Amalia, die Frau des Rates Ridel, zu besuchen. Frau Charlotte hatte die Reise mit der Postkutsche gemacht, ihre Tochter Klara begleitete sie. Während ihres Aufenthaltes in Weimar besuchte sie auch Goethe in seinem Haus am Frauenplan. Diese Tatsache verdiente insofern Aufmerksamkeit, als die Hofrätin jene Lotte war, in die sich der junge Dichter 1772 in Wetzlar besinnungslos verliebt hatte – mit einem Wort, die Person, der wir die Entstehung der *Leiden des jungen Werthers* verdanken.

Das Liebespaar von Wetzlar hatte sich vierzig Jahre lang nicht gesehen. In dieser Zeitspanne war aus dem Dichter des *Sturm und Drang* der Klassiker von Weltruhm geworden. Staatsminister im Sächsisch-Weimarschen Herzogtum, und Lotte, das schöne, blauäugige Mädchen, hatte Kestner geheiratet, hatte mit ihm elf Kinder, von denen zwei starben. Dann wurde sie Witwe und lebte in völliger Vergessenheit in Hannover. Das Leben hatte ihnen verschiedengeartete Rollen zugeteilt, dem Dichter schenkte es Ruhm, Glanz und Einsamkeit, ihr die Sorgen einer Frau und Mutter.

Der Besuch in Weimar nahm, wie die Literaturquellen bezeugen, einen konventionellen Verlauf. Goethe tat nur, was die üblichste Höflichkeit erforderte, er lud Charlotte mit deren Tochter und dem Ehepaar Ridel zum Mittagessen ein, das übrigens – wie Zeugnisse aussagen – recht langweilig war. Es sind Bemerkungen des Dichters über diesen Empfang erhalten geblieben, sehr trockene und lakonische. Im Tagebuch Goethes, der von dem Besuch keineswegs entzückt war – er erinnerte ihn daran, daß er um ein paar Dutzend Jahre älter geworden war –, finden wir unter dem Datum 25. September 1816 eine kurze Erwähnung: »Zum Mittagessen das Ehepaar Ridel und Madame Kestner aus Hannover.« Erhalten geblieben ist auch ein Briefchen, in dem Goethe Charlotte seine Loge im Theater anbot: »Wenn Sie sich, verehrte Freundin«, schrieb er am 9. Oktober, »heute Abend meiner Loge bedienen, so holt mein Wagen Sie ab. Es bedarf keiner Billette. Mein Bedienter zeigt den Weg durchs Parterre. Verzeihen Sie mir, wenn ich mich nicht selber einfinde, auch mich bisher nicht habe sehen lassen, ob ich gleich oft in Gedanken bei Ihnen gewesen. Herzlich das Beste wünschend – Goethe.«[19] Möglich, daß er an sie dachte, aber er zeigte sich bis zu ihrer Abreise nicht. Sie sah ihn noch einige Male, aber von weitem im Theater und zufällig bei igendeinem Empfang.

Auch Lottes Bericht ist erhalten geblieben. In einem Brief an ihren Sohn schrieb sie aus Weimar: »Nur so viel, ich habe eine neue Bekanntschaft von einem alten Mann gemacht, welcher, wenn ich nicht wüßte, daß es Goethe wäre, und auch dennoch, hat er keinen angenehmen Eindruck auf mich gemacht.«[20]

Thomas Mann hielt sich ziemlich genau an die Tatsachen und wich nur in wenigen von der historischen Wahrheit ab. Adele Schopenhauer, die im Roman auftritt, war zu jener Zeit nicht in Weimar und traf nie mit Charlotte Kestner zusammen; die Tochter, die ihre Mutter begleitete, hieß Klara und nicht, wie im Roman, Lotte; beim Mittagessen im Hause des Dichters waren, außer dem Hausherrn, nur Charlotte mit ihrer Tochter, die Schwester und der Schwager geladen, nicht sechzehn Personen; und schließlich ist der ganze Epilog, Lottes Begegnung mit Goethe in dessen Wagen, frei erfunden.

Der Wunsch, die Schwester zu besuchen, ist natürlich ein Vorwand, der den tatsächlichen Zweck von Lottes Kommen verschleiert. Wir geben uns keiner Täuschung hin. Die Frau Rätin kam nach Weimar, um ihren ehemaligen Geliebten zu sehen und das bereits verblaßte Bild mit dem lebendigen Menschen zu vergleichen. Doch ehe Charlotte mit dem Dichter zusammenkommt, spricht sie mit einigen Personen über ihn: mit dem Kellner des Hotels ›Zum Elephanten‹, in dem sie logiert, mit der englischen Journalistin und Zeichnerin Miß Cuzzle, mit Goethes Sekretär Riemer, mit Adele Schopenhauer, der Tochter des Philosophen, schließlich mit August, dem Sohn des Dichters. Jede dieser Personen hat etwas über Goethe zu sagen, jede sieht und beschreibt ihn auf eigene Weise. Vor den Augen der erstaunten Witwe, die sich an den jungen Goethe erinnert, zieht ein Reigen von, wie der Autor sagt, »Leidensgenossen« vorbei. Denn wer in Goethes Umgebung lebt, kann sich seinem Einfluß nicht mehr entziehen, bewundert ihn und leidet, so wie man eben an der Seite eines Menschen leidet, dessen große, erdrückende Persönlichkeit letztlich alles vernichtet, was ihr in den Weg kommt.

Charlotte erhält somit einige Schilderungen Goethes, die ihren Blick trüben, sie mit Unruhe und Kälte erfüllen. Die Berichte über ihn sind im allgemeinen voll von Verehrung und zugleich Enttäuschung; Lob ist in ihnen und zugleich schmerzvolle Anklage; sie atmen Freude und Entsetzen. Die Sonne, aus der Entfernung Wärme spendend, verbrennt einen, wenn man ihr zu nahe kommt. Die Größe übersteigt das normale menschliche Maß, alles, was in ihren Bereich gerät, verliert seine Daseinsberechtigung. In der Klage der Menschen aus Goethes Umgebung verbirgt sich eigentlich der Wunsch, sich selbst zu begreifen und, vielleicht, die eigene Existenz zu rechtfertigen, die unsicher geworden ist. Daher die widersprüchlichen Urteile, die sie über den Menschen abgeben, dem sie eine Haßliebe entgegenbringen. Ihr Groll und ihre Kritik, ihre Enttäuschung und Bitterkeit sind Erscheinungen eines Zustands der Bedrohung, ein Akt der Selbstverteidigung, um so wirksamer dort, wo sie es verstehen, die Größe von ihren Höhen auf das eigene Niveau herunterzuholen, und sei es auf Kosten der Wahrheit.

Goethes Spiegelungen verändern sich, zuerst sind sie verschwommen, dann werden sie immer deutlicher, wenn auch nicht unbedingt wahrheitsgetreu. Der Kellner Mager, der drollige ›Ganymed mit Backenbart‹, der in leicht sächsischem Dialekt redet, fanatischer und naiver Goethe-Enthusiast, gibt Lotte seine Begeisterung für den Dichter kund, repräsentiert, wenn man so sagen darf, die Gefühle der Weimarer, die stolz sind, daß eine so große Persönlichkeit in ihrer Stadt wohnt. Von Miß Cuzzle, der nach Sensationen jagenden Engländerin, erfährt die Frau Hofrätin auch eine Menge – die Journalistin unterliegt dem Zauber des Ruhms, aber sie sieht nicht Goethes Größe.

Am interessantesten zeichnet den Dichter sein Sekretär Doktor Riemer, der es gleichfalls als seine Pflicht ansieht, Werthers Lotte seine Aufwartung zu machen. Riemer, klassischer Philologe, seit dreizehn Jahren in Weimar ansässig, gehört zu Goethes *Opfern.* Er, der seine Karriere, die Professur in Rostock, aufgegeben hat, um sich am Glanze Goethes zu erwärmen, hat in dessen Haus nur eisige Kälte gefunden. Der Doktor der Philologie, zweifellos ein kritischer

Geist, spricht lieber von den dunklen Seiten des Meisters als von den hellen, deren Vorhandensein er im übrigen nicht ableugnet. Riemer fühlt die Größe Goethes und bemüht sich, ihr Geheimnis zu ergründen, und er tut dies in einer für ihn bezeichnenden Weise. Seine Methode beruht auf dem Betonen und Ausspielen der Widersprüche. Redet er von dem großen Weimarer, dann zeichnet er immer zwei Porträts, die sich nicht decken – und nimmt man sie einzeln, so steckt wahrscheinlich in jedem etwas Wahres. Riemer beobachtet trefflich die Einzelheiten, aber er sieht nicht das Ganze.

Aus dem Munde des intelligenten Sekretärs spricht der beleidigte Stolz des Anbeters, der sich gegen die Tyrannei des Angebeteten wehrt und mit boshafter Befriedigung dessen Schwächen wahrnimmt. Jedes Lob Riemers hat sein ›Aber‹, vielleicht ein nicht unbegründetes, doch seine Urteile verlieren sich in Kontrasten und sind zu keiner Synthese fähig. Riemer verbirgt seine Bewunderung für Goethe nicht und verschont ihn gleichzeitig nicht mit schwersten Anklagen. Er erzählt von dessen Kälte und Gleichgültigkeit, nihilistischer Ironie und Mißachtung der Menschen, von Intoleranz und Grillen, wachsender Vorliebe für Einsamkeit – er sagt das alles mit Bitterkeit, denn er hatte sich freiwillig für ihn aufgeopfert, was jener gar nicht bemerkte. Riemer symbolisiert eines der Grundmotive des Romans, das Motiv des Opfers, das von der zerstörenden Macht der Größe verlangt wird.

Lotte hört ihm aufmerksam zu, anfangs überrascht, dann beruhigt und erschüttert. War auch sie vielleicht eines der Opfer? Schließlich hat jener sie ja geliebt, aber leicht, allzu leicht hat er auf sie verzichtet, hat sich von ihr um den Preis der Indiskretion befreit – denn was waren *Die Leiden des jungen Werthers* anderes als Indiskretion? Riemers Worte schmerzen sie tief. Die Hofrätin fühlt sich als seine Schicksalsgenossin, sie ahnt, was sie in nächster Zukunft erwartet.

Der Anklage folgt die Rebellion. Die Revolte wird durch Adele Schopenhauer repräsentiert. Das häßliche Fräulein, das in Weimar lebt und in den besten Häusern verkehrt, verdammt alles: die Tyrannei des Dichters, seine Willkür, der er seine nächste Umgebung und vor allem den Sohn unterwirft, der sich aus Verzweiflung dem Trunk ergeben hat, Goethes Sympathie für Napoleon, den von den Deutschen Gehaßten, das Liebesverhältnis mit der einfältigen Christiane – um hier nur die Hauptsünden zu erwähnen, die Fräulein Adele in Wut geraten lassen, von kleinen Sünden könnte man noch länger reden. Aber Adeles Vorwürfe sagen uns genausoviel wie Miß Cuzzles Lobreden; absolute Negierung wie grenzenloses Entzücken gehen beide am Kern des Problems vorbei.

Als letzter erscheint bei Charlotte August, der die väterliche Einladung zum Mittagessen überbringt. Dieser gewöhnlich Sterbliche spricht vom unsterblichen Vater mit Liebe und Anerkennung für den dichterischen Genius. Riemer dient murrend, August hingegen widerstandslos, höchstens flüchtet er in Augenblicken der Verzweiflung zum Wein oder in billige Liebschaften. August, viel hilfloser und naiver als Riemer, stellt sich dem Schicksal erst gar nicht entgegen, das dem einen im Übermaß gibt, was es dem andern versagt, und läßt es zu, daß der Vater in allen Dingen für ihn entscheidet, selbst in solchen, in denen der Mensch seine Wahl selber treffen sollte. Goethe wählt für seinen Sohn die Frau, natürlich eine, die am wenigsten zu ihm paßt, zerstört damit dessen Leben, er verbietet ihm, sich in die Befreiungsarmee anwerben zu lassen, was wiederum August der Verachtung der Kameraden preisgibt, kurz, er macht den jungen Menschen unglücklich. Mit August schließt sich der Kreis der im Roman auftretenden Satelliten des großen Sterns – Goethes Sohn macht das Maß der Qualen voll, die Lotte seit dem ersten Tag ihres Aufenthaltes in Weimar erleidet.

Am Ende erscheint Goethe selbst, in Gedanken vertieft, die sich durch das ganze, sehr lange Kapitel weben. Dieses siebente Kapitel ist ein Mosaik, das sich aus Fragmenten von Briefen, Tagebüchern und Gesprächen Goethes zusammensetzt, und was Thomas Mann von sich aus dazugetan hat, entspricht genau dem Inhalt und Geist der Notizen des Dichters. Man kann diese große Szene schwerlich als Selbstgespräch oder inneren Monolog bezeichnen. Es ist eher das Bild eines natürlichen Denkprozesses, der sich in unbekannter Zielrichtung bewegt, aber – und darin unterscheidet er sich vom modernen inneren Monolog Joycescher Art – in einem gewissen Maß von Logik geleitet ist.

Hatten die bisherigen Szenen ständig zwei Abbilder Goethes hervorgebracht, die keine Einheit ergaben, so tritt aus den Betrachtungen des Dichters ein Bildnis aus sich zusammenfügenden Kontrasten hervor. Das ist nicht der von Glanz umgebene oder von Dunkelheit verhüllte Goethe, sondern ein Mensch zwischen Licht und Schatten; nicht der erhabene Gigant, sondern der Riese, der an seinen Fesseln zerrt. In der Stunde der Aufrichtigkeit zeigt sich die Majestät aber auch der »Abgrund der Größe«. Wir nähern uns hier dem für Riemer unbegreiflichen Geheimnis der Größe, die, nach Manns Auffassung eine Emotion der Lebenskraft ist, eine mythische und elementare Kraft, die wir empfinden, aber nicht zu erklären vermögen. Die Größe ist ja vom »doppelten Segen des Geistes und der Natur« begnadet, einem »Segen, der gleichzeitig ein Fluch ist«. Denn die Größe verschafft sich, um sich zu verwirklichen, volle Freiheit, und diese verlangt vom Genius Lossagung und ist grausam für die Umgebung. Sie läßt sich auch nicht in die Dimensionen des Üblichen zwängen, sie ist ein anderes, besteht auf dem Recht der Ausnahme, der Isolation, der Einsamkeit.

Thomas Mann ergründet das Geheimnis Goethes nicht in der Sphäre der Ästhetik, nicht im Bereich des dichterischen Schaffens. Der große Dichter, heißt es im Roman, ist vor allem groß – und dann Dichter. Die Größe Goethes ist für Mann auch nicht eine moralische Kategorie, die sich in den Bereich der Begriffe Gut und Böse einreihen läßt. Mehr noch – und das geht aus den Ausführungen Thomas Manns und den Betrachtungen, die sein Held anstellt, hervor –: Größe ist ihrer Natur nach amoralisch in dem Sinne, daß sie als expansive Kraft, als erobernde Kraft ungerecht sein muß, weil sie dort, wo sie in Erscheinung tritt, mit ihrer Gewalt alles, was sich in ihrer Reichweite befindet, erdrückt und sogar zerstört. Darauf beruht der innere Konflikt Goethes, der sich darüber Rechenschaft gibt, daß der Weg seiner Siege die Spuren unglücklicher Menschenschicksale aufweist. Das Drama der Größe ist das Drama der Schuld, deren Richter nur der Schuldige selber sein kann.

Über diese Schuld möchte Charlotte gerne mit ihm sprechen, die sich schon jetzt – nach der Unterhaltung mit Riemer und August – bewußt ist, daß auch sie einmal Goethe als ›Mittel zum Zweck‹ gedient hat, daß seine Leidenschaft vor vierzig Jahren, auch wenn sie ihm noch soviel Leiden eingebracht hat, ein Spiel war.

Das Zusammentreffen Lottes mit Goethe in seinem Haus bringt Enttäuschung. Zwischen ihr und ihrer Tochter sitzend, läßt es der Dichter nicht an der gebührenden Höflichkeit fehlen, aber er wendet sich bei Tisch an die ganze Gesellschaft, als wäre Lotte nicht vorhanden. Er erfüllt gewandt die Rolle des Hausherrn, unterhält die Gäste, zeigt ihnen seine kostbaren Kunstsammlungen, aber er tut dies – so argwöhnt Lotte –, um ja keine Vertraulichkeit aufkommen zu lassen und zwischen sich und den Gästen Distanz zu wahren. Ein offenherziges Gespräch erweist sich als unmöglich.

Und doch kommt es zu einer Aussöhnung. Die Hofrätin bleibt in Weimar noch bis Mitte Oktober, zeigt sich in der Gesellschaft, geht ins Theater. Und da, eines Abends, als sie nach der Vorstellung in die Karosse einsteigt, wartet Goethe auf sie. Jetzt kommt die Stunde des Vertrauens. Diese Szene ist, wie schon gesagt, reine Erfindung, und der Dialog zwischen dem Greis, der einmal Werther war, und der Matrone, die einmal Lotte gewesen ist, gemahnt an ein Traumgespräch. Ob der Mann, der neben der Hofrätin sitzt, nun ein Mensch aus Fleisch und Blut ist oder ein Geschöpf der Phantasie der alten Dame, ob sie wirklich mit ihm spricht oder nur mit sich selbst, das ist schwer zu beantworten. Thomas Mann, der in dieser Sache häufig befragt wurde, erklärte sie in einem Brief an die Leser:

»Die Frage ist öfters an mich gerichtet worden, und ich habe immer versucht, begreiflich zu machen, daß ich die rechte Instanz gar nicht bin, sie zu beantworten. Ich habe ja selber alles im Dunkeln gelassen, im unsicheren Halbdunkel der Wagenlaternen, und so kommt es mir nicht zu, nachträglich über Real und Irreal zu entscheiden.

Am liebsten würde ich jedesmal, wenn ich zur Entscheidung aufgerufen werde, beiden Parteien recht geben. Aber alles wohl betrachtet, muß ich gestehen: ein wenig mehr neigt die Schale nach der Seite des Irrealen. Entschieden, soweit von Entschiedenheit die Rede sein kann, deutet vieles im Text darauf hin, daß es sich um Träumerei handelt und um etwas, wovor man, weil man es selbst hervorbringt, ›nicht erschrickt‹ ... Ich habe den Verdacht, daß Lotte so tief nach einem abschließenden, die Dinge leidlich ins Lot bringenden Gespräch verlangt, daß sie sich die Szene einfach produziert. Ist es aber so, so kann immer noch nicht von purer Irrealität gesprochen werden. Es mag sich dann um ein Geistergespräch handeln, das zustande kommt, weil dem Verlangen der Frau das des alten Freundes entgegenkommt, ein Geistergespräch, worin das, was Goethe sagt, sein ist, obgleich er nicht körperlich neben ihr sitzt, und das also doch eine höhere Wirklichkeit hat.«[21]

Die abendliche Szene ist die eigentliche Begrüßung und ein Abschiednehmen zugleich. Lotte findet wieder den Weg zu Goethe. Goethe zeigt sich ihr wieder anders, denn sie begreift, daß seine Größe auch Entsagung ist und er selbst ein Opfer, nicht weniger erleidend als jene, denen er Schmerz zufügt. Nun kann er ihr Verzeihen erbitten, und sie kann ihn unenttäuscht verlassen.

Thomas Mann schrieb *Lotte in Weimar* nicht nur unter dem Zauber Goethes, sondern auch in der Sorge um Deutschland. In seinen Erwägungen kehrt Goethe mehrmals zur deutschen Frage zurück, und manche seiner Anspielungen knüpfen an die aktuelle Gegenwart an. Goethe kannte die Fehler seiner Landsleute, vor allem ihre Begeisterung für jede Macht. »Aber daß sie Klarheit hassen«, sagt er in *Lotte*, »ist nicht recht. Daß sie den Reiz der Wahrheit nicht kennen ist zu beklagen, daß ihnen Dunst und Rausch und all berserkerisches Unmaß so teuer, ist widerwärtig – daß sie sich jedem verrückten Schurken gläubig hingeben, der ihr Niedrigstes aufruft, sie in ihren Lastern bestärkt und sie lehrt, Nationalität als Isolierung und Roheit zu begreifen – daß sie sich immer erst groß und herrlich vorkommen, wenn all ihre Würde gründlich verspielt, und mit so hämischer Galle auf die blicken, in denen die Fremden Deutschland sehen und ehren, ist miserabel.«[22]

Der Roman war auch ein Aufruf an die Deutschen, sich mit der Welt auszusöhnen, doch er drang nicht mehr nach Deutschland. »Deutschtum ist Freiheit, Bildung, Allseitigkeit und Liebe«, sagt Goethe in *Lotte* – »daß sie's nicht wissen, ändert nichts daran.«[22] Diese Worte geben die Erbitterung des Verfassers wieder, den die Unterstützung, die Hitler von den Deutschen erhielt, entsetzte. So wurde das Buch auch in der Emigration aufgefaßt und selbst in Deutschland, dort, wo es zufällig in einigen Exemplaren durchkam, an deren wunderliche Schicksale Mann in seinem Tagebuch *Die Entstehung des Doktor Faustus* erinnert:

»Schon während des Krieges hatten einzelne Exemplare des Romans, aus der Schweiz eingeschmuggelt, in Deutschland kursiert, und Hasser des Regimes hatten aus dem großen Monolog des Siebenten Kapitels, worin das Authentische und Belegbare sich unterscheidbar mit dem Apokryphen, wenn auch sprachlich und geistig durchaus Angepaßten mischt, einzelne dem deutschen Charakter recht nahetretende und Unheil prophezeiende Dikta ausgezogen, sie vervielfältigt und sie unter dem Tarnungstitel *Aus Goethes Gesprächen mit Riemer* als Flugblatt unter die Leute gebracht. Ein Durchschlag davon, oder die Übersetzung des eigenartigen Falsums war dem britischen Ankläger im Nürnberger Prozeß, Sir Hartley Shawcross, vorgelegt worden, und guten Glaubens, verführt durch das aktuell Schlagende der Äußerungen, hatte er in seinem Plädoyer ausgiebige Ausführungen daraus gemacht. Sein Irrtum sollte ihm nicht geschenkt sein. Im ›Literary Supplement‹ der Londoner *Times* erschien ein Artikel, worin nachgewiesen wurde, daß Shawcross nicht Goethe, sondern meinen Roman zitiert habe, – was gelinde Verlegenheit in Londoner offiziellen Kreisen schuf. Im Auftrage des Foreign Office schrieb mir der Botschafter in Washington, Lord Inverchapel, und bat um Aufklärung. In meiner Antwort gab ich zu, die ›Times‹ hätten recht, es handle sich um eine von ihren Urhebern gutgemeinte Mystifikation. Doch verbürgte ich mich dafür, daß, wenn Goethe nicht wirklich gesagt habe, was der Ankläger ihm in den Mund gelegt, er es doch sehr wohl hätte sagen können, und in einem höheren Sinn habe Sir Hartley also doch *richtig* zitiert.«[23]

Politik

Im Herbst 1939 wurde es leer in dem großen Haus in Princeton. Nur der Dichter und seine Frau blieben dort zurück, denn die jüngste Tochter hatte geheiratet und wohnte in Chikago. Elisabeth (man nannte sie Medi), die gerade das zwanzigste Lebensjahr vollendet hatte, heiratete den um sechsunddreißig Jahre älteren italienischen Emigranten Guiseppe Antonio Borgese, Universitätsprofessor in Chikago. »Ja, auch wir haben Hochzeit gehabt«, schrieb Mann an seinen Bruder Heinrich, »Medi hat ihren antifaschistischen Professor geheiratet, der mit seinen 57 Jahren nicht mehr daran gedacht hätte, soviel Jugend zu gewinnen. Aber das Kind wollte es und hat es durchgesetzt. Er ist ein geistreicher, liebenswürdiger und sehr wohlerhaltener Mann, das ist zugegeben, und der erbittertste Hasser seines Duce, den er aus purem Nationalismus für den Allerschlimmsten hält.«[1]

Die Berichte über die großen Erfolge der deutschen Armee nahmen dem Dichter die Lust zur Arbeit. Zu Beginn des darauffolgenden Jahres begann Mann, ehe er zum vierten Band des biblischen Romans zurückkehrte, die Novelle *Die vertauschten Köpfe* zu schreiben, unterbrach jedoch die Arbeit bald: eine Vortragsreise nach Kanada kam dazwischen, die er in Begleitung seiner Frau unternahm. Er besuchte mehrere Städte, darunter Ottawa. »Canada war recht interessant«, schrieb er an Frau Meyer, »auch die ungeheure Kälte war es: nach unserem Thermometer an 38 unter Null, – das war mir noch nicht vorgekommen. Öffnete man einen Fensterspalt, so gab es einen Luft-Austausch, als ob ein Sturmwind ginge.«[2]

Im Februar 1940 unternahm er eine zweite Vortragsreise, die mehrere Wochen dauerte und ihn in den Mittelwesten und nach dem Süden führte, bis an die Gestade des Golfs von Mexiko. Dubuque (Iowa), Chikago, wo er das Ehepaar Borgese besuchte, Minneapolis, Dallas, Houston in Texas und San Antonio, wo er ein paar Tage ausruhte, waren die Hauptetappen seiner langen Reise.

In den ersten Märztagen kehrte er nach Hause zurück und machte sich sofort an die Vorarbeiten zu seinen Vorlesungen über den

Roman, die für das Frühjahrssemester vorgesehen waren. Die Quintessenz dieser Vorlesungen war das Essay *Die Kunst des Romans*, das mehr als ein Dutzend Jahre später im Druck erschien, im Band *Altes und Neues* (1953). Ziemlich viele Bemerkungen über den Roman findet man auch in seinen Briefen, in *Bilse und ich* (1906), in den Arbeiten über Fontane (1910), Storm und Tolstoi, in *Meerfahrt mit Don Quijote* (alle aus den dreißiger Jahren) sowie in einigen publizistischen und autobiographischen Aufzeichnungen. Bemerkungen über dieses Thema finden wir auch in seinen Romanen sowie in seinen ausführlichen Kommentaren zu diesen.

Selbst der Biograph, den seine Aufgabe mehr zur Beschreibung der Lebensgeschichte als des Werkes zwingt, kann schwerlich *Die Kunst des Romans* stillschweigend übergehen, und das aus zwei Gründen. Erstens rekapituliert das Essay eine vierzigjährige belletristische Arbeit, denn die Romantheorie Thomas Manns war nur die Konsequenz seiner literarischen Praxis, nicht umgekehrt, wie das bei manchen Dichtern der Fall ist. Zweitens fanden in *Die Kunst des Romans* persönliche Erlebnisse und Kämpfe, insbesondere polemische Gefechte wie *Bilse und ich* und der offene Brief an Korrodi, ihren Widerhall.

Die Eigentümlichkeit des Essays *Die Kunst des Romans* ist die Verteidigung der Romanform. Der Roman, der in Frankreich sowie in England eine gleichberechtigte, ja sogar privilegierte literarische Gattung bildet, wird in den deutschsprachigen Ländern wie ein Stiefkind betrachtet. Korrodi, erinnern wir uns, gebrauchte zur Abwertung der deutschen Emigrationsliteratur das Argument, daß aus dem Dritten Reich nur die Prosa ausgewandert sei, während die Poesie, die Seele der Literatur, im Lande verblieben wäre. Thomas Mann begann seine Ausführungen mit einem Angriff auf die These vom geringeren Wert der Romanform. Wie man auch keine Kunstgattung – die Musik, die bildende Kunst, die Literatur – über eine andere stellen kann, »so abgeschmackt ist es, innerhalb einer Sphäre des Schöpferischen, der Dichtung, eine Rangordnung der Formen und Gattungen aufzustellen«.[3]

Am Roman faszinierte Mann vor allem jenes Element, das er den Geist der Epik nannte. »Erlauben Sie mir«, wendet er sich an seine Zuhörer, »das persönliche und unakademische Bekenntnis, daß der Kunstgattung eben, dem *Genius der Epik* selbst meine Liebe und mein Interesse gehören, und sehen Sie es mir nach, wenn ein Vortrag über ›Die Kunst des Romans‹ mir unversehens zum Lobe des epischen Kunstgeistes selber wird. Es ist ein gewaltiger und majestätischer Geist, expansiv, lebensreich, weit wie das Meer in seiner rollenden Monotonie, zugleich großartig und genau, gesanghaft und klug-besonnen; er will nicht den Ausschnitt, die Episode, er will das Ganze, die Welt mit unzähligen Episoden und Einzelheiten, bei denen er selbstvergessen verweilt, als käme es ihm auf jede von ihnen besonders an. Denn er hat keine Eile, er hat unendliche Zeit, er ist der Geist der Geduld, der Treue, des Ausharrens, der Langsamkeit, die durch Liebe genußreich wird, der Geist der verzaubernden Langeweile. Anzufangen weiß er kaum anders als mit dem Urbeginn aller Dinge, und enden mag er überhaupt nicht, von ihm gilt das Wort des Dichters: ›Daß du nicht enden kannst, das macht dich groß.‹ «[4]

Für Thomas Mann war der Roman als einzige Literaturgattung fähig, eine Harmonie zwischen dem Detail und dem Ganzen herzustellen, mit anderen Worten, die Einheit von mühseligem, arbeitsaufwendigem Fleiß und der Kunst der Synthese zu manifestieren. »Das epische Werk«, führte er aus, »une mer à boire, ein Wunder von Unternehmen, in welchem Massen von Leben, Geduld, innigem Kunstfleiß, einer ausharrenden, die Inspiration täglich erneuernden Treue investiert werden, mit seinem gigantischen Miniaturismus, der auf das einzelne versessen zu sein scheint, als sei es ihm alles, und dabei das Ganze unerschütterlich im Auge behält, – dieses hab' ich im Sinn, da ich vor Ihnen über ›Die Kunst des Romans‹ sprechen soll.«[5]

In der *Entstehung des Doktor Faustus* stellte sich Mann die Frage, ob es heute nicht beinahe so aussähe, »als ob auf dem Gebiet des Romans nur noch in Betracht käme, was kein Roman mehr ist«.[6] Jenes Mißtrauen zur traditionellen Form des Romans äußert sich vor allem im Verhältnis Thomas Manns zur dichterischen Phantasie, zur Romanhandlung, zur Kritik und schließlich zur Ironie.

In *Meerfahrt mit Don Quijote* finden wir den merkwürdigen Satz: »Phantasie haben heißt nicht, sich etwas ausdenken; es heißt, sich aus den Dingen etwas machen ...«[7] Bereits im Aufsatz *Bilse und ich* machte Mann kein Geheimnis aus seinem Mißtrauen gegenüber der kreativen Phantasie, die nur aus dem Reichtum der Erfindungsgabe schöpft, und ein Jahr darauf verkündete er diesen Gedanken von neuem in der Skizze *Mitteilung an die Literaturhistorische Gesellschaft in Bonn* (1907) unter Berufung auf Goethes Worte: »Das Benutzen der Erlebnisse ist mir immer alles gewesen; das Erfinden aus der Luft war nie meine Sache: ich habe die Welt stets für genialer gehalten als mein Genie.«[8]

Die Auflehnung gegen die Macht der Phantasie war eine Konsequenz des Prinzips des intellektuellen, meditativen Romans, das der äußeren Handlung, die den Leser mit ihrem Tempo, mit ihren Überraschungen und der Vielzahl von Episoden in Spannung hält, keine Bedeutung beimißt: »Ein Roman wird desto höherer und edlerer Art seyn« – zitiert Mann Schopenhauer – »je mehr *inneres* und je weniger *äußeres* Leben er darstellt.«[9] Und weiter: »Das Geheimnis der Erzählung – denn von einem Geheimnis kann man wohl sprechen – ist es, das, was eigentlich langweilig sein müßte, interessant zu machen. Es wäre ganz aussichtslos, dieses Geheimnis lüften und erklären zu wollen. Auch nicht ganz zufällig schließt Schopenhauers pointierte Bemerkung über das Interessantermachen des Kleinen an seine Betrachtungen über die *Verinnerlichung* der Erzählerkunst an. Das Prinzip der Verinnerlichung muß im Spiele sein bei jedem Geheimnis, daß wir atemlos auf das an und für sich Unbedeutende lauschen und darüber den Geschmack am grob aufregenden, robusten Abenteuer ganz und gar vergessen.«[10]

Das Prinzip des meditativen Romans, das dem Intellekt den Vorrang vor der Phantasie gewährt, begünstigte auch das Bündnis zwischen dem Roman und der Kritik. In seinem Essay spricht Thomas Mann von der natürlichen Demokratie des Romans, von seinem modernen Charakter, seinem gesellschaftlichen und psychologischen Kritizismus, wodurch er zur repräsentativen Form der Kunst geworden ist. »Die heute vorherrschende Gattung und Form der literarischen Kunst«, lesen wir im Essay *Der Künstler und die Gesellschaft*, »ist der Roman, und beinahe von Natur, beinahe eo ipso ist er Gesellschaftsroman, Gesellschaftskritik. Er war und ist es überall, wo er zur Blüte gelangt, in England, Frankreich, Rußland, auch in Italien, auch in den skandinavischen Ländern.«[11]

Zum Gegenstand der Romankritik wird aber nicht nur die äußere Welt, sondern auch der Roman selbst. Thomas Mann betonte in seinem Essay die Notwendigkeit des Übergangs vom unbewußten künstlerischen Schaffen zum kritischen Bewußtsein, das im Prozeß des Schaffens seine Möglichkeiten und Grenzen erforscht. Die meisten Bemerkungen zu diesem Thema finden wir übrigens, angefangen vom *Zauberberg*, in den Romanen Manns, die häufig über sich selbst aussagen, ihren Aufbau und ihre Technik analysieren, sich über ihre Fabel verbreiten, über die Zeit, in der der Roman spielt; sie kritisieren sich selber und ziehen sich sogar selber in Zweifel.

Die kritische Haltung zur Wirklichkeit und zu sich selbst verlangt vom Roman gleichzeitig Objektivität und Ironie. »Hier werden Sie stutzen«, wirft der Autor ein, »und sich fragen: Wie, Objektivität und Ironie, was hat das miteinander zu tun? Ist nicht Ironie das Gegenteil von Objektivität?«[12] Im Gegensatz zur Ironie der Romantik, die äußerst subjektiv war, zeichnet sich Manns Ironie durch ihren konstruktiven Charakter aus; es ist eine Ironie, die den Gegenstand der Beschreibung gutheißt, zu ihm, wenn man so sagen darf, ein positives Verhältnis hat, obgleich sie ihn nicht mit tödlichem Ernst behandelt.

Mann übernahm das gedankliche Schema seiner Prosa aus Nietzsches grundlegender Antithese von Geist und Leben. Der vermittelnde Faktor zwischen beiden einander bekämpfenden Elementen ist in Thomas Manns Werk die Ironie; ihr Bereich verbreitete sich im Lauf der Zeit bedeutend. In den späteren Werken, vor allem im biblischen Roman und im *Krull*, äußert sich die Ironie in einem Sui-generis-Psychologismus und einer pseudowissenschaftlichen Manier. So verstandene Ironie, die nichts gemeinsam hat mit satirischem Spott, vermag das Gleichgewicht des Geistes, die Objektivität und die Heiterkeit zu erhalten. Für Mann ist seine ironische Art der Weltbetrachtung »ein sonnenhaft klar und heiter das Ganze umfassender Blick, eben der Blick der Kunst, will sagen, der Blick höchster Freiheit, Ruhe und einer von keinem Moralismus getrübten Sachlichkeit... Es war der Blick Goethe's, – der in dem Grade Künstler war, daß er über die Ironie das seltsam-unvergeßliche Wort gesprochen hat: ›Sie ist das Körnchen Salz, durch das das Aufgetischte überhaupt erst genießbar wird.‹ «[13]

Die Vorlesungen über den Roman dauerten fast einen Monat. Es war Thomas Manns Schwanengesang an der Universität von Princeton. Der Dichter hatte sich entschieden, seine akademische Tätigkeit aufzugeben, sie kostete ihn viel Zeit und Energie, was sich auf seine literarische Arbeit ungünstig auswirkte. »Ich glaube nicht«, schrieb er an Frau Agnes Meyer, »daß ich mich, auch wenn wir hier bleiben sollten, für diese Späße einmal werde gewinnen lassen. Für den IV. Joseph, der zu meinem 70. Geburtstag fertig sein soll (womöglich ein paar Jahre früher), muß ich ganz frei sein.«[14]

Der Mai 1940 brachte die schlimmsten Nachrichten aus Europa. Die deutschen Armeen marschierten in Holland, Belgien und Frankreich ein. Die rasche und katastrophale Niederlage der französischen Armee, die sich in völliger Auflösung befand, war eine Frage von wenigen Tagen. »Wie mir zu Mute ist, wissen Sie«, schrieb er an Frau Meyer, »dies alles ist ja nur die Krönung und Erfüllung der Leiden von sieben Jahren, die voller Vorwissen waren und voller Verzweiflung über das Nicht Wissen und Nicht Wissen Wollen der anderen. Aber was nun bevorsteht, konnte und wollte man doch selber nicht wissen – es ist ja heute noch unausdenkbar. Dennoch kann nur ein Wunder das Gräßlich-Unmögliche hindern, Wirklichkeit zu werden. Was mag das Schicksal im Sinne haben, indem es dem Niedrigsten und Teuflischsten, das die Welt sah, einen ungeheuerlichen Triumph verleiht?«[15] Der Dichter war um so mehr beunruhigt, als Golo sich freiwillig zum Armeehilfsdienst des Roten Kreuzes in Frankreich gemeldet hatte. Das war die letzte Nachricht von ihm, das Kriegschaos verhinderte weitere Korrespondenz.

Frankreichs Widerstand dauerte nicht lange. Nach dem Fall der Weygand-Linie kapitulierte Paris, und am 22. Juni wurde der Waffenstillstand in Compiègne geschlossen, wo die Zweiteilung Frankreichs erfolgte: in das okkupierte und das sogenannte Vichy-Gebiet. Die französische Armee hörte zu existieren auf, sie ergab sich vollends der Gnade und Ungnade der Eroberer. Die Blitzsiege der Deutschen Wehrmacht hatten eine deprimierende Wirkung auf Thomas Mann: »Die Lage ist furchtbar«, schrieb er verzweifelt an Erich von Kahler, »eine Folter für Vernunft und Gefühl. Alles hängt jetzt an der Widerstandsfähigkeit Englands, die niemand beurteilen kann. Unterliegt es auf die eine oder die andere Weise, so sind sicher der Hölle *überall* Tür und Tor geöffnet. Man muß sich auf völlige Schutz- und Heimatlosigkeit gefaßt machen, auf einen Zustand, der nur noch die Berge im Zeitlosen offen läßt. Ich habe immer daran geglaubt, daß eine gewisse heitere Bestimmung des Persönlich-Individuellen sich gegen das düstere Äußere durchsetzt und auf meine Adaptionsfähigkeit vertraut. Aber jetzt fühle ich mich oft heillos in die Enge getrieben.«[16]

In Amerika trafen nun die Emigranten aus dem bedrohten Europa ein, völlig mittellos, der Gnade des Schicksals ausgeliefert; in noch schlimmerer Lage befanden sich jene, die auf Visa und Ausreisemöglichkeiten warteten. Nicht alle waren imstande, die Last zu ertragen, die menschliche Kräfte überstieg. Als erster brach Walter Hasenclever zusammen, der expressionistische Lyriker und Dramatiker, der im Lager Les Milles in Südfrankreich interniert war. Ende Juni kam die Nachricht von seinem Selbstmord in die Vereinigten Staaten. Drei Monate später nahm sich Walter Benjamin das Leben: er war der französischen Grenzwache in die Hände gefallen, als er, das amerikanische Visum in der Tasche, illegal die spanische Grenze überschreiten wollte. Von den Grenzern erpreßt, die ihn an die Gestapo auszuliefern drohten, nahm er Gift.

Das wichtigste in diesem Augenblick war die Hilfe für die Emigranten. Thomas Mann entfaltete eine lebhafte Tätigkeit im Rahmen des ›Emergency Rescue Committee‹, das sich unter dem Vorsitz des Präsidenten der Newark University, Dr. Frank Kingdom, gebildet hatte, um den in Not lebenden Schriftstellern, Künstlern und Wissenschaftlern beizustehen. Mann konnte dank seiner persönlichen Beziehungen und Bekanntschaften in journalistischen Kreisen und in der Regierungsverwaltung auch auf eigene Faust manches erledigen. Er war mit arrivierten Publizisten, wie Walter Lippmann und Dorothy Thompson, befreundet, kannte auch einige Kongreßmitglieder und einige Mitarbeiter Roosevelts, die ihm bei der Erlangung von Einreisevisa behilflich waren, auf die man in den europäischen Häfen verzweifelt wartete.

Leider brachten seine Bemühungen nicht immer die erhofften Resultate. »Man fährt nach Washington«, beklagte er sich, »man kabelt, man schreibt, aber die mich ängstigende und bedrückende Überschätzung meines Einflusses, die mir immer wieder aus Briefen und Notschreien entgegentritt, ist nur allzu klar bewiesen durch den bisherigen halben oder Miß-Erfolg, und offenbar macht man sich bei Ihnen keine Vorstellung von der bürokratischen Hartnäkkigkeit und Widerborstigkeit, auf die man ständig stößt.«[17] Trotz Hindernissen gelang es jedoch, viele Menschen zu retten, die bereits am Ende ihrer Hoffnungen angelangt waren.

Neben der Sorge um die Emigranten beunruhigte den Dichter das Schicksal seines Sohnes und seines Bruders. Erst im September kam die Nachricht, daß Heinrich, dessen Frau und Golo die Pyrenäen überquert hatten und sich in Lissabon befanden, wo sie auf ein Schiff nach Amerika warteten. Auch Monika, die in London ihren ständigen Wohnsitz hatte, versuchte in die USA zu gelangen, aber ihre Reise endete tragisch. Sie schiffte sich Ende September mit ihrem Mann, Lányi, auf dem britischen Dampfer ›City of Benares‹ ein, der von England nach Kanada fuhr. Unterwegs wurde das Schiff, das vorwiegend Frauen und Kinder an Bord hatte, von einem deutschen Unterseeboot torpediert und sank. Dem Verbrechen fielen Hunderte von Kindern und eine Anzahl Erwachsener zum Opfer, darunter auch Monikas Gatte. Sie selbst und das Kind wurden gerettet und nach Schottland gebracht.

Es war ein Unglücksjahr, und erst die letzten Monate brachten etwas Entspannung. *Die vertauschten Köpfe* waren fast fertig, und Mann konnte zum vierten Band der biblischen Tetralogie zurückkehren. Im Herbst begann er auch an die Übersiedlung nach dem

Süden zu denken, da das Klima von Princeton sich auf seine Gesundheit ungünstig auswirkte. Damals erwarb er ein Stückchen Boden in Kalifornien, auf dem ein neues Haus erstehen sollte.

Im Herbst schlug die British Broadcasting Corporation Mann vor, in regelmäßigen Rundfunksendungen Reden an die Deutschen zu halten; der Dichter sollte die Kriegsereignisse kommentieren und das deutsche Problem behandeln. Diese Idee kam für Thomas Mann überraschend, weckte aber sein Interesse.

»Ich glaubte«, schrieb er im Vorwort zu *Deutsche Hörer*, »diese Gelegenheit, hinter dem Rücken der Nazi-Regierung, die, sobald ihr die Macht dazu gegeben war, mich jeder geistigen Wirkungsmöglichkeit in Deutschland beraubt hatte, Kontakt zu nehmen – und sei es ein noch so lockerer und bedrohter Kontakt – mit deutschen Menschen und auch mit Bewohnern der unterjochten Gebiete, nicht versäumen zu dürfen.«[18] Mann nahm den Vorschlag an. Anfangs wurden seine Reden per Kabel nach London übermittelt, wo sie ein deutscher Sprecher der BBC vorlas, später wurden sie in Amerika auf Schallplatten aufgenommen und per Telephon nach London abgespielt, so daß aus dem Mikrophon der britischen Radiostation nicht nur die Worte, sondern auch die Stimme des Schriftstellers ertönte. Auf die Honorare für seine Sendungen verzichtete Mann zugunsten des »Princeton Committee of the British War Relief Society«.

Die erste Rede übertrug der englische Rundfunk am 10. Oktober 1940. Viereinhalb Jahre hindurch sprach Thomas Mann ungefähr einmal im Monat zu seinen Landsleuten, jedesmal mit der traditionellen Anrede beginnend: »Deutsche Hörer!«

»Ein deutscher Schriftsteller spricht zu euch«, so leitete er seine erste Sendung ein, »dessen Werk und Person von euren Machthabern verfemt sind und dessen Bücher, selbst wenn sie vom Deutschesten handeln, von Goethe zum Beispiel, nur noch zu fremden, freien Völkern in ihrer Sprache reden können, während sie euch stumm und unbekannt bleiben müssen. Mein Werk wird eines Tages zu euch zurückkehren, das weiß ich, wenn auch ich selbst es nicht mehr kann. Solange ich lebe aber, und selbst als Bürger der Neuen Welt, werde ich ein Deutscher sein und leide unter dem Schicksal Deutschlands und all dem, was es nach dem Willen verbrecherischer Gewaltmenschen seit sieben Jahren, moralisch und physisch, der Welt zugefügt hat. Die unerschütterliche Überzeugung, daß dies kein gutes Ende nehmen kann, hat mir in diesen Jahren immer wieder warnende Äußerungen eingegeben, von denen einzelne, wie ich glaube, zu euch gedrungen sind. Im Kriege jetzt gibt es für das geschriebene Wort keine Möglichkeit mehr, den Wall zu durchdringen, den die Tyrannei um euch errichtet hat. Darum ergreife ich gern die Gelegenheit, die die englische Behörde mir bietet, euch von Zeit zu Zeit über das zu berichten, was ich hier sehe, in Amerika, dem großen und freien Land, in dem ich eine Heimstatt gefunden habe.«[19]

Die Themen der Sendungen wechselten. Mann wendete sich an alle Deutschen; einmal anläßlich einer Rede Hitlers, ein anderes Mal im Zusammenhang mit dem Auftreten eines von Hitlers Paladinen, dann wieder vor dem herannahenden Weihnachtsfest oder auf Grund einer Nachricht über die von den Nazis in den okkupierten Ländern begangenen Verbrechen. Im Verlauf dieser langen Kriegsjahre verließ ihn selbst in der Zeit der größten militärischen Siege des Dritten Reiches nie die Gewißheit, Deutschland werde den von ihm selbst entfesselten Krieg verlieren und schwer büßen.

Diese Sendungen hatten auch die Aufgabe, die Lügenpropaganda des Dritten Reiches zu entlarven und die Deutschen dazu zu bewegen, daß sie die Macht des nationalsozialistischen Regimes stürzten, ohne darauf zu warten, daß andere es für sie tun. Die Ansprachen waren nicht als essayistische Meditationen gedacht, sie sollten erschüttern, die Augen öffnen, Mut geben und die Deutschen an die eigene Verantwortung für ihre Handlungen gemahnen. Weder die Thomas Mann eigene Ruhe und Mäßigung noch die Eleganz des Wortes und die Vornehmheit des Gedankens waren in ihnen wiederzufinden. Es waren Manifeste, die Empörung und Haß atmeten, Proteste eines in tiefster Seele getroffenen Menschen.

Die letzte Ansprache hielt Thomas Mann nach der Kapitulation Deutschlands. Am 10. Mai 1945 verabschiedete er sich von seinen deutschen Hörern. »Wie bitter ist es«, sagte er, »wenn der Jubel der Welt der Niederlage, der tiefsten Demütigung des eigenen Landes gilt! Wie zeigt sich darin noch einmal schrecklich der Abgrund, der sich zwischen Deutschland, dem Land unserer Väter und Meister, und der gesitteten Welt aufgetan hatte!

Die Sieges-, die Friedensglocken dröhnen, die Gläser klingen, Umarmungen und Glückwünsche ringsum. Der Deutsche aber, dem von den Allerunberufensten einst sein Deutschtum abgesprochen wurde, der sein grauenvoll gewordenes Land meiden mußte – er senkt das Haupt in der weltweiten Freude; das Herz krampft sich ihm bei dem Gedanken, was sie für Deutschland bedeutet, durch welche dunklen Tage, welche Jahre der Unmacht zur Selbstbesinnung und abbüßender Erniedrigung es nach allem, was es schon gelitten hat, wird gehen müssen.

Und dennoch, die Stunde ist groß – nicht nur für die Siegerwelt, auch für Deutschland, – die Stunde, wo der Drache zur Strecke gebracht ist, das wüste und krankhafte Ungeheuer, Nationalsozialismus genannt, verröchelt und Deutschland von dem Fluch wenigstens befreit ist, das Land Hitlers zu heißen. Wenn es sich selbst hätte befreien können, früher, als noch Zeit dazu da war, oder selbst spät, noch im letzten Augenblick; wenn es selbst mit Glockenklang und Beethoven'scher Musik seine Befreiung, seine Rückkehr zur Menschheit hätte feiern können, anstatt daß nun das Ende des Hitlertums zugleich der völlige Zusammenbruch Deutschlands ist, – freilich, das wäre besser, wäre das Allerwünschenswerteste gewesen. Es konnte wohl nicht sein. Die Befreiung mußte von außen kommen; und vor allem, meine ich, solltet ihr Deutsche sie nun als Leistung anerkennen, sie nicht nur als Ergebnis mechanischer Übermacht an Menschen und Material erklären ...

Ich sage: es ist trotz allem eine große Stunde, die Rückkehr Deutschlands zur Menschlichkeit. Sie ist hart und traurig, weil Deutschland sie nicht aus eigener Kraft herbeiführen konnte. Furchtbarer, schwer zu tilgender Schaden ist dem deutschen Namen zugefügt worden, und die Macht ist verspielt. Aber Macht ist nicht alles, sie ist nicht einmal die Hauptsache, und nie war deutsche Würde eine bloße Sache der Macht. Deutsch war es einmal und mag es wieder werden, der Macht Achtung, Bewunderung abzugewinnen durch den menschlichen Beitrag, den freien Geist.«[20]

Kehren wir jedoch zum Jahre 1940 zurück. Am 13. Oktober kam im New-Yorker Hafen das griechische Schiff »Nea Hella« mit Emigranten an, denen die Flucht aus Frankreich gelungen war. Unter ihnen befanden sich Alfred Döblin, Franz Werfel mit seiner schönen Frau Alma, der Witwe Mahlers, Fritz von Unruh, Leonhard Frank, Konrad Heiden, und auch Heinrich Mann samt Gattin und dem Sohne Thomas', Golo. Sie wurden von Thomas Mann, Frau Katja und Klaus erwartet; auch Frank Kingdon war da. »Die Flüchtlinge scheinen beinahe alle in recht guter Form, ausgeruht und gebräunt nach der langen Seereise«, heißt es in Klaus Manns Erinnerungsbuch. »Nur Frau Alma wirkt etwas reduziert, gestürzte Königin jeder Zoll. Übrigens dürfte sie manches durchgemacht haben. Jeder bringt seine schreckliche Geschichte mit. Heinrich berichtet beim Lunch im ›Bedford‹, mit den Eltern, Gumpert, Annemarie S., von seiner nächtlichen Flucht über die französisch-spanische Grenze. Der steile Bergpfad, den es zu erklimmen galt, war, wie der Erzähler mit sanfter Mißbilligung konstatierte, ›eigentlich für Ziegen gedacht, nicht für einen Schriftsteller reiferen Alters. Und überhaupt, wie kommt man dazu? Man ist schließlich kein Verbrecher!‹ «[21]

Im Lauf weniger Tage war fast die ganze Familie in den Vereinigten Staaten versammelt. Erika kam aus England mit dem Flugzeug. Monika befand sich auf dem Schiff unterwegs nach Amerika, man erwartete sie eigentlich jeden Tag. Die anderen, Klaus, Michael und Elisabeth, lebten hier bereits seit einiger Zeit mit den Eltern.

Damals kamen aus Europa die ersten Exemplare des Buches *Die vertauschten Köpfe* an, es war bei Bermann-Fischer in Stockholm erschienen. Das Thema der Novelle hatte Mann aus dem Mythenbuch des Indologen Heinrich Zimmer geschöpft. Der Autor nannte das Buch » . . .eine Maya-Groteske aus der Sphäre des Kults der Großen Mutter, zu deren Ehre sich die Leute die Köpfe abschneiden – ein Entzweiungs- und Identitätsspiel, nicht sehr ernst . . .«[22] Die Erzählung hatte die Form der Legende, sie war ein Spiel von Märchenmotiven, das sich zwischen drei jungen Menschen entspann: dem wunderschönen Mädchen Sita und zwei Freunden, deren einer von den Göttern mit hohem Verstand, der andere mit einem starken und schönen Körper beschenkt worden war.

Thomas Mann kehrte hier zum Konflikt seiner frühen Jahre zurück, zum Kampf zwischen Geist und Leben, Gedanken und Materie. Die Novelle war ein humoristischer Versuch, beide Elemente zu versöhnen, ein Bemühen, die Natur zu korrigieren, die, anstatt die Kontraste zu vereinigen, sie meistens gegeneinander stellt. Da es jedoch kaum möglich ist, die Naturgesetze zu ändern, spielt sich hier alles in der Sphäre des Unwahrscheinlichen, der Phantasie, des grotesken Scherzes ab. Doch nicht nur im Thema, auch im Stil der Novelle vermischten sich einander widersprechende Elemente: Pathos und Ironie, Heiterkeit und Grauen.

Im Herbst 1940 fanden in den Vereinigten Staaten die Präsidentenwahlen statt, denen die Emigranten große Bedeutung beimaßen, wußten sie doch, daß von der Person des kommenden Präsidenten in hohem Maße Amerikas Haltung im Hinblick auf den europäischen Krieg abhängen würde. Der Sieg Roosevelts – er zog zum drittenmal in das Weiße Haus ein und galt als Gegner der isolationistischen Politik – wurde von den Flüchtlingen mit Befriedigung aufgenommen. Sein Erfolg freute besonders Thomas Mann, dem der neue Präsident am Beginn des darauffolgenden Jahres eine Audienz gewährte. Am 14. und 15. Januar waren der Dichter und seine Frau Gäste des Weißen Hauses. »Er hat mir wieder starken Eindruck gemacht«, schrieb Mann an Frau Meyer, »oder doch mein sympathisches Interesse neu erregt: Die Mischung von Schlauheit, Sonnigkeit, Verwöhntheit, Gefallustigkeit und ehrlichem Glauben ist schwer zu charakterisieren, aber etwas wie Segen ist auf ihm, und ich bin ihm zugetan, als dem, wie mir scheint, geborenen Gegenspieler gegen das, was fallen muß.«[23]

Über den Verlauf des Gesprächs mit dem Präsidenten erfahren wir aus den Erinnerungen Klaus Pringsheims, des Bruders von Frau Katja, der seit vielen Jahren in Tokio lebt, wo er Dirigent und Professor am Konservatorium ist. »Nach dem Krieg«, erinnert sich Pringsheim, »hat mir Thomas Mann erzählt, Roosevelt hätte ihm offenbart, daß er sich völlig bewußt gewesen wäre, daß es Amerikas Aufgabe sei, die Welt von Hitler zu befreien, daß aber das amerikanische Volk noch zu unvorbereitet sei, eine solche verantwortliche Rolle in der internationalen Politik zu spielen. Deshalb sei es nötig, das Volk zu Amerikas weltweiter Verantwortung schrittweise zu erziehen, und daß Amerika inzwischen versuchen würde, die Feinde Hitlers zu stärken und zu unterstützen. Thomas Mann persönlich bewunderte Roosevelt und machte ihn fast zu einem Idol.«[24]

Zwei Monate nach der Aussprache mit dem Präsidenten übersiedelte Thomas Mann aus Princeton nach Kalifornien. Vorläufig wohnte er in einem gemieteten, kleineren Haus in einer stillen Gegend, abseits vom Verkehr. Doch ehe er hierher übersiedelte, begab er sich nach Berkeley, wo er ein weiteres Ehrendoktorat erhalten und Mitglied des ›Phi-Beta-Kappa‹, der ältesten akademischen Vereinigung der Staaten, werden sollte, in die alljährlich die besten Studenten und einige besonders sorgfältig ausgewählte Ehrenmitglieder aufgenommen wurden.

Vor der Abreise reichte die Zeit gerade noch, um sich in Los Angeles mit Bruder Heinrich, der sich in Kalifornien niedergelassen hatte, und mit dem alten Freund Bruno Frank zu treffen, der schon seit 1939 hier lebte. In Berkeley erwartete ihn am Flughafen eine Ehrenabordnung, der die Polizei den Weg bahnte. »Der zweistündige Flug«, schrieb Mann an Kahler, »mit vorzüglichem Frühstück über den Wolken und das großartige Gebirge hin war ein Haupt-Erlebnis. Ein anderes die Abholung vom Flugplatz unter Polizei-Bedeckung mit Sirenengeheul durch alle Lichter. (Verkehrsampeln, Anm. d. Verf.) Was mir auch noch nicht passiert.«[25]

Die Überreichung des Diploms an der kalifornischen Universität und die Aufnahme in die Vereinigung ›Phi-Beta-Kappa‹ gingen mit großem Pomp vor sich und wurden am selben Abend mit einem Empfang und einer Rede Thomas Manns abgeschlossen. »Die Ceremonie auf dem Campus«, schilderte Mann das Ereignis, »wahrscheinlich dem landschaftlich reizvollsten der Welt, war ausnahmsweise vom Wetter begünstigt; die Sonne schien, und so bot das große Amphitheater, von der stage gesehen, wo wir mit Katja's Bruder wieder zusammentrafen, ein reizendes, farbenreiches Bild. Da wurde ich nun also Dr. of law, auch etwas Neues, aber ich merkte es weiter nicht. Auch die freimaurerische Aufnahme in das Chapter von Phi Beta Kappa (Philosophia bioy Kybernetes) war höchst dignified; danach kam ein großes Bankett, und dann, als es schon guten Sinn gehabt hätte, zu Bette zu gehen, ging es erst an meine Vorlesung, in zwei überfüllten Sälen, einem, wo ich sprach, und einem, wo man mich bloß hörte. Ich hatte den Text passend abgeändert und sprach über die Verantwortlichkeit des Denkers für das Leben, woran es in Deutschland gefehlt habe, auch über Nietzsche, der, wenn er lebte, heute in Amerika wäre und von amerikanischer Toleranz trotz seiner romantischen Sünden in den Phi Beta Kappa-Orden aufgenommen würde. Das erregte Heiterkeit.«[26]

Im Juli begannen die Arbeiten auf dem Bauplatz. Mitten im Krieg, in einem fremden Land, im sechsundsechzigsten Jahre seines Lebens, ging der »beharrliche Villenbesitzer«, wie Hermann Kesten Mann nannte, an den Bau des neuen Hauses. Es ging ihm nicht schlecht, aber es ging ihm auch nicht besonders gut, denn seine Honorare waren nach dem Verlust des deutschen und europäischen Marktes geringer geworden. *Lotte in Weimar* hatte gute amerikanische Kritiken, aber keineswegs hohe Auflagen erreicht. Der Dichter sah jedoch vertrauensvoll in die Zukunft, war voller Energie, gesund und fühlte, daß er seiner Schaffenskraft, die ihn bisher nicht verlassen hatte, noch viel zutrauen konnte. Er war dem Glück dankbar, das ihn auch in der Verbannung nicht im Stich gelassen hatte, und sprach dies in einem Brief an Frau Meyer aus, den man als eine Rekapitulation und einen Versuch der Selbstbesinnung bezeichnen kann, eine der interessantesten jener Zeit.

»Im Prinzip«, schrieb er über sein Leben, »empfinde ich es mit Dankbarkeit als ein *glückliches, gesegnetes* Leben – ich sage: im Prinzip; denn nicht darauf kommt es an, daß in einem solchen Leben nicht natürlich auch allerlei Qual und Dunkel und Fährnis vorkommt, sondern darauf, daß sein Untergrund heiter, sozusagen sonnig ist – und von diesem her ist dann endlich doch alles bestimmt. Ich bewundere es oft ganz sachlich, rein als Phänomen, wie ein freundlich intentioniertes Individuelles sich auch gegen die widrigsten äußeren Umstände durchzusetzen und für sich das Beste daraus zu machen weiß ...

Wirklich, wenn ich das Maß von Blut und Tränen, Elend und Untergang in Betracht ziehe, das heute auf Erden herrscht, so habe ich allen Grund, meinem Schicksal dankbar zu sein, wie richtig und gütig und angemessen es doch immer mit mir hinausgewollt hat. Das ist relativ zu verstehen; ich möchte nicht euphorisch scheinen. Natürlich hat es viele Verluste und Zerstörung und schwierige Umgewöhnung auch für mich gegeben. Aber mein Werk ist ungestört fortgeschritten, neue Möglichkeiten, mich um das Menschliche verdient zu machen, sind mir zugewachsen, viel Zutrauen und Ehrenerweisung sind mir treu geblieben, und meine äußere Lebensform hat keine merkliche Erniedrigung erlitten.«

Thomas Mann bekannte sich in dieser Beichte nicht zu einem »harten Leben« und lehnte den Nimbus des Leidens ab: »Ein hartes Leben? Ich bin ein Künstler, das heißt: ein Mensch, der sich unterhalten will – dafür soll man kein feierliches Gesicht ziehen. Freilich – und das ist wieder ein Joseph-Citat – kommt es darauf an, wie hoch man es bringt in der Unterhaltung: je höher, desto absorbierender wird die Geschichte. In der Kunst hat man es mit dem Absoluten zu tun, und das ist kein Kinderspiel. Aber ein Kinderspiel ist es dann eben doch wieder, und ich vergesse nie das ungeduldige Wort Goethe's: ›Von Leiden kann ja bei der Kunst keine Rede sein.‹ Rückblickend hat er dann später gesagt: ›Es war das ewige Wälzen eines Steines, der immer von neuem gehoben sein wollte.‹ Gut bemerkt. Aber man sollte uns den verfluchten Felsblock nur wegnehmen, und wir würden sehen, welches Heimweh wir danach hätten! Nein, von Leiden kann in der Kunst nicht die Rede sein. Wer sich ein im tiefsten Grunde so vergnügliches Geschäft erwählt hat, soll vor ernsthaften Leuten nicht den Märtyrer spielen.

Die Politik? Die qualvolle und beschämende Weltgeschichte? Nun ja, sie liegt einem wie Centnerlast auf der Brust; aber interessant und spannend ist es ja auch wieder damit, und wenn recht behalten glücklich machte, so müßte ich sehr glücklich sein, denn wie es mit dem ›National-Sozialismus‹ gehen würde, darin habe ich vollkommen recht behalten, vor meinen Landsleuten und vor der Appeaser-Welt, und nach menschlichem Ermessen werde ich auch recht behalten, was seinen Ausgang betrifft. Zutiefst bin ich überzeugt, daß Hitlern der Stab gebrochen ist, und daß er zugrunde gehen wird – auf wieviel Umwegen und unter wieviel unnötigen Umständlichkeiten das auch geschehen möge . . .«[27]

Fast die ganze zweite Jahreshäfte 1941 war mit der Arbeit am zweiten Teil des letzten Bandes von *Joseph* und einer sechswöchigen Vortragsreihe ausgefüllt. Zum Jahresende wurde Mann, dank der Fürsprache des Ehepaares Meyer, vom Direktor der Kongreßbibliothek in Washington, Archibald McLeish, zum ›Consultant in Germanic Literature‹ an der ›Library of Congress‹ ernannt. Das war ein Ehrenamt, aber kein unbezahltes, denn es sicherte ein Jahressalär in der Höhe von 4800 Dollar. Thomas Mann bezog es von 1941 bis 1944. Dann lehnte er es ab, versah aber dieses Amt bis zu seinem Tode.

Im Dezember wurde Amerika von einer Nachricht erschüttert, die wie ein Blitz aus heiterem Himmel kam: die Japaner hatten die amerikanische Pazifikflotte in Pearl Harbor angegriffen und paralysiert. Kurz darauf erklärten die Vereinigten Staaten und Großbritannien Japan den Krieg, worauf Deutschland und Italien mit der Kriegserklärung an die Vereinigten Staaten reagierten. »Der Schlag von Pearl Harbor«, schrieb Mann an Agnes Meyer, »ist mir schrecklich nahe gegangen. Sei es um die Schiffe! Aber so viele kostbare junge Menschenleben! Wie war nur so wenig Wachsamkeit in diesem Augenblick möglich? – Und es wird weiter schwer gehen. Viel Freude ist wohl von den ost-asiatischen und pacifischen Kriegsschauplätzen nicht zu erwarten, für Monate und vielleicht für Jahre nicht. Gerade darum war ich glücklich, daß der Präsident den japanischen Krieg sogleich in den universellen Rahmen stellte und keinen Zweifel darüber ließ, daß der Haupt- und Erzfeind in Berlin sitzt. Ihn gilt es zu schlagen, alles Übrige folgt dann von selbst. Und dazu ist in Rußland ein guter Anfang gemacht. Die ganze deutsche Front von Petersburg bis zum Schwarzen Meer auf dem Rückzug! Man sollt' es nicht glauben. Es ist mehr als die Marne. Ob die Deutschen dafür zu haben sein werden, im Frühjahr *das* von vorn anzufangen? –«[28]

Der Eintritt der Vereinigten Staaten in den Krieg verschlechterte die Lage der Emigranten jener Länder, mit denen sich die Staaten im Krieg befanden. Die Flüchtlinge aus Deutschland und Italien wurden kraft der Gesetze zur Kategorie der ›enemy aliens‹ gerechnet, was unter den Gegnern des Hitler- und Mussolini-Regimes Erbitterung hervorrief. Die Flüchtlinge versuchten, dem entgegenzuwirken, und eine Gruppe von Künstlern und Gelehrten wandte sich sogar an Roosevelt mit dem Ersuchen, den rechtlichen Status der erklärten Feinde des Faschismus zu verbessern. Das Telegramm unterzeichneten: Thomas Mann, Giuseppe Borgese, Albert Einstein, Bruno Frank, Graf Sforza, Arturo Toscanini und andere. Die zweite Tatsache wiederum, daß die Anti-Hitler-Front stärker geworden war, erfüllte alle Emigranten mit neuem Mut.

In Kalifornien

Im Februar 1942 übersiedelte die Familie Mann in die neue Villa in Pacific Palisades. Zum erstenmal seit er Deutschland verlassen hatte, bewohnte er wieder ein eigenes Haus. Die Villa war von einem schönen, großen Garten umgeben. Auf der einen Seite konnte man über Palmen- und Orangenhaine bis zur pazifischen Küste hinausblicken, von der anderen Seite war Los Angeles zu sehen, das sich nach der Dämmerung in ein Lichtermeer verwandelte. »Die Landschaft um unser Haus herum, mit dem Blick auf den Ozean, sollten Sie sehen«, schrieb Mann an Hermann Hesse, »den Garten mit seinen Palmen, Öl-, Pfeffer-, Citronen- und Eukalyptusbäumen, den wuchernden Blumen, dem Rasen, der wenige Tage nach der Saat geschoren werden konnte. Heitere Sinneseindrücke sind nicht wenig in solchen Zeiten, und der Himmel ist hier fast das ganze Jahr heiter und sendet ein unvergleichliches, alles verschönerndes Licht.«[1]

»Das Haus, das sich sehr bald als zu groß erwies«, erinnert sich Manns Sekretär, Konrad Kellen, »war sehr komfortabel und gewährte dem Schriftsteller ausgezeichnete Arbeitsbedingungen. Die eigens für ihn gebaute Villa unterschied sich von anderen ähnlichen Häusern durch den kleinen Flügel, der das private Refugium des Dichters bildete. Es bestand aus einem mittelgroßen, quadratischen Arbeitszimmer zu ebener Erde mit freiem Blick über Avocado-Haine, vereinzelte Villen und ferne Abhänge, hinter denen sich der Stille Ozean auftat. Das Schlafzimmer lag unmittelbar über diesem Raum. Das behaglich-elegant eingerichtete ›Dichterverlies‹ war mit dem Hauptteil des Hauses durch einen schmalen Korridor verbunden, der unmittelbar in das große Wohnzimmer führte. Hier empfing Thomas Mann seine Gäste zum Tee oder Nachtmahl. Seine wichtigsten Stunden verbrachte er jedoch in dem Privatflügel.«[2]

Besonders zufrieden war Mann mit seinem Arbeitszimmer – »das schönste Arbeitszimmer, das ich in meinem Leben hatte« –, wo eine stattliche Bibliothek untergebracht war, bestehend aus alten, sorgsam gehüteten Büchern und Neuerwerbungen, und wo der schöne Münchner Schreibtisch stand. In diesem Haus verbrachte er zehn Jahre, bis zur Rückkehr nach Europa, hier vollendete er den letzten Band der biblischen Tetralogie, hier schrieb er auch den *Doktor Faustus*, das größte Werk dieser Zeit.

Die erste Erwähnung dieses Romans stammt aus der Zeit, als er in die Villa in Pacific Palisades übersiedelte. Es war vorläufig ein nebelhafter Gedanke, eher der Schatten eines Plans: »Mein neues Bürgernest«, teilte er Frau Meyer mit, »gedeiht sehr langsam zu bürgerlicher Ordnung. Aber mein Arbeitszimmer ist leidlich fertig, und meine Gedanken gehen dort manchmal über den nur noch aufzuarbeitenden Joseph hinaus zu einer Künstler-Novelle, die vielleicht mein gewagtestes und unheimlichstes Werk werden wird.«[3]

Selbstverständlich begann es, wie immer, mit einer Novelle und endete dann mit einem umfangreichen Roman.

Inzwischen ging die Einrichtung des Hauses sehr langsam vor sich und war überaus kostspielig. »Es geht sehr langsam vorwärts mit der Komplettierung unseres letzten Nestes«, schrieb Mann an Erika, »das wir doch wohl anders gemacht hätten, wenn das alles so vorauszusehen gewesen wäre. Denn wozu eigentlich der weite living-room (der noch eine Wüste ist) und die vielen Kinderzimmer? Die Geselligkeit wird zurückgehen, Kinder kommen nicht, müssen ihr eigenes Leben führen, und wenn Golo einen Job bekommt, was man ihm herzlich wünschen muß, werden wir ganz allein mit dem armen Mönchen (Koseform für Monika, Anm. d. Verf.) in der mühsam hergestellten Pracht vergreisen und verseufzen. Bisher in der Emigration haben wir uns ja eigentlich immer in gemachte Betten gelegt und eben nur unsere Wanderhabe ausgepackt.«[4]

Die Einsamkeit wurde durch die Nähe des Bruders Heinrich gemildert, der in Los Angeles lebte. Der alte Zwist war verhallt, die frühere Vertraulichkeit war wieder da, gefestigt durch die gemeinsame Bitternis der Emigration. Mann sprach mit Freude von diesen kalifornischen Jahren, die ihn seinem Bruder sehr viel näher brachten: »Die Entfernungen hierzulande sind beschwerlich. Die zwischen seinem Platz und unserem könnte hinderlicher sein: Sie beträgt eine halbe Stunde Wagenfahrt, wenn man Glück hat mit den Lichtern. Es ist so, daß wir näher dem Ozean, schon in den Hügeln von Santa Monica leben, während er in städtischer Gegend, landeinwärts, nicht gerade down-town, aber in Los Angeles doch, seine Wohnung hat. Gern, einmal wöchentlich gewiß, läßt er sich von uns ins Ländliche holen und verbringt die Stunden vom Lunch bis zum

Dunkelwerden bei uns. Zur Abwechslung finden wir uns bei ihm zu einer Art von Picknick-Abendessen ein, das außerordentlich gemütlich zu sein pflegt und nach welchem er uns, nach Befinden, aus neuen Merkwürdigkeiten liest, die er geschrieben, oder von dem zu hören verlangt, was ich zustande gebracht.

Man plaudert, man spricht von der Vergangenheit, von italienischen Tagen, von unseres Lebens wunderlicher Führung, in deren Billigung wir uns finden, von den Zeitereignissen. Seine Art, sich über diese zu äußern, könnte man jovial nennen, da sie nicht weit entfernt ist von dem, was kritische Beobachter Goethe's seine ›Toleranz ohne Milde‹ nannten. Nein, milde ist er nicht, aber duldsam von oben herab und recht pessimistisch. Dem Faschismus verheißt er noch eine große Zukunft – natürlich, denn da nie ernstlich und ungebrochenen Willens gegen ihn Krieg geführt wurde, ist er auch nicht geschlagen und wird bewußt, halbbewußt, am liebsten unbewußt begünstigt so gut wie zur Zeit des appeasement. Die Furcht vor seinen Greueln, die schließlich Ordnungsgreuel sind, wird weit überwogen von der vor seiner Alternative, dem Sozialismus, und so stehen die Gemüter ihm offen. Die amerikanischen Soldaten lernen ihn in Europa – sie könnten ihn eben so gut zu Hause lernen, wenn sie ihn überhaupt erst lernen müßten. Die Epoche selbst ist faschistisch – eine Feststellung, die sich gelassen gibt, aber eine resignierende Brandmarkung ist.

Es gibt über diese Dinge zwischen uns keine Meinungsverschiedenheiten. Zu seiner Nichte Erika, meiner Ältesten, hat er auf einer Heimfahrt von uns einmal gesagt: ›Mit Deinem Vater verstehe ich mich politisch jetzt wirklich recht gut. Etwas radikaler ist er als ich.‹ Das klang unendlich komisch, aber was er meinte, war unser Verhältnis zu Deutschland, dem teuern, auf das er weniger zornig ist als ich, aus dem einfachen Grunde, weil er früher Bescheid wußte und keinen Enttäuschungen ausgesetzt war. Heute lehnt er es ab, in der deutschen Aufführung einen ganz und gar ›monströsen Einzelfall‹, eine ›unbedingte und zusammenhanglose Verschuldung‹ zu sehen – ich brauche seine Worte. Es ist bedingt und erklärlich, wenn nicht verzeihlich, und die Deutschen sind auch nur Menschen: Ich glaube, die Behauptung, sie seien so ganz ausnehmend schlecht, würde ihm als eine Form des Nationalismus erscheinen. Er hat von der deutschen Verrücktheit an Qual und Einbuße so viel auszustehen gehabt wie ich – mehr sogar, da er bei seiner Flucht aus Frankreich in persönlicher Lebensgefahr geschwebt hat. Aber er bringt es fertig, es den Menschen dort nicht übelzunehmen, wie ich ihnen, schlecht und recht, den Verlust von Freunden nachtrage, die Zierde meines Lebens waren. (Karel Čapek, der an gebrochenem Herzen starb, Menno ter Braak in Holland, der sich erschoß.) Die Sache ist, daß er obgleich von zarter Körperbeschaffenheit, seelisch immer viel ausgeglichener war als ich, und dabei politisch viel früher auf dem Plan.«[5]

Außer dem Bruder lebten in der nächsten Nachbarschaft einige deutsche und österreichische Schriftsteller, etwa Bruno Frank, Leonhard Frank, Lion Feuchtwanger, Alfred Döblin, Franz Werfel. Hier ließen sich auch die Komponisten Arnold Schönberg, Ernst Křenek, Ernst Toch und Hanns Eisler nieder sowie Philosophen und Kunsttheoretiker; unter ihnen war auch Theodor W. Adorno. Doch nicht nur die Menschen, auch die Landschaft war der Arbeit günstig. »Bloß zwischen den Zeilen«, schrieb Monika Mann, »sei gesagt, daß ich glaube, die entrückte Eleganz jener fernen Küste, ihre beinah abstrakte Schönheit und mondäne Öde, die meinen Vater zwölf Jahre lang umgaben, haben großen Einfluß auf ihn und sein Werk ausgeübt, haben ihn aus eigenen Traditionen ins Stilistisch-Waghalsige geführt, ihm den Mut für jene sprachlichen Experimente des ›Erwählten‹ gegeben, die abgründig-polemische ›Hauptkonfession‹ des ›Faustus‹ ausgelöst und – obwohl er es schon in Europa schrieb – zu der scheinbar anrüchigen, doch in Wahrheit universell gesteigerten Selbstparodie des ›Krull‹ beigetragen. Die strahlende Leere und Monotonie und Menschenfeindlichkeit jener Landschaft werfen den Menschen und gar den musischen Menschen auf schier grausame Art in sich selbst zurück, so daß er sein Eigenstes im Widerschein jener gleichsam jenseitigen Umgebung hervorzukehren vermag.«[6]

Die gute Stimmung der ersten Tage im neuen Haus wurde durch eine Nachricht aus Brasilien getrübt: am 23. Februar 1942 nahmen sich Stefan Zweig und dessen Frau in Petropolis bei Rio de Janeiro das Leben. »Die Nachricht von Stefan Zweigs Selbstmord in Brasilien kam so völlig unerwartet«, heißt es bei Klaus Mann, »daß ich sie zunächst kaum glauben konnte. Bei Toller war man auf dergleichen vorbereitet; aber doch nicht bei *ihm*, der so lebensfroh, so genießerisch, so verwöhnt vom Glück, so ausgeglichen, so *vernünftig* schien! Er hatte Ruhm, Geld, sehr viel Freunde, eine junge Frau – und warf alles fort ... Warum? In seinem Abschiedsbrief ist vom Krieg die Rede. Der Krieg, Triumph der Barbarei, Durchbruch zerstörerischer Urinstinkte! Dem Humanisten graut. Ist dies noch seine Welt? Er erkennt sie nicht mehr. ›Ich passe nicht in diese Zeit.

Diese Zeit mißfällt mir ...‹ Und greift zum Gift. Ruhm, Geld und Freunde läßt er hier zurück, die junge Frau aber wird mitgenommen.«[7]

Stefan Zweig gehörte zu jenen Schriftstellern, denen es unmöglich war, in der Emigration zu leben. Resignation und die Überzeugung, daß sein Schaffen in der Zeit des Krieges jeden Sinn verliert, verließen ihn keinen Augenblick. Zweig verschwieg nicht, daß er mit der Zeit, die ihn von seiner früheren geistigen Welt trennte, den Glauben an die Zweckmäßigkeit dessen, was er bisher getan hatte, verlor. Und er war doch in der glücklichen Lage, daß er den Sorgen entging, die anderen Emigranten das Leben vergifteten. Er hatte weder die Angst und Erniedrigung im Lager, noch hatte er die Not kennengelernt. Eine Vielzahl von Übersetzungen sicherte ihm, genau wie Thomas Mann, ein sorgloses Leben und die Möglichkeit, ruhig zu arbeiten. Um so mehr litt er unter dem inneren Druck der Emigration. Die Zeit des Ersten Weltkrieges hatte er, wie Leonhard Frank, in der Schweiz verbracht. Die neuerliche Emigration war für ihn eine besonders schwere Last. Als er von Österreich nach England ausreiste, litt er fühlbar unter dem Verlust des Leserkreises, für den er bisher geschrieben hatte. Der Weg seiner Bücher nach Österreich und Deutschland war versperrt, und eine Möglichkeit, sich an die neue Umgebung und die Bedürfnisse neuer Leser anzupassen, erschien ihm unwahrscheinlich.

Thomas Mann nahm die Nachricht von Zweigs Selbstmord mit Mißbilligung hin, er sah darin, genaugenommen, eine Desertion. In einem Brief an Friederike Zweig, die erste Frau des Dichters, schrieb er: »War er sich keiner Verpflichtung bewußt gegen die Hunderttausende, unter denen sein Name groß war, und auf die seine Abdankung tief deprimierend wirken mußte? Gegen die vielen Schicksalsgenossen in aller Welt, denen das Brot des Exils ungleich härter ist, als es ihm, dem Gefeierten und materiell Sorgenlosen war? Betrachtete er sein Leben als reine Privatsache und sagte einfach: ›Ich leide zu sehr. Sehet ihr zu. Ich gehe.‹ Durfte er dem Erzfeinde den Ruhm gönnen, daß wieder einmal Einer von uns vor seiner ›gewaltigen Welterneuerung‹ die Segel gestrichen, Bankrott erklärt und sich umgebracht habe? Das war die vorauszusehende Auslegung dieser Tat und ihr Wert für den Feind. Er war Individualist genug, sich nicht darum zu kümmern.«[8]

Das harte Urteil über den Schritt, zu dem Zweig sich entschlossen hatte – zehn Jahre später hat Thomas Mann eingesehen, daß es ein ungerechtes Urteil gewesen war –, wirft ein Licht auf den Kontrast zwischen zwei Individualitäten, den die Emigration noch mehr vertieft hatte. Stefan Zweig, unbedingter Pazifist, war ein Gegner der Politik, er sah in ihr ein feindliches und todbringendes Element. Als die Emigration ihn in den Strudel der Politik hineinriß, von der er sich bis dahin fernhalten konnte, zog er die Konsequenzen. Thomas Mann, für den die apolitische Haltung anfangs ein Lebensprogramm war, kam am Ende zur Überzeugung, daß man nicht außerhalb der Politik leben konnte. In einem Brief an Hermann Hesse formulierte er unverhüllt diesen Unterschied zwischen ihm und Stefan Zweig: »Ich habe Zweig nie verstanden, der sich einschläferte, weil er ›seine Welt untergehen sah‹. Ich fühle mich an die untergehende Welt nur teilweise gebunden und könnte in jeder leben, nur nicht unter Hitler.«[9]

Die zweite Hälfte des Jahres 1942 verging im Zeichen des biblischen Zyklus, dessen letzter Band der Vollendung entgegensah. Das Schreiben ging Thomas Mann nun, nach Überwindung einer Krise von kurzer Dauer, leicht von der Hand. »Die Arbeit an Joseph«, schrieb er, »macht mir jetzt solchen Spaß, daß ich immer kaum den nächsten Vormittag erwarten kann. Der Band wird gegen das Ende hin immer lockerer, dramatischer, märchenhafter und amüsanter, was gut ist für den Leser.«[10] Es waren nur mehr ein paar Kapitel des Buches zu schreiben, das zur gleichen Zeit von Frau Helen Lowe-Porter ins Englische übersetzt wurde. »Ich stehe in den letzten Kapiteln«, schrieb er an Frau Meyer, »und wenn es nach mir ginge, könnte der Band gut und gerne im Frühjahr erscheinen. Aber Mrs. Lowe ist noch weit zurück, und ich mag die alte Frau nicht zu flüchtiger Eile treiben. Lieber möge es Herbst 43 werden, bis das Buch erscheint. Es kommt nun darauf auch nicht mehr an. Übrigens hat die Lowe mir die Übersetzung von ›Thamar‹ geschickt, die, von ein paar kleinen Irrtümern abgesehen, *ausgezeichnet* ist. After all ist sie doch wohl die beste Interpretin, die Knopf für mich finden konnte.«[11]

Im November mußte der Verfasser wieder, nun zum letztenmal, die Arbeit am Joseph unterbrechen. Der Grund war eine Reise nach Osten: Chikago, Washington und New York. In Chikago besuchte er das Ehepaar Borgese. »Die Tage von Chikago«, lesen wir in *Die Entstehung des Doktor Faustus,* »hatten im Zeichen des afrikanischen Krieges gestanden, erregender Nachrichten über den Durchmarsch deutscher Truppen durch den unbesetzten Teil Frankreichs, dem Protest Pétains, die Verschiffung der Hitler-Korps nach

Tunis, die italienische Besetzung Korsikas, die Wiedereinnahme von Tobruk. Man las von fieberhaften Schutzmaßnahmen der Deutschen überall, wo eine Invasion denkbar war, von Anzeichen für den Übergang der französischen Flotte auf die Seite der Alliierten.«[12]

In der Hauptstadt der Vereinigten Staaten hielt Thomas Mann einen Vortrag in der Kongreßbibliothek. Er sprach hauptsächlich über *Joseph und seine Brüder*, vor mehr als tausend Zuhörern. Nach der Vorlesung traf er bei einem Empfang des Ehepaars Meyer mit amerikanischen Politikern und dem Schweizer Botschafter, Doktor Bruggmann, zusammen. Bei Frau Meyer machte Mann damals auch die Bekanntschaft des sowjetischen Botschafters Litwinow: »Bedeutender noch war mir die persönliche Begegnung mit Maxim Litwinow, den unsere Wirte uns mit seiner charmanten englischen Frau zum Lunch einluden. Diese, höchst aufgeweckt, gesellschaftlich begabt und rasch von Rede, beherrschte bei Tisch die Unterhaltung. Nachher aber hatte ich Gelegenheit, dem Botschafter meine Bewunderung auszudrücken für seine politische Haltung und Tätigkeit vor dem Kriege, seine Reden im Völkerbund, sein Bestehen auf der Unteilbarkeit des Friedens. Immer sei er der einzige gewesen, der die Dinge bei ihrem rechten Namen genannt, der Wahrheit – leider vergebens – zum Wort verholfen habe. Er dankte mir mit einiger Melancholie.«[13]

Nach New York kam Mann in den letzten Novembertagen. Dort lernte er den Verleger Armin Robinson kennen, der ihm den Vorschlag machte, eine Einführung zur Anthologie *Die Zehn Gebote (The Ten Commandments)* zu schreiben. Das sollte eine in mehreren Sprachen herausgegebene Novellensammlung von zehn Autoren von Weltruf werden, die die Verletzung der Moralgesetze des Dekalogs durch den Faschismus illustrierten. Die Sache schien interessant, und Thomas Mann nahm den Vorschlag an.

Die letzte Reiseetappe bildete Princeton, wo Mann mit Bekannten zusammenkam, mit Einstein, Hermann Broch, Helen Lowe-Porter. Im Dezember war er wieder in Pacific Palisades und nahm sofort die Arbeit am letzten Kapitel des Romans auf. Anfang 1943 konnte er endlich sagen: Finis. Das letzte Kapitel des großen Zyklus war druckfertig. »Gestern Mittag habe ich die letzten Zeilen geschrieben . . .«, teilte er Frau Meyer im Brief vom 5. Januar 1943 mit. »So ist es also getan und möge dastehen als ein Monument der Beharrlichkeit und des Durchhaltens, denn dergleichen sehe ich viel eher darin, als etwa ein Monument der Kunst und des Gedankens.

Der Auffassung, daß die Kunst nur eine ethische Erfüllung meines Lebens sei, habe ich schon in den *Betrachtungen* Ausdruck gegeben und sehe mein Werk noch heute ganz vorwiegend unter diesem Gesichtspunkt. Es ist eine Lebensangelegenheit. Daß es darüber hinaus, objektiv, etwas taugen möge, ist eine Hoffnung, keine Behauptung von meiner Seite.«[14]

Und im Tagebuch *Die Entstehung des Doktor Faustus* gab er folgendermaßen den Gefühlen Ausdruck, die ihn damals bewegten, als er die Feder weglegte: »Das große Erzählwerk, das mich durch all diese Jahre des Exils, die Einheit meines Lebens gewährleistend, begleitet hatte, war zustandegebracht, war abgetan, und ich war bürdelos, – ein fragwürdig-leichter Zustand für einen, der seit frühen Tagen, den Tagen der ›Buddenbrooks‹, unter einer weithin zu tragenden Bürde gelebt hat und ohne solche kaum recht zu leben weiß.«[15]

Die biblische Geschichte kostete den Verfasser dreizehn Jahre voll von Arbeit. Sie entstand in einer Zeit großer Wandlungen, die sich in Europa vollzogen. Die ersten zwei Bände, *Die Geschichten Jaakobs* und *Der junge Joseph*, waren noch in Deutschland erschienen. »Im Zeichen des Abschiedes von Deutschland stand dieser dritte der Josephromane *(Joseph in Ägypten)*«, so erzählt der Autor, »im Zeichen des Abschiedes von Europa der vierte: *Joseph der Ernährer*, das Schlußstück des Werkes, das seinen Umfang auf mehr als dreitausend Seiten bringt, ist ganz unter amerikanischem Himmel entstanden, und zwar größtenteils unter dem heiteren, dem ägyptischen verwandten Himmel Kaliforniens.«[16]

Die Genese des Romans hat eine noch längere Geschichte. Seine ursprüngliche Idee machte verschiedene Metamorphosen durch, die heute bereits schwer feststellbar sind. An der Jahreswende 1923/24 erwähnte Thomas Mann, der damals den *Zauberberg* schrieb, die ersten Umrisse des Joseph-Themas: »Um diese Zeit, oder etwas früher, zeigte ein Münchener Maler, Jugendfreund meiner Frau, mir eine Bildermappe, die er gefertigt und die die Geschichte Josephs, des Sohnes Jaakobs, in hübscher graphischer Darstellung bot. Der Künstler wünschte sich einen einleitenden Schriftsatz von mir zu seinem Werk, und halb gewillt, ihm den Freundschaftsdienst zu leisten, las ich in meiner alten Familienbibel, in der manche ins Graue verblichene Federunterstreichung von dem frommen Studium längst vermoderter Vorfahren zeugt, die reizende Mythe nach, von der Goethe gesagt hat: ›Höchst anmutig ist diese natürliche Erzählung, nur erscheint sie zu kurz, und man fühlt sich berufen, sie ins einzelne auszumalen.‹ Noch wußte ich nicht, wie sehr mir dieses Wort aus ›Dichtung und Wahrheit‹ zum Motto kommender Arbeitsjahre werden sollte. Aber die Abendstunde war einer tastenden, versuchenden und wagenden Nachdenklichkeit voll, und die Vorstellung von etwas durchaus Neuem: aus aller gewohnten Modernität und Bürgerlichkeit nämlich so tief ins Menschliche erzählerisch zurückzudringen, übte einen unbeschreiblichen sinnlich-geistigen Reiz auf mich aus. Neigungen der Zeit trafen mit solchen meiner eigenen Jahre zusammen, mir einen solchen Stoff verlockend zu machen. Das Problem des Menschen hat vermöge extremer Erfahrungen, die er mit sich selbst gemacht, eine eigenartige Aktualität gewonnen; die Frage nach seinem Wesen, seiner Herkunft und seinem Ziel erweckt überall eine neue humane Anteilnahme – das Wort ›human‹ in seinem wissenschaftlich-sachlichsten, von optimistischen Tendenzen befreiten Sinn genommen.«[17]

Statt der Novelle, die daraus werden sollte, entstand ein Opus von vier umfangreichen Bänden. »Was ich plante«, schrieb Mann in seinem *Lebensabriß*, »versteht sich, war eine Novelle als Flügelstück eines historischen Triptychons, dessen beide andre Bilder spanische und deutsche Gegenstände behandeln sollten, wobei das religionsgeschichtliche Motiv als durchgehend gedacht war. Das alte Lied! Ich hatte kaum, nach langem Zögern, langem Herumgehen um den außergewöhnlich heißen Brei, zu schreiben begonnen, als auch schon die räumlichen Selbständigkeitsansprüche der Erzählung nicht länger zu verbergen waren. Denn meine epische Pedanterie, der Fanatismus des ab ovo hatte mich genötigt, die Vor- und Vätergeschichte mit einzubeziehen . . .«[18]

Joseph und seine Brüder ist ein Werk, das in den Bereich des Hirtenlebens zurückführt, zu den Feldern, Brunnen und steinernen Altären im Lande Kanaan, zu den komplizierten theologischen Disputen und den uralten Mythen. Die Reise in die Vergangenheit ist endlos, der Weg führt immer weiter zurück in die Dämmerung der Geschichte, zu einem stets entfliehenden Anfang, immer tiefer hinunter, zum Grund der Vergessenheit. Dem äußeren Schein nach zu schließen, lesen wir einen historischen, besser gesagt, einen biblisch-historischen Roman. Der Autor hat nichts ›erfunden‹, sondern mit ungewöhnlicher Genauigkeit die Ereignisse rekapituliert, die in einigen Dutzend Kapiteln des ersten der fünf Bücher Mosis überliefert sind. *Die Geschichte Jaakobs*, der erste Band des Zyklus, das ist noch in der Sphäre der Legende. Dann führt uns der Dichter, vom Privileg des Anachronismus Gebrauch machend, gemeinsam mit dem vor seinen Brüdern fliehenden Joseph nach dem Ägypten einer viel späteren Zeit, der Könige Amenhotep III. und IV., die bereits der Kontrolle der Historiker unterliegt.

Mann erzählte die biblische Legende sehr genau, durchflocht alle Szenen mit einer großen Menge von Tatsachen, stattete die Fabel mit unübersehbarem wissenschaftlichem Material aus. Dem Belletristen kamen Archäologie, Religionsgeschichte, Mythologie, Dialektologie und viele andere Wissensgebiete zu Hilfe, die das Leben und die Sitten der alten Völker erforschen. Die Beschreibung der Menschen, der Glaubensbekenntnisse, der Mythen, der Pflanzenwelt, der Landschaft ist die Frucht langwieriger Studien. Thomas Mann ging jedoch anders vor, als der Verfasser historischer Romane es tut, der das Material, das ihm die Wissenschaft liefert, außerhalb der Handlung des Romans beurteilt und dann unbestrittene oder zumindest wahrscheinliche Fakten in diese einführt. Der Autor des *Joseph* führte diese Bewertung im Roman selbst durch, schilderte die Ereignisse und schätzte gleichzeitig kritisch die Glaubwürdigkeit des Geschilderten ein, verwendete also die wissenschaftliche Methode nicht nur als Hilfswerkzeug, sondern auch als Romanstoff. Die Wissenschaft wurde zum Romanrohstoff aber nur, wie wir sehen werden, in einem ironischen Sinn.

Der Zyklus spinnt, in der Geschichte der Literatur wohl zum hundertstenmal, den Faden der biblischen Geschichte. Er bringt die Geschichte Jaakobs und dessen erschwindelte Erstgeburt in Erinnerung, seinen Streit mit Esau, die schweren Jahre bei Laban, die unbeabsichtigte Heirat mit Lea, die Vermählung mit der schönen Rachel; zum wer weiß wievielten Male in der Literatur tritt Joseph auf, gesegnet mit Schönheit, Anmut und Klugheit, der Liebling des jüdischen Patriarchen. Auch der weitere Verlauf der Ereignisse bleibt unverändert. Die Brüder werfen Joseph in den Brunnen, dann verkaufen sie ihn an ismaelitische Händler. Der Roman wiederholt auch in Übereinstimmung mit dem Text der Bibel die Erlebnisse Josephs in Ägypten, spricht über sein Schicksal im Hause Potiphars und die Verlegenheiten, in die ihn die Frau des Höflings versetzt und die den Jüngling ins Gefängnis bringen. Schließlich endet alles wie in der Bibel: der Traumdeuter aus dem Lande Kanaan kommt an den Hof Pharaos, erlangt höchste Ehren, erlebt Freude und Versöhnung mit den Brüdern und ein Wiedersehen mit dem Vater.

Der Zyklus hält sich an die Reihenfolge der Ereignisse der Bücher Mosis, greift aber in die Zeit Abrahams und Isaaks und sogar weiter zurück, verliert sich im Dunkel der Vergangenheit, die der biblischen Epoche vorangeht. Wir vernehmen das Echo der uralten Mythen von der Sintflut und der Erbsünde, auch Elementen aus anderen Büchern des Alten Testaments begegnen wir, ebenso Motiven aus außerbiblischen jüdischen Legenden. Das Werk umspinnt jedoch die Geschichte Jaakobs und Josephs nicht nur mit einem Netz aus vorbiblischen Mythen, sondern auch mit Motiven aus späteren, apokalyptischen Texten des Neuen Testaments. Es sind verworrene Pfade, auf denen wir durch den ungeheuren Bereich der mythischen Welt wandern.

Thomas Mann behandelte den biblischen Text nicht als Worte der Offenbarung, sondern als Dokument einer früheren Kultur und eines Glaubens, der, in langen Zeitperioden entstanden, immer wieder neue Versionen erfuhr und in seiner Gesamtheit heute als kanonischer Text gilt. Mit anderen Worten ausgedrückt: der Belletrist legte das Gewand des Gelehrten an. Diese Kleidung ist aber oft ein Maskeradenrequisit, und die Rolle des Forschers ist eine Mystifikation. Es fällt schwer, solche Gelehrsamkeit ernst zu nehmen. Es ist der Szientismus des Ironikers, des Meisters, der mit der Wissenschaft jongliert. Wir nehmen sie für bare Münze, solange die wissenschaftliche Bemühung danach trachtet, die Wahrhaftigkeit historischer Ereignisse und Einzelheiten der Epoche zu begründen. Dort jedoch, wo der Dichter die Methode wissenschaftlicher Erkenntnis in der Sphäre von Märchen und Sagen anwendet – dort beginnt das bewußte Spiel der Ironie. Der Autor spielt den Gelehrten, jongliert mit Hypothesen, parodiert mit tödlichem Ernst den Eifer der Kommentatoren. »Die Erörterung gehört hier zum Spiel«, sagt Mann, »sie ist eigentlich nicht die Rede des Autors, sondern die des Werkes selbst, sie ist in seine Sprachsphäre aufgenommen, ist indirekt, eine Stil- und Scherzrede, ein Beitrag zur Scheingenauigkeit, der Persiflage sehr nahe und jedenfalls der Ironie: denn das Wissenschaftliche, angewandt auf das Unwissenschaftliche und Märchenhafte ist pure Ironie.«[19]

Dieses Spiel durchzieht den ganzen Roman, wobei der Autor immer wieder versichert, daß er nichts leichtfertig oder ungeprüft akzeptiere. Der Dichter stellt sich selber Fragen, erwägt verschiedene Antworten, liest zwischen den Zeilen der Bibel, greift Anspielungen auf, empfiehlt hier Vorsicht, rät dort, den Text zu ergänzen, deckt an anderer Stelle Widersprüche auf und gibt ohne übertriebene Bescheidenheit zu verstehen, welch großen Dienst er der Nachwelt mit seiner Forschergabe erweist. Manchmal korrigiert er die Legende, ein andermal erfindet er irgendeine Einzelheit, beruft sich dann wiederum auf die ›träumerische Ungenauigkeit‹ der Tradition, die uns die Geschichte von Joseph und seinen Brüdern überliefert hat.

Ironie reicht in die tiefsten Schichten des Romans hinein. Aber nicht nur der Verfasser unterliegt dem Zauber der Legende und beurteilt sie gleichsam kritisch – das gleiche tun auch seine Gestalten. Auch Joseph treibt ein kompliziertes Spiel – er ist im Roman und außerhalb des Romans, einmal tritt er als Persona dramatis auf, ein andermal verhält er sich so, als wüßte er, daß dies alles nur Erzählung ist, eine ›Geschichte‹, in der ihm die Hauptrolle zugeteilt wurde. Als er, ein hoher Würdenträger schon, erfährt, daß seine Brüder in Ägypten angekommen sind, und mit seinem Hofmeister überlegt, wie er die Ankömmlinge empfangen soll, da sagt er: »Was für eine Geschichte, Mai, in der wir sind! Es ist eine der besten! Und nun kommt's darauf an und liegt uns ob, daß wir sie ausgestalten recht fein und das Ergötzliche daraus machen und Gott all unseren Witz zur Verfügung stellen.«[20] Der Kanaaner erinnert an einen Schauspieler, der sich während der Vorstellung von der Bühne in den Zuschauerraum begibt, mitten im Publikum Platz nimmt und beobachtet, ob bei dem Stück auch alles richtig hergehe.

Der überindividuelle Held des Romans ist der Mythos. Das Werk ist vor allem ein ironischer Roman über den Mythos. »Freilich«, sagt der Autor, »kann die Eroberung des Mythos von der Stufe aus, die wir einnehmen, nie ohne Selbstbetörung die seelische Rück- und Heimkehr in ihn bedeuten wollen, und die ultraromantische Verleugnung der Großhirnentwicklung, die Verfluchung des Geistes, die wir an der philosophischen Tagesordnung sehen, ist nicht jedermanns Sache. Die Vereinigung von Sympathie und Vernunft zu einer Ironie, die nicht unheilig zu sein brauchte: ein Kunstgriff, eine innere Haltung dieser Art würde wohl bei Betreuung der mir vorschwebenden Aufgabe das natürlich Gegebene sein. Mythus und Psychologie, – die antiintellektualistischen Frömmler wollten das weit geschieden wissen. Und doch konnte es, so schien mir, lustig sein, vermittels einer mythischen Psychologie eine Psychologie des Mythus zu versuchen.«[21]

Die Rückkehr zum Mythos ist die Rückkehr zu den Quellen der menschlichen Zivilisation, das Hinabsteigen zu den »Brunnen der Vergangenheit«, das Suchen nach den Anfängen, die der historischen Existenz des Menschen vorangingen, der Versuch, den Schleier seines Geheimnisses zu lüften. »So aber«, führt Mann an,

»ist auch das mythische Romanwerk nichts weniger als ein abseitiges, ausweichendes, zeitabgewandtes Produkt, sondern eingegeben von einem über das Menschlich-Individuelle hinausgehenden Interesse am Menschheitlichen, – eine humoristisch getönte, ironisch abgedämpfte, ich möchte fast sagen: verschämte Menschheitsdichtung.«[22]

Den Weg durch die Jahrtausende zurück begann der Dichter gerade in der Zeit, da der Mythos von Blut und Rasse die Deutschen beherrschte. »Das Wort ›Mythos‹ «, mahnte der Autor, »steht ja heute in einem üblen Geruch – man braucht nur an den Titel zu denken, den der ›Philosoph‹ des deutschen Faschismus, Rosenberg, der Präzeptor Hitlers, seinem bösartigen Lehrbuch beigegeben hat. Zu oft war in den letzten Jahrzehnten der Mythos als Mittel obskurantischer Gegenrevolution mißbraucht worden, als daß nicht ein mythischer Roman wie der ›Joseph‹ bei seinem ersten Auftreten den Verdacht hätte erregen müssen, als schwimme sein Autor mit dem trüben Strom. Man hat ihn fallen lassen müssen, diesen Verdacht, denn man wurde bei genauerem Hinsehen einer Umfunktionierung des Mythos gewahr, deren man ihn nicht für fähig gehalten hatte. Man beobachtete einen Vorgang ähnlich dem, wenn in der Schlacht ein erobertes Geschütz umgekehrt und gegen den Feind gerichtet wird. Der Mythos wurde in diesem Buch dem Faschismus aus den Händen genommen und bis in den letzten Winkel der Sprache hinein *humanisiert*, – wenn die Nachwelt irgend etwas Bemerkenswertes daran finden wird, so wird es dies sein.«[23]

Der biblische Zyklus erweiterte die bisherige Problematik des Werkes von Thomas Mann und bereicherte sie mit völlig neuen Motiven. »Überhaupt habe ich ja mit diesem Roman«, so charakterisierte ihn der Verfasser, »eine neue Stufe meines literarischen Lebens betreten, insofern als ich mich damit vom Bürgerlichen und Individuellen, jedenfalls für dieses Mal, losgelöst habe und zum *Typischen* und *Mythischen* übergegangen bin. Es ist eigentlich die Einsicht in die Identität dieser beiden Begriffe, des Typischen und des Mythischen, die dem ganzen Werk zugrunde liegt. Damit hängt das Gefühl des *Menschheitlichen* zusammen, das eine der Quellen meiner Lust zu der weitläufigen Erzählung war. Im Grunde handelt es sich ja wieder, wie schon bei ›Buddenbrooks‹, um die Entwicklungsgeschichte einer Familie, in gewissem Sinn sogar wieder um eine Verfalls- und Verfeinerungsgeschichte, – wie denn der junge Joseph, eine in religiöser Sphäre lebende *artistische* Natur, sich zu seinen Vätern annähernd so verhält, wie Hanno Buddenbrook zu den seinen, nur, daß, wie gesagt, in diesem mythischen Buch das Familiär-Bürgerliche ins Menschheitliche gesteigert wird und dem Werk gewissermaßen der Ehrgeiz zugrunde liegt, eine *abgekürzte Geschichte der Menschheit* zu geben.«[24]

Jene abgekürzte Geschichte ließ Mann in Kanaan beginnen, im Land der jüdischen Nomadenstämme – in der Zeit der Prähistorie und des prälogischen Denkens. Obwohl der Monotheismus sich schon damals festigte, lebt Jaakobs Zeit noch mit der Erinnerung an das Heidentum und kennt nicht das moderne individuelle Empfinden, das des Raumes und der Zeit. In der archaischen pastoralen Welt wird das menschliche Denken von Gesetzen regiert, die nichts gemeinsam haben mit den Gesetzen, die das Bewußtsein der historischen Zeit bestimmen. In der Welt Isaaks und Jaakobs sind die Veränderungen in der Zeit und im Raum sehr langsam, kaum wahrnehmbar – alles verharrt in Bewegungslosigkeit. Ein Jahrhundert unterscheidet sich wenig vom vorhergehenden und vom darauffolgenden, ganz im Gegensatz zu den historischen Zeiten, in denen die Zivilisation und die Technik die äußere Welt und die Denkweisen rasch umgestalten. Der Roman stellt ein einzigartiges Bild der Urzeit, der primitiven Kultur dar, mit Ironie gefärbt, in archaischem Stil gezeichnet, in den kostbaren Rahmen des orientalischen Märchens gefaßt und mit vieldeutiger Metaphorik ausgestaltet.

Doch nicht nur größere Zeitabschnitte, Epochen, sind voneinander kaum unterscheidbar, auch die Unterschiede zwischen den Menschen verwischen sich; sie besitzen nicht das Empfinden der eigenen, für den modernen Menschen charakteristischen Individualität, das Bewußtsein eines unwiederholbaren »Ich«, das sich von allen anderen menschlichen Wesen unterscheidet. Das Bewußtsein der Urmenschen erinnert an etwas Nebelhaftes, an etwas ohne feste Umrisse. Sie legen sich nicht Rechenschaft darüber ab, wer sie sind, in dem Sinne, daß sie nicht wissen, wo das fremde ›Ich‹ aufhört und ihr eigenes beginnt, und daß sie sich häufig mit ihren Vorfahren identifizieren. Sie irren sich jedoch nicht nur in bezug auf sich selbst, sondern auch hinsichtlich der Menschen ihrer Umgebung, die sie für etwas anderes halten, als sie es in Wirklichkeit sind. Gerade die Schilderung der Seelenvorgänge und der Denkweise des patriarchalischen Menschen ist eine der interessantesten Formen der Psychologisierung des Mythos. Das, was die Wissenschaft bei der Erforschung der alten Mythen in einem methodischen Zusammenhang erfaßt, zeigt der Roman am lebendigen Prozeß der Herausbildung der Individualität in der biblischen Zeit.

Vom Mythos kehrt der Roman zurück in die Geschichte. Im dritten und vierten Band verlassen wir die Hirtenzelte und begeben uns in das Land am Nil, in die dichtbevölkerten Städte mit hochentwikkelter Zivilisation und einem komplizierten System wirtschaftlicher und gesellschaftlicher Beziehungen. Nach der biblischen Version ist Pharao, in dessen Staat Joseph eine schwindelerregende Karriere macht, noch eine legendäre Gestalt; außerdem fehlt es im Buch Mosis an näheren Angaben, die es ermöglichen würden, die Epoche genau zu bestimmen. Thomas Mann führt Joseph – mit dem Recht auf dichterische Freiheit, wie schon gesagt – in das Ägypten des 14. Jahrhunderts vor Christi Geburt, als dieses Land den Höhepunkt der Zivilisation und der staatlichen Macht erreicht hatte und sogar schon gewisse Symptome der Dekadenz aufwies. »Der Weg von Kanaan nach dem Ägypten des neuen Reiches«, sagt Mann, »ist der Weg aus dem Fromm-Primitiven, dem gottschöpferischen, gottbesinnlichen Idyll der Erzväter in eine Hoch-Zivilisation mit ihren Köstlichkeiten und absurden Snobismen, in ein Land der Enkel, dessen Luft Joseph deshalb so wohl behagt, weil er selbst ein Enkel und eine späte Seele ist.«[25]

Sobald sich die Handlung nach Ägypten verlegt, nimmt das Werk Züge des historischen Romans an. Aber der Übergang vom Mythos zur Geschichte geht nicht plötzlich vor sich, auch im Land am Nil verhallen nicht die Legendenmotive, um so weniger, als sie im System der ägyptischen Religionen und ihrer komplizierten Symbolik einen Rückhalt finden.

Mit dem Wechsel der Szenerie vollzieht sich auch eine Wandlung der Hauptfigur, Josephs, des Sohnes Jaakobs: Als wir ihn kennenlernen, ist er ein schöner siebzehnjähriger Jüngling, Liebling des Vaters, »überzeugt, daß alle Menschen ihn mehr liebten als sich selbst«, gesprächig und witzig, ein Jüngling, der das Entzücken, aber auch den Neid seiner Umgebung erweckt. Joseph, ähnlich wie Papst Gregor im späteren Roman *Der Erwählte* und wie Goethe in *Lotte in Weimar*, gehört zu den vom Schicksal ›Erwählten‹, zur Erfüllung einer besonderen Mission Berufenen. In ihm vereinigen sich harmonisch Anmut, Schönheit und Verstand, in ihm kommt es wohl zum erstenmal zur Versöhnung der zwei widersprüchlichen Elemente der Mannschen Epik: des Geistes und des Körpers, des Gedankens und der Materie, und, am Ende des Romans, zweier weiterer Grundsätze: des Individualismus und der Anhänglichkeit an die soziale Gemeinschaft.

Doch das ist noch nicht der ganze Joseph. In ihm ist auch viel Koketterie, Eigenliebe und auch Schelmerei und Witz, die ihm helfen – abgesehen von angeborenen Eigenschaften –, die Gunst des Vaters zu gewinnen und gewissermaßen die Rolle eines Gottes auf Erden zu spielen, oder zumindest den Eindruck zu erwecken, daß er kein gewöhnlicher Mensch sei. Ein wenig manifestiert sich in Joseph die schauspielerische Begabung, ein wenig die hochstaplerische (worin er ebenfalls an Gregor erinnert), und mehr als alles der Künstler, der Virtuose des Wortes, der geistreich und reizvoll ›Geschichten‹ zu erzählen und seine Zuhörer damit zu faszinieren weiß. Früh schon imponiert ihm, daß Gott »die Welt mit dem Worte schuf«, beeindruckt ihn die Fähigkeit, mit Worten die tiefsten Gedanken wiederzugeben, mit Worten Menschen zu gewinnen. Doch Jaakobs Sohn ist nicht nur ›wortgewandt‹, er ist auch »mit Träumen gesegnet«. Träume suchen ihn seit seiner Kindheit heim, füllen seine Gedanken mit Visionen und Zukunftsbildern, die ihm ein Vorgefühl der ›Rollen‹ geben, die seiner noch harren.

Denn im Leben des mythischen Menschen ist alles vorbestimmte Rolle, Nachahmung vieler vorausgegangener Situationen – und so ist es auch mit dem Streit zwischen Joseph und seinen Brüdern um den elterlichen Segen, der, entsprechend dem uralten Brauch, dem ältesten Sohn des Geschlechtes gehören soll. Dieser Konflikt zwischen dem Sohn, der das Recht der Erstgeburt besitzt, gewöhnlich ein Rothaariger, ein Jäger und Ackersmann, ein ungeschliffener Grobian, und seinem jüngsten Bruder, der Ehre der Erstgeburt würdig, ein wohlgestalteter, geistvoller und zur Meditation neigender Hirte, dieser Konflikt kehrt im Roman immer wieder.

Als der Streit zwischen Joseph und seinen Brüdern ausbricht, kennen beide Seiten bereits ihre Rollen und gehen im Einklang mit dem Verlauf der Ereignisse vor, die ihren Ursprung in der Vergangenheit haben und sich dann vielmals wiederholt hatten. Josephs Brüder, so lesen wir im Roman, handeln getreu dem dunklen Gesetz Kains und sehen darin nichts anderes, als daß es ihrer ›Rolle auf Erden‹ entspricht. Dieser Vorfall, so wird ihre Handlungsweise gegen Joseph im Roman beurteilt, war nicht neu, es gab ihn schon, und er wird wieder eintreten. Und Joseph? Er spielt gleichfalls die Rolle seiner Vorgänger, wenn auch viel bewußter, und deshalb ist er seiner Umwelt und den Brüdern überlegen. Das ist der Nutzen der späteren Jahre, sagt er, daß man schon die Bahn der Planeten kennt, in der die Welt sich bewegt, und die Geschichten, die ihren Anfang in der Zeit der Urväter nehmen.

Die späteren Erlebnisse – die gemeine Rache der Brüder, die Rettung, die Abenteuer in Ägypten – verändern Jaakobs Sohn sehr stark, aber eines bleibt ihm: die schelmische Anmut und die ›religiöse Hochstapelei‹, die ihm übrigens beide mehrmals behilflich sind: dank dieser entkommt er der Bedrängnis und erreicht die höchsten Würden. Mit dieser Hochstapelei, mit dem Anspruch auf Göttlichkeit, hängen seine Anspielungen zusammen, die um ›Tiefe‹ und ›Höhe‹ kreisen, um das Hinabsteigen in den Abgrund und das Wiederauferstehen, das Heraufkommen aus der Tiefe, in die ihn die Brüder gestoßen haben. Daraus erklären sich auch die Epitheta, die er sich selber gibt und die auf seinen göttlichen Ursprung hinweisen, und – im Gespräch mit Potiphar – die Andeutungen über die mythische Rätselhaftigkeit seiner Geburt.

Langsam steigt Joseph in Ägypten jedoch »auf die Erde« herab, und wie es zum Ende des Romans kommt, ist er schon ganz vom praktisch-rationalistischen Geist des neuen Landes erfüllt. Und da ist nun Jaakobs Sohn – der Günstling Gottes, mit dem er zu Hause heimlich auf vertrautem Fuße stand, sich offen seiner Göttlichkeit rühmend, was Öl ins Feuer des Bruderneids goß – ein überlegt und zielbewußt vorgehender ›Volkswirt‹, der um das Allgemeinwohl besorgt ist. Seine Bindungen zum ›mythischen Kollektiv‹ lockern sich (wenn sie auch nicht vollends abreißen), und je mehr seine Umgebung ihm göttliche Eigenschaften zuschreibt, desto mehr wird er Mensch. »Kraft seiner Sympathie und Freundlichkeit«, sagt Mann, »die er denn doch niemals verleugnet, findet er reifend seinen Weg ins Soziale, wird zum Wohltäter und Ernährer fremden Volkes und seiner Nächsten: in Joseph mündet das Ich aus übermütiger Absolutheit zurück ins Kollektive, Gemeinsame, und der Gegensatz von Künstlertum und Bürgerlichkeit, von Vereinzelung und Gemeinschaft, Individuum und Kollektiv, hebt sich im Märchen auf, wie er sich nach unserer Hoffnung, unserem Willen aufheben soll in der Demokratie der Zukunft, dem Zusammenwirken freier und unterschiedener Nationen unter dem Gleichheitszepter des Rechts.«[26]

So gehört Joseph – am Ende des Romans ein hoher Würdenträger, vor dessen Angesicht die Brüder nach Jahren stehen –, obwohl er im Herzen der Vergangenheit ergeben ist, nun schon der neuen Welt, da er allem, was war, »fremd« geworden ist. Am besten versteht dies Jaakob, der nach langen Jahren der Trennung im Gosen-Land den geliebtesten Sohn begrüßt – ihn begrüßt und gleichzeitig Abschied nimmt von ihm als dem auf ewig verlorenen Sohn: »Dich hat Er erhöht und verworfen, beides in einem«, sagt er freudig und zugleich traurig zu Joseph, »ich sag' dir's ins Ohr, geliebtes Kind, und du bist klug genug, es hören zu können. Er hat dich erhöht über deine Brüder, wie du's dir träumen ließest – ich habe deine Träume immer im Herzen bewahrt. Aber erhöht hat er dich auf weltliche Weise, nicht im Sinne des Heils und der Segenserbschaft.«[27] Diese Erhöhung findet die Anerkennung der »verzichtenden Liebe« des Patriarchen, der wahrnimmt, daß die idyllische Hirtenwelt fremd geworden ist für Joseph und daß ihn nun ein Abgrund von seinem Sohne trennt. »Du bist gesegnet, du Lieber«, spricht Jaakob weiter, »gesegnet vom Himmel herab und von der Tiefe ... Doch weltlicher Segen ist es, nicht geistlicher.«[28] Der alte Patriarch, in dessen Herzen sich Leid mit Freude mischt, versteht, daß die Geschichte Josephs keine göttliche mehr ist, sondern eine menschliche wurde, eine »von dieser Welt«.

In Joseph vollzieht sich folglich die Verbindung von Urbeginn und Geschichte – und beide Welten verschmelzen miteinander in der Sphäre der Ironie, die den Mythos mit der Geschichte, die Vergangenheit mit der Gegenwart, die Intuition mit dem Erkennen, das Individuum mit der Gemeinschaft vereint. Joseph tritt von der Bühne als Vermittler ab, der zwei unterschiedliche Elemente miteinander versöhnt, der Liebling von Sonne und Erde, der Segensreiche, der von der Höhe kommt, von den Himmeln, und aus der Tiefe, aus dem unterirdischen Pfuhl des Todes und der Finsternis, als Mensch, der das Leben mit dem Tode verbindet, den Geist mit der Materie, und vor allem als Ernährer, der für das Wohl des Volkes sorgt. Da die wiedergewonnenen Brüder vor ihm auf die Knie fallen, um ihm ihre Verehrung darzubringen, wehrt er ihre Huldigung ab und erklärt ihnen seine Mission: »Denn Euer Bruder ist kein Gottesheld und kein Bote geistigen Heils, sondern er ist nur ein Volkswirt, und daß sich Eure Garben neigten vor meiner im Traum, wovon ich euch schwatzte, und sich die Sterne verbeugten, das wollte so übertrieben Großes nicht heißen, sondern nur, daß Vater und Brüder mir Dank wissen würden für leibliche Wohltat.«[29]

So hält der Roman das anfangs gegebene Versprechen ein und umfaßt mit seiner Symbolik die allgemeine Problematik unseres Daseins. In den vorhergehenden Werken ergründete sie Thomas Mann in der Sphäre des modernen Lebens, hier tut er es im Reich des Mythos, in dem er den ersten Versuch des Menschen, sich und die Welt zu erkennen, sieht. Wenn Mann die lange Reise unternahm, die in die Tiefe der Jahrtausende führt, dann tat er es als Bote der Gegenwart, um im »Brunnen der Vergangenheit« die Quellen der Geschichte zu suchen.

Porträt des Dichters

Nach Vollendung des letzten Bandes des biblischen Romans verlangte es Thomas Mann nach Ruhe und Entspannung. So folgte eine kurze Zeit der Erholung, doch nicht der Untätigkeit; sie war vielmehr ausgefüllt mit neuen literarischen Plänen. Die kurze Atempause benützen nun sozusagen auch wir, um den Dichter in seinem arbeitsreichen Alltag näher zu betrachten.

Das haben wir bisher selten und stets nur für Augenblicke getan. Jetzt werden wir genauer in sein Arbeitszimmer hineinblicken, werden versuchen, ihn in der Stunde der Einsamkeit zu beobachten, im Kreis der Familie, in Gesellschaft seiner Freunde und Bekannten, werden an den Schreibtisch herantreten, an dem er gearbeitet hat, jenen Münchner Schreibtisch, der mit ihm die halbe Welt durchwanderte, von Bayern bis zur kalifornischen Küste des Pazifik.

Thomas Mann begann seinen Arbeitstag immer um die gleiche Stunde. Regelmäßig nach dem Frühstück erschien seine schlanke, hohe, sehr imposante, sehr distinguierte Gestalt auf der Schwelle seines Arbeitszimmers. »Äußerlich ähnelte er viel eher einem gesetzten Bankdirektor«, beschreibt ihn Konrad Kellen, Manns Sekretär in den Jahren 1941 bis 1943, »ein stets korrekter, sehr beherrschter Herr von Welt, der sich konservativ kleidete und großen Wert auf äußere Formen legte.«[1]

Seine formelle Art und die Abneigung, Gefühle zu zeigen, bewirkten, daß Mann als unnahbar galt, und nur der gute Beobachter konnte hinter dieser äußeren Kühle lebhaftere Gefühle vermuten. Fast alle seine Bekannten, auch engere, konstatierten eine gewisse »Vieldeutigkeit« seiner Gestik, seines Lächelns und seiner Worte; die Eindrücke, die die Begegnungen und Gespräche mit ihm hinterließen, waren kompliziert, oft rätselhaft. Das täuschte manchen und war die Quelle vieler widersprechender Urteile: »Unbürgerlich war der Rhythmus seines Lebensgefühls«, schrieb Manns langjähriger Freund Theodor W. Adorno, »nicht Kontinuität, sondern der Wechsel von Extremen, von Starre und Illumination. Freunde von mittlerer Wärme, von alter oder neuer Geborgenheit mochte das irritieren. Denn in diesem Rhythmus, dessen einer Zustand den anderen verneinte, kam die Doppelbödigkeit seines Naturells zutage. Kaum kann ich mich auf eine Äußerung von ihm besinnen, der dies Doppelbödige nicht gesellt gewesen wäre. Alles, was er sagte, klang, wie wenn es einen geheimen Hintersinn mit sich führte, den zu erraten er dem anderen mit einiger Teufelei überließ, weit über den Habitus von Ironie hinaus.«[2]

Die kühle Zurückhaltung, mit der Thomas Mann sich von seiner Umgebung absonderte, vielmehr vor ihr rettete, war augenfällig. Es steckte darin eine Abneigung gegen Gefühlsduselei, auch innere Diskretion. Diese Zurückhaltung manifestierte sich selbst im engsten Familienkreis, was fremde Beobachter in Erstaunen setzte. »Ganz besonders«, erinnert sich Kellen, »war ich über das formelle Gebaren innerhalb der Familie Mann verblüfft. Wenige Tage nachdem ich meine Arbeit begonnen hatte, war ich Zeuge einer Unterhaltung zwischen den Brüdern Thomas und Heinrich. Bei einer Tasse Tee saßen beide auf einem großen Sofa und diskutierten verschiedene ästhetische und literarische Probleme. Ich betrachtete das Schauspiel fasziniert. Sind das wirklich Brüder? Handelt es sich nicht vielmehr um zwei Universitätsprofessoren, die einander gerade vorgestellt worden sind und nun einen höchst gelehrten und steifen Disput abhalten? Dabei war Heinrich einer der wenigen Auserwählten, die Mann beim Vornamen riefen. Wenn ich's mir genau überlege, waren seine Frau Katja und Heinrich die einzigen, die ihn ›Tommy‹ nannten.«[3]

Sein Mißtrauen gegenüber Gefühlsüberspanntheit und seine Befangenheit, die Gemütsbewegungen verbarg, waren vielleicht auch die Ursache des zurückhaltenden Tons seiner Briefe. Wir müssen uns beim Lesen manchmal durch eine Schicht von Eis durcharbeiten, die seine Briefe an Freunde, an die Familie umgab und die einem selbst aus den Liebesbeschwörungen und Bekenntnissen entgegenweht, die er in seiner Jugend an Katja Pringsheim sandte. In welchem Kontrast stehen diese Briefe zum Beispiel zur Korrespondenz des jungen Goethe, der Mann durch Dutzende Jahre auf dessen Wegen geleitete. Im ersten Jahrzehnt nach seinem Eintreffen in Weimar schrieb Goethe an Frau von Stein, die sieben Jahre älter als er und schon reichlich mit Kindern gesegnet war, eintausendachthundert Briefe. Vieles, was er ihr schrieb, hätte er ihr ebensogut persönlich sagen können, denn der Bediente des Dichters trug die Briefe nur vom Gartenhaus am Stadtrand zur Gattin des herzoglichen Oberstallmeisters ins Zentrum von Weimar, und das war nicht weit.

Aber Goethe bedurfte dieser Bekenntnisse, und er berauschte sich an dieser Liebe, an deren Dauerhaftigkeit Frau Charlotte, übrigens nicht ohne Grund, stark zweifelte.

Solche Ekstasen und Gefühlsausbrüche waren bei Mann undenkbar. Seine Briefe und autobiographischen Schriften sind Dokumente einer erstaunlichen seelischen Disziplin, Sparsamkeit, ja Diplomatie der Empfindungen. Eine gewisse Befangenheit dämpfte die Emotionen, so daß sie sich in komplizierten Metaphern äußerten. Thomas Mann verarbeitete persönliche Erlebnisse im Material, das einen Prozeß literarischer Umwandlungen durchlief und dann die Gestalt eines Romans oder einer Novelle annahm, schon weit entfernt von der Privatsphäre. In einem Brief an Frau Hedwig Fischer, die Witwe des Verlegers, entschuldigt er sich, daß der Artikel, den er nach dem Tod ihres Gatten geschrieben hatte, in so maßvollem Ton gehalten war: »Es ist ja eigentümlich, wie ich meinem Gefühl bei solchen Gelegenheiten Zügel anlege, es unwillkürlich zurückdränge und erkälte zugunsten der Psychologie und Charakteristik. Ich bin eben kein Lyriker, sondern auf Objektivierung und Distanzierung angewiesen.«[4]

Doch unter dem Schleier der Kühle verbargen sich andere, auf den ersten Blick nicht wahrnehmbare Schichten. »Man hat seinen Sinn für Formen, der mit dem künstlerischen Wesen eins ist, als Kälte und mangelnde Ergriffenheit ihm angekreidet«, sagt Adorno über den Dichter. »Im Verhalten war er eher lässig, ohne alle Würde der Respektperson, durchaus das, was er war und was er in seiner Reife verteidigte, ein Literat, beweglich, Eindrücken aufgeschlossen und begierig danach, gesprächig und gesellig. Zur Exklusivität neigte er weit weniger, als bei dem Berühmten und Umdrängten, der seine Arbeitskraft zu verteidigen hatte, zu erwarten gewesen wäre ... Saß etwas tief bei ihm, dann das Bewußtsein davon, daß die Rangordnung des Geistes, falls so etwas existiert, unvereinbar ist mit der des äußeren Lebens. Nicht einmal mit Schriftstellern indessen nahm er es gar zu genau. In der Emigration jedenfalls duldete er solche um sich, die ihm kaum mehr boten als ihren guten Willen, auch Kleinintellektuelle, ohne daß diese je hätten fühlen müssen, daß sie es waren.«[5]

Eine der Eigenschaften Manns, die Vorbehalte hervorrief, war sein Bewußtsein des eigenen Wertes. Man erwartet gewöhnlich von einem großen Schriftsteller nicht nur herzliche Aufrichtigkeit, sondern auch bescheidene Demut, andernfalls gilt er als kühler, eingebildeter Mensch. »Thomas Mann«, lesen wir in den Erinnerungen

Klaus Pringsheims, »war kein übertrieben bescheidener Mensch, im Gegenteil, er hatte einen wohlentwickelten Sinn für die Würde seiner Person, für Selbstachtung. Er wußte von seinem Wert und seiner Stellung in der deutschen Literatur. Er wußte auch und fühlte, daß seine Begabung eine außerordentliche war, und ich habe nie eine Bemerkung gehört, daß er ernstlich glaubte, auch nur einer seiner deutschen Zeitgenossen würde seinen Glanz als Schriftsteller in den Schatten stellen. Aber obgleich er nicht bescheiden war, so war er doch freundlich und versuchte in seinen Urteilen gerecht zu sein. Bezeichnenderweise war er kaum jemals unfreundlich oder schneidend in seinen Bemerkungen über andere Autoren. Es gab auch einige, die er aufrichtig respektierte und bewunderte, ihre Bücher las und sich daran erfreute: Unter diesen war Gerhart Hauptmann der einzige, den er als sich wahrhaft ebenbürtig, als seinen literarischen Pair betrachtete. Hermann Hesse sollte wohl an nächster Stelle genannt werden. Andere, mit denen er zwar persönlich gut befreundet war, die jedoch nicht mit Hauptmann und Hesse im selben Atemzug genannt werden sollten, waren Franz Werfel, Lion Feuchtwanger und Bruno Frank. Über viele geruhte er herablassend, doch gutmütig zu lächeln, aber selten, wenn überhaupt, machte er sie lächerlich.«[6]

Es ist kaum möglich, einen Fall zu nennen, in dem Thomas Mann einen seiner Kollegen öffentlich angegriffen hätte, obwohl er selbst häufig von verschiedenen Autoren, oft sehr minderwertigen, angegriffen wurde. Wenn er den Degen zog, dann nur zur Selbstverteidigung – er tat dies übrigens selten und sehr ungern. Selbst in Briefen an Freunde sprach er von seinen Gegnern mit Nonchalance oder Ironie, doch nie mit Haß; manchmal drückte er nur sein Erstaunen aus, daß dieser oder jener ihn so wütend verfolgte. Natürlich hatte er, wie jeder Dichter, nicht wenig Gegner. Der Publizist und Kritiker Maximilian Harden war 1925 tödlich beleidigt, als der Redakteur einer Berliner literarischen Zeitschrift es wagte, neben seiner, Hardens, Skizze einen Artikel Thomas Manns abzudrucken. Mann wurde von Emil Ludwig gehaßt, der gegen ihn, wie später gegen Sigmund Freud, eine abscheuliche Schmähschrift verfaßte. Und auch Döblin mochte ihn nicht, der später behauptete, daß Mann als Schriftsteller ›nicht lebt‹, gar nicht zu reden von Alfred Kerr. Die Liste der Gegner war lang.

In diesen Auseinandersetzungen bewahrte Mann stets Ruhe, seelisches Gleichgewicht und Selbstsicherheit. In den Briefen, in denen solche Konflikte ihren Widerhall fanden, beurteilte er immer den Kern der Sache als Mensch, der sich seiner Position in der Literatur bewußt ist, ohne Gereiztheit, vielleicht mit einer Beimischung von Ironie und Bitterkeit. Als er von Josef Ponten angegriffen wurde, versicherte er diesem, daß er keinen Groll gegen ihn hege, denn der Streit scheine ihm unwesentlich: »Ich weiß in aller Ruhe«, schrieb er, »daß ich nicht naturfremd bin. Ich bin kein Literat, sondern ich *bin.* Ich besitze natürliches Schwergewicht und was ich mache, hat Charakter, das heißt: es hat Natur. Das genügt mir. Alles Weitere ist Streit um Worte.«[7] Diese wenigen Sätze durchschnitten den Faden des Streites mit dem heute bereits vergessenen Ponten, dem es vorkam, er sei ein Dichter von großem Format und Thomas Mann nur sein Schatten. In dem zitierten Brief verdient das Wort ›Natur‹ Beachtung. Dieses Begriffs bediente sich Goethe, wenn er eine originelle Individualität bezeichnen wollte.

Wer Thomas Mann näher kannte, verwechselte niemals dessen Bewußtsein des eigenen Werts mit Eitelkeit. »Daß einen Mann dieser Art der Mythos der Eitelkeit verfolgte«, schrieb Adorno, »ist zwar für seine Mitwelt beschämend, aber begreiflich: ... Man mag mir glauben, daß er so uneitel gewesen ist, wie er der Würde entbehrte. Vielleicht kann man es am einfachsten so ausdrücken, daß er im Umgang nie daran dachte, Thomas Mann zu sein; was den Verkehr mit Zelebritäten erschwert, ist meist ja nichts anderes, als daß sie ihre vergegenständlichte öffentliche Geltung auf sich selbst, ihr unmittelbares Dasein zurückprojizieren. Bei ihm aber überwog das Interesse an der Sache so sehr die Person, daß es diese gänzlich freiließ. Jene Projektion hat nicht er vollzogen, sondern die öffentliche Meinung, die falsch vom Werk auf den Autor schloß.«[8]

Wenn wir bisher die Urteile von Leuten aus Manns näherer Umgebung anführten, dann nicht, um ihn als fehlerlos darzustellen. Er hatte seine kleinen Schwächen, Ambitionen, Launen. Man kann unmöglich seine Überempfindlichkeit gegen Kritik übersehen, seine Befriedigung über jedes Lob und den Ärger, den ein abfälliges Urteil bei ihm hervorrief – welcher Schriftsteller ist denn unempfindlich für das eine oder das andere? Bei der Durchsicht seiner Briefe fällt auf, daß er die Werke mancher Autoren nachsichtig beurteilte und mit Komplimenten für Bücher seiner Bekannten oder Freunde nicht sparte. Es ist wahr, daß er, obgleich er ein ausgezeichnetes ›literarisches Gehör‹ hatte, Nachsicht mit schwachen Talenten zeigte – sein Urteil über manche Schriftsteller ist problematisch.

Diese gutmütige Nachsicht muß man auch darauf zurückführen, daß er niemanden kränken wollte. Charakteristisch dafür ist eine kleine Geschichte, die Kellen erzählt: »Einmal erhielt er von der Witwe eines Eisenbahnkönigs einen auf Bütten gedruckten schmalen Gedichtsband. Der millionenschwere Mann war laut Angaben seiner Frau ein heimlicher Dichter und Verfasser von Aphorismen gewesen. Sie hatte den Pergamentband drucken lassen und wollte nun die Meinung von Thomas Mann (schonungslos, bitte) erfahren. ›He must be judged by his peers‹, schrieb die gute Seele, was soviel heißt wie: er muß von seinesgleichen beurteilt werden! Zunächst antwortete Thomas Mann nicht. Er hatte sich geärgert, daß die Witwe ein frankiertes Kuvert beigefügt und um Rücksendung des Bändchens ersucht hatte. Das fand er schäbig! Als ich ihn einige Wochen später an die Beantwortung der schicksalsschweren Frage mahnte, sagte er: ›Na ja, gelesen habe ich es nicht, nur mal so hineingeguckt.‹ ›Und wie fanden Sie es?‹ forschte ich. ›Ach wissen Sie‹, erwiderte er trocken, ›ich glaube, ich hätte das auch gekonnt.‹ Dann lachte er und trug mir auf, eine Antwort zu entwerfen. ›I have read the little volume with interest and found it quite touching‹, stand im Brief. ›Das wird wohl genügen‹, äußerte er dann streng.«[9]

Von den Vorwürfen, die gegen Mann erhoben wurden, schmerzte ihn einer am meisten: daß er nicht ›liebt‹, daß ihm die Menschen gleichgültig sind und sie ihm deswegen mit Kälte erwidern. Mit dieser Vorhaltung wollte er sich niemals abfinden. Noch 1906 verteidigte er sich in einem Brief an Kurt Martens, als dieser ihm im *Leipziger Tageblatt* Geringachtung menschlicher Dinge und Nihilismus vorwarf: »Es geht nicht an, mir ›eisige Menschenfeindschaft‹ und ›Lieblosigkeit gegen alles Fleisch und Blut‹ nachzusagen, die durch Kunstfanatismus ›ersetzt‹ werde. *Tonio Kröger* sowohl wie *Fiorenza* sind voll von Ironie gegen das Künstlerische, und in dem *Tonio Kröger* ist das Geständnis einer Liebe zum Leben hineingeschrieben, die in ihrer Deutlichkeit und Direktheit bis zum Unkünstlerischen geht. Ist dies Geständnis unglaubwürdig? Ist es nur Rhetorik?? Es geht nicht an, *Buddenbrooks* ein ›zersetzendes‹ Buch zu nennen. ›Kritisch‹ und ›spöttisch‹ – mag es sein. Aber ›zersetzen‹ geht nicht. Dazu ist es zu positiv-künstlerisch, zu behaglich plastisch, im Innersten zu heiter. Muß man Dithyramben schreiben, um als Lebensbejaher zu gelten?«[10]

Und dreißig Jahre später schrieb er an Frau Meyer, die Heilige Schrift zitierend: »Ich müßte verzweifeln, wenn ich mir sagen müßte, daß ich ohne Liebe sei.«[11] Er meinte, er habe ein Recht darauf, in gutem Andenken von der Bühne abzutreten. Diese Ansicht äußerte er in einem Brief an den deutschen Kritiker und Literaturhistoriker

Hans Mayer, Autor einer Monographie über Thomas Mann (1950). In diesem Buch, das dem Talent des Schriftstellers Gerechtigkeit widerfahren läßt, wird erwähnt, daß der Verfasser des *Zauberberg* in literarischen Kreisen nicht besonders beliebt sei. Diese Bemerkung traf Thomas Mann empfindlich. In seinem Brief an Mayer lesen wir: »...ich bin ein *Liebender* und möchte nicht als der ›Ungeliebte‹ dastehen. Nein, eine Persönlichkeit, in dem etwas komischen Sinn, den bei mir das Phänomen annimmt, und den es wohl auch wirklich hat, so ein Genie-Kopf, dekorativ, magnetisch, bezwingend, gesellschaftlich überwältigend, bin ich nicht, kein Wagner, Björnson, Hauptmann (der schon fast Karikatur war) etc....

Ich will nicht sprechen von tausend Briefen aus aller Welt, die von Sympathie, Dankbarkeit überströmen; aber es stimmt nicht, wenigstens nicht ganz, daß die Zeitgenossen Kunstgenossen sich gleichgültig, ablehnend gegen mich und mein Werk verhalten haben. Kafka *liebte* den *›Tonio Kröger‹*. Mit Hauptmann verband mich eine Art von Freundschaft. Wassermann war ein treuer Freund. Hofmannsthal besuchte ich früh in Rodaun, und er war nie in München, ohne zu mir zu kommen. Rilke hat über *Buddenbrooks* einen Essay geschrieben. Gide war mir zugetan, und sein Tagebuch zeugte von Bewunderung für ›Lotte in Weimar‹. Ein Freund war Schnitzler. Der *Zauberberg* gab ihm das Wort ein: ›Der Humorist lustwandelt in der Unendlichkeit‹, – was mich freute; denn so sonderbar es klingen mag, fühle ich mich in erster Linie als Humorist, und nichts ist mir lieber, als die Leute zum Lachen zu bringen. Hermann Hesse und ich stehen fest als Freunde zusammen und keiner läßt etwas auf den anderen kommen. Im Übrigen: Künstler sind Säulenheilige; jeder lebt in seiner ›Menschenleere‹ wie der Einsiedler in den *Vertauschten Köpfen*; im Grunde will keiner vom anderen wissen, und jeder fühlt: ›Lebt man denn, wenn andre leben?‹ Fitelbert citiert es. Und doch, ich war immer ein *Bewunderer*, ich erachte die Gabe der Bewunderung für die allernötigste, um selbst etwas zu werden und wüßte nicht, wo ich wäre, ohne sie. Auch habe ich meine Bewunderung nie den großen Toten vorbehalten, sondern sie den Lebenden zugewandt, wo ich nur konnte. Unbeliebt soll man sich machen bei den Dummen und Schlechten, und ich habe es immer unbedenklicher, rücksichtsloser getan, je älter ich wurde. Aber ungeliebt war ich nicht, bin ich nicht, will ich nicht sein, leugne, es zu sein. Wenn ich den Besten meiner Zeit nicht ›genug getan hätte‹, wie stände es um mein Nachleben?«[12]

Durch ein seltsames Zusammentreffen von Umständen wird diese Selbstcharakteristik von einer Persönlichkeit weitgehend bestätigt, die mit Thomas Mann in dessen letztem Lebensjahr in Berührung kam – von der großen polnischen Romanschriftstellerin Maria Dombrowska: sie war dem Dichter übrigens zweimal begegnet, und jedesmal eher flüchtig: 1927 in Warschau und 1955 in Weimar bei den Feierlichkeiten zum 150. Todestag Schillers. Ihre Bemerkungen sind sehr treffsicher:

»Ich hatte Thomas Mann schon einmal gesehen«, lesen wir in den Reiseskizzen von Maria Dombrowska, »als er in den zwanziger Jahren als Gast des polnischen PEN-Clubs in Warschau war. Seit jener Zeit hatte er sich wenig verändert; er war zwar viel magerer geworden, doch war nichts Greisenhaftes an ihm. Hochgewachsen, von guter Gestalt, wohlgebildetem Kopf, hat er – hatte er, muß man leider schon sagen – keine Falten im Gesicht, eher spannte die Haut über den Knochen, von Natur aus blaß, traten in Momenten der Anspannung rasch leichte Rötungen auf. Die Haare waren nicht dicht, doch bedeckten sie noch recht gut den schöngeformten Schädel; überhaupt war an ihm etwas Abgeriegeltes, Verschlossenes, nach innen Gekehrtes. Er machte nicht den Eindruck eines ergrauten, höchstens eines, wie man so sagt, graumelierten Herrn. Alles in allem war dieses Gesicht durchschnittlich, auf den ersten Blick nicht einmal sehr anziehend, und man hatte den Eindruck, als wäre es gar nicht leicht, dieses Antlitz im Gedächtnis zu behalten. Dennoch war in diesem Gesicht, wie in der ganzen Gestalt Thomas Manns, etwas Ungewöhnliches; ich sah ihn im ganzen zweimal von weitem. Bei diesem zweiten und, wie sich herausstellte, letzten Mal, hatte ich die Eindrücke der ersten Begegnung wieder. Beide Male – wie viele Jahre lagen dazwischen! – entdeckte ich dieselben Merkmale des Verhaltens und des Ausdrucks, die ich mir beim erstenmal als Kälte, aristokratischen Stolz, als Distanz zu den Menschen, vielleicht sogar als eine gewisse Art von Hochmut erklärt hatte. Jetzt, da ich über Mann schon mehr wußte, hätte ich das eher als Selbstbeherrschung, Zurückhaltung, innere Disziplin bezeichnet, und als Angst, leichten und billigen Gefühlen zu erliegen. Es war jedoch nicht das Gesicht, das den Eindruck bestimmte, den diese diskrete und elegante Gestalt in Weimar bei mir hervorrief; entscheidend für diesen Eindruck waren die Augen. Auch Manns Augen zeichneten sich nicht durch Schönheit aus, ich kann nicht sagen, wie sie geformt waren, welche Farbe sie hatten. Doch waren diese Augen so merkwürdig, daß ich bei ihrem Anblick verstand, warum seine Kinder ihm den Namen ›Zauberer‹ gegeben haben. Diese Augen waren

Katja und Thomas Mann, Mai 1930,
wenige Monate, nachdem ihm
»insbesondere für seinen großen Roman ›Buddenbrooks‹«
der Nobelpreis verliehen wurde.

Salzburg, Sommer 1935:
Thomas Mann (Mitte) mit Bruno Walter
und Arturo Toscanini (rechts).

immer weit geöffnet, aufmerksam und durchdringend, als fürchteten sie, irgend etwas von dieser Welt zu übersehen. Sie leuchteten überdies unheimlich, wie die Augen eines Menschen, der fiebert oder längere Zeit in ein starkes Feuer geblickt hat. Selten begegnet man bei alten Leuten so stark leuchtenden Augen. Wenn irgend etwas Glanzvolles an dieser matten Gestalt war, dann waren es nur die Augen; aber ihr Glanz war nicht strahlend. Das war das intensive Leuchten in den Augen eines Menschen, der unaufhörlich und direkt in einen glühenden Strom flüssigen Stahls blickt, eines Menschen, der die Dinge der Welt und des Lebens wie eine kosmische Nebelmasse in statu nascendi betrachtet.«[13]

Und jetzt sehen wir uns eine Weile in seinem Arbeitszimmer um. Er erschien dort, wie gesagt, täglich nach dem Frühstück, spätestens um neun Uhr. Als junger Mensch arbeitete er zeitweise nachts, aber später schrieb er nur am Vormittag, entsprechend Goethes Grundsatz: »Tag vor dem Tage, göttlich werde du verehrt! Denn aller Fleiß, der männlich schätzenswerte, ist morgendlich.« »Der Nachmittag gehörte dem Spazierengehen«, sagte Mann dem Korrespondenten der Schweizer *Weltwoche* Georg Gersten in einem Interview, »der Korrespondenz, der Lektüre – Sachen, auf die es mir ankommt, habe ich nie nachmittags betrieben. Ich brauche dazu die Morgenfrische, die geistige Rüstigkeit und Gespanntheit des Vormittags.«[14]

»Schlag neun Uhr früh«, schreibt Konrad Kellen, »griff er nach der Feder – niemals habe ich Thomas Mann hinter einer Schreibmaschine erblickt – und begann sein Manuskript genau an der Stelle fortzusetzen, an der er Tags zuvor die Feder aus der Hand gelegt hatte. Mann schrieb täglich von 9 bis 12 Uhr. So groß war die mit äußerster Disziplin erreichte Gewöhnung, daß er selbst auf Reisen: in Hotels, Dampferkabinen und Pullmanwagen, seine literarische Pflichtzeit einhielt.«[15]

Diese Gewohnheit hielt Mann sehr streng ein. Von der täglichen Pflicht der Arbeit konnte ihn nur eine ernste Krankheit oder eine Reise befreien, doch unterwegs, wie wir wissen, war er auch nicht müßig. »Das ist nicht Zwang«, sagte er, »sondern Gewohnheit, und eine notwendige; denn will ich etwas zustande bringen, so darf ich nicht viel Ferien machen. Übrigens halte ich es aus Erfahrung mit Baudelaire: ›L'inspiration est sans doute la sœur du travail journalier.‹[16] Er arbeitete selbst im Kurort oder im Seebad, am liebsten am Meer im Strandkorb oder unter dem Zeltdach. Er war nicht empfindlich in der Art mancher Autoren, die sich nicht daran gewöhnen können, außerhalb ihres Arbeitszimmers zu schreiben; er konnte im Hotel, unter dem Dach einer Veranda oder in einer Gartenlaube arbeiten. »Ich kann überall arbeiten«, versicherte er, »nur muß ich ein Dach über dem Kopf haben. Der freie Himmel ist gut zum unverbindlichen Träumen und Entwerfen: die genaue Arbeit verlangt den Schutz einer Zimmerdecke.«[17]

Beim Schreiben kamen keine Reizmittel in Betracht, wie Alkohol oder schwarzer Kaffee. »Sah man ihm bei der Arbeit zu«, sagt Kellen, »so war man versucht, Lessings Wort ›Genie ist Fleiß‹ in ›Genie ist Selbst-Disziplin‹ zu ändern. Es versteht sich am Rande, daß ein Mensch, der zu solcher geistigen Konzentration fähig war, stimulierende Mittel verabscheute. Er war ein lebendiges Beispiel dafür, daß Nüchternheit sich sehr wohl mit schöpferischer Phantasie verbinden kann. Jede Art des Rausches war ihm fremd, und die Zuchtlosigkeit schwärmerischer ›Genienaturen‹ schien ihm befremdlich und unbehaglich zu sein.«[18] Die einzige Abwechslung, die er sich von Zeit zu Zeit erlaubte, war eine Zigarre.

Er ließ sich auch von keinerlei Stimmungen überwältigen. »Von *Stimmungen* und vom Einfluß des Wetters und der Jahreszeiten«, räumte er ein, »muß ich mich, soweit dies physisch möglich ist, unabhängig zu halten suchen, da bei meiner langsamen und schrittweisen Arbeitsmethode die umfangreichen Unternehmungen, zu denen sich meine Bücher meist auswachsen, nie fertig werden würden, wenn ich mich auf Stimmungen verließe.«[19] Er vertraute auch eher dem systematischen Fleiß als der Inspiration, deren Launen ihm zu trügerisch schienen: »Der Einfall als Überfall ist mir unbekannt. Meine Arbeiten sind nicht derart, daß sie auf einem Einfall stünden. Es gehören sehr viele dazu, und die ›Inspiration‹ besteht eigentlich nur in dem Vertrauen darauf, daß sie sich einstellen werde.«[20]

Seine Werke schrieb Mann eigenhändig, anfangs mit einer Stahlfeder, später mit Füllfeder. Er hatte eine kleine, gleichmäßige Schrift, am liebsten schrieb er kurrent, da und dort einen Lateinbuchstaben verwendend, oder, wie er es nannte, mit einer »gemischten Schrift«. In den Vereinigten Staaten gewöhnte er sich daran, in Briefen oder Erklärungen, auf deren Lesbarkeit er Wert legte, Lateinschrift zu verwenden. »Doch ist das nicht geschrieben – das ist gemalt«, sagte er. »Wenn ich bei den Empfängen auf Verständnis rechnen darf, bediene ich mich auch bei epistolärer Gelegenheit lieber und geläufiger meiner persönlichen Mischschrift. Sie liegt mir näher am Herzen.«[21]

Er diktierte nur Briefe – seiner Frau oder dem Sekretär –, manchmal auch eine Vorlesung oder den Text einer Rede; aber auch daran gewöhnte er sich erst in späterem Alter, als die Korrespondenz sehr stark zugenommen hatte. »Wie man Dichterisches diktieren kann – dafür fehlt mir die Vorstellung. Der Gedanke, ein Medium zu brauchen, ist mir fremd, ja peinlich, stört es doch empfindlich das Alleinsein, dessen ich so bedürftig bin.«[22] Das Manuskript verbesserte Mann erst am nächsten Tag, bevor er die weitere Arbeit aufnahm. Im allgemeinen machte er sehr wenig Korrekturen, und seine Manuskripte waren meist druckreif. Konrad Kellen beschrieb Manns Arbeitstechnik bei *Joseph, der Ernährer:* »Damals im Sommer 1941 arbeitete er an dem letzten Band seiner großen Joseph-Tetralogie. Tagein, tagaus verfertigte er in seiner klaren gotischen Schrift zwei bis drei Blätter, die er mir dann zur Abschrift überließ. Das Buch wie alle seine Romane wuchs scheinbar ohne jeden erkennbaren Plan. Niemals verfaßte Mann Resumees oder Entwürfe. Das Manuskript nahm einfach seinen Lauf. Gemächlich und ohne Hast floß es aus seiner Feder, fehlerlos, genau seiner Absicht entsprechend, druckreif fast jeder Satz – wie das fertige Industrieprodukt vom Fließband. Nur selten wechselte der Dichter hier oder da ein Wort aus – die einmal eingeschlagene Richtung seiner Gedanken verließ er nie. Er schrieb mit großer Präzision, literarischen Abfall gab es bei ihm nicht, und seine Begabung für ökonomische Haushaltung war geradezu unheimlich. So erlebte ich mit wachsendem Staunen, wie er die oft unendlich langen, kunstvoll gedrechselten Sätze seiner Riesenromane auf die Blätter warf, von denen meines Wissens kein einziges während dieser Jahre in den Papierkorb wanderte.«[23]

Häuften sich einmal auf einer Seite die Korrekturen, dann schrieb er die Seite um, doch kam das sehr selten vor. In der ersten Periode seines Schaffens wanderten die handschriftlichen Manuskripte direkt in die Druckerei, so war es mit den *Buddenbrooks* und dem *Zauberberg.* Das hatte auch seine Schattenseiten, denn es führte zu vielen Druckfehlern, von denen es bis heute in sämtlichen Ausgaben seiner Werke wimmelt. In den späteren Jahren ließ er seine handgeschriebenen Manuskripte auf der Schreibmaschine abschreiben. Das fertige Manuskript las er in der Regel nicht mehr, dagegen kontrollierte er sehr gewissenhaft die Bürstenabzüge, wo er übrigens nur wenige Korrekturen traf. Er verglich aber nie den Abzug mit dem Original, im Gespräch mit Gersten sagte er, daß er in dieser Hinsicht seinem Gedächtnis und seinem Gefühl vertrauen könne. »Ich weiß, auch ohne ins Manuskript zu blicken, genau, was ich geschrieben habe. Jedes veränderte Wort würde mir sofort als ›nicht von mir‹, als fremd auffallen.«[24]

Kellen schätzt Manns Arbeitstempo auf zwei bis drei handschriftliche Seiten täglich, Mann selbst ist da vorsichtiger. »Das Tempo«, sagt er, »ist verschieden. Im Kopf Vorbereitetes schreibt sich oft leicht herunter, oft geht es gerade dabei sehr mühsam zu, etwa, wenn es falsch vorbereitet war. Dialog ist ein Vergnügen; Beschreibung hält auf; das schriftstellerisch Schwerste ist das Abgezogene, Moralische. Aber so oder so, es läuft schließlich auf ein Normalpensum von ein bis anderthalb Manuskripten hinaus. Ich weiß heute noch nicht, ob es ärmlich ist oder anerkennenswert, habe mich aber damit abgefunden.«[25]

So wenig Veränderungen Mann im Manuskript traf, so oft änderte er das Konzept des Werkes. Wie wir des öfteren sahen, projektierte er seine größeren Werke vorwiegend als Novellen, doch dann nahmen die Erzählungen bald riesigen Umfang an. »Ich täusche mich bei der Konzeption vor allen Dingen über den Umfang«, stellte er fest. » ›Buddenbrooks‹ war als Roman von zweihundertfünfzig Seiten gedacht, ›Der Tod in Venedig‹ als Simplicissimus-Novelle, ›Der Zauberberg‹, der zwei dicke Bände bekommen hat, als kleines Satyrspiel dazu. Das Anschwellen der Komposition beruht auf einem doppelten Vorgang, einem Bohrungsprozeß und einem Ankristallisieren und Einbezogenwerden von außen. Der tiefste Grund mag das Begehren sein, mich jedesmal *ganz* zu geben.«[26]

Viele Romane Thomas Manns erforderten Spezialstudien. So ging dem *Zauberberg* die Lektüre einer umfangreichen medizinischen Literatur voraus, der biblischen Tetralogie Studien auf dem Gebiet der Orientalistik, und dem *Erwählten* die Durchsicht mittelalterlicher Chroniken und der Ritterepen. Eine große Hilfe waren natürlich Notizen und Konzepte. »Dem Beginn eines größeren Manuskripts«, schrieb Mann 1928, »geht in der Regel eine Periode schriftlicher Vorarbeiten voraus. Das sind kurze Entwürfe und Studien, psychologische Pointen und Motive, Aufzeichnungen gegenständlicher Art, Auszüge aus Büchern und Briefen und so fort, die durch quer über das ganze Blatt laufende Striche voneinander getrennt sind. Sie vermehren sich im Laufe der Arbeit und liegen als systematisch geordnetes Konvolut beim Schreiben neben mir. Im Fall der ›Buddenbrooks‹ und des ›Zauberberg‹ war dies handschriftliche Material sehr umfangreich und ist es wieder bei meiner gegenwärtigen Arbeit. Es dient unter anderem dazu, einen Plan, in dessen Ausführung ich mich unterbrechen muß, selbst über Jahre hinweg zu konservieren.«[27]

In solchem Konservieren literarischer Pläne war Mann ein Meister. In dem Interview für die *Weltwoche* sagte er diesbezüglich: »Da sprach ich Ihnen von diesem merkwürdigen Festhalten an dem einmal gepackten Stoff. Den Krull habe ich nach mehr als vierzig Jahren einfach wieder vorgenommen, als ob ich ihn gestern einer dringenden Arbeit oder auch nur einer beiläufigen Ablenkung zuliebe weggelegt hätte. Ganz äußerlich habe ich sogar auf demselben Papier angeknüpft, einem seltsamerweise karierten, feinen Papier von Prantl, Amadeus Prantl, wo ich vor Zeiten mir in München das Papier zu besorgen liebte, – seltsamerweise, sage ich, weil ich sonst den reinweißen, ganz und gar jungfräulichen Blättern den Vorzug gebe. Dieses sonderlich einzige Blatt hat mich mit dem ganzen Material zum Krull ein halbes Leben lang begleitet, von München in die Schweiz und ins amerikanische Exil, und nun wieder zurück nach Erlenbach und ins liebe Kilchberg.«[28]

Waren die Vorbereitungen abgeschlossen und begann Thomas Mann zu schreiben, dann gab es keine Abschweifung mehr. Das Manuskript wuchs entsprechend der geplanten Fabel, Kapitel folgte auf Kapitel – Mann begann niemals mit einer neuen Szene, solange die vorhergehende nicht fertig war. »Das hat«, meinte er, »besondere innere Kompositionsgründe. Späteres kann, ohne daß alles Frühere vorliegt, nicht gedeihen.«[29] Im Verlauf der Arbeit holte er auch häufig die Meinung von Fachleuten ein, mit denen er sich in Briefen beriet oder, wenn dies möglich war, persönlich. In diesem Fall las er gerne die fertigen Kapitel vor und schenkte Bemerkungen große Aufmerksamkeit. Als er *Doktor Faustus* schrieb, besuchte ihn öfters Theodor W. Adorno, der in der Nachbarschaft wohnte. Die Beratungen und Diskussionen über einzelne Fragen dauerten manchmal viele Stunden. »Da ich nun einmal Thomas Mann bei der Arbeit kannte«, schreibt Adorno, »darf ich bezeugen, daß nicht die leiseste narzißtische Regung zwischen ihn und seine Sache sich drängte. Mit keinem hätte die Arbeit einfacher, freier von allen Komplikationen und Konflikten sein können; es bedurfte keiner Vorsicht, keiner Tatktik, keines tastenden Rituals. Niemals hat der Nobelpreisträger sei's auch noch so diskret auf seinen Ruhm gepocht oder mich die Differenz des öffentlichen Ansehens fühlen lassen. Wahrscheinlich war es nicht einmal Takt oder humane Rücksicht; es kam gar nicht erst zum Gedenken an die Privatpersonen. Die Fiktion von Adrian Leverkühns Musik, die Aufgabe, sie zu beschreiben, als wäre sie wirklich vorhanden, gewährte dem, was jemand die psychologische Pest nannte, keinerlei Nahrung. Dabei hätte seine Eitelkeit Anlaß und Gelegenheit genug gehabt, sich zu zeigen, wenn sie existiert hätte.«[30]

Ging dann das Buch schließlich in die Welt hinaus, dann begleitete es immer die Angst um sein zukünftiges Schicksal. Die Einstellung der Leser, der Kritik war unberechenbar, viel hing vom Zufall ab. »Ich bin immer aus den Wolken gefallen«, bekannte er, »wenn dann die Bücher Erfolg hatten, denn immer habe ich sie ohne einen Schimmer von Hoffnung aus der Hand gelegt. Meine Frau kann bestätigen, daß ich mir 1912 oder 1913, als ich den *Tod in Venedig* fertig geschrieben hatte, ernstlich überlegte, ob ich die Erzählung tatsächlich der *Neuen Rundschau* zur Veröffentlichung anbieten sollte. Ich fand sie einfach nicht gut genug.«[31]

In das einmal gedruckte Buch sah Mann nicht mehr hinein – es noch einmal zu lesen ging über seine Kräfte. »Ich bin eines Werkes schon sterbensmüde, wenn ich noch daran schreibe, und dann muß ich es als Fahne und Umbruch noch zwei-, dreimal lesen. Es geht mir bis zum Hals – und wie sollte ich's mir als fertiges Buch noch einmal zu Gemüte führen? Das ist abgetan, nun mögen die anderen zusehen. Blicke ich viel später wieder hinein, so ergibt sich eine Mischung aus Verlegenheit und ›Possible que j'ai eu tant d'esprit?‹ Aber Wunsch und Hoffnung des Bessermachens können sich nur auf Neues und Zukünftiges, nicht auf das Abgelebte beziehen.«[32]

Thomas Mann liebte es jedoch, im Kreis der Familie und der Freunde Fragmente des Werkes vorzulesen, an dem er gerade arbeitete. Die Reaktion, die Ansichten der Umgebung waren für ihn ein lebendes Buch, aus dem er Hinweise und Lehren bezog. Er las übrigens suggestiv, mit voller, konzentrierter, ruhiger Stimme, mittels Akzent und Tonfall die Erlebnisse und Gedanken seiner Helden interpretierend. Diese Abende gehörten zu den angenehmsten in seinem Hause. Viktor Mann erinnert sich voll Dankbarkeit an sie:

»Solche Ereignisse im Arbeitszimmer, das dann nur von der Leselampe erhellt war, gehören zu meinen liebsten Erinnerungen an das Haus in der Poschinger Straße. Meist waren sie völlig improvisiert und ergaben sich aus der Zusammensetzung des Gästekreises und dem engen Kontakt der kleinen Schar mit dem Autor. Was ich auf diese Art und in diesem Milieu von Thomas' Gestalten aufnehmen konnte, blieb natürlich besonders eindrucksvoll.

Schon als Bub hatte ich ja in der Herzogstraße einige der ersten Novellen und viele Szenen aus den ›Buddenbrooks‹ mit anhören dürfen, und wenn mich damals auch in erster Linie der Stolz auf die Beziehung zum Kreis der zuhörenden Erwachsenen bewegte, so blieben die Ausschnitte, aufgenommen lange vor der Zeit des vollen Verstehens, auch dem gereiften Verständnis besonders eingeprägt. Sogar mit dem *Eisenbahnunglück*, dessen intimer Premiere ich als Halbwüchsiger lauschte, ging es mir noch so: ich denke an den kleinen novellistischen Tatsachenbericht, sooft ich einen Schlafwagen betrete, und möchte mit Tommy jeden jovial-bärbeißigen Zugführer als ›Vater Staat‹ ansprechen.

Den ›Friedrich‹ las uns der Autor vor, als ich auf Kriegsurlaub daheim war, was die Wirkung entsprechend vertiefte. Später dann *Herr und Hund* am Ort der Handlung, am Rande des ›Jagdreviers‹, vom Autor zu vernehmen und das rauhe Fell des zweiten Titelhelden dabei zu kraulen, war auch etwas Besonderes. Und aus den bei Zigarre und Kaffee vorgelesenen Kapiteln des *Zauberbergs* stieg das Werdende schon so klar auf, daß ich später im Buch von der ersten Seite an daheim war.«[33]

Die Arbeitszeit endete zwischen zwölf und ein Uhr mittags, dann kam der Augenblick, den er im ganzen Tagesablauf am meisten liebte: den Spaziergang in Begleitung seines Hundes. Wir kennen die Atmosphäre seiner Spaziergänge aus der idyllischen Erzählung *Herr und Hund.* Nachher kam das Mittagessen und eine Stunde Schlaf. Um drei Uhr nachmittags erschien der Sekretär, und Mann diktierte Briefe. Manchmal las er um diese Zeit ein Buch oder unterhielt sich über politische Probleme, über die er gerade schrieb. Um fünf Uhr fand sich die Familie beim Tee zusammen. »Man versammelte sich im großen Wohnzimmer«, beschreibt Kellen die Zeremonie, »Thomas Mann gab sich gesellig, der eine oder andere Besucher erschien, es wurde geplaudert und allerhand aus der ›großen Welt‹ berichtet. Obschon die steife Förmlichkeit gewahrt blieb, schätzte der Dichter um diese Tageszeit zwanglose Gespräche über alltägliche Begebenheiten. Beim Nachmittagstee war ihm die Schilderung einer Reifenpanne oder eines mißglückten Einkaufs willkommener als literarische Geplänkel oder tiefschürfende Betrachtungen über vorletzte Dinge. Leuten gegenüber, die sich in seiner Gegenwart verpflichtet fühlten, geschwollen daherzureden, gab er sich wortkarg.«[34]

Die Abende verbrachte er am liebsten zu Hause. Nach dem Abendessen hörte er Platten, las oder empfing Gäste aus der Nachbarschaft. »Wenn er in Stimmung war«, erzählte Kellen, »las er aus unvollendeten Manuskripten vor, mit trockener Stimme, die ironischen Akzente scharf setzend. Das beschwingte Lob seiner Zuhörer nahm er mit sanfter Skepsis auf, für mild-kritische Einwände, die manchmal von einem Verwegenen geäußert wurden, hatte er kein Gehör. Sie interessierten ihn nicht.«[35]

»Das war der Stundenplan«, erinnert sich Klaus Pringsheim. »Nur Ereignisse von größter Wichtigkeit konnten diesen Plan umwerfen, den er für eine notwendige Disziplin hielt, die er brauchte, um seine Werke zu vollenden. Kein Familienmitglied, auch nicht Frau Mann, glaubte, daß etwas wichtiger sein könnte, als diese Tagesroutine einzuhalten und vor allen Störungen von außen zu bewahren. Auch würde niemand im Hause Thomas Mann's jemals auch nur in Erwägung gezogen haben, den Schriftsteller bei seiner Arbeit im Arbeitszimmer zu unterbrechen. Dort gab es natürlich auch kein Telephon, und die Mitglieder der Familie pflegten die Anrufe zu beantworten, anstatt ihn ans Telephon zu rufen, es sei denn, eines seiner Kinder rief an seinem Geburtstag oder anderen Festtagen vom anderen Ende der Welt an. Thomas Mann lebte dieses Leben jedoch nicht unter dem Eindruck eines Zwanges oder als Sklave seines Tagesplans, sondern es war vielmehr die entspannte und geordnete Form des Lebens, wie er es leben wollte. So formte er sein Leben nach seinen Vorstellungen, und wenn er seinen Plan kaum änderte, dann lag es daran, daß er wenig Notwendigkeit sah, es zu tun. Er war jedoch auch durchaus Vorschlägen zugänglich, die seinen Plan durcheinanderbrachten, und für eine Sache, an die er glaubte, oder einen Freund nahm er sich Zeit.«[36]

Die Einhaltung der Tageseinteilung erforderte jedoch nicht nur Selbstdisziplin vom Dichter, sondern auch die Hilfe der Familie. »Gewiß ist es das hervorragende Verdienst seiner Gattin, Frau Katharina Mann«, setzt Pringsheim fort, »daß sie seine private Sphäre Jahr für Jahr abschirmte gegen das Eindringen einer endlosen Prozession lästiger Personen, die aus irgendeinem Grunde sich an ihn herandrängten oder seine Hilfe erbitten wollten. Es ist gut vorstellbar, daß, wenn Frau Mann, später seine Tochter Erika, nicht die Funktion einer Wache ausgeübt hätten, viel von seiner kostbaren Zeit für Besuche und Bittsteller in Anspruch genommen worden wäre und mehrere seiner Spätwerke überhaupt nicht hätten zustande kommen können. Frau Mann, die genauso hart arbeitete wie ihr Mann, nahm ihm auch alle lästigen Kleinigkeiten in gesellschaftlicher, geschäftlicher und häuslicher Hinsicht ab.«[37]

Diese letztgenannte Pflicht Frau Katjas war notabene unentbehrlich, denn Thomas Manns Sinn für das Praktische ließ sehr viel zu wünschen übrig. »Thomas Manns Verhältnis zur Umwelt«, bemerkt Kellen, »wurde von einer Mischung aus kühler Sachlichkeit und Weltfremdheit bestimmt. Als eines Tages ein Lieferant mit gereinigten Anzügen erschien und eine Rechnung präsentierte – außer mir war niemand im Hause, und ich hatte gerade kein Geld in der Tasche – war der Dichter fassungslos. Bestürzt erklärte er, daß er niemals Geld bei sich habe und gar nicht wisse, was mit dem Reinigungsmann anzufangen. ›Kann man ihn wohl auf morgen vertrösten?‹ fragte er.«[38]

Gattin und Tochter sorgten vor allem dafür, dem Dichter stets Ruhe und Arbeitsmöglichkeit zu sichern, aber keineswegs, ihn von der Welt zu isolieren. »Trotz der Wache, die seine Familie darstellte«, erfahren wir von Pringsheim, »verstanden es dennoch einige Leute, mit ihm Kontakt aufzunehmen. Für sie war er einer der freigebigsten Menschen auf der Welt, der zu caritativen Unternehmen beitrug und arme Schriftsteller, Freunde und Verwandte und aller Art Plänemacher unterstützte. Wenn man sich darauf verstand, sein Herz irgendwie zu rühren oder die Gefühle der Humanität zu wekken, dann konnte man auch auf ihn zählen. Und fürwahr, viele Leute taten es. Zuletzt jedoch wurden er und seine Familie immer bedächtiger und solcher Ansinnen überdrüssig und zeigten sich unzugänglicher, denn sie hatten aus bitteren Erfahrungen gelernt.«[39]

War es jedoch immerhin möglich, sich vor zudringlichen Gästen zu bewahren – vor Briefen gab es keine Rettung. Thomas Mann hatte die Gewohnheit, jeden Brief zu beantworten, ungeachtet, ob er wichtige oder geringfügige Dinge berührte und ob er von einem Bekannten oder einem ihm völlig Fremden kam. Die größte Verlegenheit bereiteten ihm Briefe von schriftstellernden Anfängern oder Graphomanen, die unbedingt wissen wollten, was der große Kollege von ihnen halte. »Wenn ich mich an die Stöße sogenannter literarischer Werke und Versuche, die Tag für Tag mit der Post von strebsamen jungen Autoren aus der ganzen Welt kamen, die seine Zustimmung und damit sofortigen Ruhm zu erlangen hofften, erinnere«, schreibt Pringsheim, »erschaudere ich, wenn ich an den unglaublichen Unsinn denke, mit dem er sich beschäftigte, weil er meinte, daß vielleicht *ein* Talent irgendwo entdeckt werden könnte und Ermunterung brauche. Wahrscheinlich dachte er an seine eigenen Anfänge, als er durch die freundlichen Worte Richard Dehmels für seinen ersten Versuch, *Gefallen*, Ermunterung erfahren hatte. Ab und zu fischte er aus dem Strom der Manuskripte eines heraus, das ihm Anerkennung würdig erschien, und schrieb einen lobenden

Kommentar an den Verfasser oder sandte sogar eine Nachricht an den Verleger.«[40]

Manche Anfänger, die eine Antwort erpressen wollten, scheuten keine Ausrede, aber auch das schreckte den geduldigen Dichter nicht ab; davon zeugt ein Brief Manns aus dem Jahre 1924 an einen gewissen Karl Bohm, einen Arzt, den die Dichtkunst lockte. »Sehr geehrter Herr, wenn Sie es mit Fontanes Wort halten, also alles Gewicht darauf legen, vor sich selbst zu bestehen, so ist es schwer verständlich, warum Sie durchaus wissen müssen, ob Sie auch vor mir bestehen, was ganz gleichgültig ist, da das Urteil eines Dichters über den anderen überhaupt nichts Maßgebliches ist. Da ich aber in der Phantasie keines Menschen als Einer leben mag, der ›hinter dem Zaun des Erfolges an der Tafel sitzt und genießt‹ (eine unsinnige Vorstellung; niemand, der etwas leistet, sitzt und genießt; jeder, der etwas leistet, läßt es sich sauer werden und hat wenig vom Leben), so stelle ich Ihnen gern frei, mir Proben Ihrer Lyrik zu schicken und werde Ihnen tapfer meine persönliche Meinung darüber sagen, obgleich das nicht ungefährlich zu sein scheint.«[41]

Die dichterischen Bemühungen brachten Bohm nur Mißerfolg, 1933 nahm sich der Unglückliche das Leben.

Erwartung

Joseph, der Ernährer, der letzte Band des ›mythischen Romans‹, war, wie sich bald herausstellte, keine Trennung vom biblischen Thema. Noch vor Vollendung des orientalischen Zyklus verpflichtete sich Thomas Mann, die erwähnte Einleitung zur Anthologie *Die Zehn Gebote* zu schreiben. Doch je näher der Ablieferungstermin heranrückte, desto mehr faszinierte ihn die Idee zu einer Novelle über Moses. »Längst hatte ich mich gefragt«, schrieb er, »warum ich zu jenem Buch der Zelebritäten nur mit einem essayistischen Vorwort, – warum nicht lieber mit einem ›Vorspiel auf der Orgel‹, wie Werfel sich später ausdrückte, beitragen sollte; mit einer Erzählung von der *Erlassung* der Gebote, einer Sinai-Novelle, wie sie mir als Nachklang des Joseph-Epos, von dem ich noch warm war, sehr nahe lag: Notizen und Vorbereitungen dazu nahmen nur ein paar Tage in Anspruch.«[1]

Die Arbeit an der Erzählung, wohl dem ersten belletristischen Werk Manns, das sein Entstehen einem fremden Impuls verdankte, einem »von außen kommenden Arbeitsvorschlag«, dauerte nicht lange. »In nicht ganz zwei Monaten«, erinnert sich der Dichter, »einer für meine Arbeitszeit kurzen Frist, schrieb ich, fast ohne Verbesserungen, die Geschichte nieder, der, zum Unterschied von der quasi-szientifischen Umständlichkeit des *Joseph* ein Frisch-drauf-los-Tempo angeboren war. Während der Arbeit, oder vorher schon, hatte ich ihr den Titel *Das Gesetz* gegeben, womit nicht nur sowohl der Dekalog, als das Sittengesetz überhaupt, die menschliche Zivilisation selbst bezeichnet sein sollte.«[2]

Die Erzählung kann als Paraphrase des biblischen Textes bezeichnet werden, die von der schwierigen und undankbaren Aufgabe eines Menschen erzählt, der sich berufen fühlt, eine formlose, versklavte Masse in ein Volk umzuwandeln. Eine Geschichte, die spätere Generationen mit irrationalen Legenden ausgeschmückt haben, führt der Autor hier auf menschliche Dimensionen zurück: die Novelle beschreibt die Befreiung einer primitiven Gemeinschaft vom Götzendienst und ihre Gewöhnung an Recht und moralische Ordnung. Thomas Mann kommentierte die Geschichte von

Moses und der Erlassung der Zehn Gebote als »gegen das Nazitum gerichtete Verteidigung menschlicher Gesittung«, Verteidigung gegen jenes System, das jedes Recht und alle moralischen Grundsätze zertrat. »Es war mir Ernst mit dem Gegenstande«, kommentierte Mann, » so schmerzhaft das Legendäre behandelt und soviel voltairisierender Spott, wiederum im Gegensatz zu den Joseph-Erzählungen, die Darstellung färbt. Wahrscheinlich unter dem unbewußten Einfluß von Heine's Moses-Bild gab ich meinem Helden die Züge – nicht etwa von Michelangelo's Moses, sondern von Michelangelo selbst, um ihn als mühevollen, im widerspenstigen menschlichen Rohstoff schwer und unter entmutigenden Niederlagen arbeitenden Künstler zu kennzeichnen. Der Fluch gegen Ende gegen die Elenden, denen in unseren Tagen Macht gegeben war, sein Werk, die Tafeln der Gesittung, zu schänden, kam mir vom Herzen und läßt wenigstens zum Schluß keinen Zweifel an dem kämpferischen Sinn der übrigens leichtwiegenden Improvisation.«[3]

Das Gesetz erschien noch im Jahr seiner Entsstehung, zuerst in englischer Sprache, im Band *Die Zehn Gebote.* Neben dieser Novelle, welche die Auswahl einleitete, enthielt das Buch, unter anderen, Arbeiten von Franz Werfel, Bruno Frank, Jules Romains, André Maurois, Sigrid Undset. Thomas Manns Novelle war ein Abschied von der Vergangenheit, vom Mythos. Von da an nahm, durch fast fünf Jahre, die Gegenwart seine Aufmerksamkeit in Anspruch, die deutsche Frage – der Roman über den deutschen Komponisten Adrian Leverkühn, *Doktor Faustus.* »Am Morgen nach diesem Abschluß (Das Gesetz) erst«, erinnert sich Mann an den Beginn dieser Arbeit, »räumte ich das gesamte mythologisch-orientalische Material zum ›Joseph‹, Bilder, Exzerpte, Entwürfe, verpackt beiseite. Die Bücher, die ich zum Zwecke gelesen, blieben, eine kleine Bibliothek für sich, auf ihren Fächern. Tisch und Schubfächer waren leer. Und nur einen Tag später, den 15. März, um genau zu sein, taucht in meinen abendlichen Tagesrapporten das Sigel ›Dr. Faust‹, fast ohne Zusammenhang, zum erstenmal auf.«[4]

Es war kein neuer Einfall: der erste Plan, in einer dreizeiligen Notiz aufgehoben, stammt aus dem Jahre 1901. Alte Zeiten tauchten wieder in der Erinnerung auf, München zu Jahrhundertbeginn, die Tage des *Tonio Kröger:* »Zweiundvierzig Jahre waren vergangen«, erinnert sich Mann, »seit ich mir etwas vom Teufelspakt eines Künstlers als mögliches Arbeitsvorhaben notiert, und mit dem Wiederaufsuchen, Wiederauffinden geht eine Gemütsbewegung, um nicht zu sagen: Aufgewühltheit einher, die mir sehr deutlich macht, wie um den dürftigen und vagen thematischen Kern von Anfang an eine Aura von Lebensgefühl, eine Lufthülle biographischer Stimmung lag, die die Novelle, meiner Einsicht recht weit voran, zum Roman vorherbestimmte.«[5]

Die ersten Wochen waren noch eine Zeit der Unentschlossenheit, der Unsicherheit, die Größe und die Schwierigkeit des Unternehmens machten ihm Angst und warnten vor einem übereilten Entschluß: »Die Frage war, ab nun die Stunde für diese von langer Hand, wenn auch noch so scharf visierte Aufgabe gekommen war. Ein Gegeninstinkt, verstärkt durch die Ahnung, daß es mit dem ›Stoff‹ nicht geheuer war und daß es Herzblut, viel davon kosten werde, ihn in Gestalt zu bringen, durch die unbestimmte Vorstellung, einer gewissen, aufs Ganze gehenden Radikalität seiner Anforderungen, – ist unverkennbar. Dieser Instinkt wäre auf die Formel zu bringen gewesen: ›Erst lieber noch etwas anderes!‹ Das mögliche beträchtlichen Aufschub bietende Andere war die Aufarbeitung und Durchführung des vor dem ersten Weltkrieg liegengebliebenen Roman-Fragments *Bekenntnisse des Hochstaplers Felix Krull*.«[6]

Eines Tages hat Mann sogar das Paket mit den Materialien für den *Krull* bereits geöffnet, aber eine kurze Überlegung ließ die Waagschale auf die Seite von *Doktor Faustus* sinken. Das Thema dieses Romans erschien ihm wichtiger, näher, brennender. Er ging sofort an die Arbeit, vertiefte sich in die Geschichtswerke, begann die *Gesta Romanorum*, Luthers Briefe, das Volksbuch vom Dr. Faust durchzusehen, las musikhistorische Arbeiten: »Ein starkes Konvolut von Notizen, die Komplexität des Vorhabens bezeugend, hatte sich angesammelt: an zweihundert Halb-Quartblätter, auf denen, ungeordnet und von durchlaufenden Strichen eingefaßt, ein buntes Zubehör aus vielen Gebieten, dem sprachlichen, geographischen, politisch-gesellschaftlichen, theologischen, medizinischen, biologischen, historischen, musikalischen, sich drängte. Noch ging es weiter mit dem Zusammentragen des Zweckdienlichen . . .«[7]

Am Ende desselben Monats waren die ersten Manuskriptseiten mit der kleinen Kurrentschrift bedeckt. Am 2. Juni schon konnte Mann Frau Meyer mitteilen: »Ich *schreibe* wieder – an einem Roman, zu dem auch der Krieg in Europa mir wohl leider noch Zeit lassen wird. Die Sache ist schwer, düster, unheimlich, traurig wie das Leben, ja noch mehr so, als das Leben, da immer Idee und Kunst das Leben übertreffen und übertreiben. Um genießbar zu sein, bedarf die Geschichte der Durchheiterung, und dazu bedarf es der Heiterkeit. Aber die ist mir bisher ja auch in noch schlimmeren Zeiten nicht ausgegangen.«[8]

Während der Vorbereitungsarbeiten am *Doktor Faustus* machte Thomas Mann die Bekanntschaft von Theodor W. Adorno, der in nächster Nachbarschaft wohnte. Diese Bekanntschaft wurde bald zu einer Freundschaft, und damit begann eine Zusammenarbeit, die für den Roman über den Tonkünstler Leverkühn sehr fruchtbar war. Doktor Adorno, 1903 geboren, Autor des Werkes *Philosophie der neuen Musik,* war Dozent an der Frankfurter Universität gewesen. 1934 emigrierte er nach England und übersiedelte vier Jahre später in die Vereinigten Staaten. In Los Angeles lebte er seit 1941. »Dieser merkwürdige Kopf«, charakterisierte ihn Mann, »hat die berufliche Entscheidung zwischen Philosophie und Musik sein Leben lang abgelehnt. Zu gewiß war es ihm, daß er in beiden divergenten Bereichen eigentlich das Gleiche verfolge. Seine dialektische Gedankeneinrichtung und gesellschaftlich-geschichtsphilosophische Tendenz verschränkt sich auf eine heute wohl nicht ganz einmalige, in der Problematik der Zeit begründete Weise mit der musikalischen Passion. Die Studien, welche dieser dienten, Komposition und Klavier, betrieb er anfangs bei Frankfurter Musikpädagogen, dann bei Alban Berg und Eduard Steuermann in Wien. 1928 bis 1931 war er als Redakteur des Wiener *Anbruch* im Sinne der radikalen modernen Musik tätig.«[9]

Im Sommer 1943 fand im kalifornischen Haus eine Familienfeier statt. Anlaß: der sechzigste Geburtstag von Frau Katja Mann, damals schon ergraut und von der Mühsal der Emigration hergenommen, aber immer noch das Steuer des häuslichen Lebens fest in der Hand haltend. »Am 24. Juli 43«, erinnert sich Mann, »begingen wir den sechzigsten Geburtstag meiner Frau, – viel nachdenkliche Erinnerungen an die erste Zeit unseres Exils, an Sanary-sur-Mer, wo wir den Fünfzigsten gefeiert, an den seither abgeschiedenen Freund, der damals mit uns war, René Schickele, und alles seither Durchlebte stieg dabei empor. Unter den Glückwunschtelegrammen war eines von unserer Erika, nun Kriegskorrespondentin in Kairo.«[10]

Nicht viel später nahm Thomas Mann an noch einem Jubiläum teil, diesmal einem literarischen: Alfred Döblin wurde im August fünfundsechzig. Die Geburtstagsfeier wurde am 14. August im »Play House« von Los Angeles abgehalten. Heinrich Mann sprach als Vertreter der deutschen Emigrantenschriftsteller. Thomas schrieb an den Jubilar einen Brief mit herzlichen Glückwünschen und Worten der Anerkennung für seine Haltung im Exil.

»Ihr gesichterreiches Erzählwerk«, endete der Brief, »hervorgebracht obendrein mitten in erst-alltäglicher Berufstätigkeit, ›in der Unfallstation bei Nachtwachen, zwischen zwei Konsultationen, auf der Treppe beim Krankenbesuch‹, wie Sie selbst einmal sagten, hat unser merkwürdiges Vaterland Ihnen gedankt, indem es Sie ausstieß. Sie haben das Los des Exils, des Abgeschnittenseins von Ihren natürlichen Grundlagen, der verwehrten Wirkungsmöglichkeit und alle damit verbundene innere und äußere Not mit vollkommener Würde getragen; der feste Blick auf die Schrecknisse und Wildheiten des Menschenlebens, den wir aus Ihren Büchern kennen, hat sich auch vor Ihrem persönlichen Schicksal und irren Geschehnissen bewährt, die es verursachten, und nie hat man ein Wort der Klage aus Ihrem Mund vernommen. Dennoch wissen wir, daß Sie mehr gelitten, mehr verloren haben als die meisten von uns, daß Sie noch heute um Ihr Liebstes bangen müssen, und unsere Bewunderung für Ihre Lebensleistung wird vertieft durch menschliches Mitgefühl, für das wir ja alle durch eigene Erfahrung wohl gestimmt sind. Nicht viel fehlt, und Ihr fünfundsechzigster Geburtstag könnte auch schon im entschreckten Deutschland frei begangen werden. Er kann es gerade noch nicht. Desto nachdrücklicher wollen wir hier draußen uns heute zu unserem Wissen darum bekennen, was Sie für das geistige Leben Deutschlands, was Sie der Zeit und Zukunft bedeuten.«[11]

Leider brachen die Beziehungen zwischen den beiden Dichtern sehr bald ab, und es ist heute eigentlich schwer zu sagen, aus welchem Grund. Thomas Mann schätzte Döblin besonders wegen seines *Berlin Alexanderplatz*, hatte auch in hohem Maße zu Döblins Aufnahme in die Akademie beigetragen und interessierte sich in der Emigration lebhaft für sein Schicksal, zumal es sehr hart war. Außerhalb Deutschlands hatte Döblin der Erfolg verlassen – seine Emigration war ein Weg in die Einsamkeit und Vergessenheit. Der Zwist, übrigens ein völlig einseitiger, entbrannte zwei Jahre nach dem kalifornischen Jubiläum völlig unerwartet. Döblin entfachte ihn mit einem scharfen Aufsatz, und dann ließ er keine Gelegenheit vorübergehen, Mann mit bösartigen Bemerkungen zuzusetzen. Nach dem Zweiten Weltkrieg unternahm Döblin von Deutschland aus, wohin er zurückgekehrt war, aufs neue eine Kampagne gegen Mann.

Mann erwiderte nicht, er gab seiner Erbitterung nur in Briefen an Bekannte Ausdruck. »Es gibt einen T.M.-Komplex, der mir schon manche verdrießliche Stunde bereitet hat«, schrieb er 1946 an den

Schweizer Essayisten Otto Basler. »Ludwig hat ihn, weil ich gewagt habe, *nach seinem* Goethe-Buch ›Lotte in Weimar‹ zu schreiben. Nun, das kann man verstehen. Warum aber Döblin – seit ganz kurzem erst – mich haßt und systematisch verfolgt, ist ganz unerfindlich. Es mutet rein krankhaft an. Ich habe ihm nie etwas zuleide getan, bin ihm nie in die Quere gekommen, bin ihm vielmehr immer mit der größten Artigkeit begegnet, schon im Gedanken an Bulwers Wort: ›The fool flatters himself. The wise man flatters the fool‹. Aber es hat nichts genützt, er möchte mich umbringen, denn nichts anderes bedeutet es ja, wenn er behauptet, ich *sei* tot. Was dahinter steckt, noch einmal, ich kann es nicht sagen. D. ist verbittert, weil er in diesem Lande ein seiner Gaben nicht würdiges, unbeachtetes und armes Leben geführt hat, – wobei er wahrscheinlich Glanz und Glorie *meines* Lebens gallig überschätzte. Meine Erfolge hier haben sich immer in bescheidenen Grenzen gehalten – buchhändlerisch, meine ich, – und nie habe ich gescheffelt wie Feuchtwanger oder Werfel. Allerdings lernte ich Englisch, wozu er zu stolz war, und hielt Vorträge im Rahmen meines Kampfes gegen Hitler, den ich in Wahrheit tödlich gehaßt habe. Aber paßt darauf das Wort ›wer haßt, ist tot‹? Es ist reiner Unsinn, – ein ebensolcher, wie daß ich ›nichts, gar nichts weiß‹.«[12]

Im Herbst 1943 begab sich Mann auf eine Vortragsreise nach dem Westen der Vereinigten Staaten und nach Kanada. Die Vorbereitungen zu dieser Tournee fielen in die Zeit großer Offensiven an allen Kriegsfronten. Es kamen Nachrichten über die Niederlagen der deutschen Armeen in der Sowjetunion, deren Truppen bis zum Dnjepr vorgedrungen waren, über die Einnahme Sorrents, der Inseln Capri und Ischia, über den Rückzug der Deutschen aus Sardinien. Mann trat seine Reise am 9. Oktober an. Zuerst ging es nach Washington, wo er in der Kongreßbibliothek einen Vortrag unter dem Titel *Der Krieg und die Zukunft* hielt. Zwei Tage später sprach er über dasselbe Thema im Hunter College. Von Washington führte die Route weiter über Manchester und New Bedford nach Kanada. Ende Oktober war der Dichter in New York. Hier führte er ein Gespräch mit Vertretern der deutschen Emigration, Repräsentanten der Bewegung »Freies Deutschland«, die auch von einem Teil der Amerikaner deutscher Herkunft unterstützt wurde. Diese Organisation beabsichtigte eine Deutsche Emigrationsregierung ins Leben zu rufen und ein Programm zur Erneuerung Deutschlands aufzustellen. Theologen, Schriftsteller, sozialistische und katholische Politiker«, schrieb Mann, »gehörten zu der interessierten Gruppe!

Man lag mir an, mich an ihre Spitze zu stellen.«[13] Davon wollte Thomas Mann nicht einmal hören, indessen erklärte er sich, wenn auch ungern, damit einverstanden, in ihrem Namen nach Washington zu reisen, um die Unterstützung der amerikanischen Regierung zu erlangen. Er brachte jedoch aus der Hauptstadt eine entschiedene Absage mit, er hegte ja selbst große Zweifel, ob für Unterhandlungen mit den kriegführenden Staaten über die Zukunft Deutschlands und die Formulierung entsprechender Vorschläge und gar Forderungen schon die Zeit gekommen sei. »Es ist zu früh«, schrieb er an Bert Brecht, »deutsche Forderungen aufzustellen und an das Gefühl der Welt zu appelieren für eine Macht, die heute noch Europa in ihrer Gewalt hat und deren Fähigkeit zum Verbrechen keineswegs schon gebrochen ist. Schreckliches kann und wird wahrscheinlich noch geschehen, das wiederum das ganze Entsetzen der Welt vor diesem Volk hervorrufen wird, und wie stehen wir da, wenn wir vorzeitig Bürgschaft übernehmen für einen Sieg des Besseren und Höheren, das in ihm liegt. Lassen Sie die militärische Niederlage Deutschlands sich vollziehen, lassen Sie die Stunde reifen, die den Deutschen erlaubt, abzurechnen mit den Verderbern, so gründlich, so erbarmungslos, wie die Welt es von unserem unrevolutionären Volk kaum zu erhoffen wagt, dann wird auch für uns hier draußen der Augenblick gekommen sein zu bezeugen: Deutschland ist frei, Deutschland hat sich wahrhaft gereinigt, Deutschland muß leben.«[14]

In den ersten Dezembertagen traten Mann und Frau Katja, die ihn begleitet hatte, mit dem Zug die Rückreise an. Sie dauerte zwei Tage und drei Nächte. »Heimkehr ist ein reizendes Abenteuer«, schrieb er über das ermüdende Erlebnis, »besonders die Heimkehr an diese Küste. Ich war entzückt vom weißen Licht und spezifischen Duft, vom Himmelsblau, Sonne, dem die Brust weitenden Atem des Ozeans, der Schmuckheit und Reinlichkeit dieses Südens. Die Strecke vom Bahnhof nach Hause (fast eine Stunde lang) wieder zurückzurollen, da einem so viel bevorstand, als es in umgekehrter Richtung ging, hat etwas Unwahrscheinliches. Man hätte ›es nicht gedacht‹. Getreue Nachbarn, die unterdessen ein Auge auf das Unsere gehabt, die Post verwaltet hatten, brachten von dieser einen Riesensack, dazu Rahm, Kuchen und Blumen.«[15]

Noch während Manns Aufenthalt in New York starb dort Max Reinhardt im siebzigsten Lebensjahr. Freunde und Verehrer des Regisseurs gaben ihm das letzte Geleit. Am 15. Dezember fand in Los Angeles eine Trauerfeier statt, an der deutsche und amerikanische Schauspieler, Regisseure, Schriftsteller und Gelehrte teilnahmen. Thomas Mann hielt die Gedenkrede. »Weit lagen unsere Ausgangspunkte und Sphären auseinander«, sagte er, »aber immer wieder, von jung auf, führten unsere Wege augenblicksweise zusammen; ich kannte ihn früh; die in sich geschlossene ruhige Männlichkeit seines Wesens, die besonnene und plastische Sprechweise, seine klug lauschende Art, kurzum seine Persönlichkeit imponierte mir, wie sie jedem imponierte, der in den Bereich ihres eigentümlichen Magnetismus kam; und ihn am Werke zu sehen, auf Proben etwa in Berlin, zu denen er mich, ich weiß nicht warum, zuließ, auch wenn sie besonders streng gegen Neugierige gesperrt waren, gehörte zu den interessantesten Erfahrungen meines Lebens. Da begriff ich die leidenschaftlich dankbare Liebesergebenheit, die ihm die Genossen seiner theatralischen Gemeinschaft, die Schauspieler, entgegenbrachten ... Das Erlebnis der Kunst als Zauberreiz, Farbenspiel, kluge Faszination, Reigen, Klang und Traum«, schloß Mann, »verbindet sich mit diesem Namen. Bewunderung, schönstes Erinnern und die Gewißheit glänzenden Fortlebens verbinden sich mit ihm.«[16]

Im Februar 1944 hatten Thomas Mann und seine Frau die Aufnahmebedingungen für die amerikanische Staatsbürgerschaft zu erfüllen. Beide standen vor der Prüfungskommission in Los Angeles, und die Zeugen dieser Zeremonie waren Professor Max Horkheimer und dessen Frau. »Fast 4 Stunden waren wir bei Amte«, beschrieb Mann das Erlebnis, »wovon freilich ein großer Teil aufs Warten und auf die Zeugen-Verhöre entfiel. Aber mit unserer Examination war es doch auch kein Spaß, besonders mit meiner nicht, da ich im Gegensatz zu Katja nichts gelernt hatte. Mit der Staatsform, der Constitution und den Regierungs-Ressorts wußte ich so ziemlich Bescheid, als aber die prüfende Dame auf die Verwaltung und Gesetzgebung der Einzelstaaten und Städte zu sprechen kam, hatte ich keine Ahnung mehr und konnte nur großes Erstaunen über die Eigenmächtigkeit dieser Kommunen an den Tag legen – da ich doch irgendetwas an den Tag legen mußte.«[17]

Am Ende bestand der fast Siebzigjährige die Prüfung und stand vor dem Richter. Ein wenig half das Exemplar der *Buddenbrooks*, das der examinierenden Dame angeboten wurde, die sich sofort eine Widmung erbat. »Was ich hineinschrieb, fand dann der Judge dermaßen rührend, daß er, von Eifersucht ergriffen, auch eine Widmung haben wollte, wenn auch nur auf ein Stück Papier, und mich dazu in sein Privat-Office führte.«[18] Die Formalität mußte noch mit einem Eid abgeschlossen werden, den das Ehepaar erst nach ein paar Monaten, im Sommer, leistete.

1944 begann das zwölfte Jahr der Emigration. Es brachte die Gewißheit der Niederlage des Dritten Reiches, aber auch den Zweifel, ob alle Freunde Manns diesen ersehnten Augenblick noch erleben würden. Die Reihen der Emigranten lichteten sich, nicht jeder hatte die Kraft und die Möglichkeit, die schwere Prüfung durchzustehen. Viele von ihnen starben, viele wurden von Krankheit besiegt. »Von jüngeren Genossen«, schrieb Mann an die hochbejahrte Anette Kolb, »macht einer nach dem anderen schlapp, – Werfel, Lubitsch, Speyer, Schoenberg: alles schwere Herzgeschichten; und jetzt in unserer Abwesenheit wäre Bruno Frank beinahe an einer Coronar-Thrombose gestorben, einem Gerinnsel in einem der umgebenden Herzgefäße. Es scheint noch gut zu gehen und resorbiert zu werden, war aber höchst kritisch, und er muß noch Wochen immobil bleiben. Man kommt sich neben all den Kollapsen noch ganz prächtig vor und wie der standhafte Zinnsoldat.«[19]

Von der älteren Generation hielt sich noch Hermann Hesse, der geruhsam in der Schweiz lebte, und von den jüngeren Freunden Lion Feuchtwanger. Von Hesse kam gerade der im vorhergegangenen Jahr erschienene Roman *Das Glasperlenspiel* an, das Mann in einem Atemzug las, von der Ähnlichkeit der Motive mit jenen des *Doktor Faustus* ergriffen: »Nach vieljähriger Arbeit hatte der Freund im fernen Montagnola ein schwierig-schönes Alterswerk vollendet, von dem mir bisher nur die große Einleitung durch den Vorabdruck in der ›Neuen Rundschau‹ bekannt geworden war. Oft hatte ich davon gesagt, diese Prosa stehe mir so nahe, ›als wär's ein Stück von mir‹. Des Ganzen nun ansichtig, war ich fast erschrocken über seine Verwandtschaft mit dem, was mich so dringlich beschäftigt. Dieselbe Idee der fingierten Biographie – mit den Einschlägen von Parodie, die diese Form mit sich bringt. Dieselbe Verbindung mit der Musik. Kultur und Epochenkritik ebenfalls, wenn auch mehr träumerische Kultur-Utopie und -Philosophie als kritischer Leidensausbruch und Feststellung unserer Tragödie. Von Ähnlichkeit blieb genug, – bestürzend viel, und der Tagebuch-Vermerk: ›Erinnert zu werden, daß man nicht allein auf der Welt, immer unangenehm‹ – gibt diese Seite meiner Empfindungen unverblümt wieder.«[20]

Mit Feuchtwanger verbanden Mann freundschaftliche und nachbarliche Beziehungen, beide wohnten in Pacific Palisades und sahen einander häufig. Dem Autor von *Exil* ging es ausgezeichnet, er hatte eine große Zahl von Übersetzungen, viel Geld, eine schöne, prachtvoll eingerichtete Villa mit einer Bibliothek voller Raritäten. Mann hatte sich mit ihm schon in Sanary-sur-Mer angefreundet, »...wo wir zusammen die ersten Monate nach unserer Entlassung als deutsche Schriftsteller verbrachten«.[21] In Kalifornien war Mann gerne in Gesellschaft. Als Feuchtwanger im April 1944 seinen sechzigsten Geburtstag beging, versicherte ihn Mann seiner engen Verbundenheit in einem Brief, in dem er unter anderem schrieb: »Lassen Sie michs kurz und herzlich machen! Lassen wir auch dies hier mehr einen Händedruck sein, als ein Fest-Essay! Es wird Ihrer Beobachtung kaum entgangen sein, daß ich Sie gern habe und mit Vorliebe Ihr Gespräch suche, wenn wir in Gesellschaft zusammen sind. Das erklärt sich leicht. Sie sind ein lieber, heiter mitteilsamer, ein – verzeihen Sie das Wort – treuherziger Mann, dessen gut münchnerische Rede Behagen schafft; Sie sind zudem ein kenntnisreicher, erfahrener Mann, von dem man etwas lernen kann; und hinter Ihrer menschlichen Persönlichkeit steht ein vielfältiges, energisches, historisch wohlunterrichtetes und in der Kritik unserer eigenen Epoche klar- und scharfsichtiges Werk, ein glückhaftes Werk, das seit seinen Anfängen schon die verbreitetste Anteilnahme, in Deutschland zuerst, dann draußen in Ost und West in Rußland sowohl, wie in den angelsächsischen Ländern gewann.«[22]

Inzwischen hatten die Frontberichte keinen Zweifel an der unvermeidlich herannahenden Niederlage des Hitlerreiches gelassen. »Die Deutschen waren in Ungarn einmarschiert«, notierte Mann, »als schriebe man 1939, und verstärkten ihren Terror in Dänemark. Dabei waren die Anzeichen ihres Verzagens am Siege unverkennbar, und die Reden der Goebbels und Göring zu Hitlers Geburtstag hatten den Klang eines zersprungenen Tellers. Das ›Schwarze Korps‹, mir von jeher besonders zuwider durch eine gewisse literarische Fertigkeit und Schmissigkeit, brachte einen Hohn-Artikel über die mögliche Auferstehung der Weimarer Republik, die Rückkehr von Brüning, Greszinsky, Einstein, Weiss und – mir. Ich schwor mir, daß man mich nicht zu sehen bekommen werde.«[23]

Das Interesse für das künftige Schicksal Deutschlands wuchs mit jedem Tag. In der deutschen Emigration erhoben sich Stimmen mit der Forderung nach einem gerechten und vernünftigen Frieden, der sich nicht nachteilig für Deutschland auswirken solle. Mann lehnte es entschieden ab, diese Postulate zu unterstützen. »Ich widerstrebe«, schrieb er an den sozialdemokratischen Politiker Ernst Reuter, »aus Gründen des Gewissens und des Taktes einem gewissen deutschen Emigranten-Patriotismus, der sich mitten im Kriege, zu einem Zeitpunkt, wo der Feind noch bedrohlich stark ist, und die schwersten Opfer für den Sieg über ihn noch zu bringen sind, gleichsam mit ausgebreiteten Armen vor Deutschland stellt und verkündet, daß diesem Lande auf keinen Fall etwas geschehen darf, da doch den anderen europäischen Nationen durch eben dieses Deutschland das Unglaublichste geschehen ist. Ich halte das jetzt, wo wir von dem gegenwärtigen Deutschland und den Kräften, die dort für die Sache der Freiheit lebendig sind, noch ein so undeutliches Bild haben, für verfrüht und halte es als Deutscher nicht für schicklich, den Männern Ratschläge zu geben und Vorschriften zu machen, die nach dem noch weit entfernten Siege die Vorkehrungen zu treffen haben werden, die ihnen zur Sicherung des Friedens nötig erscheinen. Aus der Haltung gewisser politisch aktiver Emigranten spricht nicht das geringste Gefühl dafür, was Deutschland den anderen Nationen zugefügt hat und immer noch fortfährt, zuzufügen.«[24]

»Dies ist mein Gefühl«, schloß der Brief, »meine Überzeugung, und ich muß, auch wenn ich mir Feindschaft dadurch zuziehe, danach handeln, oder vielmehr Handlungen unterlassen, die damit im Widerspruch stehen. Aber obgleich im Begriff, amerikanischer Bürger zu werden, und umgeben von englisch sprechenden Kindern und Enkeln, bin und bleibe ich ein Deutscher, welch problematische Ehre und welch sublimes Mißgeschick das nun immer bedeuten möge. Ich bin entschlossen, der deutschen Sprache niemals untreu zu werden, mein Lebenswerk in ihr zu Ende zu führen, und ersehne nichts mehr als den Augenblick, wo sich Europa meinem Werk wieder öffnen wird, und wo ich mit denjenigen meiner Landsleute, die noch etwas von mir wissen und wissen wollen, wieder in geistigen Kontakt treten kann. Was ich, wie Sie sagen, an moralischem und geistigem Gewicht etwa einzusetzen habe, das soll, Sie mögen dessen versichert sein, dem Lande, in dessen Kultur ich wurzle, zur Verfügung sein, wenn aus diesem Kriege ein gereiftes, gereinigtes und zur Sühne williges Deutschland hervorgeht, das dem sündhaften und weltfeindlichen Superioritätswahn abgeschworen hat, der es in diese Katastrophe trieb.«[25]

Im Juni vollzog sich der letzte Akt der für die Erteilung der amerikanischen Staatsbürgerschaft notwendigen Formalitäten: Thomas Mann leistete gemeinsam mit seiner Frau den Eid. »Wir waren sehr zeitig auf«, erinnerte sich Mann an diese Episode, »und fuhren gleich nach dem Frühstück nach Los Angeles zum Federal building. Dort nahm ein vollbesetzter Saal uns auf, darin Beamte Anweisungen erteilten. Der ›Judge‹ erschien, ließ sich im Podium-Stuhl nieder, und hielt eine Ansprache, die durch gute Form und freundlichen Gedankengang gewiß nicht nur mir zu Herzen ging. Man erhob sich zu gemeinsamer Eidesleistung und hatte dann einzeln an anderer Stelle die Einbürgerungspapiere zu unterzeichnen. So waren wir amerikanische ›citizens‹ und ich denke gern – tue aber gut, mich kurz zu fassen beim Aussprechen dieses Gedankens –, daß ich es noch unter Roosevelt, in *seinem* Amerika geworden bin.«[26] Die Zeremonie war nicht ohne Widerhall, die größeren amerikanischen Tageszeitungen brachten Thomas Manns Bild, Artikel über sein Leben und Schaffen, auch der Rundfunk gedachte des Anlasses.

Thomas Mann wendete sich nun mit einem Brief an den in London lebenden tschechoslowakischen Präsidenten Edvard Beneš, bat ihn um Verständnis dafür, daß er die tschechoslowakische Staatsbürgerschaft zurückgelegt habe, und dankte ihm für die Hilfe, die ihm dessen Land erwiesen hatte. »Muß ich Ihnen aber sagen, lieber Herr Präsident, daß ich nicht ohne Wehmut im Herzen und nicht ohne ein Zögern meines Gewissens den Schritt getan habe, den mein Leben zwar logisch mit sich brachte, der aber doch leicht im Licht der Undankbarkeit erscheinen könnte gegen Sie und gegen Ihr liebenswertes Land, das mir mit so schönen Gesten Bürgerrecht gewährte, als mir mein deutsches genommen war? Die Dekretierung, daß ich kein Deutscher mehr sei, war zu unsinnig, als daß sie mir hätte weh tun können; die Lösung aus der tschechischen Gemeinschaft tut mir weh, und um was ich Sie bitten möchte, mit mir eher ein Geschehen, als ein Tun darin zu sehen.«[27]

Der Krieg und die aufregenden Kriegsereignisse, die das Ende der nun schon fünf Jahre währenden Katastrophe versprachen, bewirkten, daß Thomas Manns literarisches Jubiläum fast unbemerkt vorüberging. Im Juli 1944 war ein halbes Jahrhundert seit dem Tag vergangen, an dem er seine erste Novelle in der Leipziger Zeitschrift *Die Gesellschaft* veröffentlichte. Das Jubiläum, an das übrigens *Chicago Sun* erinnerte, wurde im kleinen Familienkreis und sehr bescheiden gefeiert. »Die Flasche französichen Champagner, die ich noch besitze«, schrieb der Dichter in einem Brief an Frau Meyer, »spare ich aber doch für die Einnahme von Paris.«[28]

Im Herbst waren schon mehr als zwanzig Kapitel des *Doktor Faustus* beendet, an dem Mann angestrengt arbeitete. In dieser Zeit stand auch schon der Titel definitiv fest; der Dichter erwähnte ihn in einem Schreiben an Erich von Kahler: »›Doktor Faustus. Das Leben des deutschen Tonsetzers Adrian Leverkühn, erzählt von einem Freunde.‹ Das ist der Titel, wie er jetzt feststeht, und ich denke doch, er läßt nicht auf paralytischen Größenwahn schließen. Das Wort ›deutsch‹ hat sich nolens-volens eingeschlichen, als Symbol aller Traurigkeit und alles Einsamkeitselends, wovon das Buch handelt, und was es selber symbolisch macht.«[29]

Der Roman und der Krieg – diese zwei Ereignisse nahmen Manns Aufmerksamkeit ganz und gar in Anspruch, um so mehr, als er deutlich erkannte, daß sich in diesen Monaten die Zukunft Deutschlands entschied. »Aber das Schicksal des Dritten Reiches«, schrieb er, »erfüllte sich schnell. Schon ging es nicht mehr um die ›Festung Europa‹, sondern um die ›Festung Deutschland‹. Deutsche Namen begannen in den beiderseitigen Bulletins aufzutauchen. Im Osten und Westen standen die Alliierten auf deutschem Boden. Was der Nazistaat noch an Leben besaß, benutzte er zu ekelm Morden. General Rommel, in die Rettungskonspiration der Offiziere verwickelt, deren langsame Strangulation für den Führer gefilmt worden war, hatte die Wahl zwischen Selbstmord mit Staatsbegräbnis und schändendem Hochverratsprozeß nebst Tod am Galgen. Er nahm Gift und blieb der ›bedeutendste Heerführer dieses Krieges‹.«[30]

Im November wurde Franklin D. Roosevelt zum viertenmal zum Präsidenten der Vereinigten Staaaten gewählt. Gleich nach den Wahlen erkrankte Thomas Mann an einer schweren Darmgrippe, die ihn eine Woche lang ans Bett fesselte. Die Krankheit, obwohl von kurzer Dauer, hatte seinen Organismus bedeutend geschwächt. »Ich bin schon seit einigen Tagen wieder auf«, schrieb er danach, »aber eine recht empfindliche Angegriffenheit des Nervensystems, Verstimmung, Energielosigkeit sind, wie das nach der Grippe zu sein pflegt, von dem Anfall zurückgeblieben.«[31] Die Rekonvaleszenz dauerte ziemlich lange. Sobald Mann gesund war, kehrte er zum *Doktor Faustus* zurück. Hier erwartete ihn eine sehr schwierige Aufgabe – das fünfundzwanzigste Kapitel des Romans.

Das Jahr 1944, das vorletzte Kriegsjahr, neigte sich dem Ende zu. Die Niederlage der Hitlermacht schien unvermeidlich, aber das Dritte Reich verteidigte sich noch verzweifelt. »Das Jahr ging unter sehr gegenständlichen politischen Sorgen zu Ende«, schreibt Mann. »Die Rundstedt-Offensive, ein letzter keck-verzweifelter und wohlvorbereiteter Versuch der Nazimacht, das Schicksal zu wenden, war in vollem Gange und zeitigte Schreckenserfolge. Vom

›Rückzug auf günstigere Stellungen‹ hatte man lange nur in Berichten des Feindes gelesen. Er war jetzt unser Teil in Ostafrika. Verlust aller Brückenköpfe auf einer 50-Meilen-Front, geblieben nur die Gegend um Aachen und ein Streifen Saargebiet, Straßburg, selbst Paris bedroht, Panik überall in Europa vor dem deutschen Wiederaufleben, das war das Bild, und es graute einem vor dem Schicksal der unseligen Belgier, die wieder in deutsche Hand gefallen. Nun, das Abenteuer versandete. Einige Tage nur, und wie die Blätter mochten meine täglichen Anmerkungen sich darüber ausschweigen. Ich hatte während jener beklommenen Tage am Laufenden fortgeschrieben und gab bei einer häuslichen Vorlesung nach Mitte Januar fast alles von dem zentralen Gespräch Geschriebene, wohl dreißig Seiten, in einem Zuge zu hören.«[32]

Deutsche Dialoge

Anfang 1945 hatte Thomas Mann das zentrale Kapitel des Romans – das Gespräch des Komponisten mit dem Teufel – abgeschlossen. »Erst jetzt«, notierte er, »war wirklich die Hälfte des Buches, auf die Seitenzahl genau, geschrieben.«[1] Jetzt gestattete er sich eine vierwöchige Unterbrechung, die er zur Vorbereitung eines Vortrags über *Deutschland und die Deutschen* benutzte. In der zweiten Märzhälfte nahm er die Arbeit am *Doktor Faustus* wieder auf und vervollständigte den Plan für den zweiten Teil des Romans durch eine Tabelle der Daten und Ereignisse. Er lebte jetzt in der fieberhaften Atmosphäre der Kriegsereignisse, die Aufmerksamkeit verlangten und Sorge um die Zukunft Deutschlands bereiteten. Zur Niedergeschlagenheit trug zusätzlich eine Nachricht bei, die aus Washington kam.

»Ich hatte das XXVI. Kapitel und damit die Partie des Buches zu schreiben begonnen, die zu dem Ausbruch des Krieges 1914 hinführt«, lesen wir in der Chronik über die Entstehung des *Doktor Faustus*, »als ich eines Nachmittags – es war der 12. April – in der Einfahrt zum Hause die Abendzeitung vom Boden aufnahm, die der Austräger dort niederzulegen pflegte. Ich warf einen Blick auf die balkendicke ›headline‹, zögerte und reichte dann das Blatt stumm meiner Frau. Roosevelt war tot. Wir standen verstört, in dem Gefühl, daß rings um uns her eine Welt den Atem anhielt. Das Telephon rief. Die improvisierte Radio-Äußerung, die man verlangte, lehnte ich ab. Wir redigierten ein Telegramm an die Witwe des Dahingegangenen und hörten den ganzen Abend dem Lautsprecher zu, ergriffen von den Huldigungen und Trauerkundgebungen aus aller Welt. Man mochte in den nächsten Tagen nichts anderes hören und lesen als über ihn, die Einzelheiten seines Sterbens, die Bestattungsfeierlichkeiten in Hyde Park. Die Erschütterung, das Bewußtsein schicksalvollen Verlustes war erdumspannend.«[2]

Thomas Mann war sich klar darüber, daß Roosevelts Tod die Ära der Reformen und der Experimente beendete, die so viele Kontroversen hervorgerufen hatten. »Eine Epoche endet«, schrieb er. »Es wird das Amerika nicht mehr sein, in das wir kamen.« Kein Wunder, daß in ihm die Erinnerungen an Europa und die Sehnsucht nach dem alten Kontinent wach wurden. »Ich bin amerikanischer Bürger«, schrieb er damals in einem Brief, »habe mir hier Hütten gebaut und denke hier mein Leben zu beschließen. Aber den Boden des alten Continents noch einmal unter den Füßen zu spüren, wäre doch schön und bewegend, und wenn ich daran denke, denke ich in erster Linie an die Schweiz, wo ich 5 glückliche – oder wenn nicht glückliche, so doch gute Jahre verbrachte und gern noch einmal zu Gast wäre.«[3]

In Europa ging der Krieg unweigerlich zu Ende. Am 7. und 8. Mai unterzeichnete Deutschland die bedingungslose Kapitulation – der totale Krieg endete mit einer totalen Niederlage. Am 2. September legte auch Japan die Waffen nieder. Der in so langen Jahren erwartete Frieden berechtigte jedoch nicht zu großen Hoffnungen und kündete – zumal durch den Abwurf der Atombomben auf Hiroschima und Nagasaki neue Konflikte an. »Es sieht bedrohlich aus in der Welt«, schrieb Thomas Mann beunruhigt. »Der Friede hat einen düsteren Aspekt, niemand kann recht an ihn glauben, will es auch gar nicht, und um die Menschheit als Ganzes steht es so unheimlich wie noch nie. Dabei soll niemand sich anmaßen, zu sagen, wie man es besser hätte machen sollen, oder noch machen sollte . . . wir sind so weit, daß die Erde durch Explosions-Rückstoß aus ihrer Bahn geworfen werden kann, so daß sie nicht mehr um die Sonne läuft, – wozu man allerdings einfach sagen mag: ›Wenn schon!‹ Aber beschämend ist es doch, daß das Leben sich eine andere kosmische Unterkunft wird suchen müssen, weil es auf Erden vollkommen fehlgegangen ist. Oder gibt es vielleicht für das Leben, eben weil es Leben ist, überhaupt keinen rechten Weg? Man fängt an, die Weisheit der Schöpfung zu bezweifeln. ›Drum besser wär's, wenn nichts entstünde‹, sagt Mephistopheles. ›Ich liebte mir dafür das ewig Leere.‹«[4]

Aus Deutschland kamen die ersten Nachrichten, auch Briefe von Klaus, der sich als Sonderkorrespondent von *Stars and Stripes* in München aufhielt. Das Haus in der Poschinger Straße, wo die Nazis eine Zeitlang ledige Mütter germanischer Helden untergebracht hatten, war zur Ruine geworden. Von der Villa waren nur die ausgebrannten Mauern geblieben, und zwischen den Trümmern hatten sich Flüchtlinge und Wohnungslose niedergelassen. Von den Möbeln und der Bibliothek war keine Spur geblieben.

Die deutsche Frage stand auf der Tagesordnung und hielt das Interesse der amerikanischen Öffentlichkeit wach. Bald erhielt auch Mann eine Einladung nach Washington, um sich zu dieser Frage zu äußern. Der Vorschlag kam ihm zurecht, denn er fand, daß er in einem für Deutschland so wichtigen Augenblick sich zu Wort melden sollte. Einen weiteren Grund seiner Reise nach dem Osten Amerikas bildete sein siebzigster Geburtstag, den er in New York begehen wollte, wohin seine Freunde und sein Verleger ihn eingeladen hatten. »Ich trat sie (die Reise) am 24. des Monats mit der treuen Gefährtin an, deren nie wankendem Liebesbeistand mein Leben über alle Worte zu Dank verbunden ist, – nahm es auf, damit im Vertrauen auf die Kraftreserven, die denn doch bei solchen Gelegenheiten frei werden, auf die Vorteile des Luftwechsels und einer ganz nach außen gerichteten Daseinsform, auf die Entschwerung durch das Interim sorgloser und übrigens im Zeichen großer moralischer Erfüllungen stehenden Lebensfestivität.«[5]

Unterwegs stieg er wie gewöhnlich in Chicago ab, um die Familie Borgese zu sehen. Wenige Tage später war er in der Hauptstadt, wo er am 29. Mai 1945 im überfüllten Saal der Kongreßbibliothek einen Vortrag hielt. Diese Rede, *Deutschland und die Deutschen*, fand in Amerika wie in Deutschland großen Widerhall. Sie kam 1947 bei Bermann-Fischer in Stockholm im Druck heraus. In ihr hatte Thomas Mann sein Bekenntnis als Deutscher niedergelegt, hatte Gedanken publizistisch formuliert, deren künstlerischer Ausgestaltung wir in *Doktor Faustus* begegnen. Die Thesen des Vortrages riefen im westlichen Teil Deutschlands Widerspruch und Angriffe hervor. Noch 1947 lehnte sogar Manfred Hausmann die ihm angebotene Ehre der Mitgliedschaft der Akademie für Sprache und Dichtung ab: er wollte nicht einer Vereinigung angehören, dessen Ehrenmitglied Thomas Mann sei, der Verfasser der Rede *Deutschland und die Deutschen*.

Diese Rede weist zwei bezeichnende Schwerpunkte auf: erstens beruhen ihre Thesen über die deutsche Katastrophe, die am Ende zur Entstehung und zum Sieg des Nationalsozialismus führten, nicht auf der Analyse gesellschaftlicher Prozesse, sondern auf der Kritik der Kultur und auf psychologischen Erwägungen über die Geschichte des deutschen Geistes; zweitens behandelt Thomas Mann das Wesen der deutschen Problematik ›von innen‹ her, er stellt sich nicht außerhalb Deutschlands. Er kritisiert nicht nur Verhältnisse, die Deutschlands Untergang verursachten, er übt auch Selbstkritik und nimmt die Mitverantwortung des Deutschen für das Schicksal seines Landes auf sich. Mann verwirft hier die These vom ›guten‹ und ›bösen‹ Deutschland: »Man *hat* zu tun mit dem deutschen Schicksal und deutscher Schuld, wenn man als Deutscher geboren ist. Die kritische Distanzierung davon sollte nicht als Untreue gedeutet werden. Wahrheiten, die man über sein Volk zu sagen versucht, können nur das Produkt der Selbstprüfung sein.«[6]

Die Rede illustriert die Widersprüche der deutschen Geschichte am Beispiel zweier Gestalten: Martin Luthers und des Bildhauers der Spätgotik, Tilman Riemenschneider. Diese beiden, der ›konservative Revolutionär‹ aus Wittenberg und der ›Kämpfer für Freiheit und Recht‹ aus Würzburg, verkörpern – nach Ansicht des Dichters – zwei Tendenzen der deutschen Geschichte. In dieser Rivalität hat, zu Deutschlands Unglück, der Theologe stets Oberhand gewonnen über den Bildhauer, den Menschen mit dem guten Herzen, der die Mitmenschen und die Freiheit liebte. »Er hatte nichts vom Demagogen. Aber sein Herz, das für die Armen und Unterdrückten schlug, zwang ihn, für die Sache der Bauern, die er für die gerechte und gottgefällige erkannte, Partei zu nehmen gegen die Herren, die Bischöfe und Fürsten, deren humanistisches Wohlwollen er sich leicht hätte bewahren können; es zwang ihn, ergriffen von den großen und grundsätzlichen Gegensätzen der Zeit, herauszutreten aus seiner Sphäre rein geistiger und ästhetischer Kunstbürgerlichkeit und zum Kämpfer zu werden für Freiheit und Recht.«[7]

Mehr als die Vorzüge des Herzens und des Charakters von Tilman Riemenschneider entsprach den Deutschen jedoch »die befreiende und zugleich rückschlägige Kraft« Luthers, der zwar eine machtvolle, aber sehr problematische und unheilvolle Gestalt gewesen sei. »Martin Luther, eine riesenhafte Inkarnation deutschen Wesens, war außerordentlich musikalisch. Ich liebe ihn nicht, das gestehe ich offen. Das Deutsch in Reinkultur, das Separatistisch-Antirömische, Anti-Europäische befremdet und ängstigt mich, auch wenn es als evangelische Freiheit und geistliche Emanzipation erscheint, und das spezifisch Lutherische, das Cholerisch-Grobianische, das Schimpfen, Speien und Wüten, das fürchterlich Robuste, verbunden mit zarter Gemütstiefe und massivstem Aberglauben an Dämonen, Inkubi und Kielkröpfe, erregt meine instinktive Abneigung.«[8] In der Ergebenheit Martin Luthers den Fürsten gegenüber und seinem Haß gegen die rebellierenden Bauern; in der Originalität seines Geistes sah Mann das Abbild des deutschen Dualismus, der die geistige Spekulation mit politischem Rückschritt vereint: eines Dualismus des Zwiespalts, der fatal auf der deutschen Geschichte lastete und die Ursache aller ihrer Mißgeschicke war.

»Wo der Hochmut des Intellektes«, führt Mann weiter aus, »sich mit seelischer Altertümlichkeit und Gebundenheit gattet, da ist der Teufel. Und der Teufel, Luthers Teufel, Faustens Teufel, will mir als eine sehr deutsche Figur erscheinen, das Bündnis mit ihm, die Teufelsverschreibung, um unter Drangabe des Seelenheils für eine Frist alle Schätze und Macht der Welt zu gewinnen, als etwas dem deutschen Wesen eigentümlich Naheliegendes. Ein einsamer Denker und Forscher, ein Theolog und Philosoph in seiner Klause, der aus Verlangen nach Weltgenuß und Weltherrschaft seine Seele dem Teufel verschreibt, – ist es nicht ganz der rechte Augenblick, Deutschland in diesem Bilde zu sehen, heute, wo Deutschland buchstäblich der Teufel holt?«[9]

Aus diesem Hochmut und dem fatalen Dualismus leitet Thomas Mann die Abneigung der Deutschen gegen die Politik ab, in der sie nur Böses sahen und die sich, ihrer Meinung nach, unmöglich mit Anstand und Ethik vereinbaren ließe. Darum mißbrauchten sie auch stets die Politik, deren sie sich als Mittel zur Erlangung der Hegemonie in Europa bedienten. Die Geschichte der deutschen ›Innerlichkeit‹, dieses Erbes der Reformation und der Romantik, ist eigentlich die Geschichte eines Paradoxons. Denn der deutsche Geist hat Europa tiefe und schöpferische Impulse verliehen, doch er wollte von diesem niemals Demokratie, Freiheit lernen. Gute Absichten gebären oft Böses, und die Geschichte der deutschen ›Innerlichkeit‹ zeigt, daß es ein Fehler ist, zwischen einem ›guten‹ und einem ›bösen‹ Deutschland zu unterscheiden. Deshalb auch, warnte Mann, solle man nicht annehmen, daß die Niederlage des Nationalsozialismus automatisch den deutschen Geist ändern würde. Die politische Rekonvaleszenz Deutschlands könne nicht das mechanische Resultat der Zerschlagung des Faschismus sein, sondern nur Ergebnis einer Metamorphose, die zu einem »über die bürgerliche Demokratie hinausgehenden sozialen Humanismus« führt. Die Zukunft Deutschlands hängt von ihm selbst und von der Entwicklung der anderen Nationen ab: »Zuletzt ist das deutsche Unglück nur das Paradigma der Tragik des Menschseins überhaupt. Der Gnade, deren Deutschland so dringend bedarf, bedürfen wir alle.«[10]

Nach dem Vortrag nahm Mann an einem Empfang beim Ehepaar Meyer teil, wo er unter anderen Walter Lippmann begegnete, dem, wie er schrieb, »meine Ablehnung der Legende vom ›guten‹ und ›bösen‹ Deutschland, meine Erklärung, daß das böse zugleich auch das gute sei, das gute auf Irrwegen und im Untergang, sehr zugesagt hatte«.[11] Anfang Juni fuhr Mann nach New York, wo die Tage des ›Festtrubels‹ begannen. »Den Abend des 6. Juni selbst verbrachten wir in engstem Kreise bei Bruno Walter. Hubermann war da, nach dem Essen fanden noch einige Freunde sich ein, und die beiden Meister spielten Mozart zusammen, – ein Geburtstagsgeschenk, wie es nicht jedem geboten wird.«[12]

Thomas Manns siebzigster Geburtstag wurde in der ganzen Welt gefeiert, in allen Ländern veröffentlichten Zeitschriften und Zeitungen Aufsätze. Die *Neue Rundschau*, von Bermann-Fischer wieder ins Leben gerufen, widmete dem Jubilar ihr ganzes erstes Heft, von überallher kamen Gratulationsbriefe und -telegramme. »Reichlich hat es ja in den Tagen auf mein Haupt geträufelt«, schrieb Mann an Klaus, »und hat auch noch kein Ende damit, denn am 25. kommt noch das testimonial dinner der ›Nation‹ in New York, dann eines in Chicago, und mit den Briefen und Telegrammen aus drei Erdteilen werde ich *nie* fertig werden. Wäre man schon frei und blickte nur noch zurück, liefe man viel eher in Gefahr sich dumm machen zu lassen. Aber wenn man noch in solcher Arbeit steckt, ist man viel zu versorgt, um auf die Gesänge hineinzufallen.«[13]

Zwei Wochen später erreichte New York eine Nachricht, die dem Jubilar die gute Stimmung verdarb: am 20. Juni war in Beverly Hills ein alter Freund Manns, Bruno Frank, gestorben. Der Verlust traf den Dichter sehr.

»Nur sind wir schmerzlich bestürzt und verstört, und alles ist umflort durch die heute Morgen eingetroffende Nachricht vom Hinscheiden des guten Bruno Frank. Liesl telegraphierte, im Schlafe, gegen Morgen, sei er dahingegangen. Uns ist natürlich sehr weh. Fünfunddreißig Jahre gute Freundschaft, Nachbarschaft, Gemeinsamkeit! Er war ein lieber, heiterer, grundanhänglicher, von ganzem Herzen bejahender Lebensgenosse.«[14] Die Emigration, die Trennung von Deutschland, hatte für Frank zu lange gedauert. »Hätte die Republik in Deutschland«, schrieb Mann in einem Artikel zu Franks Tode, » und damit der heitere Glanz seines Lebens als gefeierter Bühnenautor und atmosphärisch begünstigter Erzähler angedauert, gewiß hätte sein organisches System, obgleich von Fälligkeit niemals frei, länger ausgehalten. Eine Neigung zur Gicht trat zeitig auf, auch ein nervöses Asthma, das sein Herz ermüdete. Die Entwurzelung, anfangs als Episode verstanden, nahm mehr und mehr Endgültigkeitscharakter an. Das deutsche Elend währte zu lange, fraß zu tief; es zehrte an ihm wie an uns allen.«[15]

Anfang Juli war Thomas Mann wieder in Pacific Palisades, wo

das Manuskript des *Doktor Faustus* auf ihn wartete. Nun trat eine Zeit intensiver Arbeit ein, doch die Ruhe wurde im August, wieder durch den Tod eines ihm nahestehenden Menschen, Franz Werfels, gestört. Thomas Mann hegte große Sympathie für ihn, obgleich er seine Augen nicht vor dessen literarischen Kompromissen verschloß. »Ich habe Franz Werfel«, schrieb er über ihn, »immer sehr gern gehabt, den oft begnadeten Lyriker in ihm bewundert und sein immer interessantes Erzählwerk, obgleich es zuweilen künstlerische Selbstkontrolle vermissen läßt, im Herzen hochgehalten. Das intellektuell nicht ganz reinliche Spiel mit dem Wunder in ›Bernadette‹ war mir bedenklich, aber ich konnte seinem naiven und reich talentierten Künstlertum die mystische Neigung, die es mehr und mehr entwickelte, das Liebäugeln mit Rom, die fromme Schwäche fürs Kirchlich-Vatikanische nie übelnehmen, es sei denn in den unglücklichen Augenblicken, wo dies alles aggressiv-polemisch vorstieß. Er war im Grunde ein Opernmensch und konnte auch aussehen wie ein Opernsänger (der er einmal zu werden gewünscht hatte), freilich zugleich wie ein katholischer Geistlicher. Die Versuchung zur Konversion hat er standhaft abgelehnt mit der Begründung, es zieme ihm nicht, zu einer Zeit jüdischen Martyriums sein Judentum zu verleugnen.«[16]

Werfels Bestattungsfeier war recht sonderbar. Mann nahm an ihr teil: »Sie geschah in der Kapelle der Begräbnisgesellschaft von Beverly Hills«, schrieb er. »Die Blumenpracht war groß, und zahlreich die Trauerversammlung, die viele Musiker und Schriftsteller einschloß. Die Witwe, Mahlers Witwe und nun die Werfels, war nicht zugegen. ›Ich bin nie dabei‹, hatte die großartige Frau gesagt, – ein Ausspruch, der mir in seiner Echtheit so komisch naheging, daß ich nicht wußte, ob es Lachen oder Schluchzen war, was mir vorm Sarg die Brust erschütterte. Lotte Lehmann sang im Nebenraum zu Walters Begleitung. Die Gedenkrede des Abbé Moenius verzögerte sich lange beim immer verlegener werdenden Präludieren der Orgel, da Alma im letzten Augenblick das Manuskript zur energischen Nachprüfung eingefordert hatte. Moenius sprach nicht als Vertreter der Kirche, sondern als Freund des Werfelschen Hauses, aber seine Rede, mit Dante-Zitaten geschmückt, hatte alle Merkmale katholischer Kultur. Die Veranstaltung als Bild, als Gedanke, erschütterte mich fast über Gebühr, und im Freien nachher, bei der Begrüßung mit Freunden und Bekannten, las ich in ihren Mienen das Erschrecken über mein Aussehen.«[17]

Im selben Monat ging der Dialog mit den Deutschen weiter, diesmal in Form eines Austausches von offenen Briefen zwischen Walter von Molo und Thomas Mann. Walter von Molos Brief erschien Anfang August 1945 in der Zeitung *Hessische Post*, erreichte aber Mann erst mit wochenlanger Verspätung. Molo, Abkömmling einer alten schwäbischen Adelsfamilie, war in der Weimarer Republik mit biographischen und historischen Romanen erfolgreich gewesen, die heute niemand mehr liest. Von 1928 bis 1930 war er Präsident der Preußischen Akademie für Literatur, deren Mitglied er während der ganzen Zeit des Dritten Reiches blieb. Nach dem nationalsozialistischen Umbruch sympathisierte er eine Zeitlang mit dem neuen Regime, dann ekelten ihn die Nazis an, und er zog sich auf seinen Besitz in Oberbayern zurück.

Walter von Molo wandte sich mit aller Reverenz an Thomas Mann als den bedeutendsten Dichter Deutschlands und forderte ihn auf, in dieser schweren Stunde nach Deutschland zurückzukehren und dem Land mit seinem Werk und seinem Rat zu dienen. Er bat ihn, als ›guter Arzt‹ zu kommen, der nicht nur die Wirkung der Krankheit sieht, sondern auch nach ihren Ursachen forscht, um sie zu beseitigen und einen Rückfall zu verhüten.

Mann antwortete Molo in einem Brief vom 7. September: »Fern sei mir Selbstgerechtigkeit! Wir draußen hatten gut tugendhaft sein und Hitlern die Meinung sagen. Ich hebe keinen Stein auf, gegen niemand. Ich bin nur scheu und ›fremdle‹, wie man von kleinen Kindern sagt. Ja, Deutschland ist mir in all diesen Jahren doch recht fremd geworden. Es ist, das müssen Sie zugeben, ein beängstigendes Land. Ich gestehe, daß ich mich vor den deutschen Trümmern fürchte – den steinernen und den menschlichen. Und ich fürchte, daß die Verständigung zwischen einem, der den Hexensabbat von außen erlebte, und Euch, die Ihr mitgetanzt und Herren Urian aufgewartet habt, immerhin schwierig wäre. Wie sollte ich unempfindlich sein gegen die Briefergüsse voll lange verschwiegener Anhänglichkeit, die jetzt aus Deutschland zu mir kommen! Es sind wahre Abenteuer des Herzens für mich, rührende. Aber nicht nur wird meine Freude etwas eingeengt durch den Gedanken, daß keiner davon je wäre geschrieben worden, wenn Hitler gesiegt hätte, sondern auch durch eine gewisse Ahnungslosigkeit, Gefühllosigkeit, die daraus spricht, sogar schon durch die naive Unmittelbarkeit des Wiederanknüpfens, so, als seien diese zwölf Jahre gar nicht gewesen. Auch Bücher sind es wohl einmal, die kommen. Soll ich bekennen, daß ich sie nicht gern gesehen und bald weggestellt habe? Es mag Aberglaube sein, aber in meinen Augen sind Bücher, die von

Thomas Mann.
Zeichnung von Rudolf Grossmann
aus dem Jahr 1929.

Thomas Mann in seinem Haus in Pacific Palisades,
Kalifornien. Im Vordergrund seine Tochter Erika,
neben dem Dichter Frau Katja Mann (1949).

1933 bis 1945 in Deutschland überhaupt gedruckt werden konnten, weniger als wertlos und nicht gut in die Hand zu nehmen. Ein Geruch von Blut und Boden haftet ihnen an; sie sollten alle eingestampft werden.«[18]

Die scharfe Kritik an den Deutschen bedeutete jedoch nicht, daß Mann sich von Deutschland lossagen wollte: »Und doch, lieber Herr von Molo, ist dies alles nur eine Seite der Sache; die andere will auch ihr Recht – ihr Recht auf das Wort. Die tiefe Neugier und Erregung, mit der ich jede Kunde aus Deutschland, mittelbar oder unmittelbar, empfange, die Entschiedenheit, mit der ich sie jeder Nachricht aus der großen Welt vorziehe, wie sie sich jetzt, sehr kühl gegen Deutschlands nebensächliches Schicksal, neu gestaltet, lassen mich täglich aufs neue gewahr werden, welche unzerreißbaren Bande mich denn doch mit dem Lande verknüpfen, daß mich ›ausbürgerte‹. Ein amerikanischer Weltbürger – ganz gut. Aber wie verleugnen, daß meine Wurzeln dort liegen, daß ich trotz aller fruchtbaren Bewunderung des Fremden in deutscher Tradition lebe und webe, möge die Zeit meinem Werk auch nicht gestattet haben, etwas anderes zu sein als ein morbider und schon halb parodistischer Nachhall großen Deutschtums.«[19]

An seine kürzlich gehaltene Rede *Deutschland und die Deutschen* anknüpfend, versicherte Mann: »Nichts von dem, was ich meinen Zuhörern über Deutschland zu sagen versucht hätte, sei aus fremdem, kühlem, unbeteiligtem Wissen gekommen; ich hätte es alles auch in mir; ich hätte es alles am eigenen Leib erfahren. Das war ja wohl, was man eine Solidaritätserklärung nennt – im gewagtesten Augenblick. Nicht gerade mit dem Nationalsozialismus, das nicht. Aber mit Deutschland, das ihm schließlich verfiel und einen Pakt mit dem Teufel schloß. Der Teufelspakt ist eine tiefaltdeutsche Versuchung, und ein deutscher Roman, der eingegeben wäre von den Leiden der letzten Jahre, vom Leiden an Deutschland, müßte wohl eben dies grause Versprechen zum Gegenstand haben. Aber sogar Faustus Einzelseele ist, in unserem größeren Gedicht, der Böse ja schließlich betrogen, und fern sei uns die Vorstellung, als habe Deutschland nun endgültig der Teufel geholt. Die Gnade ist höher als jeder Blutsbrief. Ich glaube an sie, und ich glaube an Deutschlands Zukunft, wie verzweifelt auch immer seine Gegenwart sich ausnehme, wie hoffnungslos die Zerstörung erscheinen möge. Man höre doch auf, vom Ende der deutschen Geschichte zu reden! Deutschland ist nicht identisch mit der kurzen und finsteren Episode, die Hitlers Namen trägt. Es ist auch nicht identisch mit der selbst nur kurzen Bismarck'schen Ära des Preußisch-Deutschen Reiches. Es ist nicht einmal identisch mit dem auch nur zwei Jahrhunderte umfassenden Abschnitt seiner Geschichte, den man auf den Namen Friedrichs des Großen taufen kann. Es ist im Begriffe, eine neue Gestalt anzunehmen, in einen neuen Lebenszustand überzugehen, der vielleicht nach den ersten Schmerzen der Wandlung und des Übergangs mehr Glück und echte Würde verspricht, den eigensten Anlagen und Bedürfnissen der Nation günstiger sein mag als der alte.«

Der Brief schließt mit den Worten: »Ich habe mich weit führen lassen in meiner Erwiderung, lieber Herr von Molo. Verzeihen Sie! In einem Brief nach Deutschland wollte allerlei untergebracht sein. Auch dies noch: der Traum, den Boden des alten Kontinents noch einmal unter meinen Füßen zu fühlen, ist, der großen Verwöhnung zum Trotz, die Amerika heißt, weder meinen Tagen, noch meinen Nächten fremd, und wenn die Stunde kommt, wenn ich lebe und die Transportverhältnisse sowohl wie eine löbliche Behörde es erlauben, so will ich hinüberfahren. Bin ich aber einmal dort, so ahnt mir, daß Scheu und Verfremdung, dieses Produkt bloßer zwölf Jahre, nicht standhalten werden gegen die Anziehungskraft, die längere Erinnerung, tausendjährige, auf ihrer Seite hat. Auf Wiedersehen also, so Gott will.«[20]

Der Brief Walter von Molos regte andere deutsche Schriftsteller und Publizisten an, ebenfalls das Wort zu ergreifen, doch vermißte man in ihren Aufsätzen die dem Dichter zustehende Achtung. Durch Taktlosigkeit zeichnete sich besonders Frank Thieß aus. Er griff Mann in der *Münchner Zeitung* an, wo er der Exilliteratur die sogenannte »innere Emigration« als unterlassene Alternative entgegenstellte. Dieser inneren Emigration schrieb er das Verdienst zu, die deutsche Literatur und Kultur in der Zeit des Dritten Reiches gerettet zu haben. Thieß räumte zwar ein, daß viele Emigranten das Land verlassen mußten, um ihr Leben zu retten, drückte aber die Überzeugung aus, daß es schwieriger gewesen sei, in Deutschland auszuharren, als »von draußen Manifeste an das Volk zu richten.« Die inneren Emigranten, fügte er hinzu, erwarteten keine Belohnung dafür, daß sie »am Bett ihrer kranken Mutter, Deutschland« geblieben seien, indessen erschien es ihnen unnatürlich, daß Leute wie Thomas Mann nicht den Rückweg in die Heimat gefunden hätten und es vorzögen, zu warten, bis es klar werde, ob die Deutschen sich eines neuen Lebens fähig erwiesen.

Thieß kargte nicht mit bissigen Bemerkungen, doch erst im Artikel *Abschied* erlaubte er sich bösartige Bemerkungen über Manns »weichgepolsterte Existenz in Florida« (wo Mann nie in seinem Leben war) und über seine mangelnde Liebe zum deutschen Volk, um ihm schließlich das Recht abzusprechen, sich zur deutschen Literatur zu zählen.

»Jenes Dokument«, schrieb Mann über das Auftreten von Thieß, »worin eine Körperschaft, genannt ›Innere Emigration‹, sich mit vieler Anmaßung etablierte: die Gemeinde der Intellektuellen, die ›Deutschland die Treue gehalten‹, es ›nicht im Unglück im Stich gelassen‹, seinem Schicksal nicht ›aus bequemen Logen des Auslands zugesehen‹, sondern es redlich geteilt hatten. Sie hätten es redlich geteilt, auch wenn Hitler gesiegt hätte. Nun war über den Ofenhokkern der Ofen zusammengebrochen und sie rechneten es sich zu großem Verdienste an, ergingen sich in Beleidigungen gegen die, welche sich den Wind der Fremde hatten um die Nase wehen lassen und deren Teil so vielfach Elend und Untergang gewesen war. Dabei war Thieß in Deutschland selbst durch die Veröffentlichung eines Interviews aus dem Jahr 33, worin er sich begeistert zu Hitler bekannt, aufs schwerste bloßgestellt, sodaß die Truppe ihr Haupt verlor.«[21] Dafür, daß Thieß öffentlich von Mann »Abschied nahm«, hatte dieser nur ein Achselzucken übrig. »Man sagt doch nicht Adieu, wenn man nie guten Tag gesagt hat.«[22] Das Gefecht dauerte noch ziemlich lange, Mann erwiderte Thieß im BBC, dieser gab eine Replik im deutschen Rundfunk, doch die weiteren Kontroversen brachten nichts Neues mehr, wenn man von Thieß' Bosheiten absieht.

Doch waren aus Deutschland neben solchen auch viele wohlwollende Stimmen zu hören. Es kamen Briefe von alten Freunden, von Preetorius, Reisiger und anderen. »Außerdem schrieben aus Deutschland eine Menge Leute«, vermerkte Mann, »die mir ihr Leid klagten, wie doch die Sieger so gar nicht zwischen Böcken und Schafen, Schuldigen und Unschuldigen unterschieden, alles Deutsche moralisch über einen Kamm schören, und die mich beschworen, kraft meines ungeheuren Einflusses sofort darin Wandel zu schaffen.«[23]

Im Feuer dieser Polemiken, mit einer Flut von Briefen, die Nachrichten über politische Ereignisse oder über das Ableben von Freunden enthielten, verging jenes denkwürdige Jahr 1945, in dem der Krieg zu Ende ging und die Ära eines unsicheren Friedens begann. »Was für ein Jahr«, lesen wir in einem Brief Manns, »dieses 1945, bei dem mein 70. Geburtstag mit unterlief! Schwerlich hat es in der Geschichte ein ereignisreicheres gegeben. Es hat unseren Herzen und Hirnen zugesetzt; kein Wunder, wenn wir etwas betäubt wären. Ein Gedränge von *Chocks* und erschütternden Geschehnissen, die mit F.D.R.'s Tod beginnen. Ein Schnellfeuer persönlicher Verluste dazu: Frank, Werfel, nun auch Bartók, der Componist, und Beer-Hofmann. Übrigens auch der begabte und ritterliche Roda Roda und wer nicht noch. Unsere alte München-Pariser Freundin Annette Kolb kehrte nach Frankreich zurück, ausdrücklich um dort zu sterben. Ein rapider Ausfall von Figuren, die zur eigenen Epoche gehören: Valéry, um noch einen zu nennen. Es wird leer ringsum und wenn man etwas von sich selber liest, wie diese Briefe, kommt es einem auch schon posthum und ›historisch‹ vor. Kurios, kurios! wie der alte Buddenbrook zu sagen pflegte. Ein paar Jahre noch, und es wird ein halbes Jahrhundert sein, daß das Buch erschien. Es ist jetzt gerade zusammen mit einem Band ›Ausgewählte Erzählungen‹ und einem Essay-Band ›Adel des Geistes‹ in Stockholm neu gedruckt worden – das 1166-77. Tausend der deutschen Ausgabe. Wenn ich denke, wie blutjung und gemütskrank ich war, als ich es schrieb! Brav gehalten hat man sich, über das eigene Erwarten.«[24]

An der Jahreswende 1945/46 machte die Arbeit am *Doktor Faustus* bedeutende Fortschritte, obgleich Manns Gesundheitszustand nicht der beste war. Er war zusätzlich erschöpft von gesellschaftlichen Verpflichtungen und Vorträgen, zu denen er von allen Seiten aufgefordert wurde. In dieser Zeit führte er nicht enden wollende Diskussionen und Beratungen mit Adorno, da er gerade an den Kapiteln rein musikalischen Charakters arbeitete. In diesem Zusammenhang hörte er auch abends Platten und ging in Konzerte; aus jener Zeit blieb ihm ein Auftreten Bronislav Hubermanns besonders im Gedächtnis haften.

Im März erkrankte Thomas Mann an einer Grippe, die sich jedoch als Vorbote einer schweren Krankheit herausstellte. Schon vorher hatten Röntgenaufnahmen Schatten auf der Lunge aufgewiesen, die nichts Gutes verhießen. Er bekam Fieber, die Temperatur stieg auf 39 Grad, und die Ärzte hielten eine Penicillinkur für notwendig. Eine leichte Besserung erlaubte es ihm, an der Feier zum fünfundsiebzigsten Geburtstag von Bruder Heinrich teilzunehmen, der im Kreise der Familie und der engsten Freunde begangen wurde. Auf Wunsch des Bruders übernahm die Betreuung des Kranken Doktor Friedrich Rosenthal, der nach Konsultation mit dem Spezialisten ein Infiltrat im rechten Unterlappen feststellte und eine Operation für notwendig erklärte. Frau Katja setzte sich sofort mit ihrer Tochter in Chicago in Verbindung, Monika wieder mit der Universitätsklinik, an der einer der besten amerikanischen Chirurgen, Doktor Adams, wirkte, der als Pneumotom großes Ansehen genoß. Thomas Mann wurde nach Chicago gebracht.

Im Krankenhaus entschied man sich für einen chirurgischen Eingriff, zumal das Herz des Patienten nichts befürchten ließ. Vor der Operation führte Professor Bloch, Internist und Universitätsordinarius, an Mann eine Bronchoskopie durch. »Es war doch merkwürdig«, erinnerte sich Mann, »eine Applikation, die ich in vergangenen Arbeitstagen, zur Zeit des *Zauberberg* soviel im Mund geführt, am eigenen Leib zu erfahren. Professor Bloch nahm sie mit größter Akkuratesse und Geschicklichkeit vor, und der kleine Carlson sah lernbegierig zu. Das Ganze war kaum eine Unannehmlichkeit zu nennen, aber Bloch lobte mich sehr für mein kooperatives Verhalten, und als ich mich darüber wunderte, sagte er: ›Wenn Sie wüßten, wie die Leute sich oft dabei anstellen!‹ «[25] Die Operation gelang gut, Doktor Adams erwies sich als Meister seines Fachs. »Zu Hilfe kam ihm eine geduldige Natur mit immer noch solidem Hintergrund (ich brauchte keine Bluttransfusion noch während der Handlung, da andere, und jüngere, zwei oder drei benötigten) und vereinigte sich mit entwickeltstem ärztlichen Können zu einem fast sensationellen klinischen Erfolg. Tagelang nachher soll in medizinischen Kreisen New Yorks und Chicagos von der ›most elegant operation‹ die Rede gewesen sein.«[26]

Die Rekonvaleszenz verlief ohne Komplikationen. Thomas Mann las damals Werke Gottfried Kellers und Nietzsches, er empfing auch Besuch von Bekannten. Am 14. Mai ging er das erste Mal ins Freie, und wenige Tage später verließ er die Klinik. »Dabei darf ich sagen«, schrieb er an Kahler, »daß ich dies ganz unerwartete Abenteuer, wenn auch ohne mitteilenswerte Gedanken, so doch mit ernster Aufmerksamkeit durchgestanden habe und, soweit es als *Bewährungsgelegenheit* aufzufassen war, mit mir zufrieden sein kann. Sogar muß ich froh sein, einige ›Taten‹ im aktiven Sinn des Wortes hinter mir zu haben, denn eine fast unheimliche seelische Bevorzugung passiver Leistungen hat sich bei dieser Gelegenheit erwiesen, ein Muster-Patiententum, das denn doch sein Dubioses hat . . .Dabei war die Sache *kein* Spaß, wie die gewaltige, von der Brust zum Rücken laufende Narbe auch deutlich anzeigt. Ohne Codein wäre noch kein Auskommen mit den Verwachsungs- und Rückbildungsschmerzen.«[27]

Ende Mai war er schon wieder in Pacific Palisades. »Es war schönste Jahreszeit«, schrieb er. »Jeder Gang in den von Vattaru wohl unterhaltenen Garten, seine strahlende Blütenpracht, der Blick hinaus über Tal und Hügel auf die klar konturierte Kette der Sierra und andererseits über Palmenwipfel auf Catalina und den Ozean, all diese paradiesischen Bilder und Farben entzückten mich. Ich war glücklich, mich im Natürlichen bewährt, eine rigorose Prüfung cum laude bestanden zu haben, glücklich, in den eigenen Lebensrahmen wieder eingekehrt und mit meinen Büchern, allem gewohnten Bedarf eines tätig strebenden Lebens wieder vereinigt zu sein.«[28] Zwei Tage nach der Heimkunft hatte er bereits das Manuskript des *Doktor Faustus* vor sich liegen. Freunde erschienen mit Gratulationen und kleinen Geschenken, es begann die Durchsicht der eingelaufenen Briefe, der Dichter kehrte zum alten Leben zurück.

Am 6. Juni 1946 feierte er seinen einundsiebzigsten Geburtstag, und an diesem Tage starb Gerhart Hauptmann. Die Nachricht von seinem Ableben rief Erinnerungen an eine Vergangenheit hervor, die Dutzende Jahre zurücklag. Einen der Ältesten und Größten des deutschen Parnasses gab es nicht mehr, und mit ihm eine ganze Epoche. »Meine Gedanken beschäftigen sich viel mit dem nun Verewigten«, schrieb Mann, »mit unseren zahlreichen Begegnungen, die gelegentlich, in Bozen und auf Hiddensee, zu einem Zusammenleben unter demselben Dache wurden, – mit dem grundeigentümlichen, skurrilen teils und teils auch immer ergreifenden, tief gewinnenden, zu Liebe und Ehrfurcht anhaltenden Erlebnis seiner Persönlichkeit. Zweifellos hatte sie etwas Attrappenhaftes, bedeutsam Nichtiges, diese ›Persönlichkeit‹, hatte in ihrer geistigen Gebundenheit etwas von steckengebliebener, nicht recht fertig gewordener und ausartikulierter, maskenhafter Größe, als daß man, sonderbar gebannt, stundenlang an den Lippen des gebärdenreichen Mannes im schlohweißen Haar hängen mochte, ohne daß bei der Sache irgend etwas ›herauskam‹. Und doch kam unter Umständen etwas zwar vielleicht sehr Einfaches, aber durch die Persönlichkeit eigentümlich ins Relief Getriebenes und zu neuer und starker Wahrheit Erhobenens heraus, das man nie wieder vergaß.«[29]

Thomas Mann schätzte an Hauptmann, von dessen intellektuellen Fähigkeiten er keine hohe Meinung hatte, vor allem die ›Natur‹ und den stürmischen dramatischen Genius. Er erinnerte sich auch mit größter Dankbarkeit an die ihm von Hauptmann erwiesene Hilfe und an seine tätige Unterstützung, die keinen geringen Einfluß auf die Verleihung des Nobelpreises an den Verfasser der *Buddenbrooks* hatte. Er gedachte auch mit Nachsicht der naiven Sehnsucht nach Glück und Schicksalsgunst, die Hauptmann dazu veranlaßte, die Märtyrerrolle zu verwerfen, und die zu manchen Zugeständnissen an den von ihm verachteten Nationalsozialismus führte. »Für ihn«, schrieb Mann, »durfte sich durch die ›Machtergreifung‹ nichts ändern. Er wollte sich die Respräsentation nicht nehmen lassen, wünschte seinen achtzigsten Geburtstag wie den siebzigsten zu begehen. Er blieb in Deutschland und hißte die Hakenkreuzflagge, schrieb ›Ich sage Ja!‹ und ließ es sogar zu einer Entrevue mit Hitler kommen, der eine schmähliche Minute lang seinen stupiden Basiliskenblick in die kleinen blassen, recht ungoethischen Augen bohrte und weiter ›schritt‹. – Harden pflegte um 1900 den germanischen Liebling der jüdischen Kritik ›der arme Herr Hauptmann‹ zu nennen. Nun war er wirklich ›der arme Herr Hauptmann‹ und hat, isoliert, verbittert und von den Nazis verhöhnt für seine Willigkeit zum Kondeszendieren, gewiß unsäglich gelitten in der Stickluft, dem Blutdunst des Dritten Reiches, unsäglich sich gegrämt über das Verderben des Landes und Volks seiner Liebe. Seine späten Bilder zeigen Züge des Märtyrers, der er nicht hatte sein wollen. Sie schwebten mir schmerzlich vor bei der Nachricht von seinem Hinscheiden, und meine Trauer nährte sich von dem Gefühl, daß wir bei aller Verschiedenheit unserer Naturen, und wie weit das Leben und Geschehen uns auch auseinanderführt, etwas wie Freunde gewesen waren.«[30]

Dieses ›etwas wie‹ ist sehr bezeichnend. Die Freundschaft gestaltete sich eigentümlich: »Freunde, aber auf formellem Fuß standen wir stets miteinander. Der eigentümlich-komischste Augenblick unseres Umganges war es, als er im Begriffe war, mir das Du anzubieten – und dann doch davon abstand. Er hatte wohl etwas getrunken und fing an: ›Also ... Beachten Sie wohl ... Gut! ... Wir sind doch Brüder, nicht wahr? ... Sollten wir folglich nicht ... Gewiß ... Aber lassen wir das!‹ Es blieb beim Sie. Und doch: wen in der Runde hätte er sonst wohl seinen Bruder genannt? – «[31]

Ein anderer deutscher Autor, den Mann sehr hochschätzte, war Hermann Hesse. Im Oktober 1946 kam eben die Nachricht von der Verleihung des Nobelpreises an ihn. Thomas Mann empfing sie mit um so größerer Freude, als er viele Jahre hindurch vergeblich dessen Kandidatur vorgeschlagen hatte. Noch ein Jahr zuvor hatte Mann in dieser Angelegenheit geschrieben: »Hesses ›Glasperlenspiel‹ ist ein faszinierendes Alterswerk, versponnen, listig, groß und wunderlich, – exemplarisch deutsch mit einem Wort. Ich bewundere es sehr. Warum hat nicht der den Nobel-Preis bekommen, sondern eine Dame in Chile? Man hört nicht auf mich in Stockholm.«[32] 1946 wurde seine Stimme endlich gehört.

Der Abstand, der eine intime Annäherung an Hauptmann nicht zuließ, war zwischen Mann und Hesse viel geringer. »Ich liebe auch den Mann und den Menschen, seine heiter-bedächtige, gütig-schelmische Art, den tiefen, schönen Blick der leider kranken Augen, deren Blau das hager und scharf geschnittene Gesicht eines alten schwäbischen Bauern erhellt. Recht nahe kam ich ihm persönlich erst vor vierzehn Jahren, als ich, unter dem ersten Choc des Verlustes von Heimat, Haus und Herd stehend oft in seinem schönen Tessiner Haus und Garten bei ihm war. Wie beneidete ich ihn damals! – nicht nur um seine philosophische Distanziertheit von aller deutschen Politik. Es gab nichts Wohltuenderes, Heilsameres in jenen verworrenen Tagen als sein Gespräch.«[33]

Das Jahr näherte sich seinem Ende und mit ihm die Arbeit am *Doktor Faustus.* Der Beginn des neuen Jahres brachte eine Postsendung von der philosophischen Fakultät in Bonn; sie enthielt »das mir längst verlorengegangene, feierlich latinisierende Diplom vom Jahre 1919, gleich in zwei Exemplaren, begleitet von sehr herzlichen Briefen des Rektors und des Dekans«.[34] So erhielt Thomas Mann das Ehrendoktorat wieder zurück, das ihm achtundzwanzig Jahre vorher verliehen worden war. »Nun bin ich also wieder ein deutscher ›Herr Doktor‹ – wer hätt' es gedacht!«[35] Der Dichter bedankte sich sehr herzlich beim Dekan und fügte melancholisch hinzu: »Wenn etwas meine Freude und Genugtuung dämpfen kann so ist es der Gedanke an den entsetzlichen Preis, der gezahlt werden mußte, ehe Ihre berühmte Hochschule in die Lage kam, den erzwungenen Schritt von damals zu widerrufen. Das arme Deutschland! Ein so wildes Auf und Ab seiner Geschichte ist wohl keinem anderen Land und Volk beschieden gewesen.«[36]

Der Faust des 20. Jahrhunderts

Anfang 1947 war der Roman vollendet. »Am 29. Januar vormittags schrieb ich die letzten Zeilen des *Doktor Faustus«*, vermerkte Mann, »wie ich sie längst im Sinn getragen: Zeitbloms stilles Stoßgebet für Freund und Vaterland – und blickte über die drei Jahre und acht Monate, in denen ich unter der Spannung dieses Werkes gestanden, zurück zu dem Maimorgen mitten im Kriege, an dem ich die Feder dazu angesetzt. ›Ich bin fertig‹, sagte ich meiner Frau, als sie mich von dem gewohnten Spaziergang gegen den Ozean hinab mit dem Wagen abholte; und sie, die schon so manches Fertigwerden in Treue abgewartet und mit mir begangen hatte, – wie herzlich beglückwünschte sie mich!«[1] Die letzten Korrekturen nahmen noch eine Woche in Anspruch, und schließlich erklärte der Verfasser das Buch für »endgültig fertig«. Das Finale der anstrengenden Arbeit wurde an einem Abend Anfang Februar mit einer Flasche Champagner bei Alfred Neumann gefeiert. Bald wanderte das Manuskript in die Druckerei. »Der Roman seiner Entstehung war beendet. Derjenige seines Erdenlebens begann.«[2]

In diesem Werk wird die vielhundertjährige Tradition des Faustmotivs, ausgehend vom Volksbuch aus dem Jahre 1587, aufgegriffen, umgewandelt und kommentiert. Der Roman hat die Form einer Biographie oder, genauer gesagt eines Tagebuches, dessen Inhalt das Leben des deutschen Komponisten Adrian Leverkühn bildet. Am 23. Mai 1943 (fast zur selben Zeit schickte Thomas Mann sich an, den Roman zu schreiben) beginnt Dr. phil. Serenus Zeitblom, ehemals Gymnasiallehrer für Latein und Griechisch, in Freising an der Isar die Lebenschronik seines Freundes Leverkühn, der, mit den Schwierigkeiten des Komponierens ringend, zur Hilfe des Teufels Zuflucht nimmt. Zeitblom schreibt sein Tagebuch in den Jahren 1943 bis 1945. In dieser verhältnismäßig kurzen, aber qualvollen Kriegszeit entsteht die Lebensbeschreibung des Musikers, der im Jahre 1885 geboren wurde und 1940 starb.

Doktor Faustus ist somit die Biographie eines Komponisten, ein Roman über Musik. In der Chronik *Die Entstehung des Doktor*

Faustus überrascht uns der Satz: »Die Musik ist immer verdächtig gewesen, am tiefsten denen, die sie am innigsten liebten.«[3] In Manns Prosa kündigte sich die Musik als Vorbote des Untergangs an. In seinem ersten Roman führt sie den letzten Nachkommen der Buddenbrooks auf den Irrweg; im *Tristan* erfüllt sich das unheilvolle Schicksal von Frau Kloeterjahn beim Klang Wagnerscher Musik. Settembrini aus dem *Zauberberg* verdächtigt die Musik unreiner Absichten und bezeichnet sie als etwas Unverantwortliches. Der Lehrer Adrian Leverkühns, der seinen Schüler in die Geheimnisse des Komponierens einführt, definiert sie als »die geistigste aller Künste«, doch gleichzeitig spricht er von ihrer »bedrückenden Versinnlichung«; schließlich deutet Leverkühn selber die Verwandtschaft musikalischer Experimente mit den Versuchen mittelalterlicher Alchimisten und Meister der schwarzen Magie an. Es scheint, als wäre die Musik jener Grenze am nächsten, an der der Teufel lauert, so das Serenus Zeitblom ihre »unbedingte Zuverlässigkeit in Dingen der Vernunft und Menschenwürde«[4] bezweifelt.

Doch es gibt noch einen anderen Grund, der den Primat der Musik in diesem Roman begründet. Thomas Mann sieht in ihr die typische, dem deutschen Nationalcharakter entsprechende Kunst. »In Deutschland«, sagt Zeitblom, »genießt doch die Musik das populäre Ansehen, dessen sich in Frankreich die Literatur erfreut.«[5] Mann gab sogar einmal seiner Verwunderung darüber Ausdruck, daß der Faust der mittelalterlichen Legende kein Musiker war. Die Beziehung der Deutschen zur Welt, meinte er, sei immer eine musikalische, das heißt abstrakte, mystische gewesen.

So fügt sich also das Element der Musik mit dem deutschen Element zusammen. Die Geschichte Adrian Leverkühns ist in politischem wie geistigem Sinne mit der deutschen Problematik verknüpft, besonders mit der Beziehung Deutschlands zur Welt und seiner Situation im 20. Jahrhundert. *Doktor Faustus* ist ein Roman über die Musik und über die Deutschen. Über die Musik in dem Sinne, daß er das Leben des Komponisten erzählt und zugleich in das Wesen musikalischen Schaffens eindringt. Gegenstand des Kunstwerkes ist hier die Kunst selber. Das Werk gibt in literarischer Form das wieder, was Negation der Literatur ist; es gibt in Worten Inhalte wieder, die aus ihrer Natur heraus sich im Klang verkörpern; es übersetzt die Sprache der Partitur in die Sprache des Romans. Aber Musik spielt in diesem Buch eine sonderbare Rolle, denn sie ist, wie der Verfasser kommentiert, »nur Vordergrund und Repräsentation, nur Paradigma ... für Allgemeineres, nur Mittel, die Situation der Kunst überhaupt, der Kultur, ja des Menschen, des Geistes selbst in unserer durch und durch kritischen Epoche auszudrücken. Ein Musik-Roman? Ja. Aber er war als Kultur- und Epochen-Roman gedacht, und Unbedenklichkeit in der Annahme von Hilfe bei der exakten Realisierung des Mittels und Vordergrundes war mir das selbstverständlichste Ding von der Welt.«[6] *Faustus* ist auch, wie schon gesagt, ein Roman über die Deutschen, denn er beschreibt die geistige und politische Richtung, von der die deutsche Kultur brutalisiert wurde. Das Buch reproduziert eine Atmosphäre, in der der Künstler sich selbst mit dem »Hochmut des Intellekts« tötet und in verzweifelter Einsamkeit stirbt. Beide Elemente, das musikalische und das deutsche, ergänzen sich wie Melodien im Kontrapunkt.

Indem Thomas Mann für seinen Roman die Form des Tagebuchs wählte, zog er sich in den Schatten zurück und ließ nur Adrian Leverkühn und Zeitblom auf der Bühne. Der Komponist und sein Biograph drücken Manns Gedanken und Besorgnisse aus, aber keiner spricht in seinem Namen. Sie repräsentieren verschiedene Möglichkeiten oder Unmöglichkeiten der modernen Kunst und Kultur. Und gerade im Hinblick auf ihre symbolische Rolle verrät der Autor weder ihre Gesichtszüge noch ihre Gestalt, im Gegensatz zu anderen Figuren, die er sehr genau beschreibt: »Es war nicht anders: Romanfiguren im pittoresken Sinn durften nur die dem Zentrum ferneren Erscheinungen des Buches . . .sein – *nicht* seine beiden Protagonisten, die zu viel zu verbergen haben, nämlich das Geheimnis ihrer Identität.«[7]

Die Beziehung Manns zu den beiden Freunden ist vieldeutig, parodistisch verkleidet, von der »Zweideutigkeit des Lebens« – der Unruhe der Zeit gekennzeichnet. *Doktor Faustus* ist ein dunkles und rätselhaftes Werk. Nicht umsonst steht hinter den Kulissen der Geschehnisse der Teufel, und zwar nicht jener Skeptiker des Goetheschen Dramas, nicht der Abgesandte der Hölle und Widersacher Gottes, sondern der Dämon, der vor Sünde und Verzweiflung warnt.

Die Rollen des Musikers und des Chronisten sind ungleich. Jener ist eine ungewöhnliche Individualität, er fasziniert und flößt Schrecken ein, dieser existiert (und will dies im Roman) nur so weit, als er über den Komponisten etwas auszusagen hat. Serenus Zeitblom charakterisiert sich als gemäßigte, auf das Harmonische und Vernünftige gerichtete Natur, als ›Musensohn‹ in der akademischen Bedeutung des Wortes, als traditionsgetreuer Humanist, der jedoch für das Neue seiner Zeit empfänglich ist. Er ist dabei Liebhaber und – wie wir bald erkennen – glänzender Kenner der Musik, spielt in freien Stunden Bratsche, obgleich er das Reich der Töne als bedrohlich und voll gefährlicher Versuchungen ansieht; Zeitblom glaubt auch, so versichert er uns, an die Ideen der Wahrheit, Gerechtigkeit und Freiheit und hegt den Wunsch, in der Kunst und im Denken neue Formen mit älteren vereinigt zu sehen.

Adrians Biograph empfindet Abneigung gegen das Dämonische und die Vertrautheit mit den ›Kräften des Untergrundes‹, obgleich er ihnen den Einfluß auf das menschliche Leben nicht abspricht. Diese Abneigung dehnt er auf das Gebiet der Politik aus: Von den ersten Seiten des Tagebuches an kritisiert er den Faschismus, anfangs vorsichtig, hält seine Eintragungen sogar vor den eigenen Söhnen, die der Hitlerjugend angehören, geheim; dann immer kühner – hat er sogar seinen Lehrerposten aufgegeben, weil er die Schüler nicht im nationalsozialistischen Geist erziehen wollte – und mit den sich mehrenden Niederlagen der deutschen Armeen spricht er vom Hitlerregime und wünscht dessen raschen Zusammenbruch. Dies ist also das Portät des Chronisten, eines halb naiven, halb rührenden altmodischen Humanisten, der an die harmonische Ordnung der Kunst und die wundersame Kraft der Wissenschaft glaubt und der die Entwicklung der Ereignisse unseres Jahrhunderts mit Beunruhigung beobachtet. Diesem altmodischen Gelehrten vertraut Thomas Mann eine heikle Aufgabe an. Zeitblom, den alles Dämonische und Dunkle entsetzt, soll die Geschichte des von Dämonen besessenen Künstlers festhalten – das Leben des sonderbaren Faust des 20. Jahrhunderts.

Der Freund des Chronisten, Adrian Leverkühn, Sohn eines vermögenden Bauern, wächst im Dorf auf und schließt das Gymnasium in der Stadt Kaisersaschern ab, wo er in der Obhut seines Onkels lebt. Dort erwacht in dem Knaben eine fanatische Liebe zur Musik, zu der er jedoch auf einem Umweg gelangt – über die Theologie. Nach zweijährigem Studium in Halle wirft Adrian die Theologie hin und kehrt, jetzt endgültig, zur Musik zurück. Er übersiedelt von Halle für einige Jahre nach Leipzig und reist ungefähr 1910 nach Italien, nach Palestrina, wo er zwei Jahre verbringt. Dort erscheint ihm der Teufel. Der Musiker verschreibt ihm – als Preis für die Hilfe bei der Überwindung der ›Schwierigkeit des Schaffens‹ – seine Seele. Den Rest seines bewußten Lebens verbringt Adrian in Bayern, hauptsächlich in einem einsamen Dorf in der Nähe Münchens. Dort erliegt er am Ende einer Geisteskrankheit, der Folge einer Syphilis, Denkzettel seines einzigen erotischen Abenteuers mit einer Prostituierten. Die letzten zehn Lebensjahre (1930 bis 1940) verbringt der Komponist, vom Wahnsinn befallen, dort, wo sein Weg begonnen hat, im Dorf bei der Mutter.

Adrians Lebensweg ist die Geschichte eines von der Angst vor »Unfruchtbarkeit« besessenen Künstlers. Die Gefahr der Unfruchtbarkeit entspricht nicht etwa persönlicher Unfähigkeit – Leverkühn ist ein genialer Komponist, wie der Autor es am Beispiel seiner Werke demonstriert –, sondern der allgemeinen Entwicklung der Musik, der ›Ausgeschöpftheit‹ und ›Verbrauchtheit‹ des musikalischen Stoffes. Die Angst kommt hier aus dem Bewußtsein, daß die konventionellen Ausdrucksmittel die Kunst mit Lüge oder Banalität bedrohen und daß der Durchbruch zur neuen Musik unerhörte und sogar verdammte Opfer und Entsagungen erfordert. Leverkühn ist ein Künstler, der in einer vom Untergang bedrohten musikalischen Welt lebt und bereit ist, die Rettung der Musik selbst in der Hölle zu suchen.

So spielt er also um den größten Einsatz der Kunst, um ihre völlige Erneuerung, ihre Befreiung von Schein und Lüge, vom Jonglieren mit vorhandenen Konventionen, die einmal ihr eigenes Leben geführt und jetzt ihre Existenzberechtigung verloren haben; er kennt nur zwei Möglichkeiten: Untergang oder Verdammnis. Leverkühn reift als Künstler in den ersten zwei Jahrzehnten unseres Jahrhunderts, und Zeitblohm beschreibt das Schicksal seines Lebens im Dritten Reich, als die Grausamkeit alle menschliche Vorstellung übertraf. Kunst und Leben haben das Gleichgewicht verloren, und »daß die Kunst stockt und zu schwer worden ist und sich selbsten verhöhnt, daß alles zu schwer worden ist und Gottes armer Mensch nicht mehr aus und ein weiß in seiner Not, das ist wohl Schuld der Zeit«,[8] Adrian empfindet diese Schwierigkeiten und zieht dem Risiko der Mediokrität das Risiko der Verdammnis vor. Am Ende verliert er sein Spiel, doch es ist keine billige Niederlage, kein Untergang im Bannkreis der Banalität. Ungeachtet der Warnung eines Mädchens im Leipziger Freudenhaus fügt er sich wissentlich der Gewalt der Krankheit, um das Böse zu erleiden und seine Wirkungen an sich zu erleben. Die erweckten Dämonen ziehen den Komponisten in ihren Zauberkreis: die Krankheit regt das Genie an, das Genie steigert die Krankheit.

Die Musik lockt Adrian mit ihrer mathematischen Strenge und zugleich rätselhaften Vieldeutigkeit. Sein Schaffen fällt in die Zeit nach Wagner, die der Romantik abhold ist. Leverkühn spricht ironisch vom »romantischen Geschwätz«, von Inspiration, die nicht vom Intellekt kontrolliert wird, und stellt bei sich – ein wenig mit Bedauern und ein wenig ironisch – den Mangel jener »robusten Naivität« fest, die »unter anderem, und nicht zuletzt, zum Künstlertum gehört«. Die »mathematische« Phantasie Adrians verwirft die beschreibende Musik, die zum ›Tongemälde‹ verführt, die Musik des ästhetischen Spiels, von der der Spießer sich wünscht, daß sie noch existiere und die Illusion der Harmonie gebe. In seinen Werken vollzieht sich die Vereinigung des Schöpferischen mit der Theorie und der Kritik, die Phantasie unterwirft sich der Kontrolle präziser ästhetischer Normen. Dem Pathos und dem ›Klangrausch‹ wird die Musik der ›Berechnung‹ entgegengesetzt, die »will aufhören, Schein und Spiel zu sein, will Erkenntnis werden«[9] und verzichtet auf die eigene ›Stallwärme‹ zugunsten der abstrakten Ordnung.

Das musikalische System Leverkühns beruht auf der Konstruktion von Reihen, gestützt auf zwölf Halbtöne und die strikte Gebundenheit jedes Halbtons der Komposition an die Grundreihe beziehungsweise auf das Recht unbegrenzter Anwendung von Variationen. Es ist also das Schönbergsche System der atonalen Musik, die im Roman eine dämonische Bedeutung erhält, die sie im Grunde gar nicht besitzt. Der Schöpfer der Zwölftonlehre wird im Buch kein einziges Mal genannt, und Leverkühn selbst hat, obgleich seine Musik Schönbergsche Elemente enthält, mit Arnold Schönberg nichts gemeinsam.

In der Aura rigoroser ästhetischer Gesetze entsteht eine von Kälte und Strenge durchdrungene Musik, die die Kunst der Instrumentation und des Kontrapunktes in präzise, intellektuelle Einfachheit umwandelt. Aber diese Musik tendiert, nach Ansicht Manns, in eine gefährliche Richtung, zu primitiven, archaischen Formen, wo die Grenzen zwischen Kultur und Barbarei fallen. Unter den Erläuterungen seines Musiklehrers wirkt auf Adrian eine besonders anziehend: die These vom vorübergehenden Charakter kultureller Formationen und von ihrem Übergang zur Antithese, zur Barbarei, von wo es nicht mehr weit ist zur Theorie der Notwendigkeit allmählicher Verjüngung der Kultur im Geiste ihres Urbeginns, von der Rückkehr zum Primitivismus.

Die paradoxe Annäherung zweier Extreme in der Kunst: der verblühten Form und des Primitivismus, gehört zu den Hauptmotiven des Romans. Thomas Mann legt um so mehr Nachdruck auf diese Erscheinung, als die Deutschen – und an Adrian Leverkühn ist jeder Zoll ein Deutscher, was der Verfasser nicht verfehlte, selbst im

Untertitel des Romans anzuzeigen – öfters zum »Quell der Ursprünglichkeit« wiederzukehren, was in der Regel mit einer Katastrophe für sie endete. Gewiß, Adrian und seine Musik sind vom Faschismus weit entfernt, und man kann annehmen, daß er, wäre er keine fiktive Person gewesen, von den Nationalsozialisten als Vertreter der »entarteten Kunst« verdammt worden wäre. Aber obwohl der Roman Adrians Musik der rohen Gewalt des Faschismus gegenüberstellt, hebt er doch den Zusammenhang zwischen dem Schaffensweg des Komponisten und der Aura eines doppelsinnigen Archaismus hervor.

Diese Aura atmete der Komponist seit früher Jugend. Seine erste Begegnung mit der Musik tritt in Kaisersaschern ein, das auf der deutschen Landkarte nicht existiert, aber Ähnlichkeit mit Lübeck und Naumburg hat, einer Stadt, der die Zeit das Stigma des Mittelalters nicht vom Antlitz wischen konnte. Von diesem Kaisersaschern gibt es für Adrian kein Loskommen. Der Geist dieser Stadt lenkt ihn nach Halle, wo wiederum die Gespenster der Vergangenheit auferstehen, zur Theologie, »bei deren bloßem Namen wir uns dergestalt in die Vergangenheit, ins sechzehnte, ins zwölfte Jahrhundert zurückversetzt fühlen«[10]; Kaisersaschern kehrt in Adrians altertümlicher Ausdrucksweise, mit seiner »mönchischen Handschrift« wieder, diese Stadt zwingt ihn, Frieden in der Einsamkeit zu suchen, sie erstarrt in der letzten Gebärde des Musikers, als der Tod ihm die Hände, »wie bei einer Grabfigur des Mittelalters« auf der Brust kreuzt.[11]

Der Geist von Kaisersaschern lebt auch in seiner Musik. »Es war die Musik eines nie Entkommenen«, lesen wir im *Faustus*, »war bis in die geheimste genialisch-skurrile Verflechtung hinein, in jedem Kryptenhall und -hauch, der davon ausging, charakteristische Musik, Musik aus Kaisersaschern.«[12] Das sagt Zeitblom, bestürzt über die Wiederkehr ins Mystische und Magische, über die überraschende Verbindung neuester Motive mit ältesten. Diese Gegensätze fügen sich sowohl in der Technik wie in der Thematik der Komposition zusammen. Die Mehrzahl der Werke Adrians schöpft ihre Stoffe aus der Lyrik des 12. und 13. Jahrhunderts, aus den *Gesta Romanorum*, wo es von Vatermord-, Ehebruch- und Zaubermotiven wimmelt, aus mittelalterlicher Kosmogonie, aus der das Ende allen Lebens verkündenden Apokalypse, schließlich aus dem Bereich der Faustlegende, in der der Mensch vom Teufel verführt wird. Betrifft Zeitbloms Beunruhigung aber nur Leverkühn? Schließlich schöpfen aus den gleichen Quellen Thomas Manns letzte Romane.

Joseph, Der Erwählte und *Doktor Faustus* selbst kehren auf vorgeschichtliche Zeiten und mittelalterliche Mythen zurück.

Es gibt Augenblicke, in denen der Komponist die Möglichkeit eines ›Durchbruchs‹ erwägt, der die Kunst aus der Kälte in die Sphäre echten Gefühls, in die Sphäre der Liebe hinüberführen könnte. Als Zeitblom sich über den elitären Hochmut der modernen Kunst beklagt, gibt der Musiker ihm recht und fügt hinzu: » Wem also der Durchbruch gelänge aus geistiger Kälte in eine Wagniswelt neuen Gefühls, ihn sollte man wohl den Erlöser der Kunst nennen.« Soll die Kunst, führt Zeitbloms Freund weiter aus, der Vernichtung entgehen, dann muß sie aus der Isolierung heraustreten und den Weg zu den Menschen finden, und dann wird »eine neue Unschuld, ja Harmlosigkeit ihr Teil sein. Die Zukunft wird in ihr, sie selbst wird wieder in sich die Dienerin sehn an einer Gemeinschaft«.[13]

Doch diese Hoffnung erfüllt sich nicht. Fürsprecher des Durchbruchs ist in diesem Roman der Teufel, und er hat das letzte Wort. Es siegt hier die Kälte, und die Kunst, die früher Trost gewährte, wird zum Fluch. Die Zeit ist gekommen, sagt der verzweifelte Musiker, wo »die Kunst unmöglich geworden ist ohne Teufelshilf und höllisch Feuer unter dem Kessel«[14]; es ist bereits unmöglich, das Spiel der Kunst ernst zu nehmen, um so mehr, als der harmonische Schein des Schönen der menschlichen Verzweiflung spottet in einer Welt, in der das Chaos herrscht. Dem Künstler bleibt nichts übrig, lehrt der Teufel, als an der Vollkommenheit des Werkes zu arbeiten. Die Technik wird zum letzten Sinn des Schaffens.

Der Teufel ist in diesem Roman überall, er nimmt mannigfaltige Gestalt an, und wenn er nicht auf der Bühne steht, handeln seine Kreaturen. Es erübrigt sich, in diesem Buch nach der konkreten Verkörperung des Teufels zu suchen, denn in dieser schweren Zeit ist die Hölle überall. »Die Hölle«, sagt der Teufel, »ist im Grunde nur eine Fortsetzung des extravaganten Daseins.«[15]

Der Reigen der Dämonen zieht auf allen Seiten des Buches vorbei. Sie erscheinen bereits in Adrians Elternhaus, wo sein Vater »die elemanta spekulierte«; er befaßte sich in freien Stunden mit Experimenten, die, laut Zeitblom, einen »mystischen Einschlag« hatten und einen »Hang zur Zauberei« verrieten. Der Komponist scheint von Beginn an von bösen Mächten auserlesen und besessen zu sein, und seine Neigung zur Musik hat etwas von Erbsünde an sich. In seinen letzten Worten sagt Adrian, der Mensch sei geschaffen »zur Seligkeit oder zur Höllen ... und ich war zur Höllen geboren«.[16] Später erweitert sich der Kreis der bösen Geister. In die Geheimnisse der Kunst wird Leverkühn von Wendel Kretzschmar eingeführt, einer zweifellos ›extravaganten‹ Figur, deren Kunstansichten an die Auffassungen des Teufels erinnern. Unter den Theologieprofessoren in Halle hat einer den Teufel auf den Lippen und im Herzen, der andere wiederum, schon im Aussehen teufelsähnlich, spricht ständig von Dämonologie. Der ganzen theologischen Fakultät haftet übrigens stärker der Geruch von Schwefel als von Weihrauch an.

In Leipzig – Adrian bezeichnet die Stadt als lasterhaftes Ninive – heißt den Studenten ein verdächtiger Fremdenführer willkommen und führt ihn in die ›Lusthölle‹, ein schäbiges Freudenhaus. Hier wartet bereits die Gehilfin des Satans, Esmeralda, die den Musiker bestrickt und ihn mit Syphilis ansteckt. Dann huscht noch einmal der Schatten des Teufels vorbei, der in geheimnisvoller Weise zwei Ärzte aus dem Weg räumt, bei denen der Kranke Hilfe gesucht hat: einer stirbt plötzlich, der andere wird von der Polizei verhaftet. Schließlich repräsentieren München, seine Salons, Intrigen, unerfüllten Ambitionen, die Anbetung der Grausamkeit, der blutrünstige Snobismus jene zur Vernichtung reife Welt, die sich als Objekt dämonischer Studien eignet.

Der Teufel selbst erscheint verhältnismäßig spät, in der Hälfte des Romans. Der Schauplatz seiner Begegnung mit dem Musiker ist ungewöhnlich. Das Gespräch findet im italienischen Städtchen Palestrina statt, in der Abenddämmerung, im Riesensaal des altertümlichen Hauses. Der unerwartete Gast erscheint im Zuhältergewand, ähnlich wie der Leipziger Fremdenführer, der Adrian ins Freudenhaus führte, und erst im Verlauf des Gesprächs nimmt er die Gestalt eines räsonierten Intellektuellen mit Hornbrille an. Adrian hat in dieser Nacht Fieber, und es ist schwer zu sagen, ob der Teufel ein ›reales‹ Wesen ist, wie Goethes Mephisto, oder ein Hirngespinst, eine Halluzination oder ein Gebilde der Krankheit, die einen Augenblick lang auftritt und Jahre später den Komponisten dem Wahnsinn preisgeben wird. Das Gespräch mit dem Teufel kann man also als Projektion der seelischen Erlebnisse Adrians auffassen: »Ihr sagt lauter Dinge, die in mir sind und aus mir kommen, aber nicht aus Euch«,[17] sagt der Musiker zum Teufel. Das Spiel zwischen Himmel und Hölle wird in die psychologische Sphäre übertragen.

Im Gespräch, das bis zum Morgengrauen dauert, spielt der Teufel die Hauptrolle, er greift und klagt an, brilliert mit Gelehrsamkeit, zitiert Goethe, Nietzsche, selbst Thomas Mann, jongliert mit Argumenten, die auf einen gewandten Kenner der Kultur und Kunst hinweisen. Satan verbreitet sich über die Krise der modernen Kultur und Kunst, spricht von der Verlogenheit der Kunst, der Störung des Gleichgewichts zwischen Form und Inhalt, erinnert schließlich daran, daß die »Produktion auszugehen« droht, um sich am Ende sogar über die Möglichkeiten und »Schliche« der Parodie lustig zu machen.

In diesem verwickelten und seltsamen Disput spricht der Teufel im Namen der Wahrheit und warnt vor der Täuschung in der Kunst, vor der Flucht aus den Ungeheuerlichkeiten der Zeit in den Schein, schließlich vor der parodistischen Gaukelei, vor dem Betrug des Ästhetizismus. »Zuverlässig ist jetzt allein noch«, doziert der nächtliche Gast, »der nicht fiktive, der nicht verspielte, der unverstellte und unverklärte Ausdruck des Leidens in seinem realen Augenblick. Seine Ohnmacht und Not sind so gewachsen, daß kein scheinhaftes Spiel damit mehr erlaubt ist.«[18] Mehr noch: der Teufel umgibt sich mit dem Heiligenschein und erklärt sich, nach dem Beispiel des Teufels der *Brüder Karamasow*, zur einzigen Gottheit, an die man noch glauben, und zur einzigen, der man eine »theologische Existenz zuerkennen« kann.

Es entsteht eine paradoxe Situation. Der Künstler sucht Rettung in der Hölle. Der Satan spielt die Rolle des Erlösers und gibt zu verstehen, daß Genie nur das Geschenk böser Mächte sein kann. Das schöpferische Feuer kann nur von Dämonen angefacht werden, sie allein sind in das Geheimnis der Kunst eingeweiht, die vom Künstler verlangt, die Last des Fluchs auf sich zu nehmen, will er dem Banalen und Künstlichen entrinnen. Um Adrian zu gewinnen, muß der Teufel sich nicht sonderlich anstrengen – das Opfer ist schon in der Schlinge, und das aus freiem Willen. Der Pakt mit dem Teufel wurde schon lange vorher von der Krankheit besiegelt, der sich der Künstler widerstandslos fügte, einer inneren Disposition folgend. Die Krankheit ist der Preis, den der Musiker zahlen muß, um absolute Vollkommenheit zu erreichen, und in diesem Bündnis von Krankheit und Fruchtbarkeit, von Verfall und Erhöhung manifestiert sich der tragische Inhalt des Romans. Die Kunst wird zum Produkt des Bösen – diesen Faden spinnt der Teufel in dem nächtlichen Gespräch.

Das Motiv der Einheit von Krankheit und Kunst wiederholt sich in Manns Werk, doch nirgends mit socher Intensität wie in diesem Roman. Im Hause Buddenbrook förderte das Leiden den Geist, der Verfall ebnete den Weg zur Kunst. Im *Zauberberg* hatte Castorp zwischen zwei Möglichkeiten zu wählen: Zur einen empfahl Settembrini, der die Versuchungen des Todes und der Krankheit verdammte, zur anderen Naphta, der die Krankheit als höchstes Prinzip des Fortschritts pries. Aber der junge Mann lehnte beide Möglichkeiten ab: Zum Verdruß des italienischen Liberalen ließ er sich mit der Krankheit ein, zum Ärger des Jesuiten verweigerte er ihr am Ende den Dienst. Er wählte keinen ›gewöhnlichen‹ Weg, sondern einen ›schlechten‹: er beschloß, dem Tod die Treue zu halten und ihm gleichsam »keine Herrschaft einzuräumen« über seine Gedanken.

Doch Castorps Wahrheit atmet idyllischen Optimismus im Vergleich zu Adrian Leverkühns These. Für den Musiker ist die Krankheit, ist das Böse nicht, wie für jenen, eine Prüfung, ein Element, das den Lebenswillen erregt, sondern Existenzbedingung, Hauptfaktor der Entfaltung künstlerischen Talents. »Genie ist eine in der Krankheit tief erfahrene, aus ihr schöpfende und durch sie schöpferische Form der Lebenskraft«[19], sagt Zeitblom, und man kann annehmen, daß er dies nicht nur für sich sagt, sondern auch für den Verfasser des Romans. Klingt diese Formulierung im Munde des Teufels zynisch, so spricht Zeitblom sie mit Trauer und Beunruhigung aus. Das, worin Satan den Triumph der Kunst sieht, erkennt Adrians Biograph als ihr notwendiges Übel. Zeitblom hegt die Hoffnung, daß Entwicklung und Fortschritt der Kunst den Einfluß der Krankheit überwinden werden, der Teufel hingegen erhofft sich etwas ganz Umgekehrtes. Doch die Sache ist nicht einfach, da Adrian vom Freund mit guten Ratschlägen, vom Teufel wiederum mit der Krankheit, aber auch mit dem ›Aphrodisiacum des Hirns‹ – dem Kennzeichen der Genialität – beschenkt wird. Hätte der Komponist den Rat des Chronisten befolgt, wäre er wahrscheinlich dem Wahnsinn entkommen und ein durchschnittlicher Künstler geworden. Die Kunst – stellt der Roman mit Beunruhigung fest – hat den Kontakt mit der humanistischen Idee verloren, und indem sie die Höhen der intellektuellen und technischen Vollkommenheit erreichte, fand sie sich in der eisigen Wüste der Verzweiflung.

Der Satan verspricht Adrian viel, und er löst sein Versprechen ein. Er sagt dem Musiker Hilfe bei der Überwindung der Schwierigkeiten des Schaffens zu, aber er stellt auch eine Bedingung: »Du darfst nicht lieben.« Der Teufel verwandelt sich in einen Asketen, er empfiehlt Entsagung und Einsamkeit. Diese Bedingung ist notabene überflüssig, denn Adrian hat sie bereits erfüllt. Das Gespräch mit dem Teufel versinnlicht Leverkühn nur seine Situation, seinen Bund mit der Krankheit und seine Schuld: die Flucht aus der menschlichen Gemeinschaft. Die unheimliche Kälte, die der Teufel ausstrahlt, ist die Kälte von Adrians Natur. Die Einsamkeit, die der Künstler als Sünde empfindet, ist das unerläßliche Element seiner schöpferischen Kraft.

Das Liebesverbot schafft um Adrian eine Leere. Als Mensch findet er nicht den Weg zu den Menschen, als Künstler versucht er ihn in seiner letzten Komposition, *Doctor Fausti Weheklag*, wiederzufinden. Die Faustkantate, komponiert nach den Gesetzen der Zwölftonmusik, ist nicht mehr Parodie, im Gegenteil, Zeitblom nennt sie ein Monsterwerk der Klage, »die Klage des Höllensohns, die furchtbarste Menschen- und Gottesklage, die ... auf Erden je angestimmt wurde«,[20]. Dank der strengen Ordnung der Töne und der Präzision des Aufbaus wird sie zum Ausdruck reinster Verzweiflung, gewissermaßen die Entschädigung, wie Thomas Mann sagt, für das Verbot von Glück und Liebe. Ähnlich wie bei Beethoven besteht Adrians Werk aus Variationen. Jede von ihnen entspricht einem Kapitel des mittelalterlichen Faustbuches und kehrt wieder zum Hauptthema zurück: die Geschichte des Verdammten, der vor der Ankunft des Teufels den versammelten Freunden sein Schicksal erzählt. In jener *Oratio Fausti ad studiosos* bittet der Verdammte, man möge seinen Leib in der Erde bestatten, denn er sterbe mit der Hoffnung auf Erlösung. Doch die Kantate verneint den Geist von Beethovens Musik und ist eine ›Zurücknahme‹ der Neunten Symphonie. Den Variationen der Hoffnung im Finale der Neunten stehen Variationen der Klage gegenüber, dem Lied an die Freude – das Lied der Trauer. Am Ende lehnt der Autor den Gedanken der Erlösung ab – welch ein Paradoxon – als Versuchung! Er verzichtet auf Rettung, nicht weil sie zu spät kommt oder weil er das dem Teufel gegebene Wort einhalten will, sondern weil er nicht an den Sieg des Guten glaubt und weil er »die Positivität der Welt, zu der man ihn retten möchte, die Lüge ihrer Gottseligkeit, von ganzer Seele verachtet«.[21]

In Adrians Zweifel verbirgt sich jedoch nicht freche Herausforderung, sondern grenzenlose Verzweiflung. Im Finale der Kantate ertönt schmerzvoll Gottes Stimme: »Ich habe es nicht gewollt!«, so daß Zeitblom sich sogar die Frage stellt, ob in diesem Schmerz nicht auch Hoffnung keimt. So ist also Thomas Manns Faust, der Musiker, der sein Gretchen im Bordell findet, die Verneinung des Goetheschen. Im Drama findet der Weise den Weg zum Himmel, im Roman geht ein Mensch zugrunde, Satan siegt. Dort nimmt Faust mißtrauisch Mephistos Dienste an, hier sucht er den Teufel und verzichtet auf Erlösung. Von seiner »Besessenheit« und dem verwegenen Wunsch gejagt, Gott zu versuchen, nimmt der Musiker, trotz der Warnungen des kranken Mädchens, das Gift an, das Seele und Körper durchdringt. Mehr noch, dort bringt die menschliche Sehnsucht nach dem Leben und den Menschen Mephisto von vornherein um seinen Sieg, und der Versucher verliert die Wette, ehe er noch die Bühne betritt. Hier triumphiert der Teufel lange vor der Schließung des Pakts. Goethes Faust bedarf keines Erlösers, denn er ist ein Sünder in Gnade, die er aus der Gemeinschaft mit der Welt schöpft; Leverkühn hingegen, mit sich und der Welt entzweit, glaubt nicht an die Erlösung, er wirkt und schafft in der Atmosphäre des Zweifels, der jede Hoffnung zerstreut.

Im selben Maße, in dem der Faust der klassischen Dichtung am Horizont des Romans entschwindet, kommt uns der Verdammte der mittelalterlichen Legende näher, der Faust der Volksüberlieferung. Adrians Weg führt zurück, in die ferne Vergangenheit, in die Epoche der Zauberformeln. Aus dem Lob des Lebens wird ein Lamento, Genie wird Wahnsinn, die Gnade der Kunst ihre Verdammung. Doch der Pakt mit dem Teufel wird hier nicht von Leverkühn allein geschlossen: die Vereinigung des Talents mit dem Bösen vollzieht sich nicht nur in der Kunst, sondern gleichfalls, wenn auch auf eine andere Art, in der Politik – und das ist der Weg Deutschlands in die Vergangenheit und in die Barbarei.

Am Ende des Romans erhebt der Teufel Anspruch auf sein Opfer. Im Jahre 1930 lädt Leverkühn in seine Einöde bei München Bekannte ein, um ihnen seine *Doctor Fausti Weheklag* vorzutragen. Doch der Musiker ist schon in der Gewalt des herannahenden Wahnsinns und hält ihnen eine Rede, seine eigene *Oratio Doctoris Fausti ad studiosos.* In dieser Rede bekennt er sich zur Schuld, erzählt von seinen Umtrieben mit dem Teufel und schließt mit Worten, in denen die Hoffnung auf Erlösung durchschimmert. Dann setzt er sich ans Klavier – und sinkt nach den ersten Takten des Lamentos ohnmächtig zu Boden. Die letzten zehn Jahre verlebt er in geistiger Umnachtung. »Schauerlich Rührenderes und Kläglicheres ist nicht zu erdenken«, sagt Zeitblom, »als wenn ein von seinen Ursprüngen kühn und trotzig emanzipierter Geist, nachdem er einen schwindelnden Bogen über die Welt hin beschrieben, gebrochen ins Mütterliche zurückkehrt.«[22]

In seinen letzten bewußten Worten ist die Stimme der Reue zu hören, das Einbekenntnis, der Künstler solle sich um das bemühnen, »was vonnöten auf Erden, damit er dort besser werde«. In der

Faustkantate lehnt Adrian die Versuchung der Erlösung ab, doch in der Abschiedsrede spricht er die flehentliche Bitte aus: »... vielleicht kann gut sein aus Gnade, was in Schlechtigkeit geschaffen wurde, ich weiß es nicht.«[23] Dieser Bitte schließt Zeitblom sich an mit einem inbrünstigen Gebet an Gott, sich des Freundes und des Vaterlandes zu erbarmen und beide, die »von Dämonen umschlungen« sind, zu befreien. Alle drei, der Musiker, der Chronist und der Dichter, vereinigen sich in dem zaghaften Flehen um Hoffnung, die der Verzweiflung Linderung bringt.

Von den formalen Mitteln, deren sich Mann in diesem Roman bediente, haben größte Bedeutung zwei, da sie wie Pfeiler das Gerüst des Werkes tragen. Das eine besteht darin, »das Leben Adrian Leverkühns nicht selbst zu erzählen, sondern es erzählen zu lassen, folglich keinen Roman, sondern eine Biographie mit allen Charakteristiken einer solchen zu schreiben«.[24] Dieser Vorgang brachte dem Verfasser drei Vorteile. Erstens gewann er damit, daß er sich eines Chronisten bediente, nicht nur zum Helden des Werkes, zu Adrian Leverkühn, größere Distanz, sondern auch zum Roman selbst. Auf diese Weise konnte er die Methode und Schreibweise der Chronisten kritisieren, anders gesagt, er schaffte sich Freiheit gegenüber dem eigenen Werk. Schon die ersten Zeilen Zeitbloms parodieren Thomas Manns Stil – der Roman verspottet sich selbst, zieht seine eigenen Möglichkeiten in Zweifel, verwandelt sich in eine Parodie seiner selbst.

Zum zweiten war diese Maßnahme, wie Thomas Mann sagt, »bitter notwendig, um eine gewisse Durchheiterung des düsteren Stoffes zu erzielen und mir selbst, wie dem Leser, seine Schrecknisse erträglich zu machen. Das Dämonische durch ein exemplarisch undämonisches Mittel gehen zu lassen, eine humanistisch fromme und schlichte, liebend verschreckte Seele mit seiner Darstellung zu beauftragen, war an sich eine komische Idee, entlastend gewissermaßen, denn es erlaubte mir, die Erregung durch alles Direkte, Persönliche, Bekenntnishafte, das der unheimlichen Konzeption zugrunde lag, ins Indirekte zu schieben und sie in der Verwirrung, dem Händezittern jener bangen Seele travestierend sich malen zu lassen«.[25]

Zum dritten konnte Mann auf solche Weise die Problematik aktualisieren, die Ereignisse einer nicht weit entfernten Vergangenheit mit der Gegenwart verbinden: »Was ich durch die Einschaltung des Narrators gewann, war aber vor allem die Möglichkeit, die Erzählung auf doppelter Zeitebene spielen zu lassen, die Erlebnisse, welche den Schreibenden erschüttern, während er schreibt, polyphon mit denen zu verschränken, von denen er berichtet, also sich das Zittern seiner Hand aus den Vibrationen ferner Bombeneinschläge und aus inneren Schrecknissen zweideutig und auch wieder eindeutig erklärt.«[25]

Das zweite formale Mittel bezeichnete Mann als Montage »in ihrer phantastischen Mechanik, mich dauernd bestürzenden Rücksichtslosigkeit im Aufmontieren von faktischen, historischen, persönlichen, ja literarischen Gegebenheiten, so daß, kaum anders als in den ›Panoramen‹, die man in meiner Kindheit zeigte, das handgreiflich Reale ins perspektivisch Gemalte und Illusionäre schwer unterscheidbar übergeht«.[25] Das sichtbarste Beispiel dieser Technik ist Adrian Leverkühn, in dem wir viele Züge Nietzsches wiedererkennen, von den frühen Jahren des Komponisten, die er in Kaisersaschern verbrachte, und an die Jugendstadt des Philosophen erinnert, bis zu den letzten Stunden, wo das Antlitz des sterbenden Musikers die Züge des ›Ecce homo‹ annimmt. Die wichtigsten Episoden in Leverkühns Leben – das Studium der Theologie, das Abenteuer im Bordell, Krankheit, Wahnsinn – sind Nietzsches Biographie entnommen, und der Bericht über Adrians Erlebnis mit der Leipziger Dirne stützt sich fast wörtlich auf die Erinnerungen Deussens an den Verfasser der *Geburt der Tragödie.*

Aber Adrian ist keine ausschließlich nietzschesche Gestalt; in mancher Hinsicht erinnert er an verschiedene Musiker, frühere und zeitgenössische, hie und da erkennt man an ihm auch Thomas Manns Züge. So wird Leverkühn zu einer universalen und repräsentativen Figur. »Nach einer abendlichen Vorlesung«, schrieb Mann in der Chronik über *Doktor Faustus,* »fragte mich Leonhard Frank, ob mir bei Adrian selbst irgendein Modell vorgeschwebt habe. Ich verneinte und fügte hinzu, daß die Schwierigkeit gerade darin bestehe, eine Musiker-Existenz frei zu erfinden, die ihren glaubhaften Platz zwischen den realen Besetzungen des modernen Musiklebens habe. Leverkühn sei sozusagen eine Idealgestalt, ein ›Held unserer Zeit‹, ein Mensch, der das Leid der Epoche trägt. Ich ging aber weiter und gestand ihm, daß ich nie eine Imagination, weder Thomas Buddenbrook, noch Hans Castorp, noch Aschenbach, noch Joseph, noch den Goethe von ›Lotte in Weimar‹, – ausgenommen vielleicht Hanno Buddenbrook – geliebt hätte wie ihn. Ich sprach die Wahrheit. Buchstäblich teilte ich die Empfindungen des guten Serenus für ihn, war sorgenvoll in ihn verliebt von seinen hochmütigen Schülertagen an, vernarrt in seine ›Kälte‹, seine Lebensferne, seinen Mangel an ›Seele‹, dieser Vermittlungs- und Versöhnungsinstanz zwischen Geist und Trieb, in sein ›Unmenschentum‹ und ›verzweifeltes Herz‹, seine Überzeugung, verdammt zu sein.«[26]

Doch nicht nur Adrians, auch die Züge anderer Figuren sind authentischen Personen entliehen. Der Teufel erinnert manchmal an Theodor W. Adorno, die alte Schriftstellerin Annette Kolb verkörpert sich in Jeanette Scheurl, der mit Mann befreundete Hans Reisiger tritt als Rüdiger Schildknapp auf, der Bühnenmaler Emil Preetorius als Kridwess, der Literaturhistoriker Josef Nadler als Vogler, die Mutter des Schriftstellers als Senatorin Rodde, seine zwei Schwestern Julia und Carla als deren Töchter Ines und Clarissa. Mann führte in sein Buch auch die Dirigenten Bruno Walter und Otto Klemperer ein, den Kritiker der *Neuen Zürcher Zeitung* Willi Schuh und Dutzende anderer Personen. Dennoch ist *Doktor Faustus* weit davon entfernt, etwa ein Schlüsselroman zu sein, die Ähnlichkeit seiner Gestalten mit authentischen Menschen zeigt nur an, wie sehr dem Autor daran gelegen war, ein allgemeines Bild der bürgerlichen und intellektuellen Kreise Deutschlands zu geben, in allen Nuancen, allen gedanklichen und künstlerischen Richtungen.

Die Montagetechnik hat Mann auch in seinen früheren Werken angewendet, hier hat er sie nur in riesige Dimensionen ausgebaut. In noch anderer Hinsicht unterscheidet sich der *Doktor Faustus* von Manns sonstigen Werken: es ist sein einziger Roman, dessen monumentale Form im voraus geplant wurde. »Hatte Früheres von mir«, sagt er, »wenigstens den Maßen nach, den Charakter des Monumentalen angenommen, so war es unvermutet und gegen jedes Vorhaben geschehen: ›Buddenbrooks‹, ›Der Zauberberg‹, die Joseph-Romane, auch ›Lotte in Weimar‹ sind aus ganz bescheidenen erzählerischen Absichten erwachsen, nur ›Buddenbrooks‹ war überhaupt als Roman gedacht und ›Lotte in Weimar‹ allenfalls als ein kleiner, – so steht es noch auf der Titelseite der Handschrift: Ein kleiner Roman‹. Diesmal zuerst, bei dem Werk meines Alters, war es anders. Dies eine Mal wußte ich, was ich wollte und was ich mir aufgab: nichts Geringeres als den Roman meiner Epoche, verkleidet in die Geschichte eines hoch-prekären und sündigen Künstlerlebens.«[27]

Doktor Faustus nahm auch aus einem anderen Grunde einen besonderen Platz im Leben und Werk Thomas Manns ein. Er nannte es sein »wildestes« Buch, das ihn viel Mühe und Qual kostete. »Nie ist ein Buch mir so auf die Knochen gegangen«, schrieb er an Hedwig Eulenberg. »Der Joseph war das reine Opernvergnügen dagegen.«[28] Und in einem Brief an Emil Preetorius bekannte er: »Es ist ein Lebensbuch von fast sträflicher Schonungslosigkeit, eine besondere Art von übertragener Autobiographie, ein Werk, das mich mehr gekostet und tiefer an mir gezehrt hat, als jedes frühere ... und dessen innere Erregung, glaube ich, noch dort durchschlägt, wo es am langweiligsten ist. Sie zittert nach in fast jeder Besprechung, die ich zu lesen bekommen habe, und selbst ein kühler Kritiker wie Emil Staiger meint in der ›Neuen Schweizer Rundschau‹, der ›Faustus‹ ordne sich nicht einfach in die Reihe meiner früheren Werke ein, ein höherer Rang gebühre ihm ›sogar in diesen Rängen‹, und eine Leidenschaft sei hier am Werke, ›die vorauszusagen bei dem biblischen Alter des Verfassers wohl niemand die Kühnheit aufgebracht hätte‹.«[29]

Aber dieses Buch wurde ihm zugleich das liebste. In der Antwort auf die Umfrage einer Zeitschrift stellte Mann 1954 fest: »Der Faustus-Roman ist mir am teuersten, einfach weil er mich am teuersten zu stehen gekommen ist, mich am meisten Herzblut gekostet hat, weil ich an das Werk meiner siebzig Jahre am meisten von meinem Leben, meinem tiefen Selbst mit einer Art von wilder Rücksichtslosigkeit, einer Aufgewühltheit, die ich nie vergessen werde, dahingegeben habe ... Früheres und Späteres von mir, der ›Joseph‹ etwa oder ›Der Erwählte‹, mag glücklicher, heiterer, selbst künstlerisch gewinnender sein, – an diesem Buch hänge ich wie an keinem anderen. Wer es nicht mag, den mag ich sogleich nicht mehr. Wer sich sensibel zeigt für die seelische Hochspannung, unter dem es steht, dem gehört meine ganze Dankbarkeit.«[30]

Doktor Faustus kam im Herbst 1947 als Band der Stockholmer Gesamtausgabe heraus. Kurz danach erschienen die ersten Rezensionen, überaus zustimmende; zu den positivsten Beurteilungen gehörte der Artikel des Schweizer Kritikers Max Rychner in der Zeitung *Die Tat.* Am Ende desselben Jahres hatte sich die Menge der kritischen Arbeiten stark vergrößert, und in den folgenden Jahren stiegen die Essays, Abhandlungen und Monographien über diesen Roman zu einer Flut an. Mann selbst kehrte im Sommer des folgenden Jahres zu ihm zurück, und zwar in einer Chronik, die er *Die Entstehung des Doktor Faustus* nannte. Dieses Buch, das er mit dem Untertitel *Roman eines Romans* versah, schrieb er innerhalb von drei Monaten. Es ist eigentlich ein Tagebuch, das sich auf tägliche Aufzeichnungen stützt und über die Genese, den Plan und die Gestaltung des *Doktor Faustus* informiert. Mann beschreibt die Geschichte jedes Kapitels, gibt die Stimmungsschwankungen wieder, die seine Arbeit am Buch begleiteten, Enttäuschungen, Siege, Unruhe, genährt von der Ungewißheit des Erfolgs. Wie auf einem Filmstreifen wird hier die Geschichte des Romans abgespult, ebenso die technischen Einzelheiten der literarischen Arbeit, und all das wird von ausführlichen Kommentaren begleitet, die wir reichlich in diesem und vorangegangenen Kapiteln zitiert haben.

Doch nicht allein der Bericht über den Roman füllt die Chronik. Es ist darin auch die Rede von der Familie und den Freunden Thomas Manns, wir finden da auch Gestalten aus deutschen Emigrantenkreisen in Kalifornien und New York, lernen amerikanische Intellektuelle, Künstler und Politiker kennen. Wir bekommen Einblick in das tägliche Leben im Haus an der pazifischen Küste, in große und kleine, erhabene und heitere Dinge. Zu den interessantesten Episoden gehört die Beschreibung der Krankheit und Lungenoperation, der sich Mann unterzog, als er den *Doktor Faustus* schrieb. Diese Szenen erinnern an manche Stellen im *Zauberberg*. Neben der Geschichte des Romans nehmen die Reflexionen über die Deutschen während der letzten Kriegsphase und in den ersten Monaten nach der Niederlage Hitlers großen Raum ein.

Ein anderes, weniger erfreuliches Echo auf den *Doktor Faustus* war der Streit mit Arnold Schönberg, der sich in seinen Urheberrechten bedroht sah. Er protestierte, weil Mann die Kompositionen Adrian Leverkühns auf die Zwölftontechnik und seinen, Schönbergs, Musikstil aufbaute und dabei den Namen des ›eigentlichen‹ Schöpfers dieses Systems verschwieg. Zwischen dem Komponisten und dem Dichter entspann sich ein Briefwechsel. Thomas Mann schienen Schönbergs Ansprüche zwar unbegründet, doch wollte er den Streit nicht verschärfen und stimmte zu, der nächsten und allen folgenden Ausgaben eine Schlußbemerkung hinzuzufügen, die den Komponisten zufriedenstellen würde. In dieser Bemerkung wird festgehalten, daß »die im XXII. Kapitel dargestellte Kompositionsart – Zwölfton- oder Reihentechnik genannt – in Wahrheit das geistige Eigentum eines zeitgenössischen Komponisten und Theoretikers, Arnold Schönberg, ist und von mir in bestimmtem ideellen Zusammenhang auf eine frei erfundene Musikpersönlichkeit, den tragischen Helden meines Romans, übertragen wurde. Überhaupt sind die musiktheoretischen Teile des Buches in manchen Einzelheiten der Schönberg'schen Harmonielehre verpflichtet«.

Mann machte diesen Vorbehalt ungern. »Nicht so sehr«, erkärte er, »weil solche Aufklärung eine kleine Bresche in die sphärische

Geschlossenheit meiner Romanwelt schlägt, als weil die Idee der Zwölf-Ton-Technik in der Sphäre des Buches, dieser Welt des Teufelspaktes und der schwarzen Magie, eine Färbung, einen Charakter annimmt, die sie – nicht wahr? – in ihrer Eigentlichkeit nicht besitzt und die sie wirklich gewissermaßen zu meinem Eigentum, das heißt: zu dem des Buches machen. Schönbergs Gedanke und meine ad hoc-Version davon treten so weit auseinander, daß es, von der Stillosigkeit abgesehen, in meinen Augen fast so etwas von Kränkung gehabt hätte, im Text seinen Namen zu nennen.«[31]

Doch damit war die Sache nicht beendet. Sie lebte bald in weiteren Briefen wieder auf, in denen der Komponist seinen Groll nicht verhehlte, Mann dagegen bemühte sich, diesen Groll zu besänftigen. Es schien sogar schon, als sei zwischen ihnen Eintracht hergestellt; da veröffentlichte Schönberg völlig unerwartet in der *Saturday Review of Literature* einen offenen Brief, der die Angriffe erneuerte.

Die nächste Episode dieser Auseinandersetzung, die nun schon in aller Öffentlichkeit ausgetragen wurde, war Thomas Manns Brief vom 10. Dezember 1948 in der *Saturday Review of Literature*, in dem er seine Verwunderung und seinen Ärger darüber ausdrückte, daß Schönberg eine private Auseinandersetzung in die Öffentlichkeit trug; dabei habe ihre bisherige Korrespondenz freundschaftlichen Charakter getragen, und der Komponist habe sich erst kürzlich für das ihm zugesandte Exemplar der englischen Ausgabe des *Faustus* herzlich bedankt, welches er, Schönberg, übrigens nicht gelesen habe, wie vordem auch nicht die deutsche.

An eine Versöhnung war nun nicht mehr zu denken. Zu einer Begegnung zwischen dem Dichter und dem Komponisten, der zu dieser Zeit schon schwer krank war, kam es nicht mehr. Thomas Mann beharrte auf seinem Standpunkt und vermied jeden offensiven Schritt. Schönberg griff ihn später in einer englischen Zeitschrift nochmals an, doch Mann antwortete nicht und ging Schönberg möglichst aus dem Weg. Ja er schrieb sogar noch einen versöhnlichen Brief an den Musiker, der ihm in seiner Antwort versicherte, er hege keinen Groll mehr gegen ihn und schlage vor, ›das Kriegsbeil zu begraben‹. Er wünsche nur, daß dies nicht öffentlich geschehe, denn er wolle nicht jene entäuschen, die in diesem Streit auf seiner Seite gestanden. Die beste Gelegenheit zu einer öffentlichen Versöhnung, schloß Schönberg seinen Brief, wäre irgendeine Feierlichkeit, zum Beispiel sein achtzigster Geburtstag. Dazu kam es jedoch nicht mehr: Schönberg starb im siebenundsiebzigsten Lebensjahr.

Der Weg nach Deutschland

Das Jahr 1947 stand im Zeichen seiner Reise nach Europa – zum Kongreß des Internationalen PEN-Clubs in Zürich. Im März verließ Thomas Mann in Begleitung seiner Frau und Erikas Pacific Palisades. Unterwegs suchte er die Borgeses in Chicago auf und machte anschließend in Washington Station, wo er einen Vortrag über *Nietzsches Philosophie im Lichte unserer Erfahrung* hielt. Diesen Vortrag wiederholte er in New York, wo er sich dann am 11. Mai nach Europa einschiffte. Fünf Tage später brachte ihn die »Queen Elizabeth« nach Southampton.

Die Überquerung des Ozeans war für den Zweiundsiebzigjährigen beschwerlich. »Die Überfahrt auf dem Riesenschiff«, schrieb er aus London an Heinrich, »gestört durch seinen zu hohen Bau, der ein Rollen verursacht, das einen nicht zur Ruhe kommen läßt. Die Ankunft in Southampton mit 2000 Menschen und ihren Massen von Gepäck konfus bis zum Katastrophalen.«[1] Dann begannen die Interviews, Pressekonferenzen und Vorlesungen an der Londoner Universität. In der englischen Hauptstadt fielen Mann die Spuren des Krieges auf, den er von weitem erlebt hatte und nur aus Berichten kannte: »London wirkt recht mitgenommen, und trotz fleißiger Reparatur sind überall die Spuren der schweren Prüfung sichtbar, durch die die Stadt hindurchgegangen, Lücken in den Straßen, geschwärzte Mauerreste.«[2]

Aus London richtete Thomas Mann eine *Botschaft an das deutsche Volk* (veröffentlicht in der *Frankfurter Neuen Presse* am 24. Mai 1947), in der er begründete, warum er beschlossen habe, auf dieser Reise Deutschland, aber nicht dem deutschen Zwiespalt, auszuweichen, und in der er zu verstehen gab, daß er es zu einem späteren Zeitpunkt besuchen würde, wenn die Gemütszustände beruhigt und die Narben des Krieges verheilt seien. »Ich bin mir voll bewußt der außerordentlich schwierigen und leidensvollen Lage, in der Deutschland sich heute befindet, und nehme als Deutscher von Herzen Anteil daran«, schrieb er. »Man muß aber sagen, daß es nicht zu erwarten war, daß bloß zwei Jahre nach einer so furchtbaren Katastrophe, wie sie Deutschland erlitten hat, Deutschland schon wieder genesen würde. Aber ich hoffe und glaube, daß nach zwei, drei oder fünf Jahren der Horizont wieder heller sein wird und daß, dank der eingeborenen Tüchtigkeit und Lebenskraft, Deutschland an seiner Zukunft nicht zu verzweifeln braucht.«[3]

Nach achttägigem Aufenthalt in London flog Mann nach Zürich, wo ihn sein jüngster Bruder, Viktor, und dessen Frau erwarteten, die er seit dem Verlassen Deutschlands nicht mehr gesehen hatte. Der PEN-Kongreß begann am 3. Juni, einige hundert Schriftsteller nahmen an ihm teil. Die Tagung wurde vom Präsidenten des Schweizer PEN-Clubs, Robert Faesi, eröffnet, einem Freund Thomas Manns, sodann hielt Bundespräsident Etter die Begrüßungsrede. Nach ihm sprach Generalsekretär Ould, und dann begrüßte Max Rychner den Ehrengast des Kongresses, Thomas Mann, und bat ihn, seinen Vortrag über Nietzsche zu halten. Dieser Vortrag war der Hauptpunkt der Tagesordnung des ersten Kongreßtages.

In der Schweiz trafen inzwischen Nachrichten über die in Deutschland sich mehrenden Angriffe auf Mann ein. Das Wort führte Manfred Hausmann, zu jener Zeit Redakteur der Bremer Zeitung *Weserkurier*. Am 28. Mai publizierte er in seinem Blatt einen Artikel, in dem er versicherte, Thomas Mann habe 1933 einen Brief an den Innenminister des Dritten Reichs, Frick, gerichtet, worin er diesen um die Erlaubnis bat, nach Deutschland zurückkehren zu dürfen. »Der Brief«, schrieb Hausmann, »wurde nicht beantwortet, und so mußte Thomas Mann gegen seinen Willen das Dritte Reich meiden. Damals wäre er also gern ins Hitlersche Deutschland zurückgekehrt, aber er durfte es nicht. Heute könnte er zwar in das armselige und unglückliche, aber einigermaßen demokratische Deutschland zurückkehren, aber er will nicht.«[4]

Diese Beschuldigung war unsinnig. Mann schrieb 1933 einen Brief, aber nicht an Frick persönlich, sondern an das Innenministerium, worin er um die Verlängerung seines abgelaufenen Passes ansuchte. Von dem Wunsch, nach Deutschland zurückzukehren, war darin keine Rede, übrigens wäre dem nichts im Wege gestanden, und um sich aus der Schweiz nach Deutschland zu begeben, hätte es keiner ›Erlaubnis‹ bedurft. Ganz im Gegenteil, die Behörden des Dritten Reichs hatten nichts verabsäumt, um Thomas Mann zur Heimkehr nach München zu bewegen.

Thomas Mann antwortete mit einem offenen Brief in der *Neuen Zeitung*, die auch, im Einverständnis mit ihm, den in den Archiven aufgefundenen Brief vom Jahre1933 abdruckte, auf den sich Hausmann berufen hatte: »Diese Rückkehr war ja das, was gewünscht wurde: von der Münchner Gestapo, damit sie Rache nehmen können für meinen Kampf gegen das heraufziehende Unheil, von der Berliner Goebbels-Propaganda aber aus internationalen Prestigegründen und damit die Literatur-Akademie über meinen Namen verfüge. Mehr als ein Wink mit dem Zaunpfahl (durch die ›Frankfurter Zeitung‹ etwa) bedeutete mich, das Vergangene solle vergessen sein, wenn ich wiederkehrte. Bermann-Fischer, der damals hoffte, den Verlag in Berlin halten zu können, versprach, mich mit dem Automobil an der Grenze abzuholen und nach Berlin zu bringen. Er schickte den Redacteur der ›Neuen Rundschau‹, S. Sänger, zu mir nach Sanary sur mer, damit er mich zur Heimkehr überrede. Ich weigerte mich. In jüngst veröffentlichten Tagebuchblättern aus den Jahren 1933/34 spiegelt sich das tiefe Grauen vor Deutschland, das ich damals empfand, und dessen ich, fürchte ich, nie wieder ledig werden kann. Es spricht auch daraus die unerschütterliche Überzeugung, daß nichts als Elend, nichts als blutiges Verderben für Deutschland und für die Welt aus diesem Regime entstehen könne, nebst frühem Erbarmen mit dem deutschen Volk, das eine solche Menge von Glauben, Begeisterung, stolzer Hoffnung ins offenkundig Makabre und Verworfene investierte. Durch meine öffentlichen Äußerungen in der Schweiz, mein Bekenntnis zur Emigration erzwang ich die Ausbürgerung, die Goebbels keineswegs gewünscht hatte. ›Solange ich etwas zu sagen habe, geschieht das nicht.‹ – Jetzt soll ich um die Erlaubnis gefleht haben, dem Führer den Treueid zu leisten und in die Kulturkammer einzutreten. Hausmann weiß es. Warum er mir mit der sinnlosen Denunziation in den Rücken fällt«, so schloß der offene Brief, »womit ich es um ihn verdient, was ich ihm zuleide getan habe, das weiß ich nicht. Ist er so zornig, weil ich heute ›nicht will‹, was ich damals ›nicht durfte‹? Es sind keine zwei Jahre, daß er an unseren gemeinsamen Verleger nach Amerika schrieb, er sei tief verzweifelt in Deutschland, ein Fremder im eigenen Lande. Dies Volk sei hoffnungslos, bis in die Wurzeln verdorben, und er ersehne nichts mehr, als den Staub von den Füßen zu schütteln und ins Ausland gehen zu können. Heute spricht er von einem ›zwar armseligen und unglücklichen, aber doch einigermaßen demokratischen Deutschland‹, in das ich häßlicherweise nicht zurückkehren wolle. Es steht – und wer will sich darüber wundern? – grundunheimlich um das deutsche Equilibrium. Wenn unter den ›Briefen in der Nacht‹ (so wollte René Schickele sie nennen), die ich in meiner Qual zu jener Zeit schrieb, –

wenn unter diesen Rufen, dem davonschwimmenden Deutschland nachgesandt, sich auch ein Brief an Frick befindet, und wenn Manfred Hausmann es verstanden hat, sich in den Besitz dieses Briefes zu setzen, so soll er ihn in seiner Gänze veröffentlichen, statt mit einer offensichtlich verfälschten Inhaltsangabe hausieren gehen. Ich bin gewiß, daß ein solches Dokument aus dem Jahre 1933 mir nicht zur Unehre gereichen wird, sondern zur Schande nur dem seither Gerichteten, der, wie Hausmann mit einer Art von Genugtuung feststellte, ›nicht darauf antwortete‹.«[5]

Der Brief aus dem Jahre 1933, den die *Neue Zeitung* abdruckte, bestätigte Manns Worte voll und ganz und strafte Manfred Hausmann Lügen. Doch der verzichtete nicht auf weitere Angriffe. In einem zweiten Artikel wagte er die Behauptung, Thomas Mann hätte wahrscheinlich, wäre er 1945 nach Deutschland zurückgekehrt, die ›Entfremdung‹ vermieden und Mißverständnisse, die sich angehäuft hatten, zerstreut. Jetzt entferne sich der Autor des *Doktor Faustus*, nach Hausmanns Ansicht, von seinem Lande und mache den Deutschen unberechtigte Vorwürfe.

Kurt Sontheimer resümiert in seinem Buch *Thomas Mann und die Deutschen* den Konflikt folgendermaßen: »Obwohl die Anklage Hausmanns angesichts des gefundenen Schriftstückes in nichts zerfiel, beharrte er taktloserweise auf der Version, Thomas Mann hätte sich damals, wenn auch unwillig, mit dem System abgefunden und wäre gern zu einem ihm günstigen Zeitpunkt zurückgekehrt. Und dann folgt jene von geistiger Unsauberkeit zeugende Stelle, in welcher Hausmann seinen literarischen Gegner belehrt, daß er nicht das Recht habe, jene Schriftsteller zu verurteilen, die nach 1933 ähnlich gedacht hätten, wie er zur Zeit seiner ›Betrachtungen‹. Hausmann schien jeden historischen Zeitsinn verloren zu haben.«[6]

Dennoch ermutigte Hausmanns Kampagne die Gegner Manns und regte manchen von ihnen zu Ähnlichem an. Von den einen konnte man hören, Thomas Mann möge seine Nase nicht in die Politik stecken, andere forderten, er solle schweigen, da er es doch nicht für zweckmäßig gefunden habe, vor 1933 den Mund aufzutun (was bereits den allgemein bekannten Tatsachen widersprach); es fanden sich auch welche, die ihm vorwarfen, er habe nicht das Recht, die Deutschen zu verdammen, denn er sei zwölf Jahre im Ausland gewesen, und habe nicht mit dem ganzen Volk »gelitten«; und einige erinnerten ihn sogar an die guten Manieren, indem sie ihre Ermahnungen mit der Aufforderung schlossen: »Mehr Takt, Herr Mann!«

In der Schweiz verblieb Mann zweieinhalb Monate, davon einen ganzen im Kurort Flims in Graubünden, wo er Erholung fand nach Tagen, die mit Vorträgen, Versammlungen, Polemiken ausgefüllt waren. »Hier ist es nun sehr schön und wohltuend nach all dem Saus und Braus«, schrieb er an Alfred Neumann und dessen Frau, »herrliche stille Tannenwälder mit Felsdekorationen und Schluchten wie von Doré, und der Anblick der Mauern, Zinnen und Hochmatten der umringenden Berge ist auch einmal etwas anderes nach dem ewigen Pacific.«[7] Am 10. August nahm er Abschied von dem ihm so gastlich gesinnten Land und flog nach Amsterdam. Hier gab es wieder eine Pressekonferenz, Empfänge und Vorträge, zehn Tage lang, ohne Unterbrechung. Dann benützte er freudig ein paar freie Tage, um in seinem geliebten Nordwijk aan Zee auszuruhen. »Ich sehe Nordwijk wieder, sein befreundetes Meer, seinen lustvoll belebten Strand.«[8] Hier schrieb er für die Amsterdamer Zeitschrift *Het Parool* Erinnerungen an seinen Freund, den Philosophen und Kritiker Menno ter Braak, der sich nach dem Einmarsch der deutschen Truppen in Holland das Leben genommen hatte. »Es ist gut«, lesen wir in der Skizze, »die freien Niederlande wiederzusehen nach dem Fall des Feindes, aber über diesem Wiedersehen, diesem glücklichen Aufenthalt liegt ein Schatten: der Gedanken an ihn, der zu gehen beschloß, als Hitler kam, an sein tragisches Ende. Bei meinem letzten Besuch hier, 1939, war er es, unter anderen er, aber vor allem er, der mich beim Publikum einführte, und wer denn auch war legitimierter, den Mittler zu machen zwischen meiner Arbeit und den holländischen Literaturfreunden? ... Die holländische Literatur hat in den letzten Jahren schwere Verluste erlitten. Es ging der große Huizinga, dessen ›Erasmus‹ ich hier lese; der hochbegabte Du Perron ging und der Dichter Marsman, nicht zu vergessen den großen Verleger, den gräßlich verschleppten greisen Querido, dem gerade wir deutschen Emigranten so viel verdanken. Warum will mir der Verlust ter Braaks als der bitterste erscheinen? Nur, weil er mir persönlich am nächsten stand? Nein, sondern auch, weil der kreative Kritiker vielleicht noch seltsamer ist als der reine Dichter, – und vielleicht noch unentbehrlicher dieser Zeit. Sie braucht Geister wie ihn: unbestechlich, leidenschaftlich und wachsam, im Vergangenen zu Hause und dabei der Zukunft liebevoll zugewandt.«[9]

Ende August kehrte Mann auf der holländischen »Westerdam« in die Vereinigten Staaten zurück. Mit Freude begrüßte er die Stille des kalifornischen Hauses, wo er endlich die Arbeit aufnehmen konnte, die er für sein Wohlbefinden brauchte. Damals quälten ihn

Im Jahre 1952 hielt sich Thomas Mann
zum erstenmal seit seiner Emigration wieder in Deutschland auf.
Mit seiner Tochter Erika besuchte er im Herbst München.

Zum 150. Todestag Friedrich Schillers
hielt Thomas Mann während eines repräsentativen
Festaktes der Bundesrepublik eine Rede unter dem Titel
»Versuch über Schiller«. Thomas Mann im Gespräch
mit dem deutschen Bundespräsidenten Dr. Theodor Heuss.

zwei literarische Projekte: Eine Novelle, die sich auf eine mittelalterliche Legende stützte, und der Plan, das Fragment über den Hochstapler Felix Krull auszubauen, ein Werk, das schon lange darauf wartete, an die Reihe zu kommen. »Das Komische, das Lachen, der Humor«, schrieb Mann an Agnes Meyer, »erschienen mir mehr und mehr als Heil der Seele; ich dürste danach, nach den nur notdürftig aufgeheiterten Schrecknissen des ›Faustus‹ und mache mich anheischig, bei düsterer Weltlage das Heiterste zu erfinden.«[10] Nach kurzem Schwanken entschloß er sich, der Novelle den Vorrang zu geben, deren Titel *Der Erwählte* lauten sollte. In den letzten Tagen des Jahres 1947 begann er mit der Vorbereitung. »Ein Jahr geht zu Ende, das für mich persönlich nicht arm an Ereignissen war«, schrieb er in einem Brief in den letzten Dezembertagen. »Die Vollendung des ›Dr. Faustus‹, die Europa-Reise, das Erscheinen des Romans und sein Widerhall in der Schweiz, – ich blicke dankbar zurück.«[11]

Der Beginn des neuen Jahres brachte aus Frankfurt am Main eine Einladung zur Jahrhundertfeier der Paulskirche. Der sozialdemokratische Oberbürgermeister der Stadt, Walter Kolb, beabsichtigte, das Jubiläum festlich begehen zu lassen und ihm mit einer Rede Thomas Manns Glanz zu geben. Der Dichter nahm die Einladung jedoch nicht an; er entschuldigte sich mit Übermüdung und Arbeitsüberlastung. »Ich bin ein schon alter Mann«, erklärte er, »etwas ermüdet von einem Lebenswerk, bei dem ich es mir habe sauer werden lassen, und von den Erschütterungen, welche die Zeit uns allen zugefügt hat, bin auch von recht angreifbarer Gesundheit und muß mich gewöhnen, mit meinen Kräften hauszuhalten – nicht aus Geiz, sondern um mich den Meinen noch eine Weile zu erhalten und womöglich noch etwas zu leisten. Die Reise vom Pacific durch den Kontinent nach dem Westen und über's Meer ist für mich keine leicht zu improvisierende Kleinigkeit, sie paßt jetzt auch keineswegs in meinen Arbeitshaushalt.«[12]

Neben diesen Gründen gab es noch andere, politische und moralische, an die er jedoch im Brief nicht erinnern wollte. Er sprach bei anderer Gelegenheit offen darüber, in seiner Rede zum zweihundertsten Geburtstag Goethes: »Man zögert, die Grenze eines Landes wieder zu überschreiten, das einem durch lange Jahre ein Alpdruck war; von dessen Fahne, wo sie sich im Ausland zeigte, man mit Grauen den Blick wandte und wo, wäre man dorthin verschleppt worden, ein elender Tod einem sicher gewesen wäre. Dergleichen wirkt nach, es ist nicht so leicht aus dem Blut zu bringen.

Die Sorge der Entfremdung, der Gedanke an die Furcht, daß man nicht mehr dieselbe Sprache spreche, daß die Verständigung schwer geworden sein möchte zwischen euch drinnen und uns draußen, – dies alles trägt bei zu der Scheu, die mich fesselte und die mit Unversöhnlichkeit und bösen Wünschen so gar nichts zu tun hatte.«[13]

Er versäumte jedoch nicht, in seinem Brief an den Oberbürgermeister von Frankfurt zu erwähnen, daß er sich weiterhin mit Deutschland verbunden fühle, dem habe er sich schließlich in seinem jüngsten Roman *Doktor Faustus* Ausdruck gegeben. »Ich halte es für möglich, daß der Roman manches Mißverständnis zerstreuen oder doch erschüttern wird, das sich in Deutschland über mein Verhältnis zur alten Heimat gebildet hat. Daß ich nicht eben ein Deserteur vom deutschen Schicksal bin, – dies Buch wird es doch manchem zu fühlen geben, – stärker, glaube ich, als ein rhetorischer Beitrag zur Paulskirchen-Gedenkfeier es zu tun vermöchte.«[14]

Im Januar 1948 entstanden die ersten Absätze der mittelalterlichen Novelle, die sich – wieder einmal – auszudehnen und in einen Roman umzuwandeln begann. »Jetzt lese ich viel Mittelhochdeutsch (Hartman von Aue), mit Wörterbuch«, schrieb er an Prof. Samuel Singer, »und informiere mich über die Kirchen im Rom des 9. und 10. Jahrhunderts. Ich möchte eine vielerzählte Legende des Mittelalters ›Gregorius auf dem Stein‹ in moderner Prosa noch einmal erzählen, eine Abart der Oedipus-Sage, die Erwählung eines furchtbar inzestuösen Sünders durch Gott selbst zum römischen Papst. Es ist eine fromme Groteske, bei deren Conception ich viel lachen muß, handelt aber eigentlich von der Gnade.«[15]

Im Sommer vergrößerte sich Manns essayistisches Werk um einen weiteren Band, *Neue Studien*, die vier Arbeiten umfaßten: *Phantasie über Goethe, Dostojewski – mit Maßen, Nietzsches Philosophie im Lichte unserer Erfahrung* und einen Vortrag über *Joseph und seine Brüder*. Das Buch erschien gleichzeitig bei Bermann-Fischer in Stockholm und bei Suhrkamp in Berlin. Der Band fand gute Aufnahme, die sich jedoch mit dem Erfolg von *Doktor Faustus* nicht messen konnte. 1948 kaufte der »Book of the Month Club« die von Frau Porter hergestellte Übersetzung des Romans und brachte sie in einer Auflage von hunderttausend Exemplaren heraus. Auch in Europa war das Interesse enorm, ganz besonders in den deutschsprachigen Ländern.

Die Wintermonate 1948 und 1949 waren hauptsächlich dem *Er-*

wählten gewidmet, den Mann nach dreimonatiger Unterbrechung, die dem Tagebuch *Die Entstehung des Doktor Faustus* gewidmet, mit Ungestüm in Angriff nahm. Er hatte jedoch keine Gelegenheit, längere Zeit in voller Ruhe daran zu arbeiten: bald kam aus München die Nachricht vom Tod seines Bruders Viktor, des Verfassers von *Wir waren fünf*, der Chronik der Familie Mann. Viktor, der einzige von den Mann, der die Hitlerjahre im Dritten Reich verlebt hatte, starb im neunundfünfzigsten Lebensjahr an einem Herzanfall. »Ein Jammer auch«, schrieb Thomas Mann an die Witwe, »daß unser Viko im Augenblick seiner besten Hoffnung, einem neuen Aufblühen seines Lebens entgegensehend, dahingehen mußte, – er, der Jüngste von uns Brüdern, – welche unvorhersehbare, schwer annehmbare Fügung! ... Wer weiß, ob es nicht ein Vorgefühl seines nahenden Endes war, das Viko trieb, dies Erinnerungsbuch zu schreiben, worin er ein liebenswürdiges Wesen befestigt hat, und in dem er fortleben wird.«[16]

In dieser Zeit bereiteten sich die Deutschen auf die Zweihundertjahrfeier von Goethes Geburtstag vor. Aus dem Westen und aus dem Osten Deutschlands trafen Einladungen ein. Frankfurt am Main wünschte, daß Thomas Mann in der Stadt sprechen solle, in der Goethe geboren wurde und seine Kindheit verbrachte, den Verfasser der *Lotte* wollte auch Weimar beherbergen, wo Goethe fast sechsundsechzig Jahre seines Lebens zubrachte. Es kamen Einladungen aus Lübeck, Leipzig und anderen Städten. Mann ließ sich jedoch nicht verlocken. Schwankend wurde er erst, als er eine offizielle Einladung aus München erhielt, unterstützt von den flehentlichen Beschwörungen seines alten Freundes Emil Preetorius. »Noch habe ich nicht zugesagt«, schrieb Mann an Hans Reisiger, »aber ich werde es wohl tun müssen, und meine Ruh' ist hin.«[17]

Am Ende traf er seine Entscheidung und machte sich für zweieinhalb Monate auf die Reise, vor Beginn des Goethe-Jubiläums, um zuerst England, Schweden, Dänemark und die Schweiz zu besuchen. Am 10. Mai 1949 flog er vom New-Yorker Flughafen La Guardia – es war sein erster Flug über den Atlantik – nach London. Seinen zehntägigen Aufenthalt in England verbrachte er als Gast von Oxford, dessen Universität ihm das Ehrendoktorat verlieh. Nach der feierlichen Zeremonie und einem Empfang zu seinen Ehren, hielt er eine Vorlesung in deutscher Sprache über *Goethe und die Demokratie*, die er dann an der Londoner Universität wiederholte. In der Hauptstadt Englands besuchte er unter anderem die »Wiener Library«, eine Bibliothek, die von dem deutschen Emigranten

Dr. Alfred Wiener gegründet worden war; Wiener hatte eine riesige Büchersammlung zusammengetragen, die als eine der bedeutendsten Studienquellen zur Geschichte des Nationalsozialismus gilt. Sie umschließt viele kostbare Werke und Dokumente, darunter ziemlich viele Unikate. »Diese Bücher«, sagte Mann bei seinem Besuch, »sind ein Erinnerungsmittel an diese Zeit (Drittes Reich). Man soll diese Zeit nicht vergessen, die Deutschen sind geneigt, sie zu vergessen, sie zu verdrängen. Sie wollen in Deuschland schon nichts mehr hören davon, habe ich mir sagen lassen. Es gilt für taktlos und unpatriotisch, an die Verbrechen der 12 Jahre zu erinnern. Aber die Deutschen sollten sich erinnern und sie sollten aus dieser Erinnerung den Antrieb schöpfen, das, was sie gefehlt haben, wieder gut zu machen.«[18]

In der zweiten Hälfte des Mai fuhr Thomas Mann nach Schweden und Dänemark mit einem Vortrag über Goethe. In Stockholm, wohin die Schwedische Akademie ihn eingeladen hatte, sprach er im überfüllten Börsensaal, und in Kopenhagen hielt er eine Vorlesung an der Universität. Von Dänemark kehrte er wieder nach Schweden zurück, nach Lund, wo ihm die Ehrendoktorwürde der Universität verliehen und ein ziselierter Ring aus Dukatengold überreicht wurde. Leider wurden die Festlichkeiten von der Nachricht überschattet, die aus Cannes kam; der älteste Sohn Thomas Manns, Klaus, hatte Selbstmord begangen. Klaus hatte schon ein Jahr zuvor einen Suizidversuch gemacht, doch gelang es damals, ihn zu retten. »Die Situation bleibt gefährlich«, schrieb Mann damals an Adorno. »Meine beiden Schwestern haben sich getötet und Klaus hat viel von der Älteren. Der Trieb ist in ihn gelegt.«[19]

Die böse Vorahnung erfüllte sich rasch. »Dies abgekürzte Leben beschäftigte mich viel und gramvoll«, schrieb Mann nach dem tragischen Ereignis an Hesse. »Mein Verhältnis zu ihm war schwierig und nicht frei von Schuldgefühl, da ja meine Existenz von vorn herein einen Schatten auf die seine warf. Dabei war er als junger Mensch in München ein recht übermütiger Prinz, der viele herausfordernde Dinge beging. Später, im Exil, wurde er viel ernster und moralischer, auch wahrhaft fleißig, arbeitete aber zu leicht und zu rasch, was die mancherlei Flecken und Nachlässigkeit in seinen Büchern erklärt. Wann der Todestrieb sich zu entwickeln begann, der so rätselhaft mit seiner augenscheinlichen Sonnigkeit, Freundlichkeit, Leichtigkeit, Weltläufigkeit kontrastierte, liegt im Dunkeln. Unaufhaltsam, trotz aller Stütze und Liebe hat er sich selbst zerstört und sich zuletzt jedes Gedankens an Treue, Rücksicht, Dankbarkeit unfähig gemacht. Trotzdem, er war eine ausgezeichnete Begabung. Nicht nur der ›Gide‹, auch sein ›Tschaikowsky‹ ist ein sehr gutes Buch und sein ›Vulkan‹, abgesehen von Partien, die er besser hätte machen *können*, vielleicht der beste Emigrantenroman. Stellen wir einmal sein Gelungenstes zusammen, so wird man sehen, daß es sehr schade um ihn ist. Ihm ist viel Unrecht geschehen, noch im Tode. Ich darf mir sagen, daß ich ihn immer gelobt und ermutigt habe.«[20]

Mehr als sechs Wochen, die noch bis zu den Goethefeiern blieben, verbrachte Thomas Mann in der Schweiz, hauptsächlich in Zürich und in Vulpera im Engadin, wo er Urlaub machte. Die Zeit verfloß schnell, der Tag seiner Abreise nach Deutschland, die bereits beschlossene Sache war, rückte näher. »Ich bin in die alte Heimat gegangen«, schrieb er nachher, »weil es mir unmöglich schien, im Jahre der Feier von Goethes 200. Geburtstag in England, Schweden, Dänemark und der Schweiz über Goethe zu sprechen, nur nicht in Deutschland. Ich bin auch gegangen in der leisen Hoffnung, daß mein Besuch jenen bedrängten besseren Elementen in Deutschland vielleicht eine kleine Hilfe, wenn auch nur eine seelische, moralische, bedeuten könnte. Fast hatte es den Anschein, als ob es so wäre.«[21]

Als er sich entschloß, die Einladung anzunehmen, beschloß Thomas Mann, beide Teile Deutschlands zu besuchen, den westlichen wie den östlichen. Er verbarg diese Absicht nicht und kündigte sie öffentlich im Festvortrag in der Frankfurter Paulskirche an: »Ich kenne keine Zonen. Mein Besuch gilt Deutschland selbst, Deutschland als Ganzem, und keinem Besatzungsgebiet. Wer soll die Einheit Deutschlands gewährleisten und darstellen, wenn nicht ein unabhängiger Schriftsteller, dessen wahre Heimat, wie ich sagte, die freie, von Besatzungen unberührte deutsche Sprache ist? Gewähren Sie meine Zuhörer, dem Gast aus Kalifornien diese Repräsentation und lassen Sie ihn den Augenblick unbekümmert vorwegnehmen, den Goethe's Faust seinen letzt-höchsten nennt: den Augenblick, wo der Mensch, wo auch der Deutsche ›auf freiem Grund mit freiem Volke steht‹!«[22]

Unter diesen Auspizien begann seine Deutschlandreise, die er später in der Skizze *Reisebericht* (1949) schilderte. Mann suchte nur einige Städte auf. »Allen Einladungen zu folgen«, sagte er in seinem *Reisebericht*, »eine Rundreise durch das ehemalige Reich zu vollführen, die bis hinauf zu meiner Vaterstadt an der Ostsee hätte reichen müssen, war eine physische Unmöglichkeit. Ich hatte mich, von einigen kurzen Zwischenstationen abgesehen, auf die beiden Goethe-Städte, Frankfurt und Weimar, und auf die Stadt zu beschränken, in der ich vierzig Jahre meines Lebens verbracht habe, München.«[23] Am 23. Juli fuhr er nach Frankfurt am Main, wo ihn Oberbürgermeister Kolb, Stadtrat Reinert und die Verleger Gottfried Bermann-Fischer und Peter Suhrkamp auf dem Bahnhof empfingen. Thomas Mann war offizieller Gast der Stadt.

Die Goethe-Feiern begannen zwei Tage später, ihr Höhepunkt war Thomas Manns Festvortrag, den er dann in Weimar wiederholte, wohin er sich auf Einladung des ostdeutschen Staates begab. Der Vortrag hatte persönlichen Charakter und wechselte zwischen Erinnerungen, Betrachtungen und Anspielungen. »Ich glaube«, wendete er sich an die Hörer, »Sie würden es mit mir als unnatürlich empfinden, wenn ich, nach so freundlicher, so ehrenvoller Einführung, nun einfach, als handelte es sich um nichts anderes, einen der obligaten Goethe-Vorträge begänne, wie sie in diesen Tagen, diesem ganzen Jahr überall in der Welt gehalten werden. Das habe ich drüben in meiner neuen Heimat, dann in England, Schweden und in der Schweiz getan; hier und heute, in dieser seltsamen Lebensstunde, voller beklommener Traumhaftigkeit, kann ich es nicht. Zuviel des Persönlichen – und des mehr als Persönlichen auch wieder – drängt sich vor den historisch-festlichen Gegenstand und verlangt zuerst nach dem Wort, dem die Zeit überbrückenden, das das Einst mit dem Jetzt verbinden, der Entfremdung wehren, die Verschiedenartigkeit der Erlebnisweisen versöhnen möchte. Wie mir zumute ist beim Wiedersehen mit dem Altvertraut-Vergangenen, das mir nach sechzehn von Geschehen überfüllten Jahren wieder Gegenwart und Wirklichkeit wird, – ich versuche gar nicht, es Ihnen anzudeuten. Die Erschütterung wird mir zuteil, die vor mir andere Emigranten beim Wiederbetreten des heimatlichen Bodens erfuhren und die ihnen im Bilde von den Gesichtern abzulesen war.«[24]

Von Frankfurt aus ging es südwärts, nach München. Dort gab vorerst die Bayerische Akademie der Schönen Künste im Prinz-Karl-Palais einen Empfang für Thomas Mann, den der Schriftsteller Ernst Penzoldt im Namen der Akademie begrüßte. Zwei Tage später gab die Stadt München zu Ehren des Dichters ein Festessen im Rathaussaal. Am selben Tag hielt Mann seinen Vortrag über Goethe, am nächsten reiste er nach Weimar weiter. Er verließ Westdeutschland mit gemischten Gefühlen, gerührt von der Herzlichkeit des Publikums und vieler Intellektueller, bestürzt über das Gespenst der politischen Vergangenheit. Im *Reisebericht* heißt es:

»Mit Freude denke ich an die musikalisch geschmückte Feier in der Frankfurter Paulskirche zurück, bei der ich mich für die Zuerteilung des Goethe-Preises mit einem aus persönlichen Bekenntnisssen und Huldigungen für den großen Dichter gemischten Vortrag bedankte. Trotz rüder Drohungen, die vorausgegangen waren, gab es nicht den leisesten Mißton; die Herzlichkeit der Stimmung war vollkommen, und mag auch das den Neubau füllende Publikum mehr oder weniger ausgewählt gewesen sein, so waren bestimmt die Menschen es nicht, die draußen bei der Abfahrt zu Hunderten Spalier bildeten, und deren Zurufe ›Auf Wiedersehen!‹ und sogar ›Dableiben!‹ lauteten.«[25]

Doch die herzlichen Gefühle konnten dem Emigranten nicht den deutschen Zwiespalt verschleiern: »Persönlich kann ich meine Erfahrungen dahin zusammenfassen, daß ich heute in Deutschland – und ich spreche vorläufig von Westdeutschland – ungefähr leben würde wie um 1930: freundlich angesehen von einer gebildet-einsichtigen Minorität, deren Zahl sich durch die politischen Erfahrungen vielleicht etwas vergrößert hat, gehaßt und als undeutsch, antideutsch, als Vaterlandsverräter beschimpft von breiten, verstockten, zu einem dreisten Nationalismus längst zurückgekehrten Massen, bei denen die Parole gilt: ›Unter Hitler war es doch besser!‹ und die, triumphierend, die Demokratie für widerlegt erklären durch die Erfahrungen, die sie mit ihr gemacht haben wollen. Ihr, das heißt den Okkupationsmächten und allen, die mit ihnen ›kollaborieren‹, legen sie ihren und des Landes elenden Zustand zur Last, und unserer ›re-education‹ ist gleich das Fundamentalste mißlungen: diesen Menschen klarzumachen und einzuprägen, daß ihr Übelbefinden nur die Folge eines von Verbrechern der Welt aufgedrängten, verlorenen und, als er längst verloren war, bis zum äußersten Ruin fortgeführten Krieges, eines nationalen Bankrotts ohnegleichen ist. Sie vertrotzen sich gegen diese Tatsache; von den Schandtaten des Nazi-Regimes wollen sie nichts hören und wissen, sie erklären sie für propagandistische Lügen und Übertreibungen, legen ostentative Gleichgültigkeit an den Tag gegen Prozesse, die diese Greuel zum Gegenstand haben, und zeigen sich ebenso gleichgültig gegen die Zerrüttung, die Hitlers Krieg in anderen Ländern angerichtet. Wenn man ihnen sagt: ›Aber den Engländern geht es ja schlechter als euch‹, so antworten sie: ›Mag sein, etwas‹! Offenbar müßte es den Siegern *viel* schlechter gehen. Der deutsche Anspruch auf bevorzugendes Mitleid, besondere Rücksichtnahme und Fürsorge ist von unerschütterlicher Arroganz, und eine vertrackte Welt-Konstellation macht ihn sehr weitgehend erfolgreich.«[26]

Nach Weimar fuhr Mann über Bayreuth. An der Grenze erwartete ihn der Kulturminister Ostdeutschlands, Johannes R. Becher. Am 1. August wurde ihm zu Ehren ein offizielles Frühstück gegeben, bei dem der sowjetische Kommandant von Berlin, General Tulpanow, anwesend war; am Abend hielt Mann im Nationaltheater die *Ansprache im Goethejahr*, worauf er aus der Hand Bechers den Goethepreis in der Höhe von 20000 Ostmark erhielt, die er für den Wiederaufbau der von den Bomben des Zweiten Weltkrieges zerstörten Herderkirche in Weimar zur Verfügung stellte: »... ein Entschluß«, schrieb Mann , »der vielleicht nicht ganz nach dem Sinne der Kommunisten war. Es hätte aber wenig Sinn gehabt, wie in Frankfurt, eine Stiftung für bedürftige Schriftsteller aus dem Gelde zu machen, denn für geistige Arbeiter, wenn sie nicht geradezu stören, sorgt in der Ostzone der Staat, und die Prominenten unter ihnen werden gehegt und gepflegt. Der russische Kommunismus weiß die Macht des Geistes wohl zu schätzen, und wenn er ihn reglementiert und in den Schranken des Dogma hält, so muß man eben darin den Beweis dieser Schätzung sehen. Ohne sie würde er sich weniger um ihn kümmern.«[27]

Diese Worte, bereits nach dem Deutschlandbesuch geschrieben, der Mann nicht mit Verdrießlichkeiten verschonte, geben seine Erbitterung wieder, und es ist schwer, in ihnen eine Konsequenz zu erblicken. Es ist nicht möglich, die Macht des Geistes zu schätzen und gleichzeitig den Geist ›in den Schranken des Dogmas‹ zu halten. Thomas Mann kam mit der Praxis des kommunistischen Systems nur kurz und als entfernter Beobachter in Berührung. Hätte er Gelegenheit gehabt, sie näher kennenzulernen, dann wäre er wohl anderer Meinung geworden. Doch zweifellos ist es so besser.

Thomas Manns Reise nach Weimar rief den Protest einiger westlicher Publizisten hervor. Unter anderem tadelte ihn ein schwedischer Journalist und Schriftsteller, der Sozialdemokrat Paul Olberg, daß er die Einladung der ostdeutschen Regierung angenommen habe. Mann antwortete auf Olbergs Vorwürfe in einem offenen Brief, der am 9. September in der Zeitung *Volksrecht* veröffentlicht wurde: »Nach Weimar bin ich gegangen, weil ich die tiefe ›Kluft‹, die, wie Sie sagen, durch Deutschland läuft, beklage und der Meinung bin, daß man sie nicht vertiefen, sondern womöglich, sei es auch nur festlich-augenblicklicher Weise, überbrücken soll. Die Leute dort haben mir Dank gewußt dafür, daß ich sie nicht vergaß, sie nicht als verlorene Kinder Deutschlands behandelte, die man wie Pestkranke meiden muß, sondern daß ich auch zu ihnen kam und zu ihnen sprach, wie zu Auch-noch-Deutschen.«[28]

Thomas Mann charakterisierte dann sein Verhältnis zum Kommunismus: »Trotzdem, die Tatsache allein, daß ich mir vorbehalte, einen Unterschied zu machen zwischen dem Verhältnis des Kommunismus zum Menschheitsgedanken – und der absoluten Niedertracht des Faschismus; daß ich mich weigerte, an der Hysterie der Kommunistenverfolgung, an der Kriegshetze teilzunehmen und dem Frieden zugunsten rede in einer Welt, deren Zukunft ohne kommunistische Züge ja längst nicht mehr vorzustellen ist, – dies allein genügt offenbar, mir in der Sphäre jener Sozialreligion ein gewisses Vertrauen einzutragen, um das ich nicht geworben habe, das aber als schlechtes Zeichen für meine geistige und moralische Gesundheit zu empfinden mir nicht gelingen will.«

Und weiter: »Sie sprechen viel von politischen Freiheiten und staatsbürgerlichen Rechten, die in den Westzonen Deutschlands dem Volke gewährt sind – und scheinen ganz dabei zu vergessen, was Sie vorher über den Gebrauch gesagt haben, der meistens von diesen Gaben gemacht wird. Es ist ein unverschämter Gebrauch. Der autoritäre Volksstaat hat seine schaurigen Seiten. Die Wohltat bringt er mit sich, daß Dummheit und Frechheit, endlich einmal, darin das Maul halten.« [29]

Anfang August verließ Thomas Mann Europa auf dem holländischen Dampfer ›Nieuw Amsterdam‹. Den Schlußakkord seines Deutschlandbesuches, der ihm so viel Ergriffenheit eingetragen, doch keineswegs seine Beunruhigung über die Zukunft diese Landes gedämpft hatte, bildeten die Briefe, die er, nach der Heimkunft, an den Oberbürgermeister Frankfurts, Walter Kolb, und an den Oberbürgermeister von Weimar, Doktor Buchterkirchen, richtete. »Seit 24 Stunden«, schrieb er an Kolb, »nach einem viermonatigen Getümmel von Abenteuern in den Frieden unseres Heims zurückgekehrt, ist es uns beiden, meiner Frau und mir, ein Herzensbedürfnis, Ihnen noch einmal für die großartig sorgsame, erquickende Gastfreundschaft zu danken, die wir in Frankfurt genossen ... Meine Erinnerung an unseren Aufenthalt in Frankfurt ist fleckenlos, keiner der Mißtöne, die Überbesorgte mir angekündigt hatten, hat ihn gestört, und ihr Brief vom 8.d.Mts. bestätigt mir aufs Wohltuendste, daß ich mit meiner Ansprache am 25. Juli, der Sie mit Ihrer eigenen Rede so klug und gewinnbringend den Boden bereitet hatten, das Rechte getroffen habe.«[30]

In dem Brief an Buchterkirchen versicherte der Dichter: »Die einzelnen Etappen unseres Aufenthaltes, die schöne Feier im Nationaltheater, das Wiedersehen mit den Goethestätten, der Besuch im Liszt-Haus mit dem meisterhaften Vortrag von Beethovens op. 111, das an guten Reden so reiche Abschiedsbankett im Hotel, besonders dann aber die ergreifenden Huldigungen, die uns unvergeßlich bleiben, und immer werden wir mit Dankbarkeit daran zurückdenken.«[31]

Die Legende vom Sünder

Die Wintermonate 1950 flossen im Haus an der pazifischen Küste friedlich dahin. Der Dichter verbrachte sie in der Hauptsache bei der Arbeit am *Erwählten*, dessen Manuskript schon beachtlichen Umfang annahm. Aber im Vorfrühling verlangsamte er das Tempo; der Tod des älteren Bruders, Heinrich, brachte ihn aus dem Gleichgewicht. Dann brach Mann die Arbeit gänzlich ab, denn wiederum galt es, sich auf den Weg zu machen.

Heinrich Mann starb am 12. März in Los Angeles, im neunundsiebzigsten Lebensjahr. Der Tod kam plötzlich, während Heinrich sich gerade auf die Reise in die Deutsche Demokratische Republik vorbereitete, die ihm die Würde des Präsidenten der Deutschen Akademie der Künste angetragen hatte. Der Autor des *Untertan* wollte die letzten Jahre seines Lebens unter Deutschen verbringen; in den Vereinigten Staaten, wo seine Romane nicht die gebührende Anerkennung fanden, fühlte er sich vereinsamt. »Er war in letzter Zeit sehr alt geworden«, schrieb Thomas Mann über ihn, »heimgesucht von wechselnden Leiden. Er arbeitete nicht mehr, schrieb einige Briefe, in denen er von den Vorbereitungen zu seiner Abreise sprach, las ein wenig und hörte Musik. Mit der Produktivität ist es sonderbar: wird man schließlich zu müde für sie, so vermißt man sie auch nicht; ich habe ihn nie über das Versagen seiner Arbeitskraft klagen hören, sie ließ ihn scheinbar ganz gleichgültig. Aber er wußte wohl, daß sein Werk – ein gewaltiges Werk! – getan war, wenn auch sein letztes ganz großes Unternehmen, die in eigentümlichen Emaille-Glanz historischen Kolorits leuchtenden episch-dramatischen Szenen, welche (überraschende Stoffwahl!) dialogisch das Leben des preußischen Friedrich erzählen, unvollendet liegen blieb. Was liegt daran, daß diese Fragmente Fragment blieben! Sein Kunstleben ist vollendet ausgeklungen in den beiden letzten Romanen, den ›Empfang bei der Welt‹, einer geisterhaften Gesellschaftssatire, deren Schauplatz überall und nirgends ist, und dem ›Atem‹, dieser letzten Konsequenz seiner Kunst, Produkt eines Greisen-Avantgardismus, der noch die äußerste Spitze hält, indem er verbleicht und scheidet.«[1]

Die Agonie war kurz. »Seinen letzten Abend«, so beschreibt Mann den Tod seines Bruders, »hatte er ungewöhnlich ausgedehnt, lange mit Genuß Musik gehört, und war schwer zu bewegen gewesen, zu Bette zu gehen. Dann, im Schlaf, die Gehirnblutung, ohne einen Laut oder eine Bewegung. Am Morgen war er einfach nicht mehr zu erwecken. Das Herz arbeitete noch bis gegen Mittag weiter, bei unstörbarer Bewußtlosigkeit. Seien wir nicht undankbar! Es war im Grunde die gnädigste Lösung.«[2] Für Mann war das Dahinscheiden Heinrichs ein schweres Erlebnis. »Ich bin recht erschüttert und müde von all den Abschieden«, schrieb er an Julius Bab. »Ein Sohn und zwei Brüder, der jüngste und der älteste, alle in einem Jahr. Übrig gelassen und allein, muß man sehen, wie man es noch eine Weile so weiter treibt, bis die Erlaubnis kommt, wie man hier sagt, ›to join the majority‹.«[3]

Im März mußte Mann die Arbeit am *Erwählten* unterbrechen, um den Vortrag *Meine Zeit* vorzubereiten, den er in Chicago, Washington und New York halten sollte, später dann in Stockholm und anderen europäischen Städten. Er gehört – neben *Pariser Rechenschaft* (1926), *Lebensabriß* (1930) und der Chronik *Die Entstehung des Doktor Faustus (1949)* – zu den wichtigsten autobiographischen Arbeiten Manns, doch unterscheidet sich diese von den anderen dadurch, daß der Dichter sich hier »weniger mit meinem eigenen Leben als mit der durchlebten Epoche« beschäftigt. Die erste Vorlesung fand an der Chicagoer Universität statt, die zweite in New York, die dritte, die in der Kongreßbibliothek in Washington abgehalten werden sollte, kam nicht zustande – unter dem Druck konservativer Kreise, die eine Hetze gegen Mann betrieben; weil er Ostdeutschland besucht hatte, sagte die Bibliothek den Vortrag ab.

Diese Episode war eines der vielen Symptome für die Abkühlung zwischen dem Dichter und seiner Wahlheimat. Der Höhepunkt von Manns Popularität in Amerika war in den letzten Kriegsjahren gefallen. Die politische Entwicklung nach Roosevelts Tod zerstörte die Hoffnung, die Mann in die Erhaltung der liberalen Tendenzen in Amerika gesetzt hatte. Doch gab Mann selber dem Unwillen seiner Gegner Nahrung. Schon 1946 hatte er seiner Erbitterung in einem Brief an Agnes Meyer Ausdruck gegeben: »Amerika als Ganzes ist nicht in der glücklichen Verfassung – moralisch geschädigt durch den Krieg, der eine Notwendigkeit war, aber böse und schädlich eben als Krieg. Das sind die Antinomien diese Jammertals. Nun haben wir hier viel Verfinsterung der Gemüter, rohe Habgier, politische Reaktion, Rassenhaß und alle Merkmale geistiger Depression – worüber man aber das reichliche Vorkommen von gutem Willen und gesunder Vernunft nicht vergessen darf, dessen das Land sich immer noch erfreut.«[4]

Dann wurde die Enttäuschung immer größer. »Man muß hier ins Auge fassen«, lesen wir in Klaus Pringsheims Erinnerung *Thomas Mann in Amerika*, »daß das die Zeit in Amerika war, die man im historischen Rückblick McCarthy-Ära (1946 – 1952) nennt, als Professoren davongejagt wurden, weil sie keinen Treueid ablegen wollten, als die Armee nach Kommunisten durchkämmt wurde, und zwei Präsidenten, zwei Außenminister und verschiedene Generäle von Rechtsradikalen zu Verrätern oder Dummköpfen gestempelt wurden. Es war auch die Zeit, als die Vereinigten Staaten anfingen, Deutschland und Japan wieder zu bewaffnen, als man wieder anfing, früheren Nazis Ämter in der neuen deutschen Regierung zu geben, als McCarthy intervenierte, um das Leben von im Malmédy-Prozeß wegen schweren Verbrechens zum Tode verurteilten SS-Offizieren zu retten, weil sie angeblich einer Rachsucht jüdischer Staatsanwälte und Verteidiger ausgesetzt worden seien. Es war die Zeit, als das Komitee des Repräsentantenhauses gegen unamerikanische Umtriebe durch das Land streifte, Verhöre anstellte und den Ruf und die Lebensgrundlagen von Männern zerstörte, die genauso wenig Kommunisten waren wie Thomas Mann.«[5]

Die Erfolge des McCarthyismus beunruhigen Thomas Mann außerordentlich. »Es gab eine Zeit«, schrieb er im Herbst 1947, »in der mein Glaube an die menschliche Sendung Amerikas sehr stark war. Er ist in den letzten Jahren leichten Schwankungen ausgesetzt gewesen. Statt die Welt zu führen, scheint Amerika sich entschlossen zu haben, sie zu kaufen, – was ja in seiner Art auch großartig, aber doch weniger begeisternd ist. Daß ich aber auch unter diesen Umständen immer noch ein amerikanischer Patriot bleibe, zeigt mir der aufrichtige Kummer, mit dem ich die wachsende Unpopularität Amerikas in der übrigen Welt beobachte. Das amerikanische Volk ist unschuldig daran und begreift es nicht. Stimmen, die es über die Gründe aufklären könnten, werden mehr und mehr zum Schweigen gebracht. Erste Anzeichen von Terror, Gesinnungsspionage, politischer Inquisition, beginnender Rechtsunsicherheit sind spürbar und werden entschuldigt mit einem angeblichen Zustand von emergency. Als Deutscher kann ich nur sagen: So fing es auch bei uns an.«[6]

Mit einer gewissen Erleichterung begab er sich damals – es war Anfang Mai – nach Europa, dem seine Gedanken sich immer häufiger zuwandten. Die erste Reiseetappe bildete Schweden. »Unser Flug nach Stockholm«, schrieb er in einem Brief, »verlief glatt und angenehm, und wir hatten gute Tage in der Stadt. Der Vortrag wurde vom Schwedischen PEN-Club veranstaltet, und dessen Präsident, Prinz Wilhelm von Schweden, führte mich mit einer besonders hübschen deutschen Rede ein bei einem Publikum von rührender Empfänglichkeit. In meinem stillen Dahinleben machte ich mir nie eine Vorstellung davon, wieviel anhängliche Freunde ich doch in der Welt habe, und die Kundgebungen davon bei solchen Gelegenheiten verwirren mich noch mehr, als sie mich freuen.«[7]

Ebenso freundlich war die Aufnahme in Paris. Beim Abendessen im Hotel Ritz, das von Albin Michel, dem Pariser Verleger des *Doktor Faustus* gegeben wurde, versammelte sich die Elite der französischen Intellektuellen, vor der Buchhandlung standen die Menschen Schlange, um für die gekauften Exemplare Manns Autogramme zu erhalten, und zur Vorlesung in der Sorbonne kamen über zweitausend Zuhörer, so daß man in den größeren Saal, ins ›Amphithéâtre‹, übersiedeln mußte. Nach einer Woche reiste Mann in die Schweiz ab, wo er sofort nach seiner Ankunft Hermann Hesse in Montagnola besuchte. Eine Woche hielt er sich in Lugano auf.

Seinen fünfundsiebzigsten Geburtstag beging Thomas Mann in Zürich. Am Vorabend des Geburtstagsfestes hielt er eine Vortrag im Schauspielhaus, und anschließend veranstaltete der Internationale PEN-Club und das Zürcher Schauspielhaus gemeinsam einen Empfang für ihn, bei welchem der Zürcher Stadtpräsident dem Gast ein Ehrengeschenk mit der Widmung überreichte: »Dem großen deutschen Dichter und Denker.« Am nächsten Tag wurde er im kleineren Kreis der Freunde und Verwandten gefeiert.

Der Aufenthalt in der Schweiz dauerte fast drei Monate. Mitte August fuhr Mann zu einem inoffiziellen Besuch nach London, von dort flog er dann nach New York. Unterwegs suchte er in New Haven die Bibiliothek der Yale Universitiy auf, wo anläßlich seines Fünfundsiebzigsten eine Ausstellung eröffnet wurde, die die siebenundfünfzigjährige Geschichte seines Schaffens illustrierte – beginnend mit der Schülerzeitung *Frühlingssturm* im Jahre 1893. Die Ausstellung, überreich an Quellen- und Photomontagematerial, fand allgemeine Anerkennung. Thornton Wilders Meinung nach war noch kein lebender Schriftsteller mit einer so inhalts- und umfangreichen Ausstellung geehrt worden. Auch die Universität Columbia feierte Manns Jubiläum: die germanistische Fakultät widmete die Dezembernummer ihrer *Germanic Review* ausschließlich seinem Werk und seiner Person.

Ende August war der Dichter wieder in Pacific Palisades und nahm sofort die Arbeit am *Erwählten* auf. Die letzten Kapitel waren noch zu schreiben. Nach Ablauf von zwei Monaten war der Roman druckfertig.

Der *Erwählte* ist eine ironische Version der Legende vom ›guten Sünder‹, die Parodie einer christlichen Fassung des Ödipus-Motivs, die im Mittelalter entstand und wahrscheinlich auf orientalische Quellen zurückgeht. »Ich wußte nicht«, sagt Mann in den Bemerkungen zum *Erwählten*, »daß der Reiz, der auf mich von dem Gegenstande ausging, schon von vielen geteilt worden war und sie zur Nachbildung verlockt hatte. Außer der Geschichte von Joseph ist vielleicht keine so oft erzählt worden wie diese; aber nur Schritt für Schritt ließen mich meine Nachforschungen ihrer historischen Hintergründe und ihrer weitverzweigten, über ganz Europa bis nach Rußland hinreichenden Beziehungen, Verwandtschaften und Abwandlungen gewahr werden. Daß sie aus der Antike stammt, ein Ableger der Ödipus-Sage ist, liegt auf der Hand. Sie gehört in den Kreis, oder vielleicht in die lange Reihe von Ödipus-Mythen, in denen das vom Schicksal verhängte Motiv des Inzest-Greuels mit der Mutter (neben dem des Mordes am Vater) eine Rolle spielt und von denen die Legende von Judas Ischariot ein Beispiel ist.«[8]

Auf die Gregorius-Legende stieß Thomas Mann zum erstenmal im Zusammenhang mit der Arbeit am Doktor Faustus. »Damals«, schreibt er, »war ich auf der Suche nach produktiven Motiven für Adrian Leverkühn und las in dem alten Buch ›Gesta Romanorum‹, dessen Verfasser oder vielmehr Kompilator ein um 1230 verstorbener deutscher oder englischer Mönch namens Elimandus gewesen ist, einige Geschichten nach, die ich meinen Komponisten zur Verarbeitung als groteske Puppenspiele aufgab. Bei weitem am besten von ihnen gefiel mir eine, die in den ›Gesta‹ auf wenig mehr als einem Dutzend Seiten erzählt ist und dort den Titel trägt: ›Von der wundersamen Gnade Gottes und der Geburt des seeligen Papstes Gregor‹. Tatsächlich gefiel sie mir so gut, und so große erzählerische Möglichkeiten schien sie mir der ausspinnenden Phantasie zu bieten, daß ich mir gleich damals vornahm, sie dem Helden meines Romans eines Tages wegzunehmen und selber etwas daraus zu machen.«[8] Und in der Chronik über *Die Entstehung des Doktor Faustus* bemerkte er dazu: »Ich wußte nichts von den vielfachen Erscheinungsformen der Legende, hatte besonders von Hartmann von Aue's mittelhochdeutschem Gedicht kaum gehört.«[9]

Hartmann nahm für sein Epos eine Version, die bereits vor ihm im Westen verbreitet war. »In dieser Form«, sagt Mann, »daß der Mann, der in der Verblendung die eigene Mutter heiratet, selbst schon ein Sohn der Sünde, die Frucht einer Geschwisterliebe, ist, hat West-Europa die Fabel ausgeformt und damit die Herkunft großer Papstgestalten legendär umsponnen. Gregorius ist nun in Frankreich, England, Deutschland der Name des Helden. Sein Ursprung ist Schande, sein Leben Sünde und schonungslose Buße, sein Ende Verklärung durch die göttliche Gnade. Ein altfranzösisches Gedicht, ›La vie de Saint-Grégorie‹, von dem auch ein mittelenglisches stammt, diente dem Schwaben Hartmann von Aue als Vorbild und Vorlage zu einem kleinen Versepos, das er ›Gregorius vom Steine‹ oder einfach ›Gregorius‹ oder ›Die Geschichte vom guten Sünder‹ nannte.«[10]

Mann ging in seinem Roman in gleicher Art vor wie Hartmann: so wie dieser vom französischen Text Gebrauch machte, so folgte Mann dem Handlungsablauf des deutschen Dichters, da und dort verkürzte er ihn oder spann ihn aus, und häufig zitierte er ihn direkt. »In den äußeren Gang der Handlung«, kommentierte Mann, »wie Hartmann sie sich angeeignet, hielt ich mich so getreu wie bei den Josephsromanen an die Daten der Bibel. Und wie damals war mein eigenes Dichten ein Amplifizieren, Realisieren und Genaumachen des mythisch Entfernten, bei dem ich mir alle Mittel zunutze machte, die der Psychologie und Erzählkunst in sieben Jahrhunderten zugewachsen sind.«[11] Natürlich unterschieden sich die Methoden des mittelalterlichen Dichters und die Thomas Manns erheblich voneinander. Während Hartmann in naiver Manier das fremde Webmuster nachbildete, bediente sich Mann der alten Motive für sein parodistisches Spiel, jongliert er in humoristischer Art mit all diesen Anleihen.

Der Held des Romans ist bei ihm wie Hartmanns *Gregorius* die Frucht der Blutschande, der Sohn einer Herzogin und ihres Zwillingsbruders. Erst als ein Kind auf die Welt kommen soll, werden sie sich der Sünde, die sie auf ihr Gewissen geladen haben, voll bewußt. Diese Liebe, von Hartmann im Epos aufs poetischste ausgeschmückt, endet tragisch. Der junge Vater macht sich auf den Bußweg zum Heiligen Grab und stirbt auf dem Weg dahin, während sein Sohn, in ein kleines Faß eingeschlossen, auf einer Barke den Stürmen des Meeres preisgegeben wird.

Das Schicksal erbarmt sich jedoch des Säuglings. Fischerleute, Bewohner einer fernen Insel, bergen das Kind. Gregor lebt unter den armen Leuten und wächst zu einem wohlgestalteten Jüngling heran, der seine Erziehung vom Abt im dortigen Kloster erhält. Als er endlich das Geheimnis seiner Herkunft erfährt, zieht er in die Welt hinaus, um seine Eltern zu finden, doch auch, um durch tapfere Ritterstaten die Schande, die ihn befleckt, zu tilgen. Hartmanns Gesang folgend, fügt Mann der Geschichte des Jünglings noch einige Verwicklungen hinzu. Grigorß oder Gregor beziehungsweise Gregorius erreicht nach kurzer Wanderung die Mauern von Brügge, gerade als die Stadt von Herzog Roger belagert wird, der mit der Herrscherin des Herzogtums Krieg führt, da sie ihm die Hand verweigert hat. Gregor befreit das Land aus seiner bedrängten Lage, tötet den Freier und heiratet die um zwanzig Jahre Ältere. Nach drei Jahren, als das Ehepaar bereits die Geburt ihres zweiten Kindes erwartet, kommt es an den Tag – was übrigens die Herzogin die ganze Zeit wußte und der Jüngling ahnte –, daß Gregor nicht nur der Gatte, sondern auch der Sohn seiner Frau ist. Da verläßt der Sünder sein Weib, das ihn bei sich behalten will, und begibt sich auf eine menschenleere Insel, wo er auf einem Felsen, den Stürmen, dem Regen und erbarmungsloser Hitze ausgesetzt, seine Sünde in Einsamkeit verbüßt.

Nach siebzehn Jahren erst finden ihn, zur Größe eines Igels zusammengeschrumpft und mit Moos bewachsen, zwei Abgesandte aus Rom, denen er als künftiger Papst geoffenbart worden war. Das wunderliche »Geschöpf« gibt den Sendboten der apostolischen Hauptstadt sein Einverständnis kund, das heilige Amt zu übernehmen, und nimmt auf dem Wege in die Ewige Stadt wieder menschliche Gestalt an. – Das also ist die Geschichte Gregors, der später als sehr gerechter, nachsichtiger und barmherziger Papst berühmt wurde. Am Ende des Romans steht vor dem Angesicht des heiligen Mannes eine alte Frau: seine Mutter und ehemalige Gattin, die um die Vergebung für ihre Sünden bittet. Mit einer großen Szene, in der der Mensch, der den Weg von der Sünde zur Gnade gefunden hat, sich mit der Welt und mit Gott versöhnt, schließt der Roman.

Ähnlich wie in *Doktor Faustus* erzählt auch hier der Autor nicht selber, sondern bedient sich eines Erzählers, eines irischen Mönchs, der in Sankt Gallen zu Gast ist und dort in der angenehmen Stille der Klosterbibliothek die Geschichte Papst Gregors aufschreibt. Der Benediktinermönch nennt sich Klemens und ist ein Mann von strenger Sittlichkeit, wenn auch nicht ohne Humor und nicht ohne

Neugierde für das weltliche Leben und nicht ohne Kenntnis der antiken Werke, die er mit gleichem Nutzen liest wie die Lehren Jesu. Stolz, wie alle Iren, auf die frühchristliche Kultur seines Vaterlandes, sieht er auf den römischen und deutschen Klerus von oben herab und verachtet das barbarische Latein, dessen die Chronisten sich häufig bedienen. Der etwas asketische Klosterbruder sieht die Natur als Reich des Teufels an und alles Körperliche als »Domäne des Satans«, so daß er von der Liebe mit einer gewissen Scham spricht und die allzu drastischen Episoden »im Schatten der Wortlosigkeit« hält. Im *Erwählten* wiederholt sich also, ähnlich wie im *Doktor Faustus*, das Paradoxon des Gegensatzes. So wie Serenus Zeitblom, ein reiner und der klassischen Harmonie zugetaner Geist, dazu berufen wurde, ein dämonisches Leben zu schildern, so betraut Mann Klemens, einen Mann von großer Rechtschaffenheit, mit der Aufgabe, die Geschichte einer großen Sünde zu erzählen. Immer mehr gewinnt dieser Mönch beim Schreiben Geschmack an seiner Erzählung, einer Erzählung voller Tugend, aber auch voller Fleischeslust.

Die ganze Komik der Situation des Chronisten tritt zutage, als er sich mit dem Vorwurf konfrontiert, warum er denn die Geschichte des Sünders erzählte und nicht die seines ›Meisters‹, des heiligen Benedikt, und dessen Schwester Scholastica, des Geschwisterpaares, das in Tugend lebte und Christi Lehre verbreitete. Der Mönch erklärt die Wahl des Themas damit, daß die Geschichte Benedikts und Scholasticas nur von Heiligkeit erzählt, Gregors Leben aber von unermeßlicher Gnade. Klemens bekennt, daß er eine Schwäche für die Sünder hat (»aber nicht für die Sünde«), und gibt seiner Neigung eine theologische Begründung: der Sünder ist immer dem Herzen des Christen nahe, denn er ist vom Unglück heimgesucht, das in den Menschen die Gefühle der Schuld, nicht Kälte oder Hochmut, wecken sollte. Und von der Schuld kann man sich nur durch Liebe zum Sünder befreien.

Also spricht auch unser Chronist von seinem Helden mit Liebe und erfüllt von Mitleid. Er liebt die schönen Herzogsgeschwister, nahe dem Herzen ist ihm auch deren Sohn, der Erwählte, der schöne Sünder und später tugendhafte Papst, so daß er alle, die sich seinem Liebling in den Weg stellen, lächerlich macht, sie verspottet und größte Freude zeigt, als er vom glücklichen Ende der Geschichte durch die unermeßliche Gnade Gottes berichten kann. Er kennt auch, ähnlich dem Erzähler in *Doktor Faustus*, von vornherein die ganze Fabel und durchwebt sie mit immer neuen Variationen;

manchmal zeigt er an, daß er in dieser Frage später, im Lauf der Erzählung, seine Ansicht ändern werde, oder er versichert – wenn die Ereignisse einen für seinen Bevorzugten ungünstigen Verlauf nehmen –, daß er als Chronist, der die weitere Entwicklung der Dinge kennt, Seelenruhe bewahrt; oder er tröstet den Leser glattweg, daß am Ende alles gut ausgehen werde, um so mehr, als die Geschichte nur ein Spiel und eine Realität ist, die man nicht ganz ernst nehmen soll. Solche Haltung des Erzählers ermöglicht die Versöhnung von Ernst und Scherz und den humoristischen Lauf der Handlung: Thomas Manns Gregorius ist, anders als der des mittelalterlichen Dichters, ein ›Erwählter‹, ein Sonderling, dem unbegreifliche Mächte Fluch und Segen aufgebürdet haben; er ist mit dem Stigma des Ungewöhnlichen gezeichnet, das ebenso auf Castorp wie auf dem biblischen Joseph wie auf Goethe von *Lotte in Weimar* und auf Leverkühn ruht. Dieses Anderssein manifestiert sich bereits in der Gestalt des Jünglings, die wohlgebildet und von ungewöhnlich vornehmem Glanz ist; anmutig sind seine Bewegungen, die Augen schwarz wie die Nacht, und sein gewinnendes Wesen unterscheidet sich gar sehr vom Betragen der Fischer auf der Insel, auf der der Knabe aufwächst. Noch mehr zeichnet sich Grigorß durch seine Geistesgaben aus. Im sechsten Lebensjahr lernt er in der Klosterschule mit Leichtigkeit Lesen und Schreiben, dann wird er ein Meister der Grammatik, studiert ›leges‹ und ›divinitas‹. Diese Vorzüge, die ihn über seine Umgebung erhöhen, bringen ihm aber auch Haß ein, ähnlich wie Joseph, der vom Zorn seiner neidischen Brüder verfolgt wird. Grigorß wird zur Ursache der Leiden seiner Nächsten – er belädt sie mit Schuld.

Der angenommene Fischersohn und Klosterzögling ahnt dunkel, daß er ein Mensch aus anderem Stoff ist als jene, unter denen er lebt, ja daß er sich sogar von den gelehrten Mönchen sehr unterscheidet, was Neugierde in ihm erweckt und den Wunsch, sich selbst wiederzufinden. Dieser Wunsch eigentlich treibt ihn in die Welt hinaus, als der Zufall ihm das Geheimnis seiner Herkunft verrät. Der Augenblick erinnert an den Abschied zwischen Joseph und Jaakob und an den Beginn der großen Wanderung, die jenen zuerst in den Abgrund und dann zu schwindelnden Höhen führt.

Der Weg des *Erwählten* führt also zur Erhöhung durch Sünde – zur Ordnung durch das Chaos. Die schreckliche Sünde ist hier genauso folgenreich wie die Krankheit im Roman des deutschen Musikers. So wie es für Castorp im *Zauberberg* zwei Wege zum Leben gibt, der eine: der »gewöhnliche, direkte und brave«, der zweite:

»schlimm, er führt über den Tod, und das ist der geniale Weg«, so gibt es auch hier zwei Wege, um Gnade beziehungsweise – da Manns Roman das Problem aus der theologischen Sphäre auf die psychologische und moralische Ebene verlegt –, um Menschlichkeit zu erwirken. Die eine Möglichkeit ist im heiligen Benedikt repräsentiert, der sich nicht mit Sünde befleckt hat und dessen Lebenslauf den Biographen nicht verlockt. Die andere Möglichkeit repräsentiert sich in Gregor, dem großen Sünder und großen Büßer.

Auch der Weg über die Sünde zur Reue ist ›genial‹, weil er der Weg der Ironie ist. Die Ironie verwischt in diesem Werk die Grenze zwischen Gut und Böse und ermöglicht es gleichzeitig, sich aus dem Abgrund in die Höhe emporzuheben. Der mittelalterliche Mönch Klemens, auf wunderliche Weise in der Psychoanalyse bewandert, stellt ironisch Schuld und Unschuld seiner Helden in Frage. Als Gregor seine Mutter in Brügge wiederfindet, gibt sie sich in der Tiefe ihrer Seele Rechenschaft, daß sie ihren Sohn vor sich hat. Ihre Liebe erblüht im Dämmer des Unterbewußtseins, wo die Kenntnis der Wahrheit sich mit der Täuschung vermischt. Aber auch Gregor, in der Rolle des Ödipus, fühlt, daß die Herzogin »wundernahe doch seiner Natur« ist. Ähnlich spielt sich die Szene ab, als die ergraute Mutter den heiligen Papst aufsucht. Die Herzogin erkennt in ihm sofort ihren Sohn und bekennt in ihrer Beichte, daß ihre Seele damals wußte, »wo still die Wahrheit wohne«, und daß sie »unwissentlich-wissend« den Sohn geheiratet habe. Gregor, der ihr die Beichte abnimmt, gibt sich indessen dem Trug hin, daß die Mutter ihn nicht erkannt habe, und sie wiederum führt ihn aus diesem Irrtum nicht heraus, mehr noch: sie tut, als wüßte sie nicht, wen sie vor sich hat, und versichert, daß sie Vergebung nicht nur für sich, sondern auch für ihr Kind suche, um so mehr, als sie nicht wisse, was aus ihm geworden sei. Das gleiche Einander-nicht-Erkennen (oder besser, der Wunsch, nicht zu erkennen), das in Brügge so unglückselige Folgen hatte, wiederholt sich diesmal als parodistisches Spiel. Das ganze Gespräch der Beichtenden und des Papstes vollzieht sich zwischen Ernst und Scherz, zwischen Weinen und Lachen. Am Ende werfen beide die Masken ab: er erklärt ihr sein Verhalten damit, daß er wünschte, »Gott eine Unterhaltung zu bieten«, sie weint vor Freude. Die Mutter stellt ihm schließlich ihre beiden Töchter – *seine* Töchter – vor, worauf er Gott dafür preist, daß der Satan nicht allmächtig ist und ihn nicht dazu verführen kann, nun auch noch, von Irrtum geblendet, mit seinen eigenen Kindern ein Verhältnis aufzunehmen und Kinder mit ihnen zu haben, wodurch die Verwandtschaft »ein völliger Abgrund geworden wäre«. »Alles hat seine Grenzen. Die Welt ist endlich« – das ist die Folgerung des Romans. Der Schluß des Romans ist Versöhnung: zwischen Sohn und Mutter, Sünder und Gott, Mensch und Welt. Die Glocken der Ewigen Stadt, deren Klang am Beginn dieser Geschichte zu hören war, verkünden gewissermaßen den Sieg des Guten über das Böse. Eine Warnung folgt noch: »Es möge nur keiner, der sich die Geschichte behagen ließ, falsche Moral daraus ziehen und denken, es sei zuletzt mit der Sünde ein leichtes Ding. Er hüte sich zu sprechen: ›Nun sei du ein lustiger Frevler! Wenn es so fein hinausging mit diesen, wie solltest du da verloren sein?‹ Das ist des Teufels Geflüster.«[12]

Der *Erwählte* hat die Form der Legende, die zwar keine Märchenwelt darstellt, aber sich irgendwo an der Grenze des Märchens bewegt. In diesem Kreis herrschen natürlich Gesetze, alles, was darin geschieht, unterliegt dem Zusammenhang von Ursachen und Wirkung; und doch hat diese Welt, ohne ihren realen Charakter zu verlieren, gleichzeitig etwas Ungewöhnliches, an Wunder Grenzendes an sich. Der Roman beginnt damit, daß plötzlich die Glocken in allen Kirchen Roms läuten, obgleich niemand an den Strängen zieht: als die Eltern Gregor den Wellen übergeben haben, treibt es das Boot – seltsame Fügung des Schicksals – an die normannische Insel Sankt Dunstan; ein noch größeres Wunder ereignet sich auf dem verlassenen Felsen, wo der Büßer, siebzehn Jahre lang an einen Stein gefesselt, zwar schrumpft, aber gesund und unversehrt bleibt, bis Gott die römischen Kardinäle aufruft, den heiligen Mann zu suchen; und nicht genug damit: der von Moos überwucherte, ausgetrocknete und eingeschrumpfte Eremit erhält in einem Augenblick seine einstige menschliche Gestalt wieder. Dies sind einige Wunder des Buches, Wirkungen höherer Mächte, durch deren Eingreifen der Autor den Realismus des Romans bewußt ad absurdum führt und seinen Schabernack mit ihm treibt.

Anderseits ist sogleich augenfällig, daß das Werk mit dem Kirchenglauben des Mittelalters nicht viel gemein hat. Die Legende hatte den Zweck, die Heiligkeit des Papstes, die Macht der Gnade und die Wunderkraft darzustellen – der Roman hingegen befaßt sich vor allem mit den Menschen, ihrem Leben, ihrer Problematik. Darum schildert er auch die Landschaft, die Personen und die inneren Erlebnisse mit einer Genauigkeit, die den alten Vorbildern fremd ist. Die Methode der Schilderung beruht, wie in vorangegangenen Fällen auf der Montage. »Das mittelhochdeutsche Element«, sagt Mann, »stammt natürlich von Hartmann direkt. Viele Namen und Einzelheiten, für den Germanisten auf der Hand liegend, aus Wolframs ›Parzifal‹. Eine Parodie des Nibelungenliedes kommt auch vor. ›Sibylla's Gebet‹, eins der mir liebsten Vorkommnisse des Buches, lehnt sich an die ›Vorauer Sünderklage‹ (Mitte 12. Jahrhundert) und das sogenannte ›Arnsteiner Marienlied‹ an.«[13]

Im *Erwählten* vollzieht sich das ironische Spiel nicht nur mit den mittelalterlichen Motiven, sondern auch im Sprachlichen, das hier zum Spiegel einer tausendjährigen Entwicklung der deutschen Sprache wird. Der Autor durchficht den modernen Wortschatz mit vielen alten, häufig schon toten Wörtern und Redewendungen, haucht mancher mittelalterlichen grammatikalischen oder Syntaxeigenheit wieder Leben ein; dies und jenes hat er von Hartmann, von Wolfram, aus dem Nibelungenlied und aus Walther von der Vogelweide genommen. Der Abt von der Fischerinsel liebt es, Mönchslatein zu reden, Gregors Mutter spricht in der Liebesekstase französisch, und die Fischer bedienen sich eines niederdeutschen Dialekts mit englischem Anflug. »Denn da schreibe ich«, bekennt der Chronist der Legende, »und schicke mich an, eine entsetzliche und hocherbauliche Geschichte zu erzählen. Aber es ist ganz ungewiß, in welcher Sprache ich schreibe, ob lateinisch, französisch, deutsch oder angelsächsisch, und es ist auch das gleiche, denn schreibe ich etwa thiudisc, wie die Helvetien bewohnenden Alemannen reden, so steht morgen Britisch auf dem Papier, und es ist ein britisches Buch, das ich geschrieben habe. Keineswegs behaupte ich, daß ich die Sprachen alle beherrsche, aber sie rinnen mir ineinander in meinem Schreiben und werden eins, nämlich Sprache.«[14]

Das Buch über Gregor ist in Inhalt und Stil ein ironisches Werk, das nicht in die Zukunft blickt, keine neuen Perspektiven eröffnet, sondern zurückblickt, rekapituliert, ist voll einer Ironie, die sich selbst als letzte Version uralter Legende, Kultur und Denkart betrachtet. »›Der Erwählte‹ ist ein Spätwerk in jedem Sinn«, sagt Mann, »nicht nur nach den Jahren seines Verfassers, sondern auch als Produkt einer Spätzeit, das mit Alt-Ehrwürdigem, einer langen Überlieferung sein Spiel treibt. Viel Travestie – nicht lieblos – mischt sich hinein. Höfische Epik, Wolframs ›Parzifal‹, alte Marienlieder, das Nibelungenlied klingen parodistisch an – Merkmale einer Spätzeit, für die Kultur und Parodie noch verwandte Begriffe sind. Amor fati – ich habe wenig dagegen ein Spätgekommener und Letzter, ein Abschließender zu sein und glaube nicht, daß nach mir diese Geschichte und die Josephsgeschichten noch einmal werden erzählt werden. Als ich ganz jung war, ließ ich den kleinen Hanno Buddenbrook unter die Genealogie seiner Familie einen langen Strich ziehen, und als er dafür gescholten wurde, ließ ich ihn stammeln: ›Ich dachte – ich dachte – es käme nichts mehr‹. Mir ist, als käme nichts mehr. Oft will mir unsere Gegenwartsliteratur, das Höchste und Feinste davon, als ein Abschiednehmen, ein rasches Erinnern, Noch-einmal-Heraufrufen und Rekapitulieren des abendländischen Pathos erscheinen – bevor die Nacht sinkt, eine lange Nacht vielleicht und ein tiefes Vergessen. Ein Werkchen wie dieses ist Spätkultur, die von der Barbarei kommt, mit fast fremden Augen schon angesehen von der Zeit. Aber wenn es das Alte und Fromme, die Legende parodistisch belächelt, so ist dies Lächeln eher melancholisch als frivol, und der verspielte Stil-Roman, die Endform der Legende, bewahrt mit reinem Ernst ihren religiösen Kern, ihr Christentum, die Idee von Sünde und Gnade.«[15]

Nach Vollendung des *Erwählten* kam endlich der *Krull* an die Reihe, das Werk, das vierzig Jahre in der Schublade geruht hatte. Thomas Mann kehrte zu diesem Thema im Januar 1951 zurück. »Gewissermaßen macht es mir Spaß«, schrieb er in einem Brief, »über all die Zeit und all das inzwischen Getane hinweg den Bogen zu schlagen. Aber es ist eben ein bißchen viel getan und Felix von Joseph stark überhöht. Ich muß sehen, ob die Sache mir auf die Dauer noch schmeckt.«[16] Sie schmeckte und hielt ihn während der nächsten Jahre in Spannung.

Inzwischen zog der McCarthyismus immer breitere Kreise und ging auch an Thomas Mann nicht vorüber. Die Hetze gegen ihn eröffnete der Journalist Eugene Tillinger in der Zeitschrift *Freeman*, wo er Thomas Mann Begünstigung des Kommunismus vorwarf. Die Zeitschrift *New Leader* und die Presseagentuer *United Press* schlossen sich der Kampagne an. Berichtigungen und Antworten des Dichters hatten kaum Erfolg, im Gegenteil, sie führten manchmal zu neuen Angriffen.

Reisen nach Europa, das Erholung und Zuflucht gewährte, brachten Erleichterung. Besonders lockte Mann die Schweiz, wo deutsche Schriftsteller schon immer Schutz und einen Platz zum Sterben suchten. »Ich möchte nicht in diesem seelenlosen Boden ruhen, dem ich nichts verdanke, und der nichts von mir weiß«, schrieb Mann aus Amerika an Hans Carossa. »Wo George, Rilke und Mombert eingekehrt sind, da möchte ich auch wohl meinen Stein haben. Es fragt sich nur, ob es sich wird machen lassen.«[17]

In diesem Jahr, am 10. Juli, begab sich Mann auf den alten Kontinent, mit dem französischen Dampfer ›De Grasse‹. In Le Havre erwartete ihn Erika, die den Vater nach Zürich brachte. Mehr als zwei Monate verbrachte Mann in Europa, davon mehr als einen in der Schweiz, und drei Wochen im österreichischen Kurort Badgastein, wo er seine arthritisch-rheumatischen Beschwerden heilte. Von dort schrieb er jenen Brief an Irita Van Doren, die Leiterin des literarischen Teils der *New York Herald Tribune*, in dem er sein literarisches Selbstporträt skizzierte. Dieses Bekenntnis erschien in englischer Übersetzung in der New-Yorker Zeitung zusammen mit Selbstcharakteristiken anderer Autoren unter dem gemeinsamen Titel *Some of the Authors of 1951, speaking for themselves.* »Liebe Miß Van Doren«, so begann der Brief, »Sie werden mir bezeugen, daß Sie mir zweimal haben schreiben müssen, ehe ich mich zu einem Beitrag zu Ihrer Author's Number verstand. Es wird viel zu viel über mich geredet, und es widerstrebt mir, von mir aus zu dem Gerede beizutragen. Andererseits ist es wahr, daß, auf dem alten Kontinent kaum weniger als drüben bei uns, so viele Irrtümer über mich als Schriftsteller und Mensch im Schwange sind – Mißverständnisse teils unverdient ehrenvoller, teils ebenso unverdient kränkender Art, – daß ich vielleicht die Gelegenheit nicht unbenutzt lassen sollte, ein paar davon aufzugreifen und in aller Redlichkeit richtigzustellen.

Nicht ohne Gebärde schamvoller Abwehr zum Beispiel«, schreibt Thomas Mann weiter, »nehme ich zuweilen wahr, daß man mich auf Grund meiner Bücher für einen geradezu universellen Kopf, einen Mann von encyklopädischem Wissen hält. Eine tragische Illusion! In Wirklichkeit bin ich für einen – verzeihen Sie das harte Wort – weltberühmten Schriftsteller von einer schwer glaublichen Unbildung. Auf Schulen habe ich nichts gelernt als Lesen und Schreiben, das kleine Einmaleins und etwas Lateinisch. Alles Übrige wies ich mit dumpfer Hartnäckigkeit ab und galt für einen ausgemachten Faulpelz, – voreiliger Weise; denn später entwickelte ich einen Bienenfleiß, wenn es galt, ein dichterisches Werk wissenschaftlich zu fundieren, d. h. positive Kenntnisse zu sammeln, um literarisch damit zu spielen, streng genommen also, um Unfug damit zu treiben. So war ich nacheinander ein gelernter Mediziner und Biologe, ein firmer Orientalist, Ägyptolog, Mytholog und Religionshistoriker, ein Spezialist für mittelalterliche Kultur und Poesie und dergleichen mehr. Das Schlimme aber ist, daß ich, sobald das Werk, um dessentwillen ich mich in solche gelehrten Unkosten gestürzt, fertig und abgetan ist, alles ad hoc Gelernte mit unglaublicher Schnelligkeit wieder vergesse und mit leerem Kopf in dem kläglichen Bewußtsein vollständiger Ignoranz herumlaufe. Man kann sich also das bittere Lachen vorstellen, mit dem mein Gewissen auf jene Lobeserhebungen antwortet.

Auf der anderen Seite glaube ich nicht, gewisse tadelnde und ärgerliche Kennzeichnungen zu verdienen, die meiner Schreibweise und meiner ganzen geistigen Haltung besonders in meiner neuen – gar nicht mehr so neuen – Heimat, Amerika, *oftmals* zuteil werden. Es sind Epitheta wie: ›olympic‹, ›pompous‹, ›ponderous‹ und ähnliche, die ich da wohl in bezug auf meine Schriften zu lesen bekam, und ich traute meinen Augen nicht – um so weniger, wenn überdies zu verstehen gegeben wurde, ich sei ein sehr dünkelhafter Mann, der sich Preis und Ehren der Welt mit majestätischer Selbstverständlichkeit gefallen lasse, ja es wohl gar darauf anlege, solche Ehrungen herbeizuführen.

Wie falsch das alles ist! Ebenso falsch wie der Glaube an meine umfassende Erudition. Meine Freunde wissen, daß ich von olympischem Gebaren nicht eine Spur habe; daß alles Feierliche, Gespreizte, Gehobene, Prophetische, Anspruchsvolle meiner Person und meinem Geschmack grundfremd – und ›ponderous‹ ein Beiwort ist, das, wenn es zuträfe, das Fehlschlagen aller meiner Bestrebungen bedeuten würde. Mein Streben ist, das Schwere leicht zu machen; mein Ideal: Klarheit; und wenn ich lange Sätze schreibe, wozu die deutsche Sprache nun einmal neigt, lasse ich es mir, ich glaube: nicht ohne Erfolg, angelegen sein, der Periode vollkommene Durchsichtigkeit und Sprechbarkeit zu wahren. Einmal, zu Anfang der Josephgeschichten, habe ich mir den Spaß gemacht, einen Satz zu schreiben, der sich über anderthalb Druckseiten erstreckt. Die Übersetzer haben ihn natürlich in viele kurze zerlegt. Aber wer deutsch versteht, lese sich den Josephssatz nur vor und sehe, ob man dabei ein einziges Mal den Faden verliert. Er ist weder pompous noch ponderous; er ist humoristisch, und man hat da das Beispiel einer Selbstpersiflage, die überhaupt meinen Schriften nicht fremd – und wahrscheinlich der Grund ist, warum ich so oft falsch gelesen werde. Sie hängt nahe zusammen mit einer nicht höhnischen, sondern liebevollen Parodie der Tradition, wie sie in End- und Übergangszeiten einem Autor wohl eignen mag, der, solchen Zeiten gemäß, sich zugleich in der Rolle des Nachzüglers, eines Abschließenden, eines Vollenders *und* in der eines das Alte unterminierenden und auflösenden Neuerers findet. Es ist die Rolle und Situation des ironischen Konservativen. Einen ganzen Roman, den ›Doktor Faustus‹ habe ich einem frommen Humanisten und ehrbaren Gymnasialprofessor in den Mund gelegt oder in die Feder diktiert, – und dabei konnte ein Schweizer Kritiker über das Buch schreiben: ›Die Berührung auch nur mit einer Seite dieses Werkes stürzt uns aus allen Herkommen des deutschen Romans ...‹ Es folgt dann einiges Übertriebene über die Mittel, mit denen das geschieht, wobei ich, außer eben der Übertriebenheit, nur beanstanden mußte, daß die Düsterkeit des Buches den Beurteiler gehindert hatte, unter diesen Mitteln auch und vor allem den Humor zu nennen.

Tatsächlich fühle ich mich in erster Linie als Humorist – und das ist eine Art von Selbstgefühl, das sich mit dem Olympischen und Pompösen schlecht zusammenreimt. Humor, sollte ich denken, ist ein Ausdruck der Menschenfreundlichkeit und guter Erdenkameradschaft, kurz Sympathie, welche es darauf absieht, den Menschen ein Gutes zu tun, sie das Gefühl der Anmut zu lehren und befreiende Heiterkeit unter ihnen zu verbreiten. Übrigens ist er der Bescheidenheit näher verwandt als der Anmaßung und dem Dünkel, und wenn Bescheidenheit nicht aufhörte, eben Bescheidenheit zu sein, indem sie sich ihrer selbst rühmte, so würde ich mich einen bescheidenen Menschen nennen. In meinem Lebenswerk sehe ich das Ergebnis eines höchst persönlichen und recht prekären Abkommens mit der Kunst, fern von Vorbildlichkeit, und wenn ich mich den ›ersten Erzähler der Epoche‹ nennen höre, so verhülle ich mein Haupt. Unsinn! Das war nicht ich, es war Joseph Conrad, wie man wissen sollte. Nie hätte ich ›Nostromo‹ schreiben können, noch den herrlichen ›Lord Jim‹; und wenn er hinwiederum den ›Zauberberg‹ oder den ›Faustus‹ nicht hätte schreiben können, so fällt diese Gegenrechnung gar zu seinen Gunsten aus. Ich bin viel dumm geschmäht, aber weit öfter maßlos erhoben worden, und man möge mir glauben, daß ich zu solchen Erhebungen nie die Hand geboten habe. Nie im Leben habe ich einen Finger gerührt, um ›etwas für mich zu tun‹, um Ehrungen herbeizuziehen oder etwa Bücher, die über mich geschrieben wurden, zum Druck zu befördern.

Ich lebe zurückgezogen, sehe, außer auf Reisen, wenig Menschen und sorge mich um nichts als um meine Aufgaben, wie sie mir, eine aus der anderen, erwachsen. An das Publikum und den Erfolg denke ich nicht dabei, und wenn dieser sich einstellt, so ist er ein Akzidens, das mir aus den Wolken fällt – oder vielmehr: ich selber falle aus den Wolken; denn noch nie habe ich ein Buch aus der Hand gegeben, ohne von seiner Unlesbarkeit überzeugt zu sein. Das trifft für das einzelne auch meistens zu, und nicht dies oder jenes Buch hat Erfolg bewirkt, sondern das Ganze, ein langes, von Arbeit erfülltes Leben hat allmählich einen gewissen Eindruck gemacht.

Meiner Stellung in der Welt aber bin ich mir nie bewußt«, schließt Mann, »meine Phantasie versagt in diesem Punkt, und ich benehme mich, als ob niemand sich um mich kümmerte, während ich doch wissen sollte, daß so mancher darauf lauert, daß ich mir eine Blöße gebe, um sein Geschrei darüber erheben zu können. Es fehlt mir der Sinn für persönliche Politik, – ein Manko, auf dessen Abstellung zu so vorgerückter Zeit geringe Hoffnung besteht.«[18]

Einen Monat nachdem dieser Brief geschrieben war, befand sich Thomas Mann wieder auf dem Weg nach Amerika. »Wir hatten einen angenehmen, glatten Flug mit ›Swiss Air‹ von Zürich-Kloten nach New York«, schrieb er an Hesse, »man geht da nur zweimal nieder, in Ireland und Newfoundland, und die Nachtstunden zwischen diesen beiden Stationen bilden die eigentliche Reise.«[19] Auf dem Weg von New York nach Kalifornien hielt er sich drei Tage in Chikago auf, wo er das naturhistorische Museum besuchte, das später, als Lissaboner Museum im Felix-Krull-Roman eine Rolle spielte. »Chicago hat ein hervorragendes ›Museum of natural history, das wir nicht nur einmal, sondern auf meinen Wunsch noch ein zweites Mal besuchten«, lesen wir weiter. »Es sind da die Anfänge des organischen Lebens – im Meere, als die Erde noch wüst und leer war, – die ganze Tierwelt, Aussehen und Leben des Frühmenschen (auf Grund der Skelettfunde plastisch rekonstruiert) höchst anschaulich dargestellt. Die Gruppe der Neanderthaler (mit deren Typ eine Entwicklungslinie abbricht) in ihrer Höhle vergesse ich nie und nicht die hingebungsvoll hockenden Ur-Künstler, die die Felswände, wahrscheinlich zu magischen Zwecken, mit Tierbildern in Pflanzenfarben bemalen. Ich war völlig fasziniert, und eine eigentümliche Sympathie ist es, die einen bei diesen Gesichten erwärmt und bezaubert.«[20] Ähnliche ›Sympathie‹ empfand dann Felix Krull, als er das naturhistorische Museum in Lissabon besuchte.

Das Jahresende brachte Genugtuung für die Ärgernisse, die Mann von den Wortführern McCarthys bereitet worden waren. Am 30. November wurde er in die Reihe der Mitglieder der New-Yorker Akademie für Kunst und Literatur aufgenommen. »Gerade hat es (Amerika) mich durch seine ›Academy of Arts and Letters‹ mit großer Publicity unter seine 50 Unsterblichen aufgenommen ›as a creative artist whose works are likely to achieve a permanent place in the Nation's culture‹.«[21]

Wieder in Europa

Das Jahr 1952 – ein denkwürdiges Jahr. Zeit der Rückkehr nach Europa, aber auch Zeit der Todesernte. In den Februar fiel der zehnte Todestag Zweigs, dessen Selbstmord Thomas Mann so scharf verurteilt hatte. Jetzt war die Erbitterung besänftigt, und Verständnis hatte sich eingestellt für die Verzweiflung, die ihm damals unbegreiflich schien. »Die zehnte Wiederkehr des Tages«, schrieb Mann, »an dem Stefan Zweig von uns ging, ruft den ganzen Kummer wieder in mir wach, der mich beim Eintreffen jener erschütternden Nachricht erfüllte. Ich gestehe, daß ich damals mit dem Verewigten gehadert habe wegen seiner Tat, in der ich etwas wie eine Desertion von dem uns allen gemeinsamen Emigrantenschicksal und einen Triumph für die Beherrscher Deutschlands sah, deren abscheulichen ›Geschicklichkeit‹ hier ein besonders prominentes Opfer zu fallen schien. Seitdem habe ich anders und verstehender über seinen Abschied zu denken gelernt, und keinen Augenblick mehr vermag dieser Hingang der Ehrerbietung Abbruch zu tun, die ich für sein Leben, seine die ganze Welt beschäftigende Leistung immer gehegt habe.

Liest man sein großes Erinnerungsbuch ›Die Welt von Gestern‹, so begreift man ganz, wie sehr dieser so expansive wie zarte, ganz auf Frieden, Freundschaft, Liebe, freien geistigen Austausch gestellte Mensch heimatlich gebunden war und an die entschwundene Welt, deren Endstunde schon 1914 geschlagen hatte; wie ganz seine Existenz durch sie bedingt war und wie wenig es ihm zur Schande gereicht, daß er in der Welt voller Haßgeschrei, feindlicher Absperrung und brutalisierender Angst, die uns heute umgibt, nicht fortleben wollte und konnte.«[1]

In jenem Jahr starb Hans Feist, der bekannte Übersetzer aus dem Englischen und aus romanischen Sprachen, Freund der Familie, um zwölf Jahre jünger als Thomas Mann. »Ich werde ihn vermissen«, schrieb Mann, »den älteren Freund meiner Kinder, den Treuen, der über den Tod unseres Klaus bittere Tränen vergoß.«[2] Auch andere schieden, die Leere ringsum wuchs, es wuchs auch die Müdigkeit, das Gefühl verstärkte sich, daß er als einziger zurückblieb. Das Schreiben war auch schon mühsamer als früher und war viel schwieriger zu bewerkstelligen, denn seit der Lungenoperation konnte er nicht mehr am Schreibtisch arbeiten, sondern mußte in der Sofaecke sitzen, die Manuskriptblätter auf einem speziell konstruierten Brett ausgebreitet, das als Pult diente. Gelegentlich traten auch Depressionen auf.

Und doch gab er nicht nach, rang mit der Müdigkeit und setzte mit eiserner Disziplin die Arbeit fort. Neben dem *Krull*, der jetzt seine Hauptbeschäftigung war, zog ihn weiterhin die publizistische Arbeit an, auch bereitete er einen neuen essayistischen Band zum Druck vor, führte eine ausgedehnte Korrespondenz. Eine neue novellistische Idee – *Die Betrogene* – reizte ihn, um derentwillen er sogar für einige Zeit den Roman unterbrach.

Inzwischen war in ihm der Gedanke gereift, nach Europa zurückzukehren. »Seine endgültige Entscheidung«, erinnert sich Klaus Pringsheim, »die Staaten zu verlassen, fällte er 1952, als gerade der Wahlkampf zwischen Stevenson und Eisenhower begann. Ich stand den Ereignissen ziemlich nahe, denn ich wohnte in seinem Hause während der letzten Tage seines Aufenthaltes in Pacific Palisades in Kalifornien. Ich hatte am Anfang des Jahres in New York gelebt und bei einer kleinen Exportfirma gearbeitet, unten an der Spitze der Insel von Manhattan. Gerade als das Wetter unerträglich heiß und die Arbeit unerträglich langweilig wurde, erhielt ich ein Telegramm von Frau Mann, ich solle schnellstens nach Kalifornien kommen. Sofort gab ich meine Arbeit bei Wedemann, Goldknecht & Co. auf und fuhr am nächsten Tag nach Kalifornien. Bei meiner Ankuft Anfang Mai 1952 sagte mir Frau Mann, daß ihr Gatte ernsthaft die Rückkehr nach Europa, in die Schweiz, erwäge, um für unbestimmte Zeit dort zu bleiben, ob ich das Haus und das übrige Inventar verwalten würde, bis das Haus verkauft und die bewegliche Habe in die Schweiz gesandt worden wäre. Ich versprach, den Verkauf des Hauses zu tätigen, bedauerte aber auch, daß eine solche ernste Entscheidung für notwendig erachtet worden sei.

Es ist für Thomas Mann eine schwere Entscheidung gewesen«, lesen wir weiter. »Er liebte Kalifornien und sein Haus in Pacific Palisades innig, mit dem Blick auf Berge und Ozean in der Ferne und die Orangenhaine in der Nähe. Er genoß seine langen Spaziergänge über die Hügel an der Küste in der milden, doch wärmenden Sonne Kaliforniens. Er schätzte die gelegentlichen Kontakte mit den alten Freunden, die noch lebten und in der Nähe wohnten. Bruno Walter,

Igor Strawinsky, Lion Feuchtwanger, Joseph Szigeti, Louis Brown, Ludwig Marcuse, Robert Nathan, Alma Mahler-Werfel, William Dieterle, Florence Homolka und Eva Hermann, um einige wenige zu nennen. Auch mußte er sich im Klaren gewesen sein, daß er die Hoffnung aufgegeben hatte, jemals wieder in das Land zurückzukehren, das ihm Zuflucht während Deutschlands größtem Trauerspiel gewährt hatte, das Land, dessen Bürger er geworden war, und das er in mancher Hinsicht lieben und schätzen gelernt hatte.«[3]

Die Gründe, die Thomas Mann bewogen, Amerika zu verlassen, waren komplizierter Art. Es überwogen politische Gesichtspunkte. »Die Situation in den Vereinigten Staaten ist derart«, schrieb er 1950 an seinen Verleger Bermann-Fischer, »daß ich nur wiederholen kann: es besteht die größte Wahrscheinlichkeit, daß ich meinen Wohnsitz dort werde aufgeben und mir in der Schweiz eine neue, natürlich bescheidenere Existenz werde schaffen müssen.«[4]

Doch auch andere Ursachen sprachen für diesen Schritt. Thomas Mann war durch und durch Europäer, und er hatte in Amerika nicht seine rechte geistige Heimat gefunden. Schließlich war er Deutscher, und wenn er auch keine Möglichkeit sah, in einen der beiden deutschen Staaten zurückzukehren, so wollte er doch wenigstens sein Lebensende in einem Land verbringen, in dem die deutsche Sprache beheimatet war. »Ist Thomas Mann je ein Amerikaner geworden?« fragt Pringsheim. »Ich kann das mit Sicherheit verneinen. Als ein Mann von 63 Jahren, der sein ganzes Leben lang bis in sein Allerinnerstes Deutscher war, wechselte Thomas Mann nicht mehr seine Nationalität. Er ist immer Deutscher geblieben, schrieb und dachte deutsch und über Deutschland. Was auch immer böse Zungen anderes behaupten mögen, dauernd fühlte er eine Verantwortlichkeit für und eine Bindung an Deutschland. Wenn er auch seinem Rechtsstatus nach amerikanischer Staatsbürger geworden war, im Herzen war er ein deutscher Emigrant. Wenn die Situation in Deutschland nach dem Kriege etwas anders gewesen wäre, eines Tages wäre er vielleicht nach Deutschland zurückgekehrt. Wegen einiger Befürchtungen jedoch zog er es vor, in die Schweiz zu gehen in der Absicht, seinem Vaterlande möglichst nahe zu sein.«[5]

Thomas Mann selbst stellte die Gründe seiner Rückkehr nach Europa in einer Rede vor Hamburger Studenten im Jahre 1953 folgendermaßen dar: »Fünfzehn Jahre habe ich in Amerika verbracht, diesem Lande des Reichtums und der Großzügigkeit, dessen kurze, glückliche Geschichte einen Befreiungskampf einschließt, von dem Goethe als von einer ›Erleichterung für die Menschheit‹ sprach. Ich schulde diesem Lande großen Dank, da es den Flüchtling aus Hitler-Deutschland mit hochherziger Bereitwilligkeit aufnahm und seiner Arbeit freundlichste Ehre erwies. Dennoch ist es eine seelische Tatsache, daß ich mir, je länger ich dort lebte, desto mehr meines Europäertums bewußt wurde; und trotz bequemster Lebensbedingungen ließ mein schon vorgeschrittenes Lebensalter den fast ängstlichen Wunsch nach Heimkehr zur alten Erde, in der ich einmal ruhen möchte, immer dringlicher werden.

Ich bin zurückgekehrt, habe mit achtundsiebzig noch einmal die Basis meines Lebens gewechselt, was in diesem Alter keine Kleinigkeit ist. Und doch, ich glaube, ich habe recht getan, habe etwas wie eine Pflicht erfüllt, indem ich auf den weiträumigen Komfort des Landes drüben verzichtete und mich dem Leben unseres lädierten, recht abgerissenen Erdteils wieder anschloß. Ist es nicht sogar so, daß es sich heute, wenigstens für einen Menschen wie mich, hier leichter atmet als dort? Das mag an der tieferen historischen Erfahrung und Geprüftheit Europas liegen, an einer größeren Gelassenheit, mit der es die Probleme unserer beschwerlichen Übergangsepoche ins Auge faßt.«[6]

Von New York flog der Dichter nach Amsterdam und von dort in die Schweiz, um ein paar Tage auszuruhen. Anfang August fuhr er nach Salzburg, von Salzburg nach Badgastein zur Kur. Nach Zürich zurückgekehrt, erreichte ihn im Oktober die Nachricht vom Tode seines alten Freundes Alfred Neumann. »Der Tod hält wahllos-willkürlich Ernte«, schrieb Mann nach dessen Dahinscheiden. »Rings um den Alten fallen die jüngeren Freunde, die sein Leben zierten, denen es zugekommen wäre, ihn zu Grabe zu bringen, und verwundert über sein Dauern, auch beschämt davon, muß er sie der Ewigkeit übergeben, einen nach dem andern, ihm voran. Dem Menschen will ich danken, der er war, dem Freunde durch viele Jahrzehnte, dem unverbrüchlich Getreuen. Ich habe ihn sehr, sehr gern gehabt in seiner besonnenen Milde, seiner Gerechtigkeit, seiner männlichen Ruhe und Güte und ihn bewundert, weil ihm gegönnt war, nicht einen einzigen Feind zu haben. Wahrhaftig, er hatte keinen weit und breit und ich sagte mir nicht ohne Neid: So müßte man also sein. Mir war das Los anders gefallen. Je und je war es mir verhängt, Feindschaft zu erregen, da und dort eifernde, erbitterte sogar – mußte es in den Kauf nehmen.«[7]

Mann hatte sich nach dieser Erschütterung noch nicht gefaßt, als er wieder Abschied nehmen mußte, diesmal von Emil Oprecht in Zürich, Freund und Verleger, mit dessen Hilfe er die Zeitschrift

Maß und Wert herausgab. »Meine schönste Erinnerung an ihn«, schrieb er in seinem Abschiedsartikel, »ist die an die Stunde, Silvesterabend 1936, als ich ihm in einem seiner Geschäftsräume den eben geschriebenen Brief nach Bonn, jene Streitschrift gegen die Verderber Deutschlands, vorlas, die dann dank seiner Initiative ihren Weg um die Welt machte.«[8] Das war noch nicht das Ende der Hiobsbotschaften. Zwei Monate später starb in Fiesole Manns Schwiegersohn Professor Borgese, der ebenfalls die Vereinigten Staaten verlassen hatte. Dies traf Mann besonders hart, denn mit dem Italiener verband ihn nicht nur Verwandtschaft, sondern auch herzliche Freundschaft.

Im Dezember mietete Thomas Mann in Erlenbach bei Zürich ein Haus, das ihm bis zum Jahr 1954 Zuflucht schenkte. »Wir haben in Erlenbach, hoch überm See, ein Häuschen gemietet und hoffen, Mitte des Monats dort einziehen zu können«, teilte er Robert Faesi mit. »Es ist die Wiederaufnahme der Lebensform von 1933–1938, die ich mir in 15 amerikanischen Jahren eigentlich immer zurückgewünscht habe. In einer Niederlassungsbewilligung (gleich Niederlassung, generöser Weise) steht als Zweck des Aufenthaltes: ›Verbringen des Lebensabends und schriftstellerische Betätigung‹. Ist doch hübsch, nicht wahr?«[9]

Das Jahresende brachte eine angenehme Überraschung. Die französische Regierung verlieh Mann das Offizierskreuz der Ehrenlegion mit der offiziellen Begründung: »Cette distinction est un hommage rendu par la France à l'exceptionelle valeur et à la signification mondiale de votre œuvre littéraire ainsi qu' à la lutte que vous n'avez cessé de mener dans l'intérêt de la liberté et de la dignité humaine.« In einem Brief an den französischen Außenminister, Robert Schuman, dankte der Dichter: »Ein schöneres Weihnachtsgeschenk, wahrhaftig, konnte mir nicht beschert werden. Es ist keine Redensart, wenn ich sage, daß nie eine Ehrung, die meiner Arbeit von irgendeiner Seite zuteil wurde, mir solche Freude gemacht hat wie diese; und besonders tief und glücklich berührt bin ich von den Worten, mit welchen die französische Regierung die hohe Auszeichnung begründete, die sie mir gewährt.«[10]

Eine schwere Grippe hinderte Mann daran, nach Paris zu fahren, und Minister Schuman bemühte sich darauf im Januar nach Erlenbach, um dem Dichter den Orden persönlich zu überreichen. Die kleine rote Rosette der Legion trug Thomas Mann bis in seine letzten Tage.

Im März 1953 war *Die Betrogene* beendet. Die Handlung spielt

Der Bürgermeister der Stadt Lübeck
überreicht dem achtzigjährigen Thomas Mann im Audienzsaal
des Lübecker Rathauses den Ehrenbürgerbrief
der Freien Hansestadt, der Geburtsstadt des Dichters.
Links im Bild: Katja Mann.

Das Ehepaar Mann an der Zonengrenze
bei Lübeck (1955).

nach dem Ersten Weltkrieg in Düsseldorf. Die Erzählung schildert das Drama einer verblühenden Frau, Witwe eines Offiziers, der an der Front gefallen war, Mutter einer dreißigjährigen Tochter und eines erwachsenen Sohnes. Diese schöne und lebenslustige Frau, »die unter dem Erlöschen ihrer physischen Weiblichkeit« leidet, verliebt sich in einen jungen Amerikaner, der ihrem Sohn Englischunterricht erteilt. Dies verspätete Liebesabenteuer, das ›Wunder‹ wiederkehrender Jugend, findet ein überraschendes Ende: kurze Zeit nachdem die Witwe dem jungen Mann ihre Liebe gestanden hat, erleidet sie eine innere Blutung, und am Tag darauf stellt der Chirurg in der Klinik Magenkrebs fest. Ihre Leidenschaft war die Folge der Zerstörung des Körpers gewesen, und was sie als Auferstehung der Jugend angesehen, erwies sich als tödliche Krankheit.

Mit dem Motiv des ›Betrugs‹ durch die Natur nahm Mann in dieser Novelle, die er übrigens als ›problematisches Produkt‹ bezeichnete, den Faden seines großen Themas, der komplizierten Zusammenhänge zwischen Leben und Tod, wieder auf. Die Heldin der Erzählung gehört, neben Tony Buddenbrook und Lotte Kestner, zu den ›naiven‹ Frauengestalten, die zur enthusiastischen Anbetung der Natur und zu fast mystischem Entzücken am Leben neigen und sogar noch im Leiden oder Tod den Triumph unserer Existenz erblicken. »Anna«, sagt die Sterbende zur Tochter, »sprich nicht von Betrug und höhnischer Grausamkeit der Natur ... Ist ja doch der Tod ein großes Mittel des Lebens, und wenn er für mich die Gestalt lieh von Auferstehung und Liebeslust, so war das nicht Lug, sondern Güte und Gnade ...«[11]

Wenige Monate vor der *Betrogenen* war auch ein sehr umfangreicher, mehr als achthundert Seiten starker Essayband in Druck gegangen, *Altes und Neues.* Entsprechend dem Untertitel, *Prosa aus fünf Jahrzehnten*, enthielt der Band seit Jahrhundertbeginn entstandene literarische Skizzen, autobiographische Arbeiten, Vorworte, Besprechungen, offene Briefe und gesellschaftspolitische Schriften. Nach Erscheinen von *Altes und Neues* begab sich Mann für zehn Tage nach Rom, um von den Vertretern der Accademia Nazionale dei Lincei den internationalen Antonio-Feltrinelli-Preis entgegenzunehmen. Der Preis wurde ihm auf Vorschlag der Akademiemitglieder Prof. Bianchi Bandinelli (Siena) und Luigi Russo (Pisa) zuerkannt. »In dem offiziellen Dokument«, informierte der Dichter Frau Meyer, »das von Professor Francesco Flora (Mailand) verfaßt ist, heißt es, daß mit dem Preis nicht nur mein ›gewaltiges‹ literarisches Werk geehrt werden solle, sondern ganz besonders ›das seltene Beispiel eines erreichten *lebendigen* Humanismus, der geistig die Spaltungen unserer Zeit überragt und somit eine Weisung allen geistig Schaffenden gibt.«[12] Der Preis wurde im Rahmen eines festlichen Empfanges überreicht, an dem Manns italienische Verleger Einaudi und Mondadori teilnahmen.

Während seines Romaufenthaltes wurde Thomas Mann auch von Papst Pius XII. empfangen. »Den Papst zu besuchen«, schrieb er an Bermann-Fischer, »wenn ich schon einmal in Rom wäre, hatte ich mir gleich vorgenommen, und obgleich die Frist zur Erlangung einer Audienz sehr knapp war, ließ sie sich merkwürdigerweise, mit Hilfe der Akademie und eines Herrn vom ›Osservatore Romano‹(!) in wenigen Tagen arrangieren. Es war, nach langsamem Vorrücken durch die Vorzimmer, ein Gespräch unter vier Augen von einer kleinen Viertelstunde und für mich doch ein merkwürdiger und rührender Lebensaugenblick, vor der weißen Gestalt zu stehen, die so vieles vergegenwärtigt.«[13]

Der Italienbesuch wurde mit einem Ausflug in den kleinen Gebirgsort Palestrina abgeschlossen, wo der Dichter 1896 mit seinem Bruder »einen langen glutvollen, italienischen Sommer verbrachte«. Der Besuch im alten Haus erinnerte an die Jugendjahre, an das Schreiben der ersten Seiten der *Buddenbrooks* und den Beginn eines langen Weges, der sich nun allmählich seinem Ende näherte.

Zu Hause erwarteten ihn schon neue Einladungen, die ihn diesmal nach England führten. Anfang Juni begab sich Mann auf dem Luftweg nach London und von dort mit dem Auto nach Cambridge, wo er das Ehrendoktorat dieser Universität erhielt. In Cambridge waren Mann und Gattin Gäste von Sir Charles Darwin, dem Sohn des berühmten Naturwissenschaftlers. Auf der Rückreise machte Mann in Hamburg Station, eingeladen vom Intendanten des Norddeutschen Rundfunks, Ernst Schnabel, vom Rektor der Hamburger Universität, Prof. Bruno Snell, und vom Direktor der Goethe-Gesellschaft, dem Verleger Christian Wegner. Vor den Studenten der Universität las der Dichter einen Abschnitt aus *Felix Krull* vor; er leitete die Lesung mit einem kurzen Vortrag ein, der tiefen Eindruck auf die Zuhörer machte. In dieser Rede legte er die Gründe seiner Rückkehr nach Europa dar, sprach von den Eindrücken, die er in Deutschland empfangen hatte, und machte schließlich einige Bemerkungen über die Zukunft dieses Landes.

Noch vor der Abreise aus Hamburg empfing er Vertreter des Lübecker Senats, die ihm eine Einladung zum Besuch der Stadt überbrachten. Der Versuchung, seine Geburtsstadt wiederzusehen –

zum erstenmal seit 1931 –, konnte der Greis nur schwer widerstehen, und so ließ er sich denn zu einem Abstecher nach Travemünde und Lübeck überreden.

In die Schweiz zurückgekehrt, nahmen ihn Familienangelegenheiten in Anspruch. Frau Katja beging ihren siebzigsten Geburtstag. Er wurde im Züricher Hotel Eden au Lac abgehalten, gefeiert von der Familie und Freunden und mit einer Rede von Thomas Mann, der seiner Frau und Kameradin seine Dankbarkeit aussprach für die Aufopferung und die Liebe, die sie ein halbes Jahrhundert hindurch ihren Kindern und ihm erwiesen hatte.

Damals begann sich Mann nach einem neuen Haus umzusehen, denn die Villa in Erlenbach war zu eng und unbequem. Das Ehepaar erwog eine Zeitlang sogar, sich am Genfer See niederzulassen, entschloß sich am Ende aber doch, in der Nähe von Zürich zu bleiben. Im Januar 1954 fand sich schließlich etwas Passendes, und Mann erwarb ein Haus am Zürichsee, übersiedelte jedoch erst drei Monate später. »Das Haus in Kilchberg ist gekauft«, schrieb er an seinen Freund Georges Motschan, »und am 1. April wollen wir einziehen. Alte Landstraße Nr. 39. Ein hübsches Haus und meine definitiv letzte Adresse.«[14] »Wir sind froh«, teilte er Ludwig Marcuse mit, »wieder in einem eigenen Haus zu leben. Es liegt sehr hübsch überm See, ist geräumig und bequem. Mein Arbeitszimmer nimmt das californische Sofa wieder auf, in dessen Ecke ich große Teile des ›Faustus‹ und des ›Erwählten‹ schrieb.«[15] Die Villa war nicht so groß und stattlich wie das Haus in Pacific Palisades, doch sie wurde dem ergrauten Schriftsteller zum Heim, in dem er seine letzten, wolkenlosen Tage verlebte. »Er liebte sein Haus in Kilchberg«, schreibt Klaus Pringsheim, »ebenso die Berge und den See, den er überblickte, und auch die kleine Kirche mit dem Kirchhof, nicht weit von seinem Hause, wo er dann ja auch begraben wurde. Seine letzten Jahre in der Schweiz waren zufrieden und schaffensreich. Er setzte den *Felix Krull* fort, schrieb *Die Betrogene*, einen Essay über Tschechow und den *Versuch über Schiller*. Er feierte seine goldene Hochzeit im Februar 1955 und seinen 80. Geburtstag am 6. Juni desselben Jahres. Das waren glückliche und zufriedene Stunden für ihn, die das Wiedersehen mit vielen alten Freunden und Glückwünsche seiner Anhänger aus der ganzen Welt brachten.«[16]

Zugleich spürte er die Müdigkeit, der er jedoch nicht nachgeben wollte. »Meine Verfassung ist nicht die beste«, schrieb er an Emil Preetorius, »ein quälender Mangel an Energie beherrscht mich, meine produktiven Kräfte scheinen erschöpft. Am Ende ist das physiologisch, und ich sollte mich drein ergeben, wie Hesse machen, der sich entschlossen zur Ruhe gesetzt hat, hie und da ein Feuilleton, einen Rundbrief an seine Freunde schreibt und sich im Übrigen einen guten Abend macht. Aber ich verstehe mich nicht darauf, weiß nicht, wie ohne Arbeit die Tage verbringen und ringe nach Leistung, ohne Spannkraft zu finden, die sie ermöglicht.«[17]

Und doch arbeitete er weiter am *Krull*, befaßte sich sogar mit neuen Plänen. »An den Bekenntnissen des Felix Krull habe ich mich längst wieder müde geschrieben«, gestand er Kerényi. »Es ist genug Manuskript da, daß ich erst einmal einen ›I. Teil‹ abstoßen kann. Findet man diese Scherze allzusehr unter meinen Jahren, so fange ich noch etwas ganz anderes an – wobei mir immer wieder etwas vorschwebt wie die Ausführung der Achilleis als Prosa-Roman, nach Goethes psychologischen Absichten. Der dazu nötige Ratgeber wäre vorhanden.«[18]

Im Februar 1954 vollendete er schließlich den ersten Band des *Felix Krull*, der vierundvierzig Jahre lang Fragment gewesen war und es – wie er voraussah – für immer bleiben sollte. »So gebe ich jetzt das zum Roman-Band erweiterte Fragment des ›Felix Krull‹ heraus«, schrieb er an Preetorius, »als ›Ersten Teil‹ des Ganzen, und tue, als ob die Fortsetzung dieser Scherze unterwegs wäre, während doch von weiterem noch kein Wort auf dem Papiere steht und ich im Grunde weiß, daß ich das Unding nie zu Ende führen werde. Ich möchte auch eigentlich ganz anderes machen, Würdigeres, meinen Jahren Angemesseneres, aber die Kraft es anzugreifen, versagt sich, und mit unbeschreiblicher Selbstbeneidung denke ich an die Zeit des ›Faustus‹ zurück, als ich 70 war und obendrein krank, aber eben 10 Jahre jünger.«[19]

Die *Bekenntnisse des Hochstaplers Felix Krull* bilden eine Ausnahme in Thomas Manns Werk: erschienen alle anderen Werke nach sorgfältiger Bearbeitung und abgeschlossen, so wurde dieser Roman dreimal in Fragmenten aufgelegt – das erstemal 1923, mit dem Untertitel ›Buch der Kindheit‹, das zweitemal 1937 in Amsterdam als erweiterte Version, schließlich 1954 als ›Der Memoiren Erster Teil‹. Der Verfasser trug sich mit dem Gedanken, drei Bände zu schreiben, aber der Tod durchkreuzte diese Absichten. Das Thema hatte er nach der Vollendung von *Königliche Hoheit*, also 1910, aufgegriffen. Die Genesis des Romans umschließt somit mehr als vierzig Jahre.

Die Problematik des Buches formulierte Mann ziemlich getreu

im *Lebensabriß* von 1930: »Es handelte sich natürlich um eine neue Wendung des Kunst- und Künstlermotivs, um die Psychologie der unwirklich-illusionären Existenzform. Was mich aber stilistisch bezauberte, war die noch nie geübte autobiographische Direktheit, die mein grobes Muster mir nahelegte, und ein phantastischer geistiger Reiz ging aus von der parodistischen Idee, ein Element geliebter Überlieferung, das Goethisch-Selbstbildnerisch-Autobiographische, Aristokratisch-Bekennerische, ins Kriminelle zu übertragen.«[20]

Den Einfall zu diesem Roman lieferten die Memoiren des rumänischen Hochstaplers Georgiu Mercadente Manulescu, eines berühmten Abenteurers der Jahrhundertwende. Georgiu Manulescu, alias George Manolesco, alias George Mercadente, der sich auch als Fürst Lahovary oder als Fürst Otranto ausgab, gehörte seinerzeit zu den populärsten Figuren in Paris, London, Wien, Berlin, Nizza und Monte Carlo. Er brillierte in der vornehmen Welt, war Liebling schöner Frauen, ständiger Gast elegantester Vergnügungslokale und treuer Klient verschiedener Polizeibehörden Europas. Er ging von der Bühne ab als der größte Hochstapler der Epoche, als Falschspieler, Brillanten- und Perlendieb.

Die Ähnlichkeit zwischen Felix Krull und Georgiu Manulescu fällt ins Auge. Beide entstammen bürgerlichen Familien, verlassen in ihrer Jugend das elterliche Haus und suchen ihr Glück im Ausland. Beide sind jung, von hohem Wuchs und schlank, bezaubern durch Anmut, täuschen durch ihre Selbstsicherheit, ihre Dreistigkeit, üben einen hypnotischen Einfluß auf ihre Umgebung aus, vor allem auf Frauen. Sie sind in ehrliche Arbeit nicht gerade vernarrt und bringen fremdem Eigentum nicht grundsätzlich Ehrfurcht entgegen. Aber beide zeichnen sich durch Schlauheit und Intelligenz aus und verfügen schließlich auch über literarische Fähigkeiten: bei Georgiu ist es ein angeborenes Talent, Felix verdankt es Thomas Mann.

Damit hat jedoch die Analogie, notabene eine oberflächliche, ihr Ende – viel wesentlicher sind die Unterschiede zwischen ihnen. Mann stattete seinen Helden mit dem Zauber der Poesie und mit Wißbegierde aus, machte einen ›Künstler‹ aus ihm, einen Virtuosen des Betrugs, vertraute ihm eine große Rolle an, die Krull auch mit Phantasie spielt. Felix ist ein Hochstapler mit Prinzipien, ein Betrüger, der seine geistige Unabhängigkeit schätzt und das Leben von der ironischen Seite betrachtet. Der Rumäne ist ihm vielleicht an Bravour und desperatem Mut überlegen, in Phantasie und Gedankenflug erreicht er ihn nicht. Manulescu lebt dem Augenblick: heute kann er ein Vermögen machen, um es morgen zu vergeuden – bei Krull wird die Phantasie durch den Geist gestützt. Wenn Felix um die Gunst einer schönen Frau wirbt, ist er ganz Liebhaber, hält Manulescu hingegen eine schöne Frau in den Armen, dann sind seine Gedanken darauf gerichtet, wie er das Brillantenkollier von ihrem Hals entfernt. Georgiu ist ein Betrüger von Beruf, Krull ist Betrüger aus Berufung, er ist ein Künstler, der die Kunst gewissermaßen um der Kunst willen ausübt.

In den *Bekenntnissen des Hochstaplers* – ähnlich wie in den zwei vorangehenden Romanen – überläßt der Autor die Rolle des Erzählers einem andern, dem Helden der Erzählung. Die Form ist hier jedoch ein Novum in Manns Prosa. Der *Erwählte* hat den Charakter einer mittelalterlichen Chronik, die Geschichte Papst Gregors erzählt ein Mönch, der an den Ereignissen nicht beteiligt beziehungsweise in gewissem Sinne eine Gestalt ist, die außerhalb des Romans steht. *Doktor Faustus* hat die Struktur eines Tagebuchs, doch sein Inhalt betrifft nicht das Leben des Mannes, der das Tagebuch führt, sondern das seines Freundes, Adrian Leverkühns. Die *Bekenntnisse* sind der einzige Roman Thomas Manns mit rein ›autobiographischem‹ Charakter, fiktive Memoiren im klassischen Sinn dieser literarischen Gattung. Felix Krull, zutiefst überzeugt, daß seine Erlebnisse Ewigkeitswert für die Menschheit haben, erzählt sie seinen Lesern in der Gewißheit, daß sie ihm Sympathie und Nachsicht entgegenbringen. Der Hochstapler greift zur Feder als Vierziger schon und ›müde, sehr müde‹ und führt im ersten (und einzigen) Band seiner Bekenntnisse mit dem Bericht in sein zwanzigstes Lebensjahr zurück. Sein weiteres Schicksal kennen wir nicht, wir entnehmen nur einigen melancholischen Bemerkungen, daß er dann im Gefängnis saß und daß ihn das Glück, das ihm anfangs gnädig war, später verlassen hat. Der Aufenthalt hinter Gittern führte jedoch offenbar nicht zur Besinnung, seine Bekenntnisse weisen keine Spur von Reue auf.

Der Zweck der Bekenntnisse ist also ziemlich zweideutig, es fällt jedenfalls schwer, Bußfertigkeit darin zu erblicken oder auch nur den Wunsch nach Besserung oder nach Warnung des Lesers, er möge seinem Beispiel nicht folgen. Aus Krulls Munde spricht nicht der bekehrte Sünder, sondern ein Mensch, der mit sich zufrieden ist und ganz unter dem Zauber seiner Vergangenheit steht. Wenn Felix überhaupt etwas bedauert, dann höchstwahrscheinlich, daß er in Fallstricke geraten und Opfer von Mißgeschicken geworden ist, die ihn ins Gefängnis brachten. Wir vermuten sogar, daß eben jene Mißgeschicke, die er ungern andeutet, ihn bewogen haben, dieses Tagebuch zu schreiben. So soll denn das Wort ›Bekenntnisse‹ im Titel des Romans nicht allzu ernst genommen werden. Die vertraulichen Mitteilungen Krulls sind nicht von Reue oder vom Bewußtsein begangener Fehler getragen, sondern von dem Bedauern, daß die Zeit der Tollheiten vorüber ist. Krull beginnt mit der zweifelhaften Beichte seiner Sünden in einem Moment, wo er nicht mehr sündigen kann, und spricht von seinen Streichen mit Stolz und Befriedigung, obwohl er keine Mühe scheut, sein Leben in bestem Licht zu zeigen.

Thomas Mann bezeichnet den *Krull* einmal als Parodie auf die Autobiographien Rousseaus und Goethes, und vorher als Parodie auf den deutschen Bildungsroman. Vor seinem Erscheinen sagte er, der Roman gehöre »zum Typ und zur Tradition des Abenteuerromans, dessen deutsches Urbild der ›Simplicius Simplicissimus‹ ist«,[21] oder des Schelmenromans. Die *Bekenntnisse des Hochstaplers* parodieren somit die verschiedenen Abarten der Prosa des Barocks, der Aufklärung und der Klassik.

Doch der Roman ist nicht nur eine Parodie auf literarische Formen, sondern auch – und dies eigentlich vor allem – eine Parodie auf das Leben. Krull, ein Meister des Scheins, der mit den Menschen und der Welt spielt, nimmt unsere Existenz nicht ernst, stellt überhaupt die Möglichkeit der Existenz – jedenfalls der glücklichen Existenz – außerhalb der Sphäre der Illusion und des Betrugs in Frage. Dieser Hochstapler nimmt nur sich selber ernst, worin ihm allerdings sein Schöpfer nicht sekundiert. Der Spottvogel wird zum Gegenstand der Ironie des Verfassers. Felix legt in sein Tagebuch sehr viel Herz hinein, spricht von seinem Ehrgefühl und seinem Talent, von der Bedeutung seiner Lebensmission, aber Mann blickt auf das alles mit einem Augenzwinkern. Der Spötter wird zum Opfer des Spottes, die Parodie zum Gegenstand der Parodie.

Der Dichter verspottet – nein, dieses Wort ist vielleicht zu scharf: er desavouiert Felix Krull diskret auf zweierlei Weise. Erstens durch seinen Stil. Der Hochstapler schreibt in einem gesuchten, schwülstigen Stil und gebraucht oft Redewendungen, die schon recht abgestanden sind. Die Sätze sind geziert, geschraubt und von affektierter Eleganz, wie die Gäste im Restaurant des Pariser Hotels, in dem Krull einige Zeit als Kellner beschäftigt ist. Hochtrabende Worte wechseln oft mit vulgären ab, im allgemeinen aber ist Felix um eine gewählte Sprache bemüht. Diese Sprache des Schalks erinnert ein wenig an die Erzeugnisse seines Vaters: der Champagner aus der Fabrik von Krull sen. hatte ein farbenprächtiges und mit Ornamenten verziertes Etikett, aber es war gefälscht. Den zweiten parodistischen Effekt erzielt Thomas Mann durch den Kontrast zwischen dem Stil und dem Inhalt des Tagebuchs. Die rhetorische Meisterschaft Krulls, die vornehme Grandezza seiner Ausführungen bilden einen prachtvollen Rahmen – für gewöhnliches Glas, seine Betrügereien.

Felix Krull ist, wie die Helden der letzten Romane Manns, ein ›Erwählter‹, kein Dutzendmensch, sondern einer, der mit Individualität und mit Talenten sui generis begnadet ist. Das Lieblingskind des Himmels, als das der Betrüger sich selbst bezeichnet, wurde von der Natur mit Anmut, Schönheit, Intelligenz und Witz überhäuft. Der junge Mann hat eine ungewöhnliche Anpassungsgabe, die Fähigkeit, Sympathie und Vertrauen zu gewinnen, Imitationstalent, darüber hinaus hungert er nach Erlebnissen und nach Leben und betrachtet die Welt als eine »große und unendlich verlockende Erscheinung . . ., welche die süßesten Seligkeiten zu vergeben hat.«[22] Der Liebling des Schicksals hat auch von sich die allerbeste Meinung, er zweifelt nicht daran, daß er aus ›feinstem Holz geschnitzt‹ ist, und nimmt die Erfolge als einen ihm zustehenden, redlich verdienten Tribut entgegen.

Hochstapelei als psychologischer Zug der Größe – dieses Motiv tauchte bereits in *Joseph,* in *Lotte,* im *Faustus* und im *Erwählten* auf. Ein merkwürdiger Narzißmus, das Bewußtsein, über seiner Umgebung zu stehen, der Wunsch, eine ungewöhnliche Mission zu erfüllen, genährt von der Überzeugung, in der besonderen Gunst des Schicksals zu stehen – das sind die verschiedenen Grade und Erscheinungen des Hochstaplertums von Krulls Vorgängern; von Joseph, Goethe, Leverkühn und Gregorius. Ist aber dieses Hochstaplertum nur eine von vielen Eigenschaften jener Gestalten – und überdies durchaus nicht die wichtigste und auch nicht ausschlaggebend für ihren Charakter oder ihr Leben –, so wird dies im Falle Krulls zum Wesen seiner Existenz. Was für die andern ein Ausgangspunkt war, ist für diesen ein Ziel. Und noch etwas: ihr Hochstaplertum verbirgt wirkliche Größe. Bei Krull verbirgt es nichts, Felix kann nichts anderes als – wenn auch genial – die Rolle eines Hochstaplers spielen, darin besteht seine einzige Möglichkeit, sich im Leben zu ›verwirklichen‹.

Gewiß, geniales Hochstaplertum, besonders wenn es nicht zum zynischen Wunsch nach Gewinn und Schädigung anderer führt, repräsentiert ebenfalls Größe, wenn auch negative, nicht schöpferische, sondern betrügerische und banale Größe. Und wirklich haftet den Anfängen Krulls – seinem Elternhaus, seiner Umgebung – der Geruch des Banalen an. Felix ist, wie Hanno Buddenbrook, der letzte Nachkomme eines erlöschenden Geschlechts. Hat jedoch der Verfall der Buddenbrooks den Charakter des Tragischen, so gemahnt das Ende der Krulls an eine Groteske. Der Vater, ein lustiger und sorgloser Trinker, ein provinzieller Casanova, der Gouvernanten verführt, treibt die minderwertigen Champagner erzeugende Fabrik in den Ruin, zu einem entscheidenden Schritt in seinem Leben bringt er es ein einziges Mal, nämlich als er es mit einem Pistolenschuß beendet. Felix' Schwester wird nach dem Tode ihres Vaters eine unbedeutende Operettensängerin, die Mutter wird vom Hochstapler selbst als Frau »von wenig hervorragenden Geistesgaben« beschrieben. Und dann ist da noch der Freund des Hauses, der Maler Schimmelpreester, Schöpfer geschmackloser Landschaftsbilder und der Etiketten für den Champagner der Firma Krull. Diese Menschen haben alle auch ihren entsprechenden Rahmen: die Villa Krull, die am Ende unter den Hammer kommt, ist mit ebenso anspruchsvollen wie häßlichen Möbeln ausgestattet.

In diesem Reich des Kitsches und des Banalen wächst der Liebling eines Glückes auf, das immer, wie von Felix' Anmut, Beredsamkeit und lebhaftem Geist angezogen, rechtzeitig auftaucht. Doch Felix' Erhöhung erfolgt nicht durch den Willen des Teufels (Leverkühn) oder Gottes (Gregor), nicht auf Gebot des schöpferischen Genius (Goethe) oder des mythischen Schicksals (Joseph), sondern kraft der Begabung zum Betrug. Krull ist ein Schelm und ein Glückskind.

Die Laufbahn des Hochstaplers beginnt früh, in seiner Kindheit, und recht unschuldig: mit dem Stehlen von Zuckerwerk. Später, als Felix heranwächst, gelingen ihm größere Funde. Auf der Reise nach Paris wird er zum – freilich illegalen – Besitzer des Schmucks der ihm unbekannten Frau Houpflé, Schriftstellerin und Gattin eines elsässischen Fabrikanten von Klosettmuscheln. Dieser Erfolg kostet ihn übrigens keine große Anstrengung, bei der Zollabfertigung, als die Zollbeamten den Flitterkram der exaltierten Dame aus dem Koffer herauswerfen, gleitet ›unversehens‹ ihre Saffianschatulle mit dem Schmuck zu Felix' Koffer. Den Höhepunkt seiner Hochstaplerkarriere erreicht Krull in Paris, wo er den Marquis de Venosta aus Luxemburg kennenlernt, einen jungen Mann, der sich in eine Pariser Soubrette vernarrt hat und das väterliche Geld durchbringt. Die Eltern des Marquis wollen eine Mesalliance verhindern und beschließen, den Sohn auf eine Weltreise zu schicken – und ebendieser Einfall ist das Glückslos, das der Betrüger zieht. Der verliebte Venosta vertauscht seine ›Identität‹ mit Krull, um sich nicht von der Soubrette trennen zu müssen. Felix, mit den Dokumenten und Kreditbriefen des Luxemburgers ausgestattet, reist als Marquis Venosta nach Lissabon, der wirkliche Venosta bleibt als Felix Krull in Paris. Die Abenteuer des Hochstaplers in Portugal bilden den Inhalt des letzten Teils des Romans.

Es ist nicht so einfach, Krull den gewöhnlichen Betrügern zuzuzählen. Er selbst läßt nicht einmal den Gedanken an derlei zu und sträubt sich gegen das ›armselige Wort‹ Diebstahl. Als er die Geschichte vom Diebstahl der Süßigkeiten erzählt, argumentiert er: nicht der Inhalt und die Form des Handelns qualifizierten eine Tat, sondern die Person, die die Handlung ausführe. Denn Felix Krull unterliege anderen Gesetzen als ein gewöhnlich Sterblicher; was sich darin zeige, daß er ganz berauscht war, als er, zu Hause angelangt, die in buntes Stanniolpapier eingewickelten Pralinés auf dem Tisch ausbreitete. Nicht Freude an ihrem Geschmack, so erinnerte er sich, war es, was ihn erfüllte, sondern »der Umstand, daß sie mir als Traumgüter erschienen, die ich in die Wirklichkeit hatte hinüberretten können.«[23] Und daher ist es nicht die Gewinnsucht, sagt er sich, sondern die Intensität des Erlebnisses, nicht Gier, sondern Freude am Spiel, das ihn auf ›Seitenpfade‹ führt. Recht sonderbar erklärt er auch den Diebstahl des Schmucks: »Das war mehr ein Geschehen als ein Tun, und es geschah ganz unterderhand, nebenher und heiter mir unterlaufend, als Produkt, sozusagen, der guten Laune, die mein beredtes Wohlverhältnis zu den Autoritäten (d.h. den Zollbeamten) des Landes mir erregte.«[24]

Der Hochstapler erprobt also seine Suggestivkraft nicht nur an seinen Opfern, sondern auch an den Lesern. Eine andere Sache ist es, daß zu seiner Verteidigung nicht unwesentliche Umstände anzuführen wären. Erstens sind seine finsteren Streiche nicht das Ergebnis kalter Berechnung, sondern glücklicher Zufall, verlockende Gelegenheiten, die sich stets von selbst darbieten. Ihn ziehen auch nicht Betrügereien an, die jenen Scharfsinn erfordern, mit dem jeder erstbeste Schwindler ausgestattet ist, nein, er vollführt Kunst um der Kunst willen, ihn lockt das Abenteuer, das die Phantasie befriedigt und ›künstlerische‹ Ekstase erzeugt. Felix ist nur dann in seinem Element, wenn das Risiko den Einsatz von Phantasie und höchster Kunst erfordert. »Nach meiner Theorie«, sagt er, »wird jede Täuschung, der keinerlei höhere Wahrheit zugrunde liegt und die nichts ist als bare Lüge, plump, unvollkommen und für den erstbesten durchschaubar sein.«[25]

Zweitens fügen die Betrügereien des Hochstaplers niemandem wirklichen Schaden zu, im Gegenteil, sie erfreuen die Betrogenen. Der Rollenwechsel mit Venosta erfolgt auf Bitte und zur größten Zufriedenheit des Marquis. Ähnlich steht die Sache mit Madame Houpflé, der Felix ein zweites Mal im Pariser Hotel begegnet, wo er den Lift bedient. Der Hochstapler wird zum Gelegenheitsliebhaber der Bestohlenen und erzählt ihr von jenem unglückseligen Vorfall bei der Zollkontrolle. Die in Leidenschaft entbrannte und mit Liebkosungen beglückte Schriftstellerin schenkt ihm als Anerkennung seiner diebischen und erotischen Fähigkeiten den Rest ihres Schmucks. Felix bezeichnet sich nicht ohne Grund als Fachmann, »vom Fach im allgemeineren, vom Fach der Wirkung, der Menschenbeglückung und -bezauberung«.[26] Der Hochstapler ist ein ›Vorzugskind des Himmels‹ auch in jenem Sinne, daß er die Menschen beglückt, die ihm über den Weg kommen, obzwar er dies freilich nicht nur zu dem Zwecke tut, um ihnen die größte Freude zu bereiten. Er selbst kommt nicht schlecht weg dabei, da ihm das Leben mit gleicher Münze zurückzahlt. Am Ende des Romans verfügt der Schlaukopf über ein ansehnliches Konto beim Credit Lyonnais, stolziert mit dem Titel eines Marquis einher, wird vom König von Portugal in Privataudienz empfangen und lockt ihm mit seiner bezaubernden Beredsamkeit einen hohen Orden heraus.

Madame Houpflé, in Entzücken geraten über Felix' schöne Formen, vergleicht ihn im Augenblick der Ekstase mit Hermes, dem Gott der Diebe, von dessen Existenz Krull, der dem Unterricht abgeneigt war, bisher nichts gewußt hat. Doch Hermes war nicht nur der Gott der Betrüger, sondern auch der Erfinder der Lyra, die er aus der Haut der Schildkröte herstellte und Apollon schenkte, um ihn für die gestohlene Herde zu versöhnen. Krull, der unter der Flagge des pfiffigsten aller Götter segelt, hat dies und jenes mit der Kunst gemein, vor allem mit der Schauspielkunst, die mit dem Hochstaplertum insofern verwandt ist, als auch sie auf Maskerade beruht und darauf, etwas anderes darzustellen, als man in Wirklichkeit ist.

Das Geheimnis von Krulls Künstlertalent liegt in seiner Phantasie. Sie hilft ihm, sich durch verschiedene Rollen, die er im Leben spielt, von der Wirklichkeit und der eigenen Existenz zu befreien. Und in der Verwandlungskunst übt sich der Hochstapler von Kindheit an. Als kleiner Junge spielt er den ›Kaiser‹ und nimmt ergriffen die Huldigung der Erwachsenen entgegen, die von seiner Rolle belustigt sind, und mit zehn Jahren vollführt er bereits ein Meisterwerk der Schauspielkunst: in einem Kurort produziert er sich als Geiger des Kurorchesters, indem er mit einem eingefetteten Bogen über die stummen Saiten streicht. Felix imitiert das Violinspiel so geschickt, daß die Zuhörer das ›Wunderkind‹ mit donnerndem Beifall bedenken. In der Schule kann der Knabe bereits die Unterschrift des Vaters fälschen und Krankheiten simulieren – um sich nicht mit dem Unterricht zu übermüden. Und als er vor der Musterungskommission steht, ist er schon ein vollendeter Schauspieler: mit ungewöhnlichem Geschick erreicht er die Befreiung vom Militärdienst, indem er den Ärzten suggeriert, daß er an »epileptoiden Zufällen, sogenannten Äquivalenten« leide. Sein Spiel beruht darauf, daß er sich als Gesunden ausgibt, der unbedingt in der Armee dienen will, doch die preußischen Ärzte lassen sich nicht betrügen und befreien den kerngesunden jungen Mann vom Dienst.

Das Fundament von Krulls Dasein ist also die Fähigkeit zur ständigen Verwandlung, die unbegrenzt aus einer Phantasie schöpft, die sich ihre imaginäre, eigene Wirklichkeit schafft. Der Hochstapler fühlt sich ausgezeichnet in jeder Rolle, nur nicht in der eigenen Haut, immer ist er ein anderer, nie er selbst, ein Proteus, für den das Leben zum Spiel, zum Wechsel der Formen wurde. Eine sehr seltsame Rechtfertigung seiner Existenz findet Krull, nun schon Pseudomarquis Venosta, im Gespräch mit dem Lissabonner Paläontologen Prof. Kuckuck, den er durch Zufall im Zug von Paris nach Lissabon kennenlernt; es ist eine der schönsten Episoden des Romans. In der Geschichte der Organismen, von dem Gelehrten sehr lebhaft vorgetragen, entdeckt der Hochstapler auch für sich einen Platz, denn sie spricht von der Vergänglichkeit der Formen und dem episodenhaften Charakter aller Erscheinungen, ähnlich den Bühnenrollen, die beginnen beziehungsweise aufhören mit dem Aufflammen und Auslöschen des Rampenlichts. Die Natur, stellt Felix mit Erstaunen und Befriedigung fest, hat ihn nicht vergessen und nicht sein stetes Wechseln der Rollen, denn schließlich ist »der ganze Kosmos«, wie der Portugiese ihn belehrt, Vergänglichkeit und Metamorphose, eine Episode »zwischen Nichts und Nichts.«

Felix findet die Billigung seines Lebens nicht nur in der Geschichte des Weltalls, sondern – was für ihn als Künstler und gleichzeitig Betrüger von noch größerer Bedeutung ist – auch in der Geschichte der Kunst, die kein allzu großes Gewicht auf das Bündnis zwischen künstlerischem Talent und Moral legt. Die Grenze zwischen Künstler und Verbrecher war in Manns Werk schon immer ziemlich fließend. Im *Faustus* formuliert der Teufel dieses Prinzip mit den Worten, der Künstler sei der Bruder des Verbrechers und des Wahnsinnigen. Ähnlich, wenn auch auf unterhaltsame Art, räsoniert der Maler Schimmelpreester, verwundert darüber, daß die Leute vom Künstler außer dem Talent auch noch Ethos verlangen. Der Freund der Krulls beruft sich dabei auf Phidias, den Bildhauer »von mehr als durchschnittsmäßigem Talent«, der im Gefängnis starb, verurteilt wegen Diebstahls von Gold und Elfenbein, die für eine Zeusstatue bestimmt waren. »Eine auffallende Mischung«, ist die Schlußfolgerung des Malers. »Aber so sind die Leute. Sie wollen wohl das Talent, welches doch an und für sich eine Sonderbarkeit ist. Aber die Sonderbarkeiten, die sonst noch damit verbunden sind, die wollen sie durchaus nicht und verweigern ihnen jedes Verständnis.«[27]

Krull hat sich über Mangel an Erfolgen nicht zu beklagen, aber er weiß auch, daß jeder Erfolg verdient werden muß, denn die wahre Kunst ist nicht ein bloßes Geschenk der Phantasie, sondern auch die Frucht der Selbstdisziplin. Der Hochstapler ist immer von Fallen umgeben, von wachsamen Augen und Ohren; eine kleine Unvorsichtigkeit kann zur Katastrophe führen, und nur ständige Vorsicht, rasche Auffassung und Geistesgegenwart können diese verhindern. Als der Hochstapler in der Rolle Venostas seine Weltreise antritt, muß er mehr Marquis sein als der Marquis selbst, denn dieser verdankt alles seiner Geburt, seiner Erziehung, seinem Reichtum und kann es sich sogar leisten, von den aristokratischen Regeln abzuweichen, während er, Krull, den Adel von seiner Phantasie empfängt und seine Umgebung als vollendeter Aristokrat beeindrucken muß. Es genügt also nicht, Betrüger zu sein, man muß ein Virtuose des Betruges sein, Meister ›aller Künste‹, angefangen von der Kunst der Beredsamkeit bis zur Kunst der Liebe. Darauf beruht jene »Kunst des Lebens«, von der Felix als von einer »kriegerischen Strenge« spricht, als von einer Mission gewissermaßen, die Freude und Mühsal kennt und die eine undankbare Mission ist, weil sie mit einer Gesichtsmaske ausgeführt wird, im Schatten der Anonymität.

Seiner Berufung kann Krull nur treu bleiben, wenn er ein freier Mensch bleibt, was wiederum Opfer erfordert. Eine Bedingung dieser Freiheit ist die Einsamkeit, die Krull übrigens mit vielen von Manns ›Erwählten‹ teilt. Mit ihnen gehört er zum Kreis der »anderen«, der Ausgestoßenen – auf jenen lastet der Fluch der Kunst, des

Intellekts, der Idee, auf ihm die Bürde des Betruges. Tonio Kröger und Gustav Aschenbach sind Bürger mit unreinem Gewissen, Menschen mit einem Januskopf – und auch Krull führt ein Doppelleben, er ist, wie er sagt, ›verkleidet‹ und pflegt seine eigenen Wege zu gehen. Die Versuchungen des Lebens, das ihm Fesseln anlegen will, sind groß, doch Krull weiß, daß es ihm nicht gestattet ist, sich mit der Welt zu verbinden. Darum verwirft er auch ohne Überlegung den Antrag des ›blonden Dings‹, Tochter eines englischen Fabrikanten, das besinnungslos in ihn verliebt ist, und die Bitte des schottischen Lords (er lernt beide als Kellner des Hotelrestaurants kennen). Das Mädchen fleht Krull an, mit ihm davonzulaufen, und versichert ihm (nicht zu Unrecht), daß der Vater sich dann schon erweichen lassen werde, und der Schotte will ihn adoptieren und zu seinem Erben machen. Doch das wäre Verrat an sich selbst. »Die Hauptsache war«, folgert der Hochstapler, »daß ein Instinkt, seiner selbst sicher, Partei nahm in mir gegen eine mir präsentierte und obendrein schlackenhafte Wirklichkeit – zugunsten des freien Traumes und Spieles, selbstgeschaffen und von eigenen Gnaden, will sagen: von Gnaden der Phantasie.«[28]

Um ebendiese Unabhängigkeit zu garantieren, nimmt der Hochstapler, von Natur aus die Antithese des Bürgerlichen, zunehmend bürgerliche Tugenden an. Nachdem er den Schmuck der Frau Houpflé zu Geld gemacht hat, verschwendet er es nicht, sondern deponiert es in der Bank wie ein vorsorglicher Mann, um Bewegungsfreiheit zu haben. Er bleibt also weiter bei seinem Lift, zumal »es nicht des Reizes entbehrte, diese Figur auf einem geheimen pekuniären Hintergrunde abzugeben.«[29] So geht ein Rollentausch vor sich: Krull ist ein Reicher, der sich als Liftjunge ausgibt. »Der Junge«, sagt Mann über seinen Helden, »von der Natur sehr freundlich ausgestattet, sehr hübsch, sehr gewinnend, ist eine Art von Künstlernatur, ein Träumer, Phantast und bürgerlicher Nichtsnutz, der das Illusionäre von Welt und Leben tief empfindet und von Anfang an darauf aus ist, sich selbst zur Illusion, zu einem Lebensreiz zu machen. Verliebt in die Welt, ohne ihr auf bürgerliche Weise dienen zu können, trachtet er danach, sie wiederum verliebt zu machen in sich selbst, was ihm kraft seiner Gaben auch wohl gelingt.«[30]

Der letzte, fragmentarische Roman Manns verwirklicht also das Prinzip der Harmonie zwischen Geist und Materie, Gedanken und Leben. Bisher bestand ein Widerstreit zwischen diesen beiden Sphären. Die Mannschen Künstler, Fanatiker der Wahrheit, der Idee, des Schönen fühlten sich nicht wohl in der Welt, die sie umgab. Um sich der Kunst oder ihrer Mission hinzugeben, mußten sie dem Leben untreu werden, sich von ihm entfernen, der Einsamkeit zu. Sie bezahlten diese Flucht mit Unruhe, Verirrung, Sehnsucht nach dem Leben oder Abscheu gegen diese, jenem Abscheu, von dem Tonio Kröger sagt, er sei nichts anderes als vergiftete Liebe. Wer einmal den ›Todeskuß der Schönheit‹ (*Tristan*) empfangen hat, ist für das Leben gestorben. Dieser Konflikt hat in Manns Werk viele Verwandlungen erfahren, und die *Bekenntnisse des Hochstaplers Felix Krull* sind sein letzter – ein parodistischer – Versuch einer Lösung.

Krull gelingt, was keinem seiner Vorgänger gelang: er erobert das Glück, liebt das Leben und wird von ihm geliebt. Nur Krull versöhnt die Gegensätze: die Notwendigkeit der Einsamkeit mit der Sehnsucht nach der Welt, den »großen Zug in das Leben und die Liebe« mit der »kriegerischen Strenge«, die von der Meisterschaft der Illusion gefordert wird. Felix betrachtet das Hochstaplertum als höhere Mission – und erfüllt sie. Doch das letzte Lächeln Thomas Manns ist ein ironisches. Krull versöhnt sich mit der Welt und mit sich selbst – dank dem Betrug. Das Glück, das er gewinnt, ist erschwindelt. Es ist das Glück des Phantasten, dessen Talent und Vorstellungskraft keine dauerhaften Täuschungen der Kunst schaffen, sondern ein zartes Spinngewebe aus Betrug, das jeder Windhauch zerreißen kann. Ob sich also sein Sieg gar so sehr von den Niederlagen seiner Vorgänger unterscheidet? Diese Frage bleibt offen, und es ist kaum möglich, zu sagen, ob wir die Antwort darauf in den Bänden, die nicht geschrieben wurden, gefunden hätten.

Zeit des Abschieds

Die *Bekenntnisse des Hochstaplers Felix Krull* erschienen im August 1954. Nach Vollendung des Romans fuhr der Dichter für einige Wochen nach Sizilien. Der Aufenthalt auf der Insel – Mann verbrachte den größten Teil der Zeit in Taormina – tat ihm sehr gut, die Arbeit an dem Buch hatte ihn viel Kraft gekostet. Auf dem Rückweg besuchte er Rom und Florenz, wo seine Tochter Elisabeth Borgese lebte, die ein Jahr zuvor Witwe geworden war. Anfang März war er wieder in der Schweiz. Während seiner Abwesenheit war die Kilchberger Villa in Ordnung gebracht worden. Seine erste Arbeit in seinem neuen und letzten Haus war das Essay *Heinrich von Kleist und seine Erzählungen*, das als Vorwort zu einer amerikanischen Ausgabe der Kleistschen Novellen gedacht war.

Am 6. Juni beging Thomas Mann seinen neunundsiebzigsten Geburtstag. »Der gestrige Tag ist unter Blumen und einem süßen Regen von Briefen und Telegrammen aufs freundlichste vergangen«, schrieb er an Erika, »ein schwacher Vorgeschmack doch nur des närrischen Trubels, der sich nächstes Jahr erheben wird, und dem ich mit einigem Bangen entgegensehe.« Er sprach auch von Zukunftsplänen. »Mir schwebt etwas vor wie eine kleine Charaktergalerie aus der Reformationsepoche, Momentbilder von Luther, Hutten, Erasmus, Karl V., Leo X., Zwingli, Münzer, Tilman Riemenschneider, und wie da das Verbindende der Zeitgenossenschaft und die völlige Verschiedenheit der persönlichen Stand- und Blickpunkte, des individuellen Schicksals, bis zur Komik, gegen einanderstehen.« Doch das waren nur Pläne. »Von einer eigentlichen Konzeption«, lesen wir weiter, »kann (noch) gar nicht die Rede sein, ich studiere manches, weiß aber nur undeutlich, was ich will, und denke manchmal, ich habe überhaupt vergessen, wie man etwas angreift und zustande bringt, mit anderen Worten: das Talent oder doch die Energie, es spielen zu lassen, sei mir ausgegangen – ein scheußliches Gefühl, denn ohne Arbeit, das heißt ohne tätige Hoffnung, wüßte ich nicht zu leben.«[1]

Am Ende verwarf Mann dieses Projekt und wandte seine Aufmerksamkeit nur einer der genannten Gestalten zu, nämlich Martin Luther, der ihn von früher Jugend an besonders interessiert hatte. In dieser Zeit begann er an einem Stück zu schreiben, *Luthers Hochzeit*, an dem er bis zu seinem Tode arbeitete. Doch es war ihm nicht gegeben, das Werk fertigzustellen, in seinen Papieren fanden sich nur vierzig Manuskriptseiten und eine Menge Notizen. »Die Notierungen – all diese Excerpte, Hinweise, Vermutungen, Konklusionen, historischen Namen, Daten und Fakten«, erinnert sich Erika Mann in *Das letzte Jahr*, »sind vielfach rot unterstrichen, ein Bild leidenschaftlich schürfenden Fleißes, das einen gewissen Begriff gibt, wenn auch nicht von dem geplanten Stück, so doch scheint mir, von der Einkreisungstaktik, mittels derer (wie im Falle von ›Lotte in Weimar‹) der Dichter seinen Helden zu ›stellen‹ und dingfest zu machen plante.«[2]

Der Traum vom Theater erfüllte sich nicht. »Das Theater«, schreibt die Tochter über den Vater, »er hat es sein Leben lang geliebt und immer gehofft, seinen Forderungen eines Tages gerechter werden zu können, als der Neunundzwanzigjährige dies vermochte, der ›Fiorenza‹ schrieb. Wieviel und mit welcher Hingabe an jeden Augenblick hatte er seither gesehen! Wie genau er sie alle beobachtet, die Diener und Bevollmächtigten des Theaters, und war ihren Wirkungen auf den Grund gegangen, – auch und besonders denen der Dramatiker. Wie man ein handfestes Stück zimmert, er meinte es endlich zu wissen.«[3] Hat er es wirklich gewußt? Es ist eher anzunehmen, daß es ihm bis ans Ende nicht gelungen ist, den Zauberstab zu finden, der das Tor zum Theater öffnet. Sein Element war und blieb die erzählende Prosa.

Im Sommer überwand er seine Apathie und Ermüdung und begann mit der Arbeit an zwei Essays: über Tschechow und über Schiller. Das erste Werk, abgedruckt im Dezember 1954 in der Monatsschrift *Sinn und Form*, entstand anläßlich des fünfzigsten Todestages Tschechows. Waren in den vorhergegangenen literarischen Essays, besonders in jenen über Tolstoi, Goethe und Fontane, autobiographische Züge deutlich, so hatte die Arbeit über den Autor des *Kirschgarten* »kaum verhüllten Bekenntnischarakter«,[4] wie Erika Mann meinte. Im Porträt des russischen Schriftstellers betrachtete sich Thomas Mann wie in einem Spiegel, er legte den Nachdruck auf Tschechows ironische Beziehung zur Welt, auf seinen Skeptizismus, aber auch auf sein gesellschaftliches Engagement, den Unglauben an das Schöpferische seiner eigenen literarischen Tätigkeit, auf seine Ausdauer und seinen ungewöhnlichen

Fleiß, der fast an Selbstverleugnung grenzte. »Ich will aussprechen«, schloß Mann seine Betrachtungen, »daß ich die Zeilen hier mit tiefer Sympathie geschrieben habe. Dies Dichtertum hat es mir angetan. Seine Ironie gegen den Ruhm, sein Zweifel an Sinn und Wert seines Tuns, der Unglaube an seine Größe hat von stiller, bescheidener Größe so viel. ›Unzufriedenheit mit sich selber‹, hat er gesagt, ›bildet ein Grundelement jeden echten Talents.‹ In diesem Satz wendet die Bescheidenheit sich denn doch ins Positive. ›Sei deiner Unzufriedenheit froh‹, besagt er. ›Sie beweist, daß du mehr bist als die Selbstzufriedenen, – vielleicht sogar groß.‹ Aber an der Aufrichtigkeit des Zweifels, der Unzufriedenheit ändert er nichts, und die Arbeit, die treue, unermüdliche Arbeit bis ans Ende, in dem Bewußtsein, daß man auf die letzten Fragen ja doch keine Antwort wisse, mit dem Gewissensbiß, daß man den Leser hinters Licht führe, bleibt ein seltsames Trotzdem.«[5]

Die Vorbereitungen zum anderen Essay, dem *Versuch über Schiller*, begann Mann im Hinblick auf den 150. Todestag des Dichters, der in das nächste Jahr fiel: er sollte aus diesem Anlaß in beiden deutschen Staaten Reden halten. Die Rede, die zwanzig Seiten stark werden sollte, wuchs sich zu einer großen Abhandlung aus. »Die Arbeit am ›Versuch über Schiller‹ ging weiter«, schrieb Erika, »oder vielmehr waren es die Vorarbeiten, die meinen Vater noch immer beschäftigten, und von denen er sich so bald nicht losreißen würde. Er las, excerpierte, versenkte sich mit wahrer Leidenschaft – nicht nur in alles –, was Schiller je geschrieben, erlebt und geplant, sondern überdies in alles dem Gegenstand irgendwie Benachbarte oder damit Befaßte. Am Ende waren es mehrere Bücher, die er hätte schreiben mögen. Und was, unter Schwierigkeiten, wie er sie nicht oft gekannt, langsam Gestalt annahm, – die Schrift, der ›Versuch‹, umfaßte 120 Schreibmaschinenseiten, statt der 22, die für den Vortrag das Maximum darstellten. Schiller stand ihm nahe, – hatte dies von jeher getan. Und nichts, – beinahe nichts – hätte es ihn gekostet, ohne jede ad-hoc-Lektüre, frei aus dem Stegreif ein Stück Arbeit hinzulegen, mit dem er sich durchaus hätte hören lassen können, in Stuttgart wie in Weimar. Er wollte nicht, – konnte wohl gar nicht wollen. Der *ganze* Schiller mußte es sein!«[6] Zu Weihnachten war das Essay fertig, und es blieb nur noch die Kurzfassung herzustellen, die für ein einstündiges Referat geeignet sein würde. Diese Arbeit machte Erika.

Die Vorbereitungen zum Schiller-Jubiläum erstreckten sich in das Jahr 1955 hinein – das letzte Lebensjahr Thomas Manns. Im

März erhielt der Dichter einen Brief aus Lübeck von Hermann Lange, einem ehemaligen Schulkollegen, einem der wenigen, die noch am Leben waren. Der Brief weckte die Erinnerung an die Geburtsstadt und die Jahre der Jugend. Doch er brachte auch zum Bewußtsein, daß seither schon fünfundsechzig Jahre verflossen waren. Der Weg, dessen Beginn plötzlich aus der Dämmerung aufgetaucht war, näherte sich langsam seinem Ende.

»Alt sind wir geworden«, schrieb Mann an Lange zurück, »was mich betrifft ganz unerwartet alt. Wie weit liegen Kindheit und Jugend zurück nebst dem Blick, den Du erwähnst, von meinem Schülerzimmer auf den Garten mit dem Springbrunnen und dem alten Walnußbaum, der in meinen ersten kindlichen Gedichten eine Rolle spielte. Alles oder fast alles ist weggestorben, denn lange leben heißt viel überleben, und beinahe allein ist man aus der Jugendzeit übrig geblieben, ein entlaubter Stamm. So gut wie niemand ist noch da, mit dem zusammen man sich an das Frühe und Frühste erinnern, das ›Weißt du noch?‹ tauschen könnte.«[7]

Und doch, obwohl müde, suchte er keine Erholung. Sogar in diesem letzten Jahr kannte er kein Ausruhen, obwohl Verwandte und Freunde ihm zuredeten, seine Kräfte zu sparen. Wie eh und je nahm er Einladungen zu Vorträgen an, besuchte Europas Hauptstädte, sprach und las aus seinen Werken in großen Theater- und Konzertsälen. Er liebte es, das Publikum mit Worten zu faszinieren. Er habe etwas vom Virtuosen und Schauspieler in sich, sagte er als Achtundsiebzigjähriger. Erika erinnert daran, daß ihr Vater, in Gesellschaft eher kühl, lebhaft wurde, sobald er einer Zuhörerschaft gegenüberstand. »Im übrigen«, schreibt die Tochter, »geschah dies, der ›Welt‹ gegenüber, nur auf dem Podium. Wer ihn gehört hat, weiß, daß er sprach und vorlas, als sei er zu nichts anderem geboren. Alles ›wirkte‹; jede Pointe ›saß‹; jeder ›Lacher‹ kam; und die ergriffenste Stille herrschte, wann immer der Mann auf dem Podium dies so wollte.«[8] Der Schriftsteller war sich seiner hypnotischen Wirkung auf das Publikum bewußt. » ›Denn im Salon‹, fügte er hinzu, machte ich eine ganz farblose, langweilige Figur; auf dem Podium, dagegen, bin ich eine ›*magnetische Persönlichkeit*‹.«[9]

Thomas Mann trat im Glanze höchster Ehrungen von der Bühne ab. In den letzten Monaten seines Lebens besuchte er anläßlich des Schiller-Jubiläums beide deutschen Staaten, mit Ergriffenheit willkommen geheißen, mit Huldigungen überschüttet, wie gekrönte Häupter sie sich kaum erträumen. Zu seinem achtzigsten Geburtstag kamen Glückwünsche der intellektuellen Elite der Welt, und die

Unzahl seiner Auszeichnungen und Ehrendoktorate vermehrte sich um neue Ehrungen und Titel. Das Jahr des Abschieds war das Jahr des Triumphes. »Ihm ist der Tod gnädig gewesen«, schrieb Erika Mann, »und schon sein Todesjahr war durchglänzt und erwärmt von der Gnade, derselben, die Joseph's Teil war, sein Leben lang; die den ›Erwählten‹ krönte und die endlich auch ihm gewährt wurde, weil er treu gewesen und sich ganz erfüllt hatte. Die Gnade war spürbar. Wer immer ihn gesehen hat, gegen Ende, wer in Stuttgart dabei war oder in Weimar; in Lübeck, Kilchberg oder Zürich; in Amsterdam oder im Haag, hat sie gespürt, die Helligkeit, die von ihm kam und die jede seiner Wirkungen bestimmte. Er war – man weiß es – ein vorzüglicher Sprecher, ein Könner von hohen Graden. Doch weder durch Talent noch Können noch durch die Summe beider erklärt sich die ungemeine Ergriffenheit, die er auslöste, besonders in der letzten Zeit. Was da die Menschen berührte und sie fast ausnahmslos für sich einnahm, war die Persönlichkeit mit ihren Rätseln, deren tiefstes und höchstes im Falle dieses Achtzigjährigen nicht anders zu benennen ist als ›Gnade‹.«[10]

Das Jahr begann mit einem Mißgeschick, einer schweren Virusinfektion, deren man jedoch in wenigen Tagen im Krankenhaus von Chur Herr wurde, so daß der Dichter ungehindert seine goldene Hochzeit feiern konnte. Das Ehepaar beging das Fest still und bescheiden. »Morgen, den 11. Februar«, schrieb er, »begehen Katja und ich den Tag unserer Goldenen Hochzeit – in aller Stille. Erika, Golo und Medi Borgese finden sich dazu ein, aber wir bleiben ganz unter uns und machen kein Aufhebens von dem Tage, der übrigens derselbe ist, an dem wir vor 22 Jahren München verließen, nicht ahnend, daß wir nicht wiederkehren würden.«[11]

Im März und April wurde er mit Ehrungen überhäuft. Seine Geburtsstadt ernannte ihn zum Ehrenbürger und die Deutsche Akademie der Künste in Berlin (DDR) zu ihrem Ehrenmitglied. Die Akademie der Wissenschaften, Berlin (DDR), eröffnete kurz darauf ein Thomas-Mann-Archiv. Aufgabe des Archivs war es, Dokumente seines Lebens und seines Schaffens zu sammeln und eine kritische Ausgabe seiner Werke vorzubereiten. Doch es fehlte auch nicht an traurigen Nachrichten; am 18. April starb in New York Albert Einstein, den Thomas Mann sein Leben lang bewunderte und mit dem er sich in den Vereinigten Staaten angefreundet hatte. »Tief erschüttert durch die Nachricht vom Tode Albert Einsteins«, schrieb er, »vermag ich im Augenblick nur zu sagen, daß durch den Hingang dieses Mannes, dessen Ruhm schon zu Lebzeiten legendären Charakter angenommen hatte, für mich ein Licht erlosch, das mir seit vielen Jahren ein Trost war im trüben Wirrsal unserer Zeit. Aus meinem eigenen Leben kann ich dasjenige dieses Landsmannes und Schicksalsgenossen kaum wegdenken. Die Bekanntschaft mit ihm war alt und wurde während der Jahre, die ich in Princeton verbrachte, zur Freundschaft.«[12]

Indessen näherte sich der Zeitpunkt der Abreise nach Deutschland zu den Feiern zu Ehren Friedrich Schillers, um den Thomas Manns Gedanken seit früher Jugend gekreist hatten. Am 7. Mai 1955 trat Mann die Reise im Auto an, in Begleitung seiner Frau und Erikas, und traf noch am selben Tag in Stuttgart ein, wo er vom Bundespräsidenten Theodor Heuss empfangen wurde. Die Hauptfeier fand am nächsten Tag im Stuttgarter Opernhaus statt.

Die Rede zum 150. Todestag des Dichters begann Thomas Mann mit der Schilderung des Begräbnisses: »So war die Nacht, die Mainacht vor hundertfünfzig Jahren, als durch die schlummernden, wie ausgestorbenen Gassen Weimars, von der Esplanade, über den Markt und durch die Jakobsgasse nach dem alten Kirchhof vor der Sankt-Jakobs-Kirche, Schillers sterbliche Hülle zu Grabe getragen wurde. Es gab kein schreckhaft mitternächtliches Läuten, das dumpf und schwer die Trauertöne schwellt. Die Glocken schwiegen. Es schwieg die Glocke seines das Menschenleben umspannenden Liedes, deren Trauerschläge einen Wanderer auf dem letzten Weg begleiteten. Nichts hörte man als die schleppenden Tritte der Männer, die dann und wann ihre Last, die Bahre, den billig gezimmerten Sarg darauf, niedersetzten zu Rast und Ablösung.«[13]

Diese Beschreibung des letzten Weges des Dichters, die sich auf weiteren zwei Seiten fortsetzte, atmete die Faszination des Todes, jenes Todes, der durch das ganze Werk Thomas Manns irrt und sich bald bei ihm selbst melden sollte. Doch bei aller Demut vor der Majestät des Todes sprach der Redner von des Dichters Leben, von der »großen, empor verlangenden Seele«, vom Menschen, der das »Gute, Vernünftige, den Menschen Notwendige – auf den Frieden Gerichtete«[13] als das höchste Prinzip der menschlichen Existenz ansah. Das Publikum nahm jedes Wort der Rede andächtig auf, und am Ende erhoben sich alle von den Plätzen, um dem Redner Ehrfurcht zu beweisen.

Am nächsten Tag besuchte Mann das Schiller-Nationalmuseum in Marbach am Neckar, und anschließend fuhr er nach Bad Kissingen, wo er sich vier Tage erholte. Von dort ging es nach Weimar. Am 13. Mai traf er in der Stadt Schillers und Goethes ein. Tags darauf hielt er seine Rede über Schiller im Nationaltheater. Am selben Abend besuchte er eine Aufführung der *Jungfrau von Orleans*, und wieder einen Tag später wurde im Weißen Saal des Weimarer Schlosses die Zeremonie abgehalten, bei der Thomas Mann das Ehrendoktorat der Jenaer Universität verliehen wurde.

Am 16. Mai verließen die Manns Weimar in Richtung Lübeck, von unübersehbaren Massen verabschiedet. »Besorgt, er möchte sich zuviel zumuten«, schrieb Erika, »hatte ich versucht, ihn von dieser Reise abzuhalten, doch gleich bemerkt, daß ihm ungemein an ihr lag. Seine Treue, unwandelbar überhaupt, war desto lebendiger, je tiefer ihre Wurzeln reichten, und keine Entfernung – in Raum, Zeit und Gesinnung – hatten ihn der Landschaft und dem Menschenschlag dort oben je wirklich entfremden können.«[14] Der Aufenthalt in Travemünde, wo Mann zum letztenmal auf das Meer blickte, das ihn seit seiner Kindheit fasziniert hatte, und wo er mit einem Konzert auf alten Instrumenten geehrt wurde, sowie der Besuch in Lübeck dauerten fünf Tage. Die Geburtsstadt bereitete ihm einen herzlichen Empfang. Die Verleihung des Diploms, das besagte, daß er nun Ehrenbürger der Stadt sei, fand am 20. Mai im historischen Saal des Rathauses statt. »Wie er, von allen Weltreisen des Gedankens, im ›Faustus‹ schließlich heimgekehrt war in die ›Buddenbrooks‹-Stadt (denn sie ist es, auch wenn sie jetzt ›Kaisersaschern‹ heißt!)«, erzählt Erika, »so stand er nun, ein Heimgekehrter, im Rathaus zu Lübeck, eben dort, wo man seinen Vater zum Senator gewählt und wo dieser gewirkt und ›regiert‹ hatte. Der letzte Chef der alteingesessenen Firma Mann, der in Dingen der ›Disziplin‹ dem Sohn immer vorbildlich geblieben war, hätte gewiß seine verwunderte Freude gehabt an der Genugtuung, die dem ins Künstlertum Entlaufenen heute zuteil wurde, und dies zu wissen vertiefte und erhöhte die Dankbarkeit, mit der T. M. den Ehrenbürgerbrief in Empfang nahm. Auch seiner eigenen Freude, übrigens, fehlte es nicht an Verwunderung. Daß man im Stadttheater, wo der Vierzehnjährige zuerst den ›Lohengrin‹ gehört, jetzt das ›Lohengrin‹-Vorspiel für ihn spielte, hatte von traumhafter Wunscherfüllung zuviel, als daß ihm nicht sonderbar hätte zu Sinn werden sollen.«[15] So endete die hanseatische Epopöe des Autors der *Buddenbrooks*. In Lübeck hatte er das Licht der Welt erblickt, Lübeck war auch die letzte deutsche Stadt, in der er zu Gast war. Hier war der Anfang, hier das Ende seiner deutschen Wanderschaft.

In Kilchberg blieben dem Dichter noch etwas mehr als ein Dutzend Tage, um sich von den Anstrengungen der Reise zu erholen, bis zur nächsten Feier – seinem achtzigsten Geburtstag –, die ihn, wie er fürchtete, viel Mühe kosten würde. Er täuschte sich nicht, die Geburtstagsfeier nahm mehrere Tage in Anspruch und erregte das Interesse der ganzen kulturellen Welt. Das Haus füllte sich mit Gästen, es trafen Delegationen aus der Schweiz, aus beiden deutschen Staaten ein, von überall kamen Telegramme, Gratulationen, Briefe, Geschenke, Huldigungsadressen.

Es begann am 4. Juni mit einem Empfang, veranstaltet vom Zürcher Stadtrat, bei dem der Stadtpräsident die offiziellen Glückwünsche der Stadt überbrachte. Am selben Tag fand auch eine Feier in Kilchberg statt. »Die Feier der Gemeinde Kilchberg (am vierten nachmittags, im Conrad-Ferdinand-Meyer-Haus)«, schreibt Erika Mann, »erhielt ihre besondere Prägung durch die Anwesenheit und Ansprache des Schweizerischen Bundespräsidenten Dr. Max Petitpierre. Seit Menschengedenken, versicherte man uns, habe es sich nicht ereignet, daß das Staatsoberhaupt zu einer Gemeinde gekommen sei, um einen der ihren auszuzeichnen. Artiger und freundlicher Weise bediente Dr. Petitpierre, ein liebenswürdiger Westschweizer, sich bei seiner Rede des Deutschen. Nur das sinnig gewählte Gide-Zitat am Schluß ›brachte‹ er auf Französisch, und während er vorher gut und flüssig gesprochen hatte, war es nun doch, als sei ein Fischlein, das sich irgendwo nur eben leidlich befunden habe, beseeligt ins reine Wasser geglitten ... Anläßlich der Kilchberger Feier erntete überdies mein Vater einen neuen Ehrendoktor – ›neu‹ nicht nur im Sinne von ›zusätzlich‹, sondern auch und vor allem als ›neuartig‹ zu verstehen: Professor Dr. Karl Schmid, Rektor der ETH, promovierte den Jubilar zum Doktor h. c. der Naturwissenschaften und verlieh ihm so den ersten Eidgenössischen Titel seines Lebens, wie das erste Doktordiplom, das auf keine der humanistischen Disziplinen Bezug nahm.«[16]

Am nächsten Tage wurde das biblische Alter des Schriftstellers im Zürcher Schauspielhaus geehrt. »Im Züricher Schauspielhaus (am Abend des fünften) war es vornehmlich die Mitwirkung von Bruno Walter, die meinen Vater ergriff«, erzählte Erika. »Daß sein lieber Freund und erklärter Lieblingsdirigent, dieser größte Mittler zwischen ihm und der Musik, den Ozean überquert hatte, seinem Geburtstag zu Ehren, und daß nun ›die himmlische Ratio Mozarts in vollkommen reiner Strenge und Lieblichkeit sich aussang unter seinem Stabe‹ (Walter dirigierte die ›Kleine Nachtmusik‹), das war ein Festgeschenk von ungewöhnlichem Rang. Und des ›Ungewöhnlichen‹ gab es überhaupt soviel, daß diese Aufzeichnungen nicht Raum dafür bieten. Nicht nur Walter, auch Alfred A. Knopf, der Verleger und Freund, war aus Amerika herübergekommen und nahm den herzlichsten Anteil an jeder Feier, jeder Rede, – völlig unverständlich, wie doch die deutschen Laute ihm waren.«[17] Nach dem Konzert rezitierten die Schauspieler des Zürcher Theaters Fragmente aus Werken Thomas Manns, der sich am Schluß der Veranstaltung bedankte und einige Szenen aus dem *Felix Krull* las. Der Abend endete mit einem von Gottfried Bermann-Fischer und seiner Frau veranstalteten Festessen, an welchem hundert Gäste, Maler, Schriftsteller, Schauspieler und Journalisten, teilnahmen.

Am 6. Juni, dem Geburtstag des Dichters, war das Haus in Kilchberg der Schauplatz der Feiern. Jede halbe Stunde brachte der Briefträger Stöße von Telegrammen dorthin. Im Namen der Akademie der Künste der DDR überreichte der Bildhauer Gustav Seitz dem Jubilar eine von ihm selbst geschaffene Büste Manns und der Berliner Aufbau-Verlag eine zwölfbändige Ausgabe seiner Werke. Bermann-Fischer brachte die Geburtstagsausgabe des *Krull* mit, die, in Kalbsleder gebunden, in fünfhundert Exemplaren erschien, numeriert und vom Autor signiert. »Daß der französische Akzent diesen Festtagen auch sonst nicht fehlte«, schrieb Mann an Hesse, »freut mich, ich gestehe es, besonders. Ein Sammelband ›Hommage de la France à T. M.‹ traf ein mit Glückwünschen und Artikeln von vielen französischen Schriftstellern und Staatsmännern.«[18] In dieses Buch hatten zweihundert Gratulanten ihre Glückwünsche eingetragen, unter ihnen der Präsident der Republik, Vincent Auriol, der Ehrenpräsident der Nationalversammlung, Edouard Herriot, Albert Camus, André Malraux, Roger Martin Du Gard, Jean-Paul Sartre, Marc Chagall und Pablo Picasso, Darius Milhaud und Pierre Boulez. Auch aus anderen Ländern kamen Geschenke, Briefe und Zeitschriften, die ausschließlich Mann gewidmet waren. »Über seine Gaben freute mein Vater sich aufs kindlichste. Wiederholt, wenn ich nachts noch hinunter ins Erdgeschoß ging, um mir ein Glas Sodawasser zu holen, brannte Licht in der Bibliothek. Dies war aber der Raum, in welchem der ›Aufbau‹ sich befand, und da ›der Zauberer‹ sich im übrigen dort nicht aufhielt, – es sei denn, um ein Buch zu ›entlehnen‹ oder zu versorgen – so stand mir fest, daß zu später Stunde T. M. ›mit seinen Sachen gespielt‹ und am Ende vergessen hatte, das Licht zu löschen.«[19]

In dieser Zeit erhielt Thomas Mann aus Holland eine Einladung zu zwei Vorträgen über Schiller im Zusammenhang mit der Aufführung von *Kabale und Liebe* im Rahmen der holländischen Festspiele – es war das erste deutsche Stück, das nach dem Krieg in diesem Land gespielt wurde. Am 1. Juli fand vormittag im Amsterdamer ›Amstelhotel‹ eine Pressekonferenz und am Abend die Vorlesung statt. Vor dem Vortrag wurde Mann von Prof. Donkerloost begrüßt, dann überreichte ihm Außenminister J. W. Beyen im Namen der Königin das Ordenskreuz von Oranje-Nassau. »Der heroische, unbrechbare Widerstand«, sagte Mann in seiner Dankrede, »den damals das holländische Volk in treuer Einigkeit mit seinem Königshaus dem Übel leistete, hat mich wie alle Welt begeistert. Es war ein starker Trost für uns, die wir damals Deutschland mieden, weil es nicht mehr Deutschland, sondern nur eine Medusenfratze davon war. Ehre zu empfangen von einem Land, das so viel Leid getragen, ohne sich zu beugen, ist *hohe* Ehre, die mir bis ans Ende meines Lebens zum Stolz und zur Freude gereichen wird.«[20]

Die zweite Rede hielt Thomas Mann in Den Haag, von wo er nach Nordwijk aan Zee fuhr, wo er schon mehrere Male gewesen war und sich nun von den überstandenen Strapazen erholte. »Diesen Juli über«, lesen wir in Erikas Tagebuch, »war in Nordwijk das Wetter ungewöhnlich schön. Wo Kälte, Dauerregen und ein unwirtlich erregtes Meer dir auch im Hochsommer nur zu häufig die ›Erholung‹ erschweren, folgte jetzt ein blauer Sonnentag dem anderen, und T. M. genoß den Aufenthalt aus ganzer Seele. Er arbeitete im Strandstuhl. Um ihn bauten schwatzend und rufend Kinder ihre Burgen; Mütter kamen, um nach ihrer Brut zu sehen; Väter schritten, quietschende Knäblein führend, in die Brandung hinein; den Schreibenden störte das nicht. Die Unendlichkeit des Meeres schluckte, wie es schien, jedes ›endliche‹ Geräusch, und inmitten all des ›Ferien‹-Lärms oblag er in Ruhe seinem einsamen Tun.«[21]

In Nordwijk beendete Mann zwei kleinere Arbeiten, ein Geleitwort zur Wiederaufführung von *Fiorenza* in Bremen und ein Vorwort zur Anthologie *Die schönsten Erzählungen der Welt* des Münchner Desch-Verlages. Erholung und Arbeit wurden nur durch zwei kurze Reisen unterbrochen. Am 8. Juli war Thomas Mann mit seiner Frau in Amsterdam bei der holländischen Premiere des Films ›Königliche Hoheit‹ und drei Tage später in Audienz bei Königin Juliane. »Die Audienz fand in Soestdijk statt«, schreibt Erika, »dem königlichen Sommersitz, unweit Amsterdam. Man kennt die demokratischen Traditionen der holländischen Dynastie und wird also mit dem Wort ›Audienz‹ nicht den Begriff höfischer Steifheit verbinden. Doch ist offenbar die Visite meiner Eltern bei Königin Juliane – selbst innerhalb der zivilen Umgangsformen dort zu Hofe – von bemerkenswert unzeremoniellem, ja gemütlichem Charakter gewesen. Fünfviertelstundenlang plauderte man aufs animierteste. Es gab Kaffee, – eine Bewirtung, die in Holland zu jeder Tageszeit und also auch zwischen elf und zwölf Uhr vormittags gereicht wird. Als, nach etwa fünfzig Minuten, die Gäste Anstalten machten, sich zu verabschieden, erklärte die Königin, was sie angehe, so habe sie keine Eile, und man blieb noch ein wenig beisammen. Ihre Majestät erzählte von ihren Töchtern, T. M. von seinen Enkeln, und gemeinsam erinnerte man sich der langen Jahre des Exils.«[22]

Am 18. Juli fühlte sich Thomas Mann schlecht, er hatte plötzlich Schmerzen am linken Bein – das erste Anzeichen der Krankheit. Mann, den sein Rheumatismus öfters plagte, maß dem Schmerz keine größere Bedeutung bei, aber der Arzt konstatierte, als er das geschwollene Bein untersuchte, ein Blutgerinnsel und befahl Bettruhe. Er riet Frau Katja, Prof. Mulder aus Leyden zuzuziehen. Mulder kam nach Nordwijk, untersuchte den Kranken, ordnete absolute Ruhe an, das Bein durfte nicht bewegt werden; schließlich riet er, den Kranken in die Leydener Klinik oder mit dem Flugzeug in ein Züricher Spital zu bringen. Noch am selben Tag befand sich der Dichter im Züricher Kantonsspital unter der Obhut von Prof. Löffler.

Nach wenigen Tagen ging die Geschwulst bedeutend zurück, und Mann fühlte sich um so viel besser, daß man daran dachte, ihn aufstehen und auf dem Korridor spazierengehen zu lassen. Die Ärzte erlaubten den Besuch von Freunden. Gerne hörte er Platten oder las in dem Mozartbuch von Alfred Einstein. Es war seine letzte Lektüre. Soweit seine Kräfte es ihm erlaubten, erledigte er Korrespondenz, er wollte sich nicht Nachlässigkeit oder Geringachtung vorwerfen lassen. »Er schrieb Briefe«, lesen wir bei Erika, »deren einen (in seinen Anfängen) wir bewahren, da zu meines Vaters lebhaftem Kummer die Anschrift des Adressaten abhanden gekommen war. Ein gewisser Herr Kassbaum, der auf dem Lübecker Katharineum zeitweise T. M.s Klassenkamerad gewesen, hatte sich anläßlich des achtzigsten Geburtstags in Erinnerung gebracht, und mein Vater war gleich entschlossen gewesen, diesem Gratulanten handschriftlich zu danken. Bisher war er nicht dazu gekommen, hatte aber ›Kassbaums‹ Brief immer mit sich herumgetragen und sich eben an die Beantwortung gemacht, als Brief und Absender verschwunden waren. Ob die sich nun unter den Stößen von Zeitungen und Zuschriften befanden, die täglich der Papierkorb aufzunehmen hatte, oder sonst einen falschen, nicht verfolgbaren Weg genommen hatten, – die Unersetzlichen waren fort, und schließlich verzichtete der Kranke auf die Weiterführung seines Briefes. ›Es sieht mir so gar nicht ähnlich‹, sagte er bekümmert; ›Kassbaum‹ – *natürlich* erinnere ich mich! Und was soll der Mensch von mir denken?!«[23]

Nichts zeigte die schnell herannahende Katastrophe an. Noch zwei Tage vor dem Ende schrieb Mann – es war sein letzter Brief – an seine italienische Übersetzerin Lavinia Mazzuchetti: »Mein Kopf ist leer, mein Magen schwer, als ob ich zu viel gegessen hätte, wo es doch beinahe nichts ist, was ich esse. Aber diese Schwächen sowie die juckenden Ekzeme, die ich mir durch die ewige Bettwärme zuziehe, sind nur Nebenerscheinungen des Haupt-Übels, der Stauung im Bein, die in steter Besserung begriffen ist, sodaß die Hoffnung auf Rückkehr zu einem normalen Dasein näher rückt. Nachmittags darf ich schon eine Stunde aufrecht im Lehnstuhl sitzen, man verspricht mir, daß ich in ein paar Tagen schon ein bißchen auf dem Korridor werde lustwandeln dürfen, und wenn ich gar erst hinunter in den Garten darf, so bin ich schon so gut wie zu Hause. Freie Bewegung in frischer Luft, man weiß nicht, was man daran hat, solange es selbstverständlich ist. Aber wenn wirklich dies trübe Intermezzo mich im Ganzen, dank der modernen Injektionen, nur 4 bis 5 Wochen kostet, so werde ich sehr glimpflich davon gekommen sein. Langwierigkeit gehört eigentlich zum Wesen solcher Umlaufstörungen, und früher konnte man damit ein halbes Jahr unbeweglich liegen. Sie glauben nicht, wie leid es mir tat, vor der Zeit von Nordwijk abzureisen oder vielmehr abgereist zu werden – per Ambulanz. Es ist ein so schöner Aufenthalt, der prächtigste Strand, den ich kenne, und in meiner Hütte dort habe ich mit Hilfe der belebenden Luft sogar ein paar Kleinigkeiten geschrieben, obgleich viel Sand mir aufs Papier stäubte. Ich fühlte mich besonders wohl, und gerade da mußte mir dies passieren! Aber das kommt davon, wenn Schiller seinen 150. Todestag und man selbst seinen 80. Geburtstag begeht! Ich hatte es einfach zu bunt getrieben oder mit mir treiben lassen, und Roma und Paris und Oslo – all solche Pläne muß ich vorläufig auf sich beruhen lassen.«[24]

Er ahnte nicht, daß der Tod herankam. »Seine Tage waren gezählt«, schreibt Erika. »Immer größer und blauer erschien der fragende Blick seiner grau-grünen Augen. Und doch hatte er wissentlich den Tod bis zum Schluß nicht erwartet. Der Tod, dem er von je so innig verbunden gewesen, dem seine ›Ursympathie‹ gehörte und dem er so spät erst – ›um der Liebe und des Lebens willen‹ – die Macht entzogen hatte über seine Gedanken, – nun, da der dunkle Freund sich über ihn neigte, erkannte er nicht seine Züge. Er fürchtete ihn nicht. Und wäre seine große Nähe ihm deutlich geworden, – er hätte es gesagt. Meiner Mutter doch hätte er es gesagt und Abschied von ihr genommen, später, während er ging. Daß er dergleichen nichts getan, zeugt von der Unschuld seines Denkens, wenn es auch nichts verrät über Ahnen und Fragen in den tieferen Schichten seines Seins.«[25]

Am nächsten Tag, dem 11. August, erlitt Thomas Mann einen Schwächeanfall. Am Zwölften, morgens, trat ein schwerer Kollaps ein, die Ärzte gaben jede Hoffnung auf. Sie taten, was sie konnten, nahmen eine Bluttransfusion vor und gaben stimulierende Injektionen, doch vergebens. Der Blutdruck war nicht mehr meßbar. Thomas Mann blieb den ganzen Tag bei Bewußtsein, interessierte sich für die Maßnahmen der Ärzte, wechselte ein paar Worte mit Frau und Tochter. Gegen vier Uhr nachmittags hatte er Atembeschwerden, und um sechs Uhr bekam er Morphiumspritzen. Vor dem Einschlafen scherzte er mit dem Arzt und sprach mit ihm französisch und englisch. Er bat auch um seine Brille, und gleich nachdem er sie bekommen hatte, schlief er ein. Um acht Uhr abends hörte sein Herz zu schlagen auf – er lebte nicht mehr. Nicht einmal seine Frau, die neben ihm saß, hatte gemerkt, daß der Tod eingetreten war.

Die Todesursache war eine Arterienverkalkung, die eine Thrombose im Bein hervorgerufen hatte. »...in den Gefäßen seines Körpers«, erzählt Erika, »hatten heimlich Kalkmengen sich abgesetzt, die zunächst das Blutgerinnsel im Bein, die Thrombose, verursacht und schließlich die tödliche Blutung herbeigeführt hatten, den ›Durchbruch‹, das Ende. Er war unaufhaltsam gewesen, dieser Prozeß, und wie ein Wunder, ein wunderbarer Sieg des Geistes über die Materie, mutete es an, daß Leben und Leistung des Menschen, in dessen Inneren es statthatte, nicht abnahmen und sich nicht neigen wollten.«[26]

Er wurde auf dem Friedhof in Kilchberg beigesetzt, unweit des Grabs von Conrad Ferdinand Meyer. Auf Wunsch der Familie sollte das Begräbnis in aller Stille vor sich gehen, nur unter Teilnahme der Verwandten und Freunde. Doch es gingen Hunderte Menschen hinter dem Sarg, Delegierte der Schweizer Regierung, der Regierungen beider deutscher Staaten, die Rektoren zahlreicher deutscher Universitäten, Vertreter deutscher Bühnen, eine Delegation seiner Geburtsstadt Lübeck. Die kirchliche Ansprache hielt der evangelische Ortspfarrer von Kilchberg. Der Freund der Familie, Richard Schweizer, hielt auf deren Wunsch die Gedächtnisrede:

»Unser Schmerz ist groß«, sagte er, »aber welch unerhörte Vollendung ist diesem Leben zuteil geworden. Im Laufe weniger Monate konnte Thomas Mann die Goldene Hochzeit und den achtzigsten Geburtstag feiern, in Deutschland zum Ruhme Schillers seine letzte große Rede halten, und noch war es ihm beschieden, den Geruch der Nordsee einzuatmen, der ihm in seiner Jugend vertraut war ... Gedenken wir der tiefen Ruhe, die der rastlos Tätige gefunden hat ... Jedes Schaffen schließt unsägliche Mühe in sich. Unvergeßlich bleibt jenes Wort der Erleichterung, das uns in der ›Entstehung des Doktor Faustus‹ überliefert ist: ›Ich bin fertig‹ – ein paar Zeilen später heißt es allerdings: ›In Wahrheit hatte ich nicht das Gefühl, fertig zu sein, nur weil das Wort ›Ende‹ geschrieben war.‹ Dieser Satz, so scheint mir, fällt heute in ein besonderes Licht. Wenn auch unter dem Leben Thomas Manns das Wort ›Ende‹ geschrieben steht, will das nicht sagen, nun sei alles abgeschlossen. Sein Geist ist gegenwärtig, hier und jetzt – wer unter uns würde ihn nicht spüren?«[27]

Zeittafel

1875 6. Juni: Thomas Mann als zweiter Sohn des Kaufmanns Konsul Thomas Johann Heinrich Mann und seiner Frau Julia, geb. da Silva-Bruhns, in Lübeck geboren.

1877 Vater Thomas J. H. Mann wird in den Senat der Stadt Lübeck gewählt.
23. August: Geburt der Schwester Julia.

1881 Umzug der Familie Mann in das Haus in der Beckergrube.
23. September: Geburt der Schwester Carla.

1882 Eintritt in die Volksschule.

1883 13. Februar: Richard Wagner in Venedig gestorben.

1885 Der Vater übernimmt die Leitung der Kommission für Handel und Schiffahrt in Lübeck.

1889 Thomas Mann wird Gymnasiast am Katharineum.

1890 12. April: Geburt des Bruders Viktor.
Mai: Hundertjähriges Betriebsjubiläum der Firma Mann.

1891 13. Oktober: Vater Thomas J. H. Mann gestorben.
Die Firma wird aufgelöst.
Umzug der Familie in die Roeckstraße.

1892 Frühjahr: Die Mutter übersiedelt mit den Geschwistern Julia, Carla und Viktor nach München.

1893 Thomas Mann gründet unter dem Pseudonym Paul Thomas gemeinsam mit Freunden die Schülerzeitung »Frühlingssturm – Monatsschrift für Kunst, Literatur und Philosophie«.

1894 März: Beendigung der Gymnasialausbildung (ohne Abitur).
Umzug nach München.
April–Herbst: Volontariat bei der »Süddeutschen Feuerversicherungsbank«.
Erste Veröffentlichungen.

1895/96 Studium am Polytechnikum in München.

1895 Juli–Oktober: Erste Reise ins Ausland zu Bruder Heinrich nach Rom und Palestrina.
Redakteur der Zeitschrift »Das Zwanzigste Jahrhundert«.

1896 Mit Unterstützung von Oskar Bie erscheinen fünf Novellen.
Anfänge zu einem ersten Roman.
ab Oktober: Reise nach Venedig, Ancona, Rom und Neapel.

1897 Fortsetzung des Italien-Aufenthalts. Arbeit am Roman »Buddenbrooks«.

1898 »Der kleine Herr Friedemann«, Novellenband.
Mai: Arbeit in der Redaktion des »Simplicissimus« (bis Jahresanfang 1910).

1900 25. August: Friedrich Nietzsche gestorben.
Oktober: Thomas Mann tritt den einjährigen Militärdienst an.
Jahresende: Vorzeitige Entlassung nach einer Erkrankung.

1901 Mai: Italienreise (Florenz, Venedig).
Liaison mit Mary Smith.
Herbst: Der Roman »Buddenbrooks« erscheint bei Fischer in zwei Bänden.

1903 Frühjahr: »Tristan«, Novellenband (enthält u. a. »Tonio Kröger«).
ab Frühjahr: Besuch des Münchner Salons. Bekanntschaft mit Max Bernstein und Alfred Pringsheim.
Oktober: Thomas Mann trifft Gerhart Hauptmann bei Verleger Samuel Fischer.

1904 3. Oktober: Verlobung mit Katja Pringsheim.

1905/06 Erste russische Revolution.

1905 »Schwere Stunde« und »Wälsungenblut«, Novellen.
11. Februar: Heirat zwischen Thomas Mann und Katja Pringsheim in München.
Hochzeitsreise in die Schweiz.
Das Ehepaar Mann zieht nach München-Schwabing.
Juli/August: Veröffentlichung des Stücks »Fiorenza«.
9. November: Tochter Erika geboren.

1906 18. November: Sohn Klaus geboren.

1907 11. Mai: »Fiorenza« am Frankfurter Schauspielhaus uraufgeführt.

1909 »Königliche Hoheit«, Roman.
27. März: Geburt des Sohnes Golo (Angelus Gottfried Thomas).
Kauf der Sommervilla in Bad Tölz.
Bekanntschaft mit Max Reinhardt.

1910 7. Juni Geburt der Tochter Monika.
30. Juli: Thomas Manns Schwester Carla begeht Selbstmord.
Erste Arbeit an »Felix Krull«.

Kontakt zu Ernst Bertram; Thomas Mann lernt Gustav Mahler kennen.

1911 18. Mai: Gustav Mahler gestorben.
Mai: Reise nach Italien (Brioni, Venedig-Lido).
Idee zu der Erzählung »Tod in Venedig«.

1912 ab Mai: Katja Mann für ein halbes Jahr im Sanatorium in Davos.
Mitte Mai – Mitte Juni: Thomas Mann zu Besuch in Davos.
Sommer: Die Novelle »Der Tod in Venedig« erscheint in München.
Entwurf des Romans »Der Zauberberg«.

1914 28. Juni: Der österreichisch-ungarische Thronfolger Franz Ferdinand und seine Frau Sophie werden in Sarajewo bei einem Attentat getötet.
28. Juli: Österreich-Ungarn erklärt Serbien den Krieg.
1./3. August: Kriegserklärung des Deutschen Reiches an Rußland und Frankreich.
Umzug ins eigene Haus in München Poschinger Straße 1.

1915 Sommer: Schwere Erkrankung des Sohnes Klaus.
Klinikaufenthalt Katja Manns.
November: Beginn der Arbeit an den »Betrachtungen eines Unpolitischen«.
Zunehmende Entfremdung zwischen Thomas Mann und seinem Bruder Heinrich.

1917 Russische »März-« und »Oktoberrevolution«.

1918 9. März: Frank Wedekind gestorben.
24. April: Geburt der Tochter Elisabeth Veronika.
Oktober: »Betrachtungen eines Unpolitischen« veröffentlicht.
November: Revolution in München und Berlin.

1919 21. April: Sohn Michael geboren.
28. Juni: »Versailler Vertrag« zwischen den Alliierten und dem Deutschen Reich.

1922 Jahresanfang: Schwere Erkrankung Heinrich Manns. Erneute Annäherung der Brüder.
15. Oktober: Rede »Von Deutscher Republik« in Berlin aus Anlaß von Gerhart Hauptmanns 60. Geburtstag.

1923 11. Januar: Französische und belgische Truppen besetzen das Ruhrgebiet.
11. März: Tod der Mutter Julia Mann.
Frühjahr: Vortragsreise nach Spanien.

1924 Vortragsreisen nach Amsterdam und London.
September: Beendigung des »Zauberbergs« (zweibändige Buchausgabe im November).

1925 Mittelmeerreise.
6. Juni: Feier des 60. Geburtstags.
16. Oktober/1. Dezember: Vertrag von Locarno. Garantie der deutschen Westgrenze. Deutschland verzichtet auf Elsaß-Lothringen.

1926 20.–28. Januar: Parisaufenthalt. Empfang beim französischen PEN-Club.
April: Die Erzählung »Unordnung und frühes Leid« erscheint.
Juni: 700-Jahr-Feier der Stadt Lübeck. Ehrungen für Thomas Mann.
Arbeit am »Joseph«-Roman.

1927 März: Reise nach Warschau.
10. Mai: Tod der Schwester Julia, verh. Löhr.

1929 15. Juli: Hugo von Hofmannsthal gestorben.
Sommer: Erster Aufenthalt im Ostseebad Rauschen. Das nahegelegene Dorf Nidden wird jährliches Urlaubsziel der Familie Mann.
November/Dezember: Thomas Mann erhält den Nobelpreis für Literatur zuerkannt. Feier in Stockholm.

1930 Frühjahr: »Inspektionsreise« nach Ägypten und Palästina.
17. Oktober: »Deutsche Ansprache« im Berliner Beethovensaal gegen den erstarkenden Nationalsozialismus.

1931 Beginn der Freundschaft mit Erich Kahler.
Mai: Paris-Reise. Begegnung mit Jean Schlumberger und André Gide.

1932 Frühjahr: Vorträge zum Goethe-Jahr.

1933 30. Januar: Adolf Hitler wird deutscher Reichskanzler.
11. Februar: Beginn einer Vortragsreise ins Ausland (Holland, Belgien, Frankreich, Schweiz).
27. Februar: Reichstagsbrand.
Thomas Mann bleibt zunächst in der Schweiz, übersiedelt im Mai nach Bandol/Riviera und später nach Sanary-sur-Mer.
Herbst: Umzug nach Zürich.
Oktober: »Die Geschichten Jaakobs« als erster Teil des »Joseph«-Romans bei Fischer veröffentlicht.

1934 April: »Der junge Joseph«, zweiter Band des »Joseph«-Romans, erscheint bei Fischer.
19. Mai – 18. Juni: Erste USA-Reise.

30. Juni: »Röhm-Putsch« in Deutschland.
25. Juli: Ermordung des österreichischen Bundeskanzlers Engelbert Dollfuß.
Sommer: Bruch mit Ernst Bertram.
Oktober: Verleger Samuel Fischer gestorben.

1935 1. – 3. April: Schriftliche Stellungnahme Thomas Manns gegen das nationalsozialistische Regime auf der Konferenz des »Comité de la Coopération Intellectuelle« in Nizza.
Juni/Juli: Zweite USA-Reise. Ernennung zum Ehrendoktor der Harvard-Universität. Besuch bei Präsident Roosevelt.

1936 Februar: Offener Brief an den Schweizer Kritiker Eduard Korrodi. Thomas Mann distanziert sich endgültig von den Machthabern in Deutschland.
7. März: Hitler kündigt den Locarno-Vertrag. Deutsche Truppen besetzen die entmilitarisierte Rheinlandzone.
Ende Juli: »Joseph in Ägypten«, dritter Band des »Joseph«-Romans, beendet (im Oktober bei Bermann-Fischer in Wien erschienen).
Oktober/November: Thomas Mann wird tschechischer Staatsbürger.
2. Dezember: Aberkennung der deutschen Staatsangehörigkeit.

1937 Frühjahr/Herbst: Gründung der Emigranten-Zeitschrift »Maß und Wert« unter Mitwirkung Thomas Manns.
April: Dritte USA-Reise. Beginn der Freundschaft mit Eugene und Agnes E. Meyer.

1938 Februar – Juni: Vierte USA-Reise. Vortrag »Vom zukünftigen Sieg der Demokratie«.
12.–14. März: »Anschluß« Österreich an das Deutsche Reich.
August: Thomas Mann verläßt Europa.
25./28. September: Ankunft in New York. Übersiedlung nach Princeton.
Gastprofessur an der Universität Princeton.
29. September: »Münchner Abkommen« zwischen Chamberlain, Daladier, Hitler und Mussolini.
1. Oktober: Deutsche Truppen marschieren ins Sudetenland ein.

1939–1943 Mehrere Vortragsreisen durch die USA und Kanada.

1939 März: Tochter Monika heiratet den Kunsthistoriker Jenö Lányi. Hochzeit des Sohnes Michael mit Grete Moser.

22. Mai: Ernst Toller begeht in den USA Selbstmord.
Juni–September: Ferien in Europa mit Katja und Erika Mann.
August: In Schweden Vorbesprechungen mit Verleger Bermann-Fischer für die »Stockholmer Ausgabe« der Gesammelten Werke.
1. September: Deutscher Angriff auf Polen.
3. September: Frankreich und Großbritannien erklären Deutschland den Krieg.
November: Heirat der Tochter Elisabeth mit dem Universitätsprofessor Giuseppe Antonio Borgese.
Dezember: »Lotte in Weimar« erscheint in Stockholm.

1940 22. Juni: Waffenstillstand von Compiègne zwischen dem Deutschen Reich und Frankreich.
27. September: Walter Benjamin begeht in Port Bou Selbstmord.
Ende September: Jenö Lányi kommt beim Untergang des britischen Dampfers »City of Benares« um; seine Frau Monika wird gerettet.
Oktober: »Die vertauschten Köpfe« in Stockholm erschienen.
10. Oktober: Beginn der regelmäßigen Rundfunkansprachen an die Deutschen über BBC.

1941 14./15. Januar: Besuch bei Präsident Roosevelt.
März: Übersiedlung nach Pacific Palisades/Kalifornien.
7. Dezember: Japanischer Überfall auf die US-Flotte in Pearl Harbor/Hawaii.
Jahresende: Ernennung zum »Consultant in Germanic Literature« an der »Library of Congress« in Washington.

1942 23. Februar: Stefan Zweig und seine Frau nehmen sich in Petropolis/Brasilien das Leben.
Frühjahr: Plan zu »Doktor Faustus«.

1943 4. Januar: »Joseph, der Ernährer« abgeschlossen (Veröffentlichung im Dezember).
30. Oktober: Max Reinhardt gestorben (Trauerfeier in Los Angeles am 15. Dezember).

1944 5./6. Juni: Truppen der Alliierten landen in der Normandie.
23. Juni: Das Ehepaar Mann erhält die amerikanische Staatsangehörigkeit.
Oktober: Die Erzählung »Das Gesetz« erscheint in Los Angeles.

1945 12. April: US-Präsident Franklin D. Roosevelt gestorben.
Mai/Juni: Reise nach New York, Chicago und Washington.

7.–9. Mai: Gesamtkapitulation der deutschen Streitkräfte.
20. Juni: Bruno Frank in Beverly Hills gestorben.
6./9. August: Die USA werfen über Hiroshima und Nagasaki Atombomben ab.
26. August: Tod Franz Werfels.

1946 März/April: Lungenerkrankung. Operation.
6. Juni: Gerhart Hauptmann gestorben.
Oktober/Dezember: Hermann Hesse erhält den Nobelpreis für Literatur.

1947 Ende Januar: Abschluß des »Doktor Faustus« (im Oktober als Teil der »Stockholmer Gesamtausgabe« erschienen).
Frühjahr/Sommer: Europa-Reise zum Kongreß des Internationalen PEN-Clubs in Zürich.
Mai: »Botschaft an das deutsche Volk« in London.

1948 15. Mai: Der Staat Israel wird gegründet.
26. Juni 1948 – 12. Mai 1949: Berlin-Blockade durch die UdSSR.

1949 April: »Die Entstehung des Doktor Faustus, Roman eines Romans« erscheint in Berlin und Amsterdam.
21. April: Tod des Bruders Viktor.
Mai–August: Europareise zur 200-Jahr-Feier von Goethes Geburtstag.
21. Mai: Sohn Klaus Mann begeht in Cannes Selbstmord.
25. Juli/1. August: Festvorträge in Frankfurt am Main und Weimar.

1950 12. März: Heinrich Mann in Los Angeles gestorben.
Mai–August: Europareise (Stockholm, Paris, Zürich, London).
Oktober: »Der Erwählte« abgeschlossen (im März 1951 veröffenlicht).

1951 Januar: Wiederaufnahme der Arbeit an »Felix Krull«.
Juli–Oktober: Reise in die Schweiz und nach Österreich. Kur in Badgastein.
30. November: Thomas Mann wird Mitglied der New Yorker »Academy of Arts and Letters«.

1952 Ende Juni: Endgültige Rückkehr nach Europa (Holland, Schweiz).
August: Kur in Badgastein.
Winter: Schwiegersohn Giuseppe Antonio Borgese gestorben.
Dezember: Bezug der Wohnung in Erlenbach bei Zürich.

Jahresende: Thomas Mann erhält das Offizierskreuz der französischen Ehrenlegion.

1953 März: Erzählung »Die Betrogene« beendet (Buchausgabe im September.

April: Thomas Mann nimmt in Rom den internationalen Antonio-Feltrinelli-Preis entgegen. Empfang bei Papst Pius XII.

Juni: Besuche in London, Cambridge, Hamburg und Lübeck.

17. Juni: Aufstand in Ost-Berlin.

1954 Februar: »Bekenntnisse des Hochstaplers Felix Krull, Der Memoiren erster Teil« abgeschlossen (im August erschienen).

Februar: Reise nach Sizilien.

Frühjahr: Umzug nach Kilchberg/Zürichsee.

1955 11. Februar: Feier der goldenen Hochzeit.

März–Juni: Zahlreiche Ehrungen, u. a. durch die Deutsche Akademie der Künste in Berlin (Ost), die Deutsche Akademie für Sprache und Dichtung in Darmstadt, die Universität Jena und die Eidgenössische Technische Hochschule Zürich.

18. April: Albert Einstein in New York gestorben.

8. Mai: Rede zur Schillerfeier in Stuttgart.

14. Mai: Schillerfeier in Weimar.

20. Mai: In Lübeck Ernennung zum Ehrenbürger.

Juni: »Versuch über Schiller« veröffentlicht.

4.–6. Juni: Feiern in Zürich zu Thomas Manns 80. Geburtstag.

Juli: Vortragsreise nach Amsterdam und Den Haag.

18. Juli: Durchblutungsstörungen im Bein.

ab 23. Juli: Krankenhausaufenthalt im Zürcher Kantonsspital.

11. August: Schwächeanfall.

12. August: Thomas Mann in Zürich gestorben.

Literatur und Anmerkungen

Das gesammelte literarische Werk Thomas Manns ist heute in folgenden Ausgaben verbreitet:

Gesammelte Werke (in Einzelausgaben). Berlin 1922–1935, Wien 1936–1937.

Gesammelte Werke in zehn Bänden. Berlin 1925.

Stockholmer Gesamtausgabe der Werke. Stockholm 1938, Amsterdam 1948, Wien 1949, Frankfurt/Main 1950–1956.

Gesammelte Werke in 12 Bänden, Berlin-Ost 1955.

Gesammelte Werke in zwölf Bänden. Frankfurt/Main 1960.

Fischer Taschenbuchausgabe. Siehe unten.

Im vorliegenden Werk wird nach der unten angeführten Frankfurter Taschenbuchausgabe der Fischer Bücherei (1967–1968) zitiert, um vor allem Studierenden das Nachschlagen der Zitate zu erleichtern.

Im folgenden werden nur jene Werke angeführt, die in diesem Buch zitiert wurden. In Klammern die im Anmerkungsteil verwendeten Kurzbezeichnungen.

Thomas Mann, Werke. Taschenbuchausgabe in 12 Bänden. Das erzählerische Werk. Fischer Bücherei, Frankfurt/Main 1967. (Die Buddenbrooks. Königliche Hoheit/ Der Erwählte. Lotte in Weimar. Der Zauberberg 1. Der Zauberberg 2. Joseph und seine Brüder 1. Joseph und seine Brüder 2. Joseph und seine Brüder 3. Doktor Faustus. Bekenntnisse des Hochstaplers Felix Krull. Die Erzählungen 1. Die Erzählungen 2.)

Thomas Mann, Werke. Taschenbuchausgabe in 8 Bänden. Das essayistische Werk. Fischer Bücherei, Frankfurt/Main 1968.

Thomas Mann, Briefe 1889–1936. Bd. 1, hrsg. von Erika Mann. S. Fischer Verlag, Frankfurt/Main 1961 (Briefe I).

Thomas Mann, Briefe 1937–1947. Bd. 2, hrsg. von Erika Mann. S. Fischer Verlag, Frankfurt/Main 1963 (Briefe II).

Thomas Mann, Briefe 1948–1955 und Nachlese Bd. 3, hrsg. von Erika Mann. S. Fischer Verlag, Frankfurt/Main 1965 (Briefe 1948–1955).

Thomas Mann an Ernst Bertram. Briefe aus den Jahren 1910–1955, hrsg. von Inge Jens, Verlag Günther Neske, Pfullingen 1960.

Thomas Mann/Robert Faesi, Briefwechsel. Atlantis Verlag, Zürich 1962.

Theodor W. Adorno, Zu einem Porträt Thomas Manns. In: Neue Deutsche Rundschau, Jg. 73, Nr. 2/3.

Eduard Berend, Goethe, Kestner und Lotte. Steinicke & Lehmkuhl, München 1914.

Hans Bürgin und Hans-Otto Mayer, Thomas Mann. Eine Chronik seines Lebens. S. Fischer Verlag, Frankfurt/Main 1965.

Maria Dombrowska, Szkice z Podrozy (Reiseskizzen). Warschau 1956.

Alfred Döblin, Die Zeitlupe, Walter-Verlag, Olten u. Freiburg 1962.

Lion Feuchtwanger, Die Arbeitsprobleme des Schriftstellers im Exil. In: Sinn und Form Nr. 3/1954.

Egon Friedell, Kulturgeschichte der Neuzeit. C. H. Beck, München o. J.

Georg Gerster, Thomas Mann bei der Arbeit. In: Die Weltwoche, Zürich, 3. 12. 1954.
Arnold Hauser, Sozialgeschichte der Kunst und Literatur. C. H. Becksche Verlagsbuchhandlung, München 1952.
Konrad Kellen, Als Sekretär bei Thomas Mann. In: Neue Deutsche Hefte Nr. 81/1961.
Erika Mann, Das letzte Jahr. Bericht über meinen Vater. S. Fischer Verlag, Frankfurt/Main 1968.
Heinrich Mann, Ein Zeitalter wird besichtigt. Aufbau Verlag, Berlin 1947.
Heinrich Mann, Macht und Mensch. Kurt Wolff Verlag, München 1919.
Klaus Mann, Der Wendepunkt. Ein Lebensbericht. Fischer Bücherei, Frankfurt am Main 1963.
Monika Mann, Vergangenes und Gegenwärtiges. Kindler Verlag, München 1956.
Viktor Mann, Wir waren fünf. Bildnis der Familie Mann. Südverlag, Konstanz 1949.
Ludwig Marcuse, Mein zwanzigstes Jahrhundert. Fischer Bücherei, Frankfurt am Main 1968.
Klaus Pringsheim, Thomas Mann in Amerika. In: Neue Deutsche Hefte, 109/1966.
Kurt Sontheimer, Thomas Mann und die Deutschen. Fischer Bücherei, Frankfurt/Main 1965.
Matthias Wegner, Exil und Literatur. Deutsche Schriftsteller im Ausland 1933–1945. Athenäum Verlag, Frankfurt/Main 1968.
Carl Zuckmayer, Als wär's ein Stück von mir. Horen der Freundschaft. S. Fischer Verlag, Frankfurt/Main 1966.
Stefan Zweig, Baumeister der Welt. S. Fischer Verlag, Frankfurt/Main 1951.

Lübeck

1 Lebenslauf 1936, in: Autobiographisches, S. 295
2 Heinrich Mann, Ein Zeitalter wird besichtigt, Berlin 1947, S. 232
3 Viktor Mann, Wir waren fünf, Konstanz 1949, S. 13
4 ebda.
5 ebda., S. 14
6 Klaus Mann, Der Wendepunkt, Frankfurt/Main 1963, S. 10
7 Viktor Mann, a. a. O., S. 16
8 Klaus Mann, a. a. O., S. 10
9 Viktor Mann, a. a. O., S. 16
10 Klaus Mann, a. a. O., S. 10/11
11 Lübeck als geistige Lebensform, in: Autobiographisches, S. 185
12 Das Bild der Mutter, ebda., S. 258
13 ebda.
14 Lebensabriß, ebda., S. 220
15 ebda.
16 Lübeck als geistige Lebensform, ebda., S. 186
17 Lebensabriß, ebda., S. 221
18 Klaus Mann, a. a. O., S. 10
19 Lebensabriß, in: Autobiographisches, S. 222
20 ebda., S. 221/222
21 ebda., S. 221
22 Briefe I, Frankfurt/Main 1961, S. 3
23 Hundert Jahre Reclam, in: Schriften und Reden zur Literatur, Kunst und Philosophie 1, S. 334

24 Lebensabriß, in: Autobiographisches, S. 222
25 Viktor Mann, a. a. O., S. 17
26 ebda., S. 25
27 Meine Zeit, in: Politische Schriften und Reden 3, S. 323
28 ebda., S. 324
29 Egon Friedell, Kulturgeschichte der Neuzeit, München o. J., S. 1301
30 Meine Zeit, a. a. O., S. 326
31 Lebensabriß, in: Autobiographisches, S. 222
32 Erinnerungen ans Lübecker Stadttheater, ebda., S. 255/256
33 Frühlingssturm, ebda., S. 7
34 Heinrich Heine, »der Gute«, in: Miszellen, S. 9
35 ebda., S. 10
36 Schwere Stunde, in: Erzählungen 1, S. 282/283
37 Briefe I, S. 207
38 Deutschland und die Deutschen, in: Politische Schriften und Reden 3, S. 164

Die ersten Versuche

1 Lebensabriß, in: Autobiographisches, S. 222
2 ebda., S. 222/223
3 Gefallen, in: Erzählungen 1, S. 9
4 Lebensabriß, a. a. O., S. 223
5 Viktor Mann, Wir waren fünf, S. 35/36
6 Lebensabriß, a. a. O., S. 223
7 Meine Zeit, in: Politische Schriften und Reden 3, S. 327
8 Schopenhauer, in: Schriften und Reden zur Literatur, Kunst und Philosophie 1, S. 275
9 Lebensabriß, a. a. O., S. 229/230
10 Arnold Hauser, Sozialgeschichte der Kunst und Literatur 2, München 1952, S. 238
11 Über die Kunst Richard Wagners, in: Autobiographisches, S. 35
12 Briefe I, S. 91
13 Meine Zeit, a. a. O., S. 327
14 Stefan Zweig, Baumeister der Welt, Frankfurt/Main 1951, S. 299
15 Lebensabriß, a. a. O., S. 229
16 ebda., S. 224
17 Klaus Mann, Der Wendepunkt, S. 11
18 Heinrich Mann, Ein Zeitalter wird besichtigt, S. 232
19 Lübeck als geistige Lebensform, in: Autobiographisches, S. 180
20 Bilse und ich, ebda., S. 18
21 Klaus Mann, a. a. O., S. 12
22 Lebensabriß, a. a. O., S. 224
23 ebda., S. 225/226
24 ebda., S. 226
25 ebda.
26 ebda.
27 ebda.
28 Briefe 1948 bis 1955, S. 423
29 ebda., S. 424
30 Lebensabriß, a. a. O., S. 231

Die Geschichte der Buddenbrooks

1 Lebensabriß, in: Autobiographisches, S. 257
2 Briefe I, S. 24
3 ebda., S. 26
4 ebda., S. 21
5 Lebensabriß, a. a. O., S. 235
6 Vorwort zu einer Schallplattenausgabe der »Buddenbrooks«, in: Miszellen, S. 196/197
7 Zu einem Kapitel aus »Buddenbrooks«, ebda., S. 208/209
8 Lebensabriß, a. a. O., S. 232
9 Briefe 1948 bis 1955, S. 614
10 Lebensabriß, a. a. O., S. 232
11 Bilse und ich, in: Autobiographisches, S. 15
12 ebda., S. 16/17
13 ebda., S. 17
14 ebda., S. 18
15 Lebensabriß, a. a. O., S. 234
16 Briefe I, S. 24
17 Betrachtungen eines Unpolitischen, in: Politische Schriften und Reden 1, S. 68
18 Tonio Kröger, in: Erzählungen 1, S. 223, 224, 228
19 Lebensabriß, a. a. O., S. 233/234
20 Briefe I, S. 38
21 ebda., S. 39

Das Ende der Einsamkeit

1 Lebensabriß, in: Autobiographisches, S. 234
2 Klaus Mann, Der Wendepunkt, S. 14
3 ebda.,
4 Monika Mann, Vergangenes und Gegenwärtiges, München 1956, S. 45/46
5 Klaus Mann, a. a. O., S. 13
6 Monika Mann, a. a. O., S. 46
7 Klaus Mann, a. a. O., S. 14/15
8 Briefe I, S. 44
9 Lebensabriß, a. a. O., S. 234
10 Briefe I, S. 45
11 ebda., S. 45/46
12 ebda., S. 58
13 Klaus Mann, a. a. O., S. 17
14 Lebensabriß, a. a. O., S. 254
15 ebda., S. 232
16 Briefe I, S. 70
17 Briefe 1948 bis 1955, S. 379/380
18 Lebensabriß, a. a. O., S. 235
19 Über Königliche Hoheit, in: Autobiographisches, S. 33/34
20 Lebensabriß, a. a. O., S. 235/236
21 Vorwort zu einer amerikanischen Ausgabe von »Königliche Hoheit«, in: Autobiographisches, S. 312/313
22 ebda., S. 311/312
23 ebda., S. 312
24 Briefe I, S. 78
25 Lebensabriß, a. a. O., S. 236/237

26 Klaus Mann, a. a. O., S. 12/13
27 Lebensabriß, a. a. O., S. 237
28 ebda., S. 237/238
29 ebda., S. 239

Zeit des Krieges
1 Briefe I, S. 123
2 ebda., S. 177
3 Der Tod in Venedig, in: Erzählungen 1, S. 345
4 Briefe I, S. 185
5 ebda., S. 123
6 Lebensabriß, in: Autobiographisches, S. 240
7 Briefe I, S. 206
8 Viktor Mann, Wir waren fünf, S. 346/347
9 Briefe I, S. 112/113
10 Klaus Mann, Der Wendepunkt, S. 45/46
11 Briefe I, S. 111/112
12 ebda., S. 112
13 ebda., S. 113
14 Gedanken im Kriege, in: Politische Schriften und Reden 2, S. 8, 12
15 Lebensabriß, a. a. O., S. 241/242
16 Carl Zuckmayer, Als wär's ein Stück von mir, Frankfurt/Main 1966, S. 201/202
17 Briefe I, S. 122
18 ebda., S. 160
19 Klaus Mann, a. a. O., S. 56
20 Heinrich Mann, Macht und Mensch (Zola), München 1919, S. 99
21 ebda., S. 133
22 Lebensabriß, a. a. O., S. 243
23 Betrachtungen eines Unpolitischen, in: Politische Schriften und Reden 1, S. 140
24 ebda., S. 194, 397, 436
25 ebda., S. 79
26 Kultur und Politik, in: Politische Schriften und Reden 3, S. 59
27 Klaus Mann, a. a. O., S. 54/55
28 Briefe I, S. 168
29 ebda., S. 207
30 Kultur und Sozialismus, in: Politische Schriften und Reden 2, S. 167
31 Briefe I, S. 154 bis 156

Der Zauberberg
1 Klaus Mann, Der Wendepunkt, S. 75/76
2 Briefe I, S. 163/164
3 ebda., S. 161
4 Brief an den Dekan der philosophischen Fakultät in Bonn, in: Autobiographisches, S. 47
5 Klaus Mann, a. a. O., S. 80
6 ebda., S. 81
7 H. Bürgin und O. Mayer, Thomas Mann, eine Chronik seines Lebens, Frankfurt/Main 1965, S. 58
8 Thomas Mann an Ernst Bertram, Pfullingen 1960, S. 107
9 ebda., S. 107/108
10 Von Deutscher Republik, in: Politische Schriften und Reden 2, S. 105

11 ebda., S. 107
12 ebda., S. 112
13 ebda., S. 98
14 Kurt Sontheimer, Thomas Mann und die Deutschen, Frankfurt/Main 1965, S. 48
15 ebda., S. 50
16 ebda., S. 44/45
17 Briefe I, S. 200
18 Klaus Mann, a. a. O., S. 112
19 ebda., S. 76
20 Lebensabriß, in: Autobiographisches, S. 246
21 Viktor Mann, Wir waren fünf, S. 492
22 ebda., S. 483
23 Einführung in den Zauberberg, in: Schriften und Reden zur Literatur, Kunst und Philosophie, S. 329
24 ebda., S. 333
25 ebda., S. 331
26 ebda., S. 327
27 ebda., S. 334
28 ebda., S. 335
29 ebda.
30 Vom Geist der Medizin, in: Autobiographisches, S. 106
31 Einführung in den Zauberberg, a. a. O., S. 333/334
31 Lebensabriß, a. a. O., S. 247
33 Briefe I, S. 298
34 Thomas Mann an Ernst Bertram, S. 136

Der Weg zum Ruhm

1 Viktor Mann, Wir waren fünf, S. 522/523
2 Tischrede bei der Feier des fünfzigsten Geburtstags, in: Autobiographisches, S. 99
3 Viktor Mann, a. a. O., S. 523/524
4 Briefe I, S. 261
5 Lebensabriß, in: Autobiographisches, S. 246
6 München als Kulturzentrum, in: Politische Reden und Schriften 2, S. 161
7 Briefe I, S. 291/292
8 Lebensabriß, a. a. O., S. 251
9 ebda., S. 252
10 Monika Mann, Vergangenes und Gegenwärtiges, S. 80/81
11 Lebensabriß, a. a. O., S. 252/253
12 ebda., S. 253
13 Bürgin/Mayer, Thomas Mann, S. 88
14 Lebensabriß, a. a. O., S. 253
15 Klaus Mann, Der Wendepunkt, S. 193
16 ebda.
17 Lebensabriß, a. a. O., S. 254
18 ebda., S. 254/255
19 Klaus Mann, a. a. O., S. 223
20 ebda., S. 236
21 Deutsche Ansprache, in: Politische Schriften und Reden 2, S. 121
22 Klaus Mann, a. a. O., S. 236
23 Thomas Mann an Ernst Bertram, S. 171

24 Briefe I, S. 306
25 Goethe als Repräsentant des bürgerlichen Zeitalters, in: Schriften und Reden zur Literatur, Kunst und Philosophie 2, S. 62/63
26 ebda., S. 89
27 Ansprache bei der Einweihung des erweiterten Goethe-Museums in Frankfurt/Main, in: Autobiographisches, S. 269
28 Thomas Mann an Ernst Bertram, S. 175

In der Fremde

1 Briefe I, S. 326
2 Ansprache im Goethejahr 1949, in: Politische Schriften und Reden 3, S. 307/308
3 Klaus Mann, Der Wendepunkt, S. 257, 265
4 Briefe I, S. 328
5 Alfred Döblin, Die Zeitlupe, Olten/Freiburg 1962, S. 202
6 Klaus Mann, a. a. O., S. 257
7 Lion Feuchtwanger, Die Arbeitsprobleme des Schriftstellers im Exil, in: Sinn und Form, Nr. 3/1954, S. 349
8 ebda., S. 349/350
9 Gruß an die Schweiz, in: Autobiographisches, S. 286
10 Briefe I, S. 329
11 Leiden an Deutschland, in: Politische Schriften und Reden 2, S. 253
12 Briefe I, S. 332/333
13 Monika Mann, Vergangenes und Gegenwärtiges, S. 90/91
14 Klaus Mann, a. a. O., S. 262
15 Leiden an Deutschland, a. a. O., S. 264/265
16 Thomas Mann, Robert Faesi, Briefwechsel, Zürich 1962, S. 23
17 Klaus Mann, a. a. O., S. 272
18 Briefe I, S. 342/343
19 ebda., S. 345/346
20 Schriften und Reden zur Literatur, Kunst und Philosophie 2, S. 169
21 ebda., S. 205
22 Briefe I, S. 362
23 ebda., S. 369/370
24 Leiden an Deutschland, a. a. O., S. 258/259
25 ebda., S. 262
26 ebda., S. 257
27 Ansprache im Goethejahr 1949, a. a. O., S. 308/309
28 Thomas Mann an Ernst Bertram, S. 185
29 Briefe I, S. 333
30 ebda., S. 356/357
31 K. Sontheimer, Thomas Mann und die Deutschen, S. 155, Anm. Nr. 10
32 Viktor Mann, Wir waren fünf, S. 554/555
33 ebda., S. 555
34 Thomas Mann an Ernst Bertram, S. 180
35 Briefe I, S. 398/399
36 Bürgin/Mayer, Thomas Mann, S. 108
37 Matthias Wegner, Exil und Literatur, Frankfurt/Main 1968, S. 113
38 Briefe I, S. 346/347
39 Matthias Wegner, a. a. O., S. 114
40 Briefe I, S. 370
41 Achtung, Europa!, in: Politische Schriften und Reden 2, 319

Abschied von Europa

1 Lebenslauf 1936, in: Autobiographisches, S. 22
2 Briefe I, S. 393/394
3 ebda., S. 394
4 ebda., S. 395
5 ebda., S. 396/397
6 An das Nobel-Friedenspreis-Comité, Oslo, in: Politische Schriften und Reden 2, S. 331/332
7 ebda., S. 334
8 Knut Hamsun zum siebzigsten Geburtstag, in: Miszellen, S. 161
9 Leiden an Deutschland, in: Politische Schriften und Reden 2, S. 299
10 Briefe I, S. 406
11 In Memoriam S. Fischer, in: Autobiographisches, S. 281/282
12 M. Wegner, Exil und Literatur, S. 117
13 Briefe I, S. 410
14 ebda., S. 411
15 ebda., S. 412
16 ebda., S. 413
17 ebda., S. 414
18 Humaniora und Humanismus, in: Politische Schriften und Reden 2, S. 331
19 Sechzehn Jahre. Zur amerikanischen Ausgabe von Joseph und seine Brüder, in: Autobiographisches, S. 363
20 ebda.
21 Briefe I, S. 418
22 ebda., S. 421
23 ebda., S. 427
24 ebda., S. 427/428
25 Bürgin/Mayer, Thomas Mann, S. 123
26 ebda.
27 Briefe II, S. 10
28 ebda., S. 12
29 ebda., S. 14/15
30 ebda., S. 154
31 L. Marcuse, Mein zwanzigstes Jahrhundert, Frankfurt/Main, 1968. S. 241
32 Briefe II, S. 16
33 ebda.
34 Bürgin/Mayer, a. a. O., S. 127
35 Maß und Wert, Vorwort zum ersten Jahrgang, in: Politische Schriften und Reden 2, S. 358
36 Briefe II, S. 30
37 Spanien, in: Politische Schriften und Reden 2, S. 346
38 Briefe II, S. 40
39 Zur Gründung einer Dokumentarsammlung in der Yale University, in: Autobiographisches, S. 304/305
40 Vom kommenden Sieg der Demokratie, in: Politische Schriften und Reden 3, S. 30/31
41 Briefe II, S. 45/46
42 ebda., S. 47
43 ebda., S. 52

In Princeton

1 Bürgin/Mayer, Thomas Mann, S. 134
2 Klaus Mann, Der Wendepunkt, S. 347/348
3 Monika Mann, Vergangenes und Gegenwärtiges, S. 92
4 Briefe II, S. 59
5 Klaus Mann, a. a. O., S. 348
6 ebda., S. 348/349
7 ebda., S. 349
8 Briefe II, S. 57/58
9 ebda., S. 69/70
10 ebda., S. 72
11 ebda., S. 86/87
12 ebda., S. 89
13 Klaus Mann, a. a. O., S. 355
14 Briefe II, S. 93
15 ebda., S. 109
16 ebda., S. 123/124
17 Maß und Wert, Vorwort zum dritten Jahrgang, in: Politische Schriften und Reden 2, S. 363
18 Briefe II, S. 116
19 Lotte in Weimar, S. 289/290
20 Goethe, Kestner und Lotte, Hrsg. Eduard Berend, München 1914, S. 118
21 Briefe II, S. 527
22 Lotte in Weimar, S. 220/221
23 Die Entstehung des Doktor Faustus, in: Schriften und Reden zur Literatur, Kunst und Philosophie 3, S. 185

Politik

1 Briefe II, S. 124
2 ebda., S. 132
3 Die Kunst des Romans, in: Schriften und Reden zur Literatur, Kunst und Philosophie 2, S. 351
4 ebda., S. 353
5 ebda., S. 354/355
6 ebda., S. 386
7 Meerfahrt mit Don Quijote, in: Schriften und Reden zur Literatur, Kunst und Philosophie 2, S. 171
8 Mitteilung an die Literaturhistorische Gesellschaft in Bonn, in: Miszellen, S. 14
9 Die Kunst des Romans, a. a. O., S. 356
10 ebda., S. 356/357
11 Der Künstler und die Gesellschaft, in: Politische Schriften und Reden 3, S. 345
12 ebda., S. 353
13 ebda., S. 354
14 Briefe II, S. 137
15 ebda., S. 142
16 ebda., S. 148/149
17 ebda., S. 150
18 Deutsche Hörer! Fünfundzwanzig Radiosendungen nach Deutschland, in: Politische Schriften und Reden 3, S. 185
19 ebda., S. 187
20 ebda., S. 289, 290

21 Klaus Mann, Der Wendepunkt, S. 369
22 Briefe II, S. 131
23 ebda., S. 176
24 Klaus Pringsheim, Thomas Mann in Amerika, in: Neue Deutsche Hefte 109/1966, Heft 1, S. 29
25 Briefe II, S. 183
26 ebda., S. 183/184
27 ebda., S. 215/216/217
28 ebda., S. 223/224

In Kalifornien

1 Briefe II, S. 250
2 Konrad Kellen, Als Sekretär bei Thomas Mann, in: Neue Deutsche Hefte, Nr. 81/1961, S. 39/40
3 Briefe II, S. 241
4 ebda., S. 241/242
5 Bericht über meinen Bruder, in: Autobiographisches, S. 347 bis 349
6 Monika Mann, Vergangenes und Gegenwärtiges, S. 130/131
7 Klaus Mann, Der Wendepunkt, S. 388
8 Briefe II, S. 281
9 M. Wegner, Exil und Literatur, S. 99
10 Briefe II, S. 257
11 ebda., S. 282
12 Die Entstehung des Doktor Faustus, in: Schriften und Reden zur Literatur, Kunst und Philosophie 3, S. 91
13 ebda., S. 92
14 Briefe II, S. 288
15 Die Entstehung des Doktor Faustus, a. a. O., S. 94
16 ebda., S. 95
17 Lebensabriß, in: Autobiographisches, S. 249
18 ebda., S. 250
19 Joseph und seine Brüder, in: Schriften und Reden zur Literatur, Kunst und Philosophie 2, S. 382
20 Joseph und seine Brüder 3, S. 1189
21 Lebensabriß, a. a. O., S. 249/250
22 Joseph und seine Brüder, in: Schriften und Reden zur Literatur, Kunst und Philosophie 2, S. 383/384
23 ebda., S. 384
24 Briefe I, S. 390
25 Joseph und seine Brüder, in: Schriften und Reden zur Literatur, Kunst und Philosophie 2, S. 390
26 ebda.
27 Joseph und seine Brüder 3, S. 1305
28 ebda.
29 ebda., S. 1261

Porträt des Dichters

1 Konrad Kellen, Als Sekretär bei Thomas Mann, S. 38
2 Theodor W. Adorno, Zu einem Porträt Thomas Manns, in: Neue Deutsche Rundschau, Jahrgang 73, Nr. 2/3, S. 324
3 Konrad Kellen, a. a. O., S. 38

4 Briefe I, S. 378
5 Theodor W. Adorno, a. a. O., S. 322/323
6 Klaus Pringsheim, Thomas Mann in Amerika, S. 23/24
7 Briefe I, S. 217
8 Theodor W. Adorno, a. a. O., S. 324
9 Konrad Kellen, a. a. O., S. 44
10 Briefe I, S. 61/62
11 ebda., S. 290
12 Briefe 1948 bis 1955, S. 151 bis 153
13 Maria Dombrowska, Szkice z Podrozy (Reiseskizzen), Warschau 1956, S. 131/132
14 Georg Gerster, Thomas Mann bei der Arbeit, in: Die Weltwoche, 3.2.1954
15 Konrad Kellen, a. a. O., S. 40
16 Zur Physiologie des dichterischen Schaffens, in: Miszellen, S. 152
17 ebda.
18 Konrad Kellen, a. a. O., S. 41
19 Briefe II, S. 139
20 Zur Physiologie des dichterischen Schaffens, a. a. O., S. 151
21 Georg Gerster, a. a. O.
22 ebda.
23 Konrad Kellen, a. a. O., S. 40/41
24 Georg Gerster, a. a. O.
25 Zur Physiologie des dichterischen Schaffens, a. a. O., S. 152
26 Meine Arbeitsweise, in: Miszellen, S. 86/87
27 Zur Physiologie des dichterischen Schaffens, a. a. O., S. 152
28 Georg Gerster, a. a. O.
29 ebda.
30 Theodor W. Adorno, a. a. O., S. 325
31 Georg Gerster, a. a. O.
32 Zur Physiologie des dichterischen Schaffens, a. a. O., S. 153
33 Viktor Mann, Wir waren fünf, S. 500/501
34 Konrad Kellen, a. a. O., S. 42
35 ebda.
36 Klaus Pringsheim, a. a. O., S. 21/22
37 ebda., S. 22
38 Konrad Kellen, a. a. O., S. 45
39 Klaus Pringsheim, a. a. O., S. 22/23
40 ebda., S. 23
41 Briefe I, S. 210

Erwartung

1 Die Entstehung des Doktor Faustus, in: Schriften und Reden zur Literatur, Kunst und Philosophie 3, S. 95
2 ebda
3 ebda.
4 ebda., S. 95/96
5 ebda., S. 96
6 ebda., S. 97
7 ebda., S. 101
8 Briefe II, S. 320/321
9 Die Entstehung des Doktor Faustus, a. a. O., S. 109

10 ebda., S. 111/112
11 Briefe II, S. 326/327
12 ebda., S. 508/509
13 Die Entstehung des Doktor Faustus, a. a. O., S. 117
14 Briefe II, S. 341
15 Die Entstehung des Doktor Faustus, a. a. O., S. 120
16 Gedenkrede auf Max Reinhardt, in: Schriften und Reden zur Literatur, Kunst und Philosophie 2, S. 394 bis 396
17 Briefe II, S. 345
18 ebda., S. 346
19 ebda., S. 359
20 Die Entstehung des Doktor Faustus, a. a. O., S. 124
21 Briefe II, S. 362
22 ebda., S. 361
23 Die Entstehung des Doktor Faustus, a. a. O., S. 126
24 Briefe II, S. 365
25 ebda., S. 365/366
26 Die Entstehung des Doktor Faustus, a. a. O., S. 128
27 Briefe II, S. 381
28 ebda., S. 375
29 ebda., S. 397
30 Die Entstehung des Doktor Faustus, a. a. O., S. 136
31 Briefe II, S. 400
32 Die Entstehung des Doktor Faustus, a. a. O., S. 141

Deutsche Dialoge

1 Die Entstehung des Doktor Faustus, a. a. O., S. 142
2 ebda., S. 144
3 Briefe II, S. 430
4 ebda., S. 438
5 Die Entstehung des Doktor Faustus, a. a. O., S. 147
6 Deutschland und die Deutschen, in: Politische Schriften und Reden 3, S. 163
7 ebda., S. 168
8 ebda., S. 166
9 ebda., S. 165
10 ebda., S. 178
11 Die Entstehung des Doktor Faustus, a. a. O., S. 148
12 ebda., S. 150
13 Briefe II, S. 434
14 ebda., S. 433
15 In Memoriam Bruno Frank, in: Autobiographisches, S. 346
16 Die Entstehung des Doktor Faustus, a. a. O., S. 122
17 ebda., S. 156
18 Briefe II, S. 443
19 ebda; S. 444/445
20 ebda., S. 446/447
21 Die Entstehung des Doktor Faustus, a. a. O., S. 158
22 Briefe II, S. 483
23 Die Entstehung des Doktor Faustus, a. a. O., S. 160
24 Briefe II, S. 449
25 Die Entstehung des Doktor Faustus, a. a. O., S. 173/174

26 ebda., S. 175
27 Briefe II, S. 488/489
28 Die Entstehung des Doktor Faustus, a. a. O., S. 181
29 ebda., S. 186
30 ebda., S. 188
31 ebda., S. 188/189
32 Thomas Mann, Robert Faesi, Briefwechsel, S. 64
33 Hermann Hesse zum siebzigsten Geburtstag, in: Autobiographisches, S. 358/359
34 Die Entstehung des Doktor Faustus, a. a. O., S. 196
35 Briefe II, S. 524
36 ebda., S. 525

Der Faust des 20. Jahrhunderts

1 Die Entstehung des Doktor Faustus, in: Schriften und Reden zur Literatur, Kunst und Philosophie 3, S. 204
2 ebda., S. 205
3 ebda., S. 182
4 Doktor Faustus, S. 12
5 ebda., S. 128
6 Die Entstehung des Doktor Faustus, a. a. O., S. 108
7 ebda., S. 132
8 Doktor Faustus, S. 499
9 ebda., S. 181
10 ebda., S. 91
11 ebda., S. 509
12 ebda., S. 85
13 ebda., S. 322
14 ebda., S. 499
15 ebda., S. 247
16 ebda., S. 498
17 ebda., S. 225
18 ebda., S. 241
19 ebda., S. 355
20 ebda., S. 484
21 ebda., S. 490
22 ebda., S. 506
23 ebda., S. 501
24 Die Entstehung des Doktor Faustus, a. a. O., S. 102
25 ebda., S. 103
26 ebda., S. 131/132
27 ebda., S. 106
28 Briefe II, S. 542
29 ebda., S. 575
30 Das mir nächste meiner Bücher, in: Miszellen, S. 251
31 Die Entstehung des Doktor Faustus, a. a. O., S. 105

Der Weg nach Deutschland

1 Briefe II, S. 536
2 ebda.
3 Bürgin/Mayer, Thomas Mann, S. 208/209

4 Kurt Sontheimer, Thomas Mann und die Deutschen, S. 126
5 Briefe II, S. 537/538
6 Kurt Sontheimer, a. a. O., S. 127
7 Briefe II, S. 544
8 In Memoriam Menno ter Braak, in: Autobiographisches, S. 368
9 ebda., S. 368/369
10 Briefe II, S. 582
11 ebda.
12 Briefe 1948 bis 1955, S. 11
13 Ansprache im Goethejahr 1949, in: Autobiographisches, S. 310
14 Briefe 1948 bis 1955, S. 11
15 Bürgin/Mayer, Thomas Mann, S. 25
16 Briefe 1948 bis 1955, S. 87/88
17 ebda., S. 83
18 Bürgin/Mayer, Thomas Mann, S. 218
19 Briefe 1948 bis 1955, S. 37
20 ebda., S. 91/92
21 ebda., S. 95
22 Ansprache im Goethejahr 1949, a. a. O., S. 312
23 Reisebericht, in: Autobiographisches, S. 372
24 Ansprache im Goethejahr 1949, a. a. O., S. 307
25 Reisebericht, a. a. O., S. 374
26 ebda., S. 372/373
27 ebda., S. 376
28 Briefe 1948 bis 1955, S. 95
29 ebda., S. 96/97
30 Bürgin/Mayer, Thomas Mann, S. 222
31 ebda., S. 222/223

Die Legende vom Sünder

1 Briefe 1948 bis 1955, S. 142
2 ebda., S. 137
3 ebda., S. 139
4 Briefe II, S. 514/515
5 Klaus Pringsheim, Thomas Mann in Amerika, S. 34/35
6 Briefe II, S. 558
7 Briefe 1948 bis 1955, S. 144
8 Bemerkungen zu dem Roman »Der Erwählte«, in: Miszellen, S. 215
9 Schriften und Reden zur Literatur, Kunst und Philosophie 3, S. 161
10 Bemerkungen zu dem Roman »Der Erwählte«, a. a. O., S. 216
11 ebda., S. 215
12 Der Erwählte, S. 474
13 An Erich Auerbach, in: Miszellen S. 222
14 Der Erwählte, S. 285
15 Bemerkungen zu dem Roman »Der Erwählte«, a. a. O., S. 217/218
16 Bürgin/Mayer, Thomas Mann, S. 227/228
17 Briefe 1948 bis 1955, S. 205/206
18 ebda., S. 218/219
19 ebda., S. 224/225
20 ebda., S. 225
21 Bürgin/Mayer, Thomas Mann, S. 232

Wieder in Europa

1 Stefan Zweig zum zehnten Todestag, in: Miszellen, S. 226
2 Hans Feist zum Gedächtnis, in: Miszellen, S. 233
3 Klaus Pringsheim, Thomas Mann in Amerika, S. 37/38
4 Briefe 1948 bis 1955, S. 163
5 Klaus Pringsheim, Thomas Mann in Amerika, S. 38/39
6 Ansprache vor Hamburger Studenten, in: Politische Schriften und Reden 3, S. 358
7 Für Alfred Neumann, in: Autobiographisches, S. 393
8 Bürgin/Mayer, Thomas Mann, S. 236
9 Thomas Mann, Robert Faesi, Briefwechsel, S. 100
10 Briefe 1948 bis 1955, S. 282/283
11 Die Betrogen, in: Erzählungen 2, S. 729
12 Briefe 1948 bis 1955, S. 264
13 ebda., S. 296
14 ebda., S. 326
15 ebda., S. 335
16 Klaus Pringsheim, Thomas Mann in Amerika, S. 44/45
17 Briefe 1948 bis 1955, S. 356
18 Bürgin/Mayer, Thomas Mann, S. 243/244
19 Briefe 1948 bis 1955, S. 356/357
20 Lebensabriß, in: Autobiographisches, S. 238
21 Einführung in ein Kapitel der »Bekenntnisse des Hochstaplers Felix Krull«, in: Miszellen, S. 235
22 Die Bekenntnisse des Hochstaplers Felix Krull, S. 13
23 ebda., S. 38
24 ebda., S. 97
25 ebda., S. 29
26 ebda., S. 153
27 ebda., S. 18/19
28 ebda., S. 171
29 ebda., S. 145
30 Einführung in ein Kapitel der »Bekenntnisse des Hochstaplers Felix Krull«, a. a. O., S. 235

Zeit des Abschieds

1 Briefe 1948 bis 1955, S. 345/346
2 Erika Mann, Das letzte Jahr, Frankfurt/Main 1968, S. 303
3 ebda., S. 296
4 ebda., S. 294
5 Versuch über Tschechow, in: Schriften und Reden zur Literatur, Kunst und Philosophie 3, S. 297
6 Erika Mann, a. a. O., S. 297/298
7 Briefe 1948 bis 1955, S. 386
8 Briefe II, S. XI
9 ebda., S. XII
10 Erika Mann, Das letzte Jahr, S. 291
11 Briefe 1948 bis 1955, S. 374
12 Zum Tode Albert Einsteins, in: Autobiographisches, S. 413
13 Versuch über Schiller, in: Schriften und Reden zur Literatur, Kunst und Philosophie 3, S. 312, 340, 366

14 Erika Mann, Das letzte Jahr, S. 320
15 ebda., S. 321
16 ebda., S. 324/325
17 ebda., S. 325/326
18 Briefe 1948 bis 1955, S. 402
19 Erika Mann, Das letzte Jahr, S. 327/328
20 ebda., S. 332
21 ebda., S. 336
22 ebda., S. 337
23 ebda., S. 347
24 Briefe 1948 bis 1955, S. 349
25 Erika Mann, Das letzte Jahr, S. 349
26 ebda., S. 355
27 Bürgin/Mayer, Thomas Mann, S. 256/257

Personenregister

Werkregister